高等院校房地产系列规划教材

# 房地产估价

主　编　刘　薇　董　晶

副主编　戴剑涛　孙克薪

参　编　贾　洁　金　靖　崔　琦

主　审　张敏莉

机械工业出版社

本书在介绍房地产、房地产价格、影响房地产价格的因素和房地产估价含义、原则的基础上，重点阐述了房地产估价的市场比较法、收益法、成本法、假设开发法、长期趋势法等的原理和应用，详细阐述了各种估价目的和种类的房地产估价实务及房地产估价报告的撰写要求。本书在注重理论的基础上，更侧重于对各种估价方法的实际应用。书中的每种方法都配有相应的案例，每个案例都引自估价师考试真题和估价公司真实的评估报告。每章后都附有适量的练习题，便于读者复习与巩固。

本书的理论阐述由浅入深，内容简洁、重点突出、简明易懂，有很强的实用性和示范性，力求使入门者能够了解更多、更新、更准确、更全面的房地产估价知识。本书主要作为高等院校、高职高专院校"房地产估价"课程教材，亦可作为房地产估价行业培训、考试用书及继续教育用书，还可供参加房地产估价师、房地产经纪人考试的业内人士参考学习。

## 图书在版编目（CIP）数据

房地产估价 / 刘薇，董晶主编. —北京：机械工业出版社，2012.11
（2025.1 重印）
高等院校房地产系列规划教材
ISBN 978-7-111-39864-6

Ⅰ. ①房… Ⅱ. ①刘… ②董… Ⅲ. ①房地产价格—估价—高等学校—教材 Ⅳ. ①F293.35

中国版本图书馆 CIP 数据核字（2012）第 226620 号

机械工业出版社（北京市百万庄大街 22 号　邮政编码 100037）
策划编辑：冷　彬　　责任编辑：冷　彬　陈　洁　冯　铗
版式设计：姜　婷　　责任校对：王　欣
封面设计：张　静　　责任印制：邸　敏
北京富资园科技发展有限公司印刷
2025 年 1 月第 1 版・第 7 次印刷
169mm×239mm・21.5 印张・415 千字
标准书号：ISBN 978-7-111-39864-6
定价：49.80 元

电话服务　　　　　　　　　网络服务
客服电话：010-88361066　　机　工　官　网：www.cmpbook.com
　　　　　010-88379833　　机　工　官　博：weibo.com/cmp1952
　　　　　010-68326294　　金　书　网：www.golden-book.com
封底无防伪标均为盗版　　　机工教育服务网：www.cmpedu.com

# 前　言

房地产不仅是一种重要的资源、财产及生产要素或生活必需品，还是一种商品和资产，即交易和投资的主要对象。随着城市化进程的不断加快，房地产业发展迅速，房地产价格和价值已经成为现今人们热切关注的主要问题之一。房地产估价越来越渗透到人们的工作和生活中。房地产估价是为委托人提供专业意见、具有公信力、实行有偿服务、承担法律责任的职业，它需要相关人员具有一定的专业知识和经验。同时，估价结果是否客观合理与相关单位和个人的切身利益直接相关，甚至会对社会经济活动产生重大影响，关系公共利益和人民财产安全。

本书的理论阐述由浅入深，以国家标准《中华人民共和国房地产估价规范》和《全国房地产估价师执业资格考试大纲》及系列教材为依据，吸收了编者多年从事教学的经验和研究成果，在介绍房地产、房地产价格、影响房地产价格的因素和房地产估价含义、原则的基础上，重点阐述了房地产估价的市场比较法、收益法、成本法、假设开发法等的原理和应用，详细阐述了各种估价目的和种类的房地产估价实务及房地产估价报告的撰写要求。

本书在注重理论的基础上，更侧重于对各种估价方法的实际应用。书中的每种方法都配有相应的案例，每个案例都引自估价师考试真题和估价公司真实的评估报告。每章后都附有适量的练习题，便于读者复习与巩固。

本书内容简洁、重点突出、简明易懂，有很强的实用性和示范性，不仅可以作为高等院校、高职高专院校"房地产估价"课程的教材，亦可作为房地产估价行业培训、考试用书及继续教育用书，还适合参加房地产估价师、房地产经纪人考试的业内人士作为参考学习用书。

本书共分 12 章，具体编写分工为：第 1 章由吉林建筑大学城建学院金靖编写，第 2 章由吉林建筑大学城建学院贾洁编写，第 3 章由长春工程学院崔琦编写，第 4 章由中油吉林化建有限公司孙克薪编写，第 5～9 章由吉林建筑大学城建学院董晶编写，第 10～12 章由吉林建筑大学刘薇和长春市建设工程质量监督站戴剑涛共同编写。

在本书的编写过程中，编者查阅了大量的相关书籍和期刊，参考了国内许多学者同人的著作和国家发布的最新规范，并将参考著作信息列于书后，以便读者在使用本书的过程中进一步查阅。在此对各参考文献的编著者表示衷心感谢。

由于时间、条件和编者水平有限，疏漏和错误在所难免，欢迎广大读者批评指正。

编　者

# 目　　录

前言

## 第1章　房地产估价概述 ················································································ 1
  1.1　房地产估价的概念 ··················································································· 1
  1.2　房地产估价的必要性 ··············································································· 6
  1.3　我国的房地产估价制度 ·········································································· 19
  1.4　我国房地产估价行业的发展历程 ·························································· 24
  练习题 ················································································································ 30

## 第2章　房地产概述 ························································································ 33
  2.1　房地产的概念 ························································································· 33
  2.2　房地产的特性 ························································································· 44
  2.3　房地产状况的描述 ················································································· 51
  2.4　房地产的分类 ························································································· 56
  练习题 ················································································································ 58

## 第3章　房地产价格概述 ················································································ 61
  3.1　房地产价格的含义及形成条件 ······························································ 61
  3.2　房地产价格的特征 ················································································· 63
  3.3　房地产价格的种类 ················································································· 66
  3.4　房地产价格的影响因素 ·········································································· 82
  练习题 ················································································································ 94

## 第4章　房地产估价原则 ················································································ 98
  4.1　对房地产估价原则的认识 ······································································ 98
  4.2　房地产估价的基本原则 ·········································································· 99
  4.3　房地产估价的技术性原则 ···································································· 100
  4.4　房地产估价的特殊原则 ········································································ 106
  4.5　房地产估价的其他原则 ········································································ 107
  练习题 ·············································································································· 107

## 第5章　市场比较法 ······················································································ 110
  5.1　市场比较法概述 ··················································································· 110

5.2 可比实例的搜集、选取及统一 ·················· 113
5.3 市场比较法中各项修正的计算 ·················· 120
5.4 市场比较法的应用 ······························ 134
练习题 ·············································· 141

## 第 6 章 收益法 ········································ 147
6.1 收益法的基本原理 ······························ 147
6.2 收益法的计算公式 ······························ 151
6.3 净收益、收益年限及报酬率的确定 ·············· 160
6.4 直接资本化法 ··································· 175
6.5 收益法的应用 ··································· 178
练习题 ·············································· 182

## 第 7 章 成本法 ········································ 187
7.1 成本法概述 ······································ 187
7.2 求取重新构建价格 ······························ 203
7.3 建筑物折旧的求取 ······························ 207
7.4 成本法的应用 ··································· 217
练习题 ·············································· 220

## 第 8 章 假设开发法 ··································· 226
8.1 假设开发法概述 ································· 226
8.2 假设开发法的公式及具体估价方法 ·············· 229
8.3 假设开发法估价的步骤及各项的求取 ············ 232
8.4 假设开发法的应用 ······························ 237
练习题 ·············································· 242

## 第 9 章 长期趋势法 ··································· 247
9.1 长期趋势法概述 ································· 247
9.2 长期趋势法的具体应用 ·························· 249
练习题 ·············································· 259

## 第 10 章 各种类型的房地产估价 ···················· 262
10.1 居住房地产的估价 ····························· 262
10.2 商业房地产的估价 ····························· 266
10.3 商务办公房地产的估价 ························ 272
10.4 旅馆与餐饮房地产的估价 ······················ 277

10.5　工业房地产的估价 ·················· 280
　　10.6　特殊用途房地产的估价 ············ 282
　　练习题 ····················································· 284

## 第 11 章　各种目的的房地产估价 ········ 286
　　11.1　房地产转让价格评估 ················ 286
　　11.2　房地产抵押价格评估 ················ 289
　　11.3　国有土地使用权出让价格评估 ··· 298
　　11.4　国有土地上房屋征收评估 ········ 303
　　11.5　房地产强制拍卖估价 ················ 309
　　11.6　房地产损害赔偿估价 ················ 310
　　练习题 ····················································· 315

## 第 12 章　房地产估价报告 ······················ 318
　　12.1　对房地产估价报告的基本认识 ··· 318
　　12.2　房地产估价报告的撰写 ············ 322
　　练习题 ····················································· 328

## 参考文献 ······················································ 335

# 第 1 章 房地产估价概述

学习要点：

1. 熟悉房地产估价的含义。
2. 掌握房地产估价的特点。
3. 熟悉房地产估价的必要性。
4. 了解我国房地产估价制度。
5. 熟悉我国房地产估价行业的发展历程。

## 1.1 房地产估价的概念

### 1.1.1 房地产估价的意义

当我们准备把手中的房子卖掉或者出租的时候，首先关心的就是我的房子现在值多少钱了？如果不出售，那么出租最少租金为多少钱？是卖合适还是出租合适？作为普通的消费者，如果不希望把房子卖得便宜或租得少，就必须下力气去了解行情或借助房地产估价专家的评估才能获得理想的投资收益。由于房地产投资和消费已经成为人们生活的一部分，所以具备一定的房地产市场知识和基本的估价技能，是迈进房地产市场必须要练的基本功。

1. **房地产估价的含义**

简单地说，房地产估价就是对评估的房地产估摸、计算、判定它的价值或价格。柴强在《房地产估价》中对房地产估价定义为：房地产估价（real estate appraisal）是指专业房地产估价人员，根据特定的估价目的，遵循公认的估价原则，按照严谨的估价程序，运用科学的估价方法，在对影响估价对象价值的因素进行综合分析的基础上，对估价对象在估价时点的价值进行估算和判定的活动。

2. **对房地产估价的基本认识**

为了更好地理解房地产估价，我们需要把握以下九点

（1）房地产估价的主体 房地产估价的主体是专业的房地产估价人员。我

们身边有这样一些朋友,在孩子上小学的时候就跑到学校周边租房住,觉得房租太贵就决定买下,当孩子小学毕业后,又将房子卖掉,将买入和卖出的价值一比较,这六年的房租就挣到了,从此便一发不可收拾地连续几年购置各种房屋,之后又在国家宏观调控之前把所有的房产全部出手,每幢房子都没少赚,于是大家买房时也都请教他,而他对房屋价值做的评估也可能非常靠谱,但我们对这样的评估不能称之为房地产估价,这种意义上的估价,为非专业估价,因为他不是房地产估价专业人员。如果想要获得客观合理、有公信力的估价结果,则需要进行专业估价。

什么是房地产估价专业人员呢?房地产估价专业人员是指具有与估价对象相关的估价专业知识和经验,取得相应估价资格的估价师。房地产专业机构是指具备足够数量的房地产估价师等条件,并且取得相应估价资质的估价机构。

现阶段的房地产估价人员包括注册房地产估价师和房地产估价员。房地产估价师是指经全国统一考试,取得房地产估价师《执业资格证书》,并且注册登记后从事房地产估价活动的人员。他们可以编制估价报告(需在报告上签字和盖章),还可以作为房地产估价机构的法人和关键岗位的人员。房地产估价员就是没有参加全国考试,但一直从事房地产估价业务,经省级考核可以从业的人员,但不能独立进行房地产估价,不能出具估价报告,不能在估价报告上签字和盖章。

房地产估价机构是经过行政许可的法人组织,可以以房地产估价机构的名义进行业务承揽和开展与房地产估价相关的活动。

房地产专业估价和亲朋好友的个人估价的差别在于专业估价提供的是专业意见而不是凭直觉、感性认识得出的,是运用科学的方法和理论,经过认真的分析、测算和判断得出的,它具有专业估价的公信力和证明效力,能使人们信服、认可或接受。另外,由于专业估价人员提供的是有偿服务,所以房地产估价师和估价机构要对其房地产估价过程和提供的专业意见负责,并且依法承担法律责任。

(2)房地产估价时必须明确的估价目的 房地产估价目的,是指估价结果的期望用途,或者说是指为某种需要而评估房地产的价格。比方说房地产估价目的的具体可以是土地使用权出让、作价入股、房地产转让、租赁、抵押、损害赔偿、纳税、征地和房屋征收补偿、房地产分割合并、房地产纠纷、房地产拍卖、投资决策及企业各种经济活动中涉及的房地产估价(如企业合资、合作、联营、股份制改组、合并、兼并等)。需要指出的是,不同的估价目的将影响估价的结果。因为估价目的的不同,相应的估价原则、因素和采用的估价方法就有可能不同。

(3)遵守估价原则 房地产估价原则,是指估价人员在房地产估价的反复实践和理论探索中基于对房地产价格形成过程客观规律的认识,总结出来的一些简明扼要的在估价活动中应当遵循的法则、标准或应注意的问题。在估价时,首先根据估价对象的用途和目的确定估价原则，然后才能开始估价计算的过程。房地产的估价原则主要有：合法原则、最高最佳使用原则、替代原则和估价时点原则。

（4）按照严谨的估价程序进行房地产估价　房地产估价程序，是指房地产估价作业按其内在联系所形成的各个具体操作步骤和环节。房地产估价是一项复杂的经济活动。要想使房地产估价活动高效、准确、公正，必须在活动过程中遵循一套严谨、科学的工作程序。这些工作程序是进行房地产估价所必须经过的工作阶段，反映了各阶段之间的内在联系，是人们对估价对象形成价值认识的思维历程，是经过千百万次工作实践总结出来的客观规律。按照房地产估价程序进行评估可以提高工作效率，减少失误，确保工作质量。房地产估价程序主要分为以下几个阶段：获取估价业务、明确估价的基本事项、拟订估价作业计划、现场勘察、收集并分析相关资料、估价方法的选择、估价测算和估价结果的确定、撰写估价报告、审核估价报告、出具估价报告和估价资料归档。

（5）运用科学的估价方法　房地产估价的估算需要根据不同的估价对象及不同的估价目的，选用适合的估价方法。估价方法是指房地产估价所采用的方法及这些估价方法的定义。主要的房地产估价方法有市场比较法、收益法、成本法、假设开发法，进行土地评估还有基准地价修正法、路线价法。

（6）影响估价对象价值的因素的综合分析　"分析"主要是指对影响估价对象价值的各种因素进行的分析，包括对估价对象本身的分析，对人口、制度政策、经济、社会、国际等因素的分析，对房地产市场状况及总体趋势等的分析。

（7）房地产的估价对象　房地产估价首先要考虑房地产的估价对象，了解土地的位置、周边状况、土地的产权，目前使用情况、房屋的建筑结构、建筑年代、面积、户型、房屋的产权、房屋使用状况等。房地产的基本情况决定了房地产的价值。

（8）房地产的估价时点　房地产估价结果应是估价对象在估价时点时的客观合理价格或价值。在不同的时间点，房地产市场的变化、房地产实物状况的变化、房地产相关的宏观政策等的调整，都会影响到房地产的估价价格。所以在房地产估价时，必须指出房地产价格所对应的具体日期，而且要求具体到某年某月某日。

（9）房地产估价是针对价值进行估算和判定的活动　房地产估价最终要得出估价结果，在技术报告中要有计算过程。房地产估价就是对估价对象的房地产价值进行估算和判定的活动。"测算"主要是指利用有关数学公式或数学模型和数据，对估价对象价值进行计算；因为是估算，所以还有一个分析、估计、主观裁量权的问题，故房地产估价结果是会有误差的。估价对象的真实价值只是理论上存在的，实际中不可得知，因此评估价值有误差是必然的。"判定"主要是指房地产估价师根据测算出的结果及市场行情和自己的专业经验，对估价对象价值进行最终的判定。所以，房地产估价是科学与艺术的有机结合，是把客观存在的房地产价格揭示、表达出来的过程。

### 1.1.2 房地产估价的特点

由于房地产及其价格构成比较复杂，所以房地产估价活动具有许多特点，其中比较典型的特点如下：

**1. 房地产估价的重要性**

随着房地产价格的不断变化，房地产已经成为人们个人财产中最重要的一部分，也是人们交易和投资的主要对象。房地产价格和价值已经成为现今人们热切关注的主要问题之一。房地产估价活动需要相关人员具备专业知识和经验，而且估价结果是否客观合理与相关单位和个人的切身利益直接相关，甚至对社会经济活动产生重大影响，关系着公共利益和人民财产安全。例如，国有资产的拍卖评估，可能涉及的数额达到上亿元，如果价格过低，就会使国有资产流失；对于房地产抵押贷款服务的估价，如果估价价格过高，容易让贷款银行在处置时收不回成本，关系到金融的安全；对于为征收国有土地上单位和个人的房屋给予征收补偿服务的估价，如果征收估价的价格过低，被征收人会拒绝拆迁，甚至聚众闹事，关系到社会的稳定。所以房地产估价非常重要，它关系到利益各方，要求相关人员或机构在开展房地产估价工作时，首先要对自己工作的性质有一个初步的认识。

**2. 房地产估价是寻找房地产价格形成的过程**

房地产估价的过程其实就是还原房地产价格形成的过程，例如所估价的房地产的价格是由房地产的成本组成的，就要寻找哪些因素影响房地产的成本，房地产的成本是由哪些费用组成的，依次寻找后再加上利润，最终汇总成房地产的价格；如果房地产的价格是由周边的具有可比性的房地产价格形成的，在估价时就要先进行可比实例的寻找及价格调整，最后综合定价。因此，房地产估价是模拟市场定价而不是替代市场定价，不是房地产估价师的主观随意定价，而是房地产估价师模拟大多数市场参与者的思维和行为，在充分认识房地产市场形成房地产价格的机制和过程，以及深入调查了解房地产市场行情的基础上，通过科学的分析、测算和判断，把客观存在的房地产价值揭示出来。换句话说，房地产估价是基于房地产价值本来就存在的，房地产估价师只是运用自己掌握的估价理论知识、积累的估价实践经验去"揭示"或者"发现"房地产价值，而不是去"发明"或者"创造"房地产价值。在房地产估价的过程中，估价师要以中立者的身份考虑市场的客观性，形成双方都满意的房地产价值。

**3. 房地产估价可提供专业的房地产价值意见**

很多委托人聘请估价机构进行房地产评估，然后按照评估的价格进行交易，所以以为房地产估价的价格就是市场上可实现的价格。甚至会遇到这样的案例，某年某房地产的估价是150万元，三年后房地产的再转让价值为160万元，于是，当年的房主控告房地产估价机构低估了房地产价值,让他造成了损失。估价行业外的人通常认为,估价机构和估价师提供的评估价值,应是在市场上可以实现的,否则,估价机构和估价师应当赔偿由此造成的实际损失。但事实上,房地产估价是房地产估价师以"房地产价格专家"的身份发表自己对估价对象价值的见解、看法或观点,即估价结果是一种专业意见,而不应被视为估价机构和估价师对估价对象在市场上可实现价格的保证。

在这里,我们需要了解房地产估价的性质。绝大部分房地产估价都是为估价委托人自己使用而提供的,即估价报告是供委托人自己使用,这种估价通常是属于咨询性或参考性的,可以依据评估结果成交,也可以低于或高于估价结果成交,它只是一个成交的参考依据。当然,有时房地产估价也可能是鉴证性评估,例如为估价委托人向第三方证明或者说服第三方而提供的估价,即估价报告是给委托人以外的特定第三方特别是给众多的不特定的第三方使用的,这种估价通常是属于鉴证性或证据性的。在鉴证性或证据性的估价中,房地产估价师承担的法律责任一般要大于在咨询性或参考性的估价中承担的法律责任。

### 4. 房地产估价的科学性

房地产估价需要专门的估价人员——注册房地产估价师进行主体作业。房地产估价有其内在的房地产价格形成与变化的基本规律,这些内容构成了房地产估价的基本理论。房地产估价的基本理论包括地租理论、房地产市场的供求理论、购买者行为理论、效用价值理论、生产费用价值理论、替代原理及收益递增递减原理、生产要素组合的均衡原理、收益与分配原理和投资理论等。在这些估价理论的基础上,又形成了一整套系统而严谨的估价方法及评估步骤,使房地产估价有章可循。另外,房地产估价过程还广泛涉及经济学、房屋建筑构造、规划、工程预算、法律有关理论和知识。因此,房地产估价虽然从现象上来看,是估价人员对房地产价格所作出的推测与判断,但究其实质并不是主观臆断,而是把房地产的客观实际价值通过评估活动正确地反映出来,具有很强的客观性和科学性。

### 5. 房地产估价的艺术性

房地产估价必须遵循其科学性,需要相关人员不断学习和慢慢掌握,但它又不像数学那样"一是一,二是二",估价师在进行房地产估价时是有一定的决策权和裁量权的。例如对于市场比较法中涉及的区域因素修正、个别因素修正等,其修正系数的确定在一定程度上是估价师依据其经验所作出的主观判断;对于收益还原法中涉及的租金或纯收益的调整与核定,其出租率的确定及还原利率的选取等也是估价师依据自己的经验进行的;对于成本法,其成新度或折旧额的确定同样是房地产估价师凭借自己的经验,进行合理的数据选取的。丰富的估价经验是顺利评估的前提,在经验基础上所形成的推理判断能力在一定程度上代表着估价师的水平。由于房地产价格是在多种因素综合作用下形成与变化的,这就要求估价师应具有较强的综合分析与推理判断能力。房地产价格受区域市场影响较大，对区域市场的分析往往难以获得十分准确的数据资料，由于范围较小，一些统计规律及经验数据往往与实际情况偏差较大，需要估价师具有一定的洞察力。在房地产估价过程中，推理判断能力不仅体现为估价人员对房地产价格规律的透彻认识，有时也会表现出非逻辑性，这体现为估价师的超常眼力。这些都体现了房地产估价的科学性以外的艺术性。

### 6. 房地产估价的规范性

政府对房地产估价非常重视，采取了市场人员准入和机构双准入行政许可制度，通过行政主管部门强有力的执法监管对估价行业形成较强的约束力。估价机构均能自觉地接受行政主管部门的监管，执行房地产估价的相关规范，最典型的是建设部颁布的《房地产估价规范》。规范和守法经营成为估价机构的主要经营特点。另外房地产估价机构通过软件开发，利用网络手段丰富和提高估价技术，并且降低成本，为实现规模化经营奠定了基础。同时，中国房地产估价师与房地产经纪人学会也发挥着巨大的作用，在学会的组织下，各估价评估公司通过自律公约形成互相监督、互相制约、共同促进的机制，通过多年的实践取得了较好的经济效益和社会效益，社会公信力有较大提高。

## 1.2 房地产估价的必要性

在我国社会主义市场经济的不断发展中，房屋商品化、住房制度改革及与其配套的一系列政策法令逐步实施，房屋的售购租赁和建设住宅的势头必将增强。同时，随着整个经济体制的改革，企业承包经营责任制中涉及的国有资产的维护和增值、固定资产的核定、金融与信贷中的不动产抵押贷款业务的发展及住宅建设项目投资合理化、公私房产拍卖等，都需要对其房地产价格作出比较科学的估算。房地产价格评估是近代房地产经济活动和发展房产市场的重要一环，它对维护国家、企业、个人的经济利益，贯彻国家的相关法令，促进经济繁荣、发展和社会安定团结都起着非常重要的作用。归结起来，房地产估价存在的必要性有以下两大方面：

### 1.2.1 理论上的房地产估价的必要性

#### 1. 专业估价存在的基本前提

一种职业乃至一个行业的生存与发展，仅靠行政命令等外在的强制要求是难以维持长久的，必须建立在社会对它有内在需要的基础上。因此，如果社会大众无法认识或了解一种职业、一个行业存在的理由，以及这种职业、这个行业为社会福利和社会进步带来的贡献，那么这种职业、这个行业就难以在现代竞争激烈的社会中存在下去，更不用说要持续发展了。

虽然任何资产在交易中都需要衡量和确定价格，估价行业希望所有的资产都要估价的心情也是可以理解的，但并不是所有的资产都需要专业估价。对于价值量较小或者价格依照通常方法容易确定的资产，通常不需要专业估价。例如，2004年11月15日发布的《最高人民法院关于人民法院民事执行中拍卖、变卖财产的规定》（法释〔2004〕16号）第四条规定："对拟拍卖的财产，人民法院应当委托具有相应资质的评估机构进行价格评估。对于财产价值较低或者价格依照通常方法容易确定的，可以不进行评估。"可见，一种资产只有同时具有"独一无二"和"价值量大"两个特性，才真正需要专业估价。这是因为：一种资产如果不具有独一无二的特性，相同之处很多，价格普遍存在、人人皆知，或者常人依照通常方法（例如通过简单的比较）便可以得知，就不需要专业估价。同时，一种资产虽然具有独一无二的特性，但如果价值量不够大，聘请专业机构或专业人员估价的花费与资产本身的价值相比较高，甚至超过资产本身的价值，聘请专业机构或专业人员估价显得不经济，则也不需要专业估价。

**2. 房地产需要专业估价**

真正需要专业估价的主要是房地产、古董和艺术品、矿产资源、企业整体资产及某些机器设备、无形资产等。具体就房地产来说，房地产具有不可移动、独一无二和价值量大等特性，同时房地产市场又是典型的不完全市场。在经济学上，"完全市场"必须同时具备以下八个条件：①同质商品，即买者不在乎从谁的手里购买；②买者和卖者的人数众多；③买者和卖者都有进出市场的自由；④买者和卖者都掌握当前价格的完全信息，并且能预测未来的价格；⑤就成交总额而言，每个买者和卖者的购销额都是无关紧要的；⑥买者和卖者无串通共谋行为；⑦消费者要求总效用最大化，销售者要求总利润最大化；⑧商品可转让且可发生空间位置的移动。一个市场如果不符合上述八条中的任何一条，就是不完全市场。纯粹的完全市场在现实中几乎是不存在的。证券交易所和小麦市场通常被看做近似于完全市场的实例。房地产作为商品，其品质各不相同和复杂的特性不符合上述①和④的要求。另外，尽管房地产所有权（我国为房屋所有权和建设用地使用权）可以转让，但房地产实物无法移动，不符合上述⑧的要求。因此，房地产市场通常被视为典型的不完全市场。

由于房地产市场是不完全市场，并且市场信息不对称，有许多阻碍房地产价格合理形成的因素，不会自动地形成常人容易识别的适当价格，在其判断中要求相关人员有专业知识和经验，所以需要房地产估价师提供市场信息，进行"替代"市场的估价。房地产估价有助于将房地产价格导向正常化，促进房地产公平交易，建立合理的房地产市场秩序。

值得指出的是，在需要专业估价的不同类型的资产中，因为它们之间的特性不同，把握影响其价值的因素所需要的专业知识和经验则有很大的差异，例如质量、性能、新旧程度、产权状况、占有使用情况、市场行情等，所以对它们的价值进行评估通常不是同一个估价师甚至不是同一家估价机构所能胜任的。例如，对于房地产、古董、矿产、机器设备、无形资产等，很难有同一个人对它们都"识货"，更不用说要科学、准确地评估出它们的价值了。进一步来说，估价是与估价对象这个"物"密切相关的，与某些浮在"物"之上的专业服务不同，这一点类似于设计。比方说，建筑设计、汽车设计、服装设计、发型设计等虽然都是设计，都需要造型和讲究美观等，但仍然"隔行如隔山"。对于社会大众来说，通常也只有具有相应估价专业知识和经验的估价师得出的估价结果才令人信服，才具有公信力。因此，估价必然会出现适当的专业分工，形成按照估价对象划分的不同专业和相应的估价师。国际上，一般把估价专业划分为房地产、古董和艺术品、矿产资源、机器设备、企业价值、无形资产等几大类。即使是房地产估价，在美国等市场经济发达的国家和地区，通常还分为住宅估价和商业房地产估价两大类。而在这两类中又有各自的专业范畴。例如，在住宅估价中，有的房地产估价师专做小型的（1~4个单元）给多户家庭使用的住宅估价；有的房地产估价师专做大面积住宅估价。在商业房地产估价中，有的房地产估价师可能专做土地开发估价，有的房地产估价师可能专做工业房地产估价，有的房地产估价师可能专做写字楼估价，有的房地产估价师可能专做零售商业房地产估价。总之，估价如果不分专业，一个估价师如果对什么资产都可以估价，就好比是一个教师什么学科都可以教，一个医生什么病都可以治，这样的估价师可能因为所有估价业务都承揽而一时获利丰厚，但终究会因为没有专业化发展而不能提供优质服务，进而发生"信任危机"而不被社会认可，得不到社会尊重，使整个估价行业难以持续发展，而最终受害的将是估价师和估价行业自身。至于估价机构，可以根据拥有的估价师的专业情况及自己的发展定位等，专营某种资产估价业务，成为某种专业的估价机构；或者从事多种资产估价业务，成为综合性的估价机构。

**3. 房地产估价在估价行业中占主体**

房地产估价不仅很有必要，而且在估价行业中占主体地位。这是由下列三个方面决定的：

1) 房地产"面广量大"，其他资产的数量相对较少。房地产数量庞大，社会存有量和每年的新增量都很大。在一个国家或地区的全部财富中，房地产是其中比重最大的部分，一般占50%~70%，即其他各类财富之和也不及房地产一项，仅占30%~50%。例如，1990年，美国的房地产价值为8.8万亿美元，大约占美国全部财富的56%。房地产也是家庭财产的最重要组成部分。据有关资料显示，房地产占家庭总资产的比重，在西欧国家为30%~40%，在美国为25%左右。美国家庭平均拥有的房地产资产是其拥有的股票资产的四倍。2002年，在我国农村居民的财产中，土地和房产是最大的两项，总共约占74%；在城市居民的财产中，房产所占的比重高达64.39%。

在总量不多于房地产的其他资产中，许多资产还因为不同时具有"独一无二"和"价值量大"两个特性而不需要专业估价。某些资产虽然在理论上需要专业估价，但因为数量很少，估价业务量也就很少，从而难以支撑人们专门从事估价活动，也就没有相应的估价师这种专门职业。一旦需要估价，通常是依靠相关研究者或者设计者、制造者来提供专业意见。在需要专业估价并能支撑人们专门从事估价活动的其他资产中，一般还要分专业。这就使得其他资产估价专业相对更小，房地产估价在估价行业中的主体地位更加突出。

2）房地产需要估价的情形较多，其他资产需要估价的情形相对较少。房地产以外的其他资产主要在转让的情况下才需要估价。房地产除了发生转让行为，还普遍发生租赁、抵押、征收、征用、课税等行为。因此，不仅房地产转让需要估价，而且房地产租赁、抵押、征收、征用、分割、损害赔偿、税收、保险等活动也都需要估价。纵观古今中外，对房地产估价的需求远远大于对其他资产估价的需求。

3）房地产估价还普遍提供房地产咨询顾问服务，其他资产估价主要限于价值评估本身。因为房地产估价师不仅懂得房地产价值及其评估，而且具备有关房地产价格及其影响因素的专业知识和经验，了解房地产市场行情，所以，房地产估价师也是"房地产价格专家"、"房地产市场分析专家"、"房地产投资顾问"。另外，人们通常还要求房地产估价师和房地产估价机构承担房地产市场调研、房地产投资项目可行性研究、房地产开发项目策划、房地产项目调查评价、房地产购买分析、房地产资产管理等业务，这就使得房地产估价行业具有更大、更广的发展空间。

### 1.2.2 现实中的房地产估价的必要性

房地产估价是市场经济发展不可或缺的部分。经济的发展特别是房地产市场的发展和人们对财产保护意识的增强，越来越离不开房地产估价服务。这一方面为房地产估价行业的发展提供了广阔的空间，另一方面对房地产估价服务提出了更新、更高的要求。现实中，人们对房地产估价的需要是多方面的，以下从12个主要方面加以分析：

#### 1. 国有建设用地使用权出让的需要

国有建设用地使用权出让是指国家将国有建设用地使用权在一定年限内出让给土地使用者，由土地使用者向国家支付出让金等费用的行为。目前，国有建设用地使用权出让有招标、拍卖、挂牌和协议等方式。在招标出让方式中，市、县人民政府国土资源行政主管部门（以下简称出让人）需要确定招标底价，投标人需要确定投标报价。在拍卖出让方式中，出让人需要确定拍卖底价（保留价），竞买人需要确定自己的最高出价（最高应价或最高报价）。在挂牌出让方式中，出让人需要确定挂牌底价，竞买人需要确定自己的最高报价。在协议出让方式中，出让人需要提出出让价格、确定协议出让最低价，土地使用者需要确定自己的最高出价。此外，对列入招标、拍卖、挂牌出让计划内的具体地块有使用意向并提出用地申请的单位和个人，需要承诺愿意支付的土地价格；出让人需要认定其承诺的土地价格是否可以接受。因此，无论是哪种出让方式，都需要对拟出让地块进行估价，为出让人确定各种出让底价提供参考依据，或者为有兴趣的参与者确定各种出价提供参考依据。

**2．房地产转让和租赁的需要**

房地产转让包括房屋所有权转让和建设用地使用权转让，是指房屋所有权人和建设用地使用权人通过买卖、互换、赠与或者其他合法方式将其房屋所有权和建设用地使用权（简称房地产）转移给他人的行为。其他合法方式包括用房地产作价出资、作价入股、抵偿债务等。房地产租赁包括房屋租赁、土地租赁和建设用地使用权出租，是指房屋所有权人、土地所有权人（国家）、建设用地使用权人作为出租人将其房地产出租给承租人使用，由承租人向出租人支付租金的行为。房地产价值很大，房地产的转让价格和租金无论是偏高还是偏低，都会使某一方遭受较大损失。由于一般的单位和个人不是专门从事房地产交易的，甚至一生中未曾经历过房地产交易，而且没有两宗房地产是完全相同的，所以这些单位和个人对房地产及其市场行情通常不是很了解，在房地产转让和租赁时为避免遭受损失，往往需要房地产估价人员为其确定转让价格、租金等提供参考依据。

例如房地产买卖，对于买者来说，需要通过房地产估价了解拟购买房地产的市场价值，以判断卖者的要价是否合理，或者帮助其确定合适的出价，避免因出价过高而遭受损失或因出价过低而得不到房地产；对于卖者来说，需要通过房地产估价了解拟出售房地产的市场价值，以判断买者的出价是否合理，或者帮助其确定合适的要价，避免因定价过低而遭受损失或因定价过高而难以卖出。再如房地产互换，由于所互换的房地产价值刚好相等的情形很少，互换双方往往需要通过房地产估价来了解所互换房地产的市场价值，然后根据它们之间的差价在货币上"多退少补"。在用房地产作价出资设立企业的情况下，《中华人民共和国合伙企业法》（2006年8月27日中华人民共和国主席令第55号公布）第十六条规定："合伙人可以用货币、实物、知识产权、土地使用权或者其他财产权利出资，也可以用劳务出资。合伙人以实物、知识产权、土地使用权或者其他财产权利出资，需要评估作价的，可以由全体合伙人协商确定，也可以由全体合伙人委托法定评估机构评估。"《中华人民共和国公司法》第二十七条规定："股东可以用货币出资，也可以用实物、知识产权、土地使用权等可以用货币估价并可以依法转让的非货币财产作价出资；但是，法律、行政法规规定不得作为出资的财产除外。对作为出资的非货币财产应当评估作价，核实财产，不得高估或者低估作价。法律、行政法规对评估作价有规定的，从其规定。"在一方提供土地、另一方提供资金来合资合作开发建设房地产，然后分配建成后的房地产或者利润的情况下，双方需要了解所提供的土地的市场价值，故也需要进行房地产估价。在房地产租赁的情况下，不仅需要评估租金（租赁价格），而且当出租人需要收回租赁期限未到的房地产时应当给予承租人一定的补偿，承租人将租赁权转让时也可以拿到一定的权利金（租赁权价格）等，故也需要房地产估价提供相关参考依据。

**3. 房地产抵押贷款的需要**

房地产抵押是指债务人或者第三人不转移对房地产的占有，将该房地产作为债权的担保，当债务人不履行到期债务或者发生当事人约定的实现抵押权的情形时，债权人有权依照法律的规定以该房地产折价或者以拍卖、变卖该房地产所得的价款优先受偿。上述债务人或者第三人为抵押人，债权人为抵押权人，提供担保的房地产为抵押房地产。

房地产由于具有不可移动、寿命长久、价值量大、保值增值等特性，是一种良好的用于提供担保的财产。在借贷等民事活动中，为保障债权的实现，债权人一般会要求债务人或者第三人将其有权处分并且不属于法律法规规定不得抵押的房地产抵押给自己，同时要求贷款金额小于抵押房地产的价值。《中华人民共和国担保法》（1995年6月30日中华人民共和国主席令第50号公布，以下简称《担保法》）第三十五条规定"抵押人所担保的债权不得超出其抵押物的价值。"特别是商业银行为了兼顾业务发展、市场竞争和防范风险，既不能压低房地产抵押价值，又不能提高房地产抵押价值，即如果为了信贷安全而少放款将会失去赚取利息的机会，但如果为了谋求更多的利息而多放款将承受损失的风险，两全其美的办法是追求客观合理的抵押价值。为了得到该客观合理的抵押价值，债权人一般会委托或要求债务人委托债权人信任的房地产估价机构进行评估，为其确定房地产抵押贷款额度提供价值参考依据。

房地产抵押对房地产估价的需要，归纳起来主要有以下七种：

1) 初次抵押估价。即将未抵押过的房地产第一次抵押，并且对该房地产的抵押价值进行评估。

2) 再次抵押估价。即将已抵押的房地产再次抵押，并且对该房地产的抵押价值进行评估。《担保法》第三十五条规定："财产抵押后，该财产的价值大于所担保债权的余额部分，可以再次抵押，但不得超出其余额部分。"

3) 增加抵押贷款估价。即抵押人以同一抵押房地产向同一抵押权人再次抵押贷款，对该房地产的抵押价值进行评估。

4) 抵押期间估价。即对抵押房地产的价值进行监测，及时掌握其变化情况，并且定期或者根据需要对抵押房地产的价值进行评估,包括向抵押权人提示。抵押人的行为足以使抵押房地产的价值减少的,要求抵押人停止其行为;抵押房地产的价值减少的,要求抵押人恢复抵押房地产的价值,或者提供与减少的价值相应的担保;抵押人不恢复抵押房地产的价值且也不提供担保的,要求债务人提前清偿债务。

5)转抵押估价。即将抵押房地产及其所担保债权转让给买受人,并且对该房地产的抵押价值进行评估。

6)续贷抵押估价。即抵押贷款到期后继续以该房地产抵押贷款,并且对该房地产的抵押价值进行评估。

7)处置抵押房地产估价。即债务人不履行到期债务或者发生当事人约定的实现抵押权的情形,需要将抵押房地产折价或者拍卖、变卖,为给折价或者拍卖、变卖提供相关价值参考依据,对该房地产的市场价值等进行评估。

在实际中,还可以按照贷款前期、贷款期间和贷款处置三个阶段,来划分为金融机构提供的房地产抵押估价及相关服务。在贷款前期,除了可提供房地产抵押价值评估服务外,通常还提供房地产贷款项目评价、抵押成数(抵押率)测算等服务。在贷款期间,可提供抵押房地产及其价值动态评估服务,及时化解信贷风险,提高抵押房地产的质量,保障金融机构债权的安全。在贷款处置阶段,除了可提供处置抵押房地产价值评估服务外,通常还提供资产处置方案、处置方式分析咨询等服务。

**4. 房地产征收补偿的需要**

房地产特别是其中的土地,是各种生产、生活等活动都不可缺少的基础要素,并且又不可移动,有时为了公共利益的需要,如兴建道路、公园、学校、机场等,或者因抢险、救灾等紧急需要,国家不得不征收或者征用农民集体所有的土地、国有土地上单位和个人的房屋及其他房地产。过去没有区分征收和征用,统称为"征用"。2004年3月14日修改后的《中华人民共和国宪法》作了区分,2004年8月28日修改后的《中华人民共和国土地管理法》也作了相应修正,把过去的"征用"改为"征收"。"征用"一词仍然使用,但涵义有所不同。征收与征用的主要区别是:征收的实质是强制收买——主要是所有权的改变,不存在返还的问题;征用的实质是强制使用——只是使用权的改变,被征用的房地产在使用后,应当返还被征用人,即是一种强制的临时使用房地产的行为。

尽管征收、征用都是为了公共利益的需要,具有一定的强制性,但都不能是无偿的,必须依法给予补偿。例如,《中华人民共和国宪法》(2004年3月14日修正文本,以下简称《宪法》)第十条规定:"国家为了公共利益的需要,可以依照法律规定对土地实行征收或者征用并给予补偿。"第十三条规定:"国家为了公共利益的需要,可以依照法律规定对公民的私有财产实行征收或者征用并给予补偿。"《中华人民共和国物权法》（2007年3月16日中华人民共和国主席令第62号公布）第四十二条规定："征收集体所有的土地，应当依法足额支付土地补偿费、安置补助费、地上附着物和青苗的补偿费等费用，安排被征地农民的社会保障费用，保障被征地农民的生活，维护被征地农民的合法权益。征收单位、个人的房屋及其他不动产，应当依法给予拆迁补偿，维护被征收人的合法权益；征收个人住宅的，还应当保障被征收人的居住条件。"第四十四条规定："单位、个人的不动产或者动产被征用或者征用后毁损、灭失的，应当给予补偿。"《中华人民共和国土地管理法》（2004年8月28日修正文本，以下简称《土地管理法》）第二条规定："国家为了公共利益的需要，可以依法对土地实行征收或者征用并给予补偿。"《中华人民共和国城市房地产管理法》（2007年8月30日修正文本，以下简称《城市房地产管理法》）第六条规定："为了公共利益的需要，国家可以征收国有土地上单位和个人的房屋，并依法给予拆迁补偿，维护被征收人的合法权益；征收个人住宅的，还应当保障被征收人的居住条件。"第二十条规定："国家对土地使用者依法取得的土地使用权，在出让合同约定的使用年限届满前不收回；在特殊情况下，根据社会公共利益的需要，可以依照法律程序提前收回，并根据土地使用者使用土地的实际年限和开发土地的实际情况给予相应的补偿。"《城市房屋拆迁管理条例》（2001年6月13日中华人民共和国国务院令第305号发布）第四条规定："拆迁人应当依照本条例的规定，对被拆迁人给予补偿、安置。"

　　征用房地产不仅应当给予使用上的补偿（补偿金额相当于租金），而且如果房地产在被征用后毁损、灭失，还应当按照实际损失给予补偿。例如，房地产被征用后毁损的，征用补偿金额应包括使用期的补偿金额和相当于被征用房地产毁损前后价值之差的补偿金额；房地产被征用后灭失的，征用补偿金额应包括使用上的补偿金额和相当于被征用房地产价值的补偿金额。而想要确定上述征收、征用的补偿金额等，就需要进行房地产估价提供参考依据。例如，《城市房屋拆迁管理条例》规定拆迁补偿的方式可以为货币补偿，也可以为房屋产权调换。其中，第二十四条规定"货币补偿的金额，根据被拆迁房屋的区位、用途、建筑面积等因素，以房地产市场评估价格确定。"第二十五条规定"实行房屋产权调换的，拆迁人与被拆迁人应当依照本条例第二十四条的规定，计算被拆迁房屋的补偿金额和所调换房屋的价格，结算产权调换的差价。"具体地说，实行货币补偿方式的，要对被征收房屋的房地产市场价值进行评估，为确定货币补偿的金额提供依据；实行房屋产权调换补偿方式的，要对被征收房屋的房地产市场价值和所调换房屋的房地产市场价值进行评估，为结算房屋产权调换的差价提供依据，即产权调换的差价=所调换房屋的房地产市场价值-被征收房屋的房地产市场价值。

**5. 房地产税收的需要**

　　房地产自古以来就是一个良好的税源。有关房地产的税收种类很多，例如房

产税、土地增值税、土地与房屋合征的房地产税、房地产与其他财产合征的财产税、遗产税、赠与税等。这些税收一般都是以房地产的价值作为课税依据的。而为了掌握切实可靠的课税依据,避免偷税、漏税和课税不公平,税务机关和纳税义务人都需要对房地产进行估价。特别是税务机关,要用科学、公正的房地产评估结果来说服纳税义务人。

**6. 房地产损害赔偿的需要**

《宪法》第十二条规定:"社会主义的公共财产神圣不可侵犯。国家保护社会主义的公共财产。禁止任何组织或者个人用任何手段侵占或者破坏国家的和集体的财产。"第十三条规定:"公民的合法的私有财产不受侵犯。国家依照法律规定保护公民的私有财产权和继承权。"《中华人民共和国民法通则》(1986年4月12日中华人民共和国主席令第37号公布,以下简称《民法通则》)第一百一十七条规定:"侵占国家的、集体的财产或者他人财产的,应当返还财产,不能返还财产的,应当折价赔偿。损坏国家的、集体的财产或者他人财产的,应当恢复原状或者折价赔偿。受害人因此遭受其他重大损失的,侵害人并应当赔偿损失。"房地产损害赔偿的类型多种多样,包括:

1)因规划修改给房地产权利人等的合法权益造成的损失。《中华人民共和国城乡规划法》(2007年10月28日中华人民共和国主席令第74号公布)第五十条规定:"在选址意见书、建设用地规划许可证、建设工程规划许可证或者乡村建设规划许可证发放后,因依法修改城乡规划给被许可人合法权益造成损失的,应当依法给予补偿。经依法审定的修建性详细规划、建设工程设计方案的总平面图不得随意修改;确需修改的,城乡规划主管部门应当采取听证会等形式,听取利害关系人的意见;因修改给利害关系人合法权益造成损失的,应当依法给予补偿。"

2)因在自己的土地上建造建筑物妨碍了相邻建筑物的通风、采光和日照等,造成的相邻房地产价值的损失。《民法通则》第八十三条规定:"不动产的相邻各方,应当按照有利生产、方便生活、团结互助、公平合理的精神,正确处理截水、排水、通行、通风、采光等方面的相邻关系。给相邻方造成妨碍或者损失的,应当停止侵害,排除妨碍,赔偿损失。"

3)因使他人房地产受到污染,造成他人房地产价值的损失。例如,房地产受到噪声、辐射污染,房地产上的水、土壤、空气受到污染,房地产经常受到振动的影响等。

4)因施工中挖基础不慎使邻近建筑物受损,造成邻近房地产价值的损失。

5)因工程质量缺陷造成房地产价值的损失。例如,预售的商品房在交付使用后被发现存在工程质量问题(如墙体开裂、室内空气质量不符合国家标准),给购房人造成的损失。

6)因未能履约(如未按合同约定如期供货、供款等)而使他人工程停建、缓建，给他人造成的损失。

7）因对房地产权利行使不当而造成的损失。例如因错误查封，给房地产权利人造成的损失。

8）因异议登记不当，给房地产权利人造成的损害。《物权法》第十九条规定："异议登记不当，造成权利人损害的，权利人可以向申请人请求损害赔偿。"

9）因非法批准征收、使用土地，给当事人造成的损失。《土地管理法》第七十八条规定："无权批准征收、使用土地的单位或者个人非法批准占用土地的，超越批准权限非法批准占用土地的，不按照土地利用总体规划确定的用途批准用地的，或者违反法律规定的程序批准占用、征收土地的，其批准文件无效，……非法批准征收、使用土地，对当事人造成损失的，依法应当承担赔偿责任。"

10）其他房地产损害赔偿。例如，《中华人民共和国物权法》第九十二条规定："不动产权利人因用水、排水、通行、铺设管线等利用相邻不动产的，应当尽量避免对相邻的不动产权利人造成损害；造成损害的，应当给予赔偿。"

在上述各种类型的房地产损害赔偿、补偿中，均需要房地产估价为和解、调解、仲裁、诉讼等确定赔偿或补偿金额提供参考依据。

**7. 房地产分割的需要**

共有财产分割、遗产分割等通常涉及房地产分割。房地产分割一般不宜采取实物分割的方法，因为在许多情况下，房地产在实物上难以分割，或者进行实物分割就会损害房地产的效用，造成房地产的价值减损，所以通常是采取折价或者拍卖、变卖的方式，然后对折价或者拍卖、变卖取得的价款予以分割。例如，夫妻离婚，原共有的一套住房不宜采取实物分割方式分配（由双方各得一半），多数情况下是由其中的一方获得该套住房，该方再按照该套住房市场价值的一半向对方支付现金或现金等价物。

有时即使可以采取实物分割的方法，但由于房地产是不均质的，例如以平均分割为例，土地通常是在价值平均分配的基础上进行面积不等的划分；如果按照面积进行平均分割，则分割后的各部分价值不均等，通常还需要进行现金或现金等价物的"多退少补"。房屋一般既难以按照面积进行平均分割，也难以在价值平均分配的基础上进行面积不等的划分，通常是先按照自然间进行实物分割，再根据各部分之间的价值差异进行现金或现金等价物的"多退少补"。这些都需要房地产估价提供价值参考依据。

**8. 房地产保险的需要**

房地产是一种重要的财产，其中的建筑物难免会因发生自然灾害或意外事故，例如火灾、爆炸、雷击、暴风、暴雨、泥石流、地面突然塌陷、岩崩、突发性滑坡或空中运行物体坠落等，而遭受损毁或灭失，从而需要保险。房地产保险对房地产估价的需要，一是在投保时需要评估保险价值，为确定保险金额提供参

考依据;二是在保险事故发生后需要评估所遭受的损失或者建筑物重置价格、重建价格等,为确定赔偿金额提供参考依据。

**9. 房地产争议调处和司法鉴定的需要**

现实生活中经常发生有关当事人对房地产拍卖、变卖、抵债、征收、征用、损害赔偿等活动中有关房地产价格、补偿金额、赔偿金额或者为他们提供参考依据的估价报告或估价结果有异议的情况。例如,在人民法院拍卖、变卖被查封的房地产或者将被查封的房地产抵债中,被执行人通常对拍卖、变卖、抵债的价格有异议,特别是对为人民法院确定拍卖保留价、变卖价格、抵债价格提供参考依据的估价报告或估价结果有异议,从而要求对估价报告或估价结果进行复核或鉴定。在国有土地上房屋征收估价中,通常也出现某一方特别是被征收人对估价报告或估价结果有异议而要求对估价报告或估价结果进行复核或鉴定的情况。

此外,对于各种涉及房地产的违纪、违法、违规和犯罪行为,衡量违纪、违法、违规和犯罪的情节轻重,通常不仅考虑房地产的实物量(如面积),而且考虑房地产的价值量。例如,对于国家工作人员非法收受他人房地产的"受贿罪",收受房地产的价值是定罪量刑的重要依据。对于涉嫌犯"非法低价出让国有土地使用权罪"的,定罪时要看其是否存在低价出让;对于确定犯"非法低价出让国有土地使用权罪"的,还要看其低价出让的程度。以上这些均需要权威、公正的房地产估价,为争议各方当事人和解或者有关单位调解、仲裁机构仲裁、行政机关处理、纪律检查部门查处、检察机关立案、人民法院判决,以及司法机关和公民、组织进行诉讼等提供相关参考依据。房地产估价司法鉴定的鉴定结论作为解决纠纷的法定证据,对诉讼、仲裁的公正性起着十分重要乃至决定性的作用。

**10. 企业有关经济行为的需要**

企业的对外投资、合资、合作、合并、分立、改制、资产重组、产权转让、租赁、清算等经济行为,往往需要对相关房地产或者企业整体资产进行估价。

1)企业对外投资是指企业以货币、实物、无形资产或者购买股票、债券等有价证券方式向其他单位投资的行为。其中,企业以房地产或者房地产为主的非货币财产进行对外投资的,通常需要进行房地产估价。

2)企业合资是指两个以上的企业共同出资成立另外一个公司并分享股权,以进行某些新产品、新技术或新事业的开发。其中,企业以房地产或者房地产为主的非货币财产出资的,通常需要进行房地产估价。

3)企业合作是指不同企业之间通过协议或其他联合方式,共同开发产品或市场,共享利益,以获取整体优势的经营方式。例如,一方提供土地、房屋,另一方或多方提供资金、设备,开展相关的合资、合作,然后各方按照一定比例分配相关的利益。在这种情况下,需要评估所提供的土地、房屋的价值,以便与所提供的资金、设备的价值进行比较,从而为确定各方的利益分配比例提供参考依据。

4）企业合并是指两个以上企业合并为一个企业的行为，分为吸收合并和新设合并。吸收合并是指两个以上的企业在合并时，其中的一个企业吸收了其他企业而存续，被吸收的企业解散；新设合并是指两个以上的企业合并设立一个新的企业，合并各方均解散。在现实中，一个企业吸收其他企业的动机之一，是看中了被吸收企业的场地和房屋，以取得自身发展所需的场所。在这种情况下，根据具体情况，需要评估被吸收企业的价值或者其场地和房屋的价值。

5）企业分立是指一个企业依法分为两个以上企业的行为。企业在进行分立时，其财产需要作相应的分割，从而需要估价为财产分割提供参考依据。

6）企业改制是指国有企业、事业单位整体或者部分改建为有限责任公司、股份有限公司或者股份合作制等形式。

7）企业资产重组是指根据业务重组的需要，对同一企业内部或者不同企业之间现存的各类资产进行重新组合。资产重组的模式包括资产剥离模式（减资、资产置换、资产出售）、兼并收购模式、合并（联合）重组模式和托管模式。其中，资产置换是指不同企业之间为了调整资产结构，突出各自的主营业务或者出于其他目的而相互交换非货币财产的资产重组方式。企业托管经营是指企业的所有者通过契约形式，将企业法人财产交由具有较强经营管理能力并能够承担相应经营风险的法人进行有偿经营的一种活动。

8）企业产权转让是指企业产权持有者将所持有的企业产权有偿转移给他人（法人、自然人或者其他组织）的行为。在企业产权转让中，转让方需要估价以为其确定企业产权转让价格提供参考依据，受让方需要估价以为其确定出价或报价提供参考依据。

9）企业租赁是指企业的所有者在一定期限内，以收取租金的形式，将企业整体资产或者部分资产的经营使用权转让给其他经营使用者的行为。

10）企业清算是指企业在违反法律、法规而被依法关闭或出资人决定解散、企业被依法宣告破产、公司章程规定的营业期限届满或公司章程规定的其他解散事由出现等情况下的企业财产清理、处理等。

此外，根据会计、有关监管等的需要，企业还需对运营中的房地产公允价值或市场价值进行评估。例如，为财务报告或相关会计事项进行的估价。《企业会计准则第 3 号——投资性房地产》（2006 年 2 月 15 日财会〔2006〕3 号）第三章第十条规定："有确凿证据表明投资性房地产的公允价值能够持续可靠取得的，可以对投资性房地产采用公允价值模式进行后续计量。"投资性房地产是指为赚取租金或资本增值，或两者兼有而持有的房地产。《中华人民共和国证券法》第一百四十九条规定："国务院证券监督管理机构认为有必要时，可以委托会计师事务所、资产评估机构对证券公司的财务状况、内部控制状况、资产价值进行审计或者评估。"

### 11. 房地产管理的需要

我国经济体制改革将过去高度集权的计划经济转变为市场经济，相应地，各类资产的管理则从过去单纯的实物管理转变为价值管理，即不仅需要弄清楚资产的实物量，更需要弄清楚资产的价值量。在这种情况下，房地产管理也不能仅停留在土地和房屋的数量上，更需要弄清楚这些房地产的价值量，即它们的增值或贬值情况。这就需要房地产估价。

有关法律、行政法规和政府部门提出了许多房地产估价任务和要求，其中《城市房地产管理法》提出的相关规定如下：

1）第十三条规定："采取双方协议方式出让土地使用权的出让金不得低于按国家规定所确定的最低价。"——要想确定最低价，需要估价。

2）第十八条规定："土地使用者需要改变土地使用权出让合同约定的土地用途的，……相应调整土地使用权出让金。"——要想确定相应调整的土地使用权出让金金额，需要估价。

3）第二十条规定："国家对土地使用者依法取得的土地使用权，在出让合同约定的使用年限届满前不收回；在特殊情况下，根据社会公共利益的需要，可以依照法律程序提前收回，并根据土地使用者使用土地的实际年限和开发土地的实际情况给予相应的补偿。"——要想确定相应的补偿金额，需要估价。

4）第三十四条规定："房地产价格评估，应当遵循公正、公平、公开的原则，按照国家规定的技术标准和评估程序，以基准地价、标定地价和各类房屋的重置价格为基础，参照当地的市场价格进行评估。"——要想确定基准地价、标定地价和各类房屋重置价，需要估价。

5）第三十五条规定："房地产权利人转让房地产，应当向县级以上地方人民政府规定的部门如实申报成交价，不得瞒报或者作不实的申报。"——要想知道是否存在瞒报或者作不实的申报的情况，需要估价。

6）第四十条规定："以划拨方式取得土地使用权的，转让房地产时，……依照国家有关规定缴纳土地使用权出让金。……按照国务院规定将转让房地产所获收益中的土地收益上缴国家或者作其他处理。"——要想确定应缴纳的土地使用权出让金数额及转让房地产所获收益中的土地收益金额，需要估价。

7）第四十三条规定："以出让方式取得土地使用权的，转让房地产后，受让人改变原土地使用权出让合同约定的土地用途的，……相应调整土地使用权出让金。"——同第十八条一样，要想确定调整土地使用权出让金金额，需要估价。

8）第五十一条规定："设定房地产抵押权的土地使用权是以划拨方式取得的，依法拍卖该房地产后，应当从拍卖所得的价款中缴纳相当于应缴纳的土地使用权出让金的款额后，抵押人方可优先受偿。"——要想知道拍卖所得的价款中的土地使用权出让金金额，需要估价。

9）第五十二条规定："房地产抵押合同签订后，土地上新增的房屋不属于抵押财产。需要拍卖该抵押的房地产时，可以依法将土地上新增的房屋与抵押财产一同拍卖，但对拍卖新增房屋所得，抵押权人无权优先受偿。"——要想知道拍卖所得的价款中的新增房屋所得数额，需要估价。

10）第五十六条规定："以营利为目的，房屋所有权人将以划拨方式取得土地使用权的国有土地上建成的房屋出租的，应当将租金中所含土地收益上缴国家。"——要想知道租金中所含土地收益金额，需要估价。

**12．其他方面的需要**

除了上面列举的之外，现实生活中人们对房地产估价的需要还来自许多方面，例如，在房地产强制拍卖（拍卖底价）、抵债、拆迁补偿、损害赔偿等估价中，往往出现某一方对原房地产估价结果有异议的情况，这就需要对原房地产估价结果进行复核或鉴定，所以也需要房地产估价。在房地产开发经营中，从房地产开发投资的可行性研究一直到开发完成后的房地产租售，都离不开房地产估价。有时还需要把房地产的购买价格在土地和建筑物之间进行分配，这也同样需要房地产估价。

## 1.3 我国的房地产估价制度

为了发展和规范房地产估价业务，世界许多国家和地区以各种形式建立和完善了有关制度。所谓房地产估价制度，就是对从事房地产估价的人员与机构的条件及行为加以某种约束，并令其对所估价的结果承担相应的法律责任，以此来保证房地产价格的合理性和相关者的权益。

近几年来，随着房地产估价业务的开展，我国逐步建立了房地产估价制度。其基本内容体现在如下三个方面：

### 1.3.1 房地产估价师考试和注册制度

1993年5月，我国建设部和人事部认定了首批注册房地产估价师140名，1994年4月又认定了第二批我国注册房地产估价师206名。在此基础上开始实行了全国范围内的房地产估价师执业资格考试和注册制度。2007年3月1日起又开始施行《注册房地产估价师管理办法》。

**1．房地产估价师资格考试办法**

根据《房地产估价师执业资格制度暂行规定》，我国房地产估价师资格取得的条件和程序如下：

（1）考试组织 房地产估价师资格实行全国统一大纲、统一命题、统一组织的考试制度。房地产估价师考试及培训由国务院房地产行政主管部门统一组织，由中国房地产估价师与房地产经纪人学会具体实施。人事部负责审定考试科目、考试大纲，并对考试工作进行监督与指导。

（2）报名条件　凡中华人民共和国公民和获准在中华人民共和国境内就业的其他国籍的人员，遵纪守法并具备下列条件之一的，可申请报名考试。

1）取得房地产估价相关学科（包括房地产经营、房地产经济、土地管理、城市规划、工业与民用建筑、建筑经济、投资经济、房地产价格管理等，下同）中等专业学历，具有八年以上相关专业工作经历，其中从事房地产估价实务满五年。

2）取得房地产估价相关学科大专学历，具有六年以上相关专业工作经历，其中从事房地产估价实务满四年。

3）取得房地产估价相关学科学士学位，具有四年以上相关专业工作经历，其中从事房地产估价实务满三年。

4）取得房地产估价相关学科硕士学位或第二学位、研究生班毕业，从事房地产估价实务满两年。

5）取得房地产估价相关学科博士学位。

6）不具备上述规定学历，但通过国家统一组织的经济专业初级资格或审计、会计、统计专业助理级资格考试并取得相应资格，具有10年以上相关专业工作经历，其中从事房地产估价实务满六年，成绩特别突出。

申请参加房地产估价师资格考试的人员，需提供下列证明文件：①房地产估价师执业资格考试报名申请表；②学历证明；③实践经历证明。

（3）资格获得　房地产估价师执业资格考试成绩实行两年为一个周期的滚动管理办法，参加全部四个科目考试的人员必须在连续两个考试年度内通过全部科目。考试结束后，全国统一阅卷。房地产估价师执业资格考试合格者，由人事部或其授权的部门颁发人事部统一印制，人事部和建设部用印的"房地产估价师执业资格证书"，经注册后全国范围有效。未取得"房地产估价师执业资格证书"不得以房地产估价师的名义从事房地产估价业务。

**2．房地产估价师注册办法**

（1）注册条件　《注册房地产估价师管理办法》第七条规定房地产估价师的注册条件为：①取得执业资格；②达到继续教育合格标准；③受聘于具有资质的房地产估价机构；④无本办法第十四条规定不予注册的情形。

（2）注册程序　《注册房地产估价师管理办法》第八条规定：申请注册的，应当向聘用单位或者其分支机构工商注册所在地的省、自治区、直辖市人民政府建设（房地产）主管部门提出注册申请。

对申请初始注册的，省、自治区、直辖市人民政府建设（房地产）主管部门应当自受理申请之日起20日内审查完毕，并将申请材料和初审意见报国务院建设主管部门。国务院建设主管部门应当自受理之日起20日内作出决定。

对申请变更注册、延续注册的，省、自治区、直辖市人民政府建设（房地产）主管部门应当自受理申请之日起 5 日内审查完毕，并将申请材料和初审意见报国务院建设主管部门。国务院建设主管部门应当自受理之日起 10 日内作出决定。

注册房地产估价师的初始、变更、延续注册，逐步实行网上申报、受理和审批。

（3）不予注册的情况 《注册房地产估价师管理办法》第十四条规定，申请人有下列情形之一的，不予注册：①不具有完全民事行为能力的；②刑事处罚尚未执行完毕的；③因房地产估价及相关业务活动受刑事处罚，自刑事处罚执行完毕之日起至申请注册之日止不满 5 年的；④因前项规定以外原因受刑事处罚，自刑事处罚执行完毕之日起至申请注册之日止不满 3 年的；⑤被吊销注册证书，自被处罚之日起至申请注册之日止不满 3 年的；⑥以欺骗、贿赂等不正当手段获准的房地产估价师注册被撤销，自被撤销注册之日起至申请注册之日止不满 3 年的；⑦申请在 2 个或者 2 个以上房地产估价机构执业的；⑧为现职公务员的；⑨年龄超过 65 周岁的；⑩法律、行政法规规定不予注册的其他情形。

## 1.3.2 房地产估价管理制度

《房地产估价机构管理办法》于 2005 年 12 月 1 日起实施，旨在规范房地产估价机构行为、维护房地产估价市场秩序、保障房地产估价活动当事人合法权益。《房地产估价机构管理办法》规定，房地产估价机构依法从事房地产估价活动，不受行政区域、行业限制。任何组织或者个人不得非法干预房地产估价活动和估价结果。该办法对房地产估价管理工作提出了如下基本要求：

**1．管理机构**

我国实行分级管理，国务院建设行政主管部门负责全国城市房地产估价机构的监督管理工作；省、自治区人民政府建设行政主管部门、直辖市人民政府房地产行政主管部门负责本行政区域内房地产估价机构的监督管理工作；市、县人民政府房地产行政主管部门负责本行政区域内房地产估价机构的监督管理工作。省一级一般都不单设房地产管理局，由建委（建设厅）行使房地产评估的管理职能。市、县则大多都有独立的房地产管理部门。国家和省级管理机构偏重于宏观管理，如制定评估的法规、政策等；市级和县级管理机构偏重于微观管理、具体工作的管理。市、县级人民政府房地产行政主管部门应当确立房地产评估机构，承担本行政区域内房地产估价业务。

**2．房地产估价机构的资质条件管理**

对估价机构的资质条件的管理，是房地产估价管理的主要工作，在建设部《城市房地产中介服务管理规定》及《建设部关于房地产价格评估机构资格等级管理的若干规定》等法规中，也明确规定了房地产评估机构的设立条件、审批程序、资质条件、营业范围及日常管理和处罚规定等。

（1）设立条件　设立估价机构应当符合下列条件：①有单位名称和组织机构；②有固定的经营场所；③有符合规定的注册资本；④有符合规定的专业技术人员；⑤在以往的房地产评估中有良好的质量和信誉。

（2）资质等级管理　房地产估价机构资质等级分为一级、二级、三级。国务院建设行政主管部门负责一级房地产估价机构资质许可。省、自治区人民政府建设行政主管部门、直辖市人民政府房地产行政主管部门负责二级、三级房地产估价机构资质许可，并且接受国务院建设行政主管部门的指导和监督。新设立中介服务机构的房地产估价机构资质等级应当核定为三级资质，设一年的暂定期。

房地产估价机构资质有效期为三年。资质有效期届满，房地产估价机构需要继续从事房地产估价活动的，应当在资质有效期届满30日前向资质许可机关提出资质延续申请。资质许可机关应当根据申请作出是否准予延续的决定。准予延续的，有效期延续三年。

（3）经营范围　从事房地产估价活动的机构，应当依法取得房地产估价机构资质，并在其资质等级许可范围内从事估价业务。一级资质房地产估价机构可以从事各类房地产估价业务。二级资质房地产估价机构可以从事除公司上市、企业清算以外的房地产估价业务。三级资质房地产估价机构可以从事除公司上市、企业清算、司法鉴定以外的房地产估价业务。暂定期内的三级资质房地产估价机构可以从事除公司上市、企业清算、司法鉴定、城镇房屋拆迁、在建工程抵押以外的房地产估价业务。

**3．估价人员的权利和义务**

房地产估价师的作业范围包括房地产估价、房地产咨询及与房地产估价有关的其他业务。房地产估价师承办的业务，由其所在的估价机构统一受理，并与委托人签订委托合同。房地产估价收费由估价机构统一收取。由于房地产估价失误给当事人造成经济损失的，由估价机构承担赔偿责任。估价机构可以对房地产估价师追偿。房地产估价师与委托人有利害关系的，应当回避。

《注册房地产估价师管理办法》第二十四条规定注册房地产估价师享有下列权利：

1）使用注册房地产估价师名称。

2）在规定范围内执行房地产估价及相关业务。

3）签署房地产估价报告。

4）发起设立房地产估价机构。

5）保管和使用本人的注册证书。

6）对本人执业活动进行解释和辩护。

7）参加继续教育。

8）获得相应的劳动报酬。
9）对侵犯本人权利的行为进行申诉。

《注册房地产估价师管理办法》第二十五条规定注册房地产估价师应当履行下列义务：

1）遵守法律、法规、行业管理规定和职业道德规范。
2）执行房地产估价技术规范和标准。
3）保证估价结果的客观公正，并承担相应责任。
4）保守在执业中知悉的国家秘密和他人的商业、技术秘密。
5）与当事人有利害关系的，应当主动回避。
6）接受继续教育，努力提高执业水准。
7）协助注册管理机构完成相关工作。

### 1.3.3 我国房地产估价师学会制度

#### 1. 学会简介

中国房地产估价师与房地产经纪人学会是全国性的房地产估价和经纪行业自律管理组织，由从事房地产估价和经纪活动的专业人士、机构及有关单位组成，依法对房地产估价和经纪行业进行自律管理。现为国际测量师联合会（FIG）全权团体会员。

中国房地产估价师与房地产经纪人学会的前身是成立于 1994 年 8 月的中国房地产估价师学会，2004 年 7 月变更为现名。中文简称为中房学，英文名称为 China Institute of Real Estate Appraisers and Agents，英文名称缩写为 CIREA。

#### 2. 学会业务范围

1）组织开展房地产估价和房地产经纪理论、方法及其应用的研究、讨论、交流和考察。
2）拟定并推行房地产估价和房地产经纪执业标准、规则。
3）协助行政主管部门组织实施全国房地产估价师、房地产经纪人执业资格考试。
4）办理房地产经纪人执业资格注册。
5）开展房地产估价和房地产经纪业务培训，对房地产估价师、房地产经纪人进行继续教育，推动知识更新。
6）建立房地产估价师和房地产估价机构、房地产经纪人和房地产经纪机构信用档案，开展房地产估价机构和房地产经纪机构资信评价。
7）提供房地产估价和房地产经纪咨询和技术服务。
8）编辑出版房地产估价和房地产经纪刊物、著作，建立有关网站，开展行业宣传。

9）代表我国房地产估价和房地产经纪行业开展国际交往活动，参加相关国际组织。

10）向政府有关部门反映会员的意见、建议和要求，维护会员的合法权益，支持会员依法执业。

11）办理法律、法规规定和行政主管部门委托或授权的其他有关工作。

**3．会员的权利与义务**

本会会员享有下列权利：

1）本会的选举权、被选举权和表决权。

2）参加本会的活动。

3）获得本会服务的优先权。

4）优先或优惠获得本会编辑出版的刊物和著作。

5）对本会工作的批评建议权和监督权。

6）入会自愿、退会自由。

本会会员应当履行下列义务：

1）遵守本会章程，执行本会的决议。

2）维护本会的合法权益和声誉。

3）完成本会交办的工作。

4）按规定缴纳会费。

5）向本会反映情况，提供有关资料。

6）积极参加本会组织的学术等各项活动，提供学术论文、调查报告、研究成果和其他有关资料。

7）维护和增进本会会员间的团结、友谊、联系与合作。

8）接受本会的监督、检查和管理。

## 1.4　我国房地产估价行业的发展历程

我国房地产估价行业是一个既古老又新兴的行业，是房地产业的重要组成部分。我国房地产估价活动历史悠久、源远流长，上千年前就产生了有关房地产价值及其评估思想的萌芽。当时伴随着土地和房屋买卖、租赁、课税、典当等活动的出现，房地产估价活动应运而生。但在20世纪50年代至70年代这段时期，随着废除房地产私有制和禁止房地产买卖、租赁等活动规定的出现，我国房地产估价活动基本消失。直到1978年以后，在改革开放的背景下，随着城镇国有土地有偿使用和房屋商品化的推进，我国房地产估价活动开始复兴，特别是1993年诞生首批房地产估价师以来，我国房地产估价行业快速发展，估价队伍迅速壮大，估价法规不断健全，估价标准逐步完善，估价理论日趋成熟，估价业务持续增长，估价行业的社会影响显著扩大,基本形成了公平竞争、开放有序和监管有力的房地产估价市场,逐步建立起了政府监管、行业自律和社会监督的监管体制。房地产估价在解决房地产市场失灵,将房地产市场引向理性,维护房地产市场秩序,保护房地产权利人和利害关系人的合法权益,防范金融风险,促进社会和谐等方面发挥着独特的积极作用。

下面就我国现代房地产估价行业发展的几个主要方面作一简要介绍。

### 1.4.1 以法律形式确立了房地产估价的地位

2007年修正的《城市房地产管理法》第三十四条规定:"国家实行房地产价格评估制度。"第五十九条规定:"国家实行房地产价格评估人员资格认证制度。"这两条规定明确了房地产估价的法律地位。

### 1.4.2 建立了房地产估价师执业资格制度

执业资格制度是对关系公共利益和人民生命财产安全的关键领域和岗位,实行准入控制的一项制度,属于以公民作为颁发对象的资格制度。1993年,借鉴美国等市场经济发达国家和地区的经验,我国人事部、建设部共同建立了房地产估价师执业资格制度,经严格考核,认定了首批140名房地产估价师。这是我国最早建立的专业技术人员执业资格制度。1994年,认定了第二批206名房地产估价师。

1995年3月22日,建设部、人事部联合发出了《关于印发〈房地产估价师执业资格制度暂行规定〉和〈房地产估价师执业资格考试实施办法〉的通知》(建房[1995]147号)。从1995年开始,房地产估价师执业资格实行全国统一考试制度。在2002年之前,原则上每两年举行一次考试;在2002年之后,每年举行一次考试。从2001年起,获准在中华人民共和国境内就业的外籍专业人员和我国的香港、澳门、台湾的专业人员,可以按照建房[1995]147号文件的规定,报名参加全国房地产估价师执业资格考试。

2003年8月12日,我国发布《国务院关于促进房地产市场持续健康发展的通知》(国发[2003]18号),要求严格执行房地产估价师执(职)业资格制度。2003年6月29日,我国中央政府与香港特别行政区政府签署了《内地与香港关于建立更紧密经贸关系的安排》(通常称CEPA)。根据这一安排,2004年8月,内地房地产估价师与香港测量师完成了首批资格互认,香港97名测量师取得了内地房地产估价师资格,内地111名房地产估价师取得了香港测量师资格。这是我国内地与香港最早实现资格互认的专业技术人员执业资格,进一步加强和推进了内地与香港在房地产估价领域的交流合作,促进了内地与香港房地产估价行业的共同发展。

### 1.4.3 设定了房地产估价师资格和房地产估价机构资质行政许可项目

行政许可是指行政机关根据公民、法人或者其他组织的申请,经依法审查,准予其从事特定活动的行为。为了规范行政许可的设定和实施，保护公民、法人和其他组织的合法权益，维护公共利益和社会秩序，保障和监督行政机关有效实施行政管理，2003年8月27日的第十届全国人民代表大会常务委员会第四次会议通过了《中华人民共和国行政许可法》（中华人民共和国主席令第7号公布，以下简称《行政许可法》），自2004年7月1日起施行。2004年6月29日，国务院对所属各部门的行政审批项目进行了全面清理，并公布了《国务院对确需保留的行政审批项目设定行政许可的决定》（国务院令第412号），指出："由法律、行政法规设定的行政许可项目，依法继续实施；对法律、行政法规以外的规范性文件设定，但确需保留且符合《中华人民共和国行政许可法》第十二条规定事项的行政审批项目，根据《中华人民共和国行政许可法》第十四条第二款的规定，现决定予以保留并设定行政许可，共500项。"

"房地产估价师执业资格注册"是由《城市房地产管理法》设定的行政许可项目（即原第五十八条规定"国家实行房地产价格评估人员资格认证制度"），依法继续实施的"房地产估价机构资质核准"是国务院决定予以保留并设定行政许可的500项之一（其中第110项）。因此，无论是房地产估价师资格，还是房地产估价机构资质，都是行政许可项目。

行政许可的资格、资质可以说是"行业准入条件"。《行政许可法》第八十一条规定："公民、法人或者其他组织未经行政许可，擅自从事依法应当取得行政许可的活动的，行政机关应当依法采取措施予以制止，并依法给予行政处罚；构成犯罪的，依法追究刑事责任。"因此，不论是何种估价目的、何种类型的房地产估价活动，包括公司上市、资产处置、企业清算等，只有注册房地产估价师和房地产估价机构才能够从事，不是房地产估价机构出具和注册房地产估价师签字的关于房地产价值的评估报告，不具有法律效力。

### 1.4.4　成立了房地产估价行业自律组织

北京、上海、天津、重庆、广东、内蒙古、海南、江苏、浙江等省、自治区、直辖市，都先后成立了地方性的房地产估价行业自律组织。

房地产估价行业自律组织按照"提供服务、反映诉求、规范行为"的要求，坚持"服务会员、服务行业、服务社会"的理念，在宣传行业积极作用、维护行业合法权益、加强行业自律管理、促进行业健康发展等方面发挥了重要作用。

### 1.4.5　发布了房地产估价的部门规章和规范性文件

为了加强对房地产估价师的管理，完善房地产估价制度和房地产估价人员资格认证制度，规范注册房地产估价师行为，维护公共利益和房地产估价市场秩序，1998年8月20日建设部发布了《房地产估价师注册管理办法》（建设部令第64号）。2001

年 8 月 15 日，建设部发布了《关于修改〈房地产估价师注册管理办法〉的决定》（建设部令第 100 号）。在对该办法再次进行修改、补充、完善的基础上，2006 年 12 月 25 日，建设部发布了《注册房地产估价师管理办法》（建设部令第 151 号）。

为了规范房地产估价机构行为，维护房地产估价市场秩序，保障房地产估价活动当事人的合法权益，1997 年 1 月 9 日，建设部颁布了《关于房地产价格评估机构资格等级管理的若干规定》（建房[1997]12 号）。在对该规定进行修改、补充、完善的基础上，2005 年 10 月 12 日，建设部发布了《房地产估价机构管理办法》（建设部令第 142 号）。为了进一步规范房地产估价机构资质许可行为，加强对房地产估价机构的日常监管，2006 年 12 月 7 日，建设部发出了《关于加强房地产估价机构监管有关问题的通知》（建住房[2006]294 号）。

另外，2002 年 8 月 20 日，建设部发出了《关于建立房地产企业及执（从）业人员信用档案系统的通知》（建住房函[2002]192 号），决定建立包括房地产估价机构和房地产估价师在内的房地产企业及执（从）业人员信用档案系统。房地产企业及执（从）业人员信用档案的内容包括基本情况、业绩及良好行为、不良行为等，以便为各级政府部门和社会公众监督房地产企业市场行为提供依据，为社会公众查询企业和个人信用信息提供服务，为社会公众投诉房地产领域违法违纪行为提供途径。

上述部门规章和规范性文件，对房地产估价活动的市场准入、行为规范、市场监管等作了明确规定，推动了房地产估价行业规范、健康发展。

## 1.4.6　制定了房地产估价国家标准和相关指导意见

为了规范房地产估价行为，统一房地产估价程序和方法，使房地产估价结果客观、公正、合理，1999 年 2 月 12 日，建设部会同国家质量技术监督局发布了国家标准《房地产估价规范》（GB/T50291—1999），内容包括总则、术语、估价原则、估价程序、估价方法、不同估价目的下的估价、估价结果、估价报告、职业道德等。以此为基础，针对不同的估价目的，建设部出台或者会同有关主管部门出台了若干估价指导意见。例如，为了规范城市房屋拆迁估价行为，维护拆迁当事人的合法权益，2003 年 12 月 1 日，建设部印发了《城市房屋拆迁估价指导意见》（建住房[2003]234 号），对房屋拆迁估价主体资格、估价时点、价值标准、估价方法、初步估价结果公示、估价报告答疑、估价结果异议的解决等作了规定。为了规范房地产抵押估价行为，保证房地产抵押估价质量，维护房地产抵押当事人的合法权益，防范房地产信贷风险，2006 年 1 月 13 日，建设部、中国人民银行、中国银行业监督管理委员会联合出台了《房地产抵押估价指导意见》（建住房[2006]8 号）。

一些地方也发布了房地产估价相关标准或实施细则。例如，为了维护房屋买卖当事人的合法权益，有效解决房屋质量缺陷引发的经济纠纷，规范房屋质量缺陷损失评估行为，统一评估程序和方法，使评估结果客观、公正、合理，2005 年

11月28日，北京市建设委员会发布了《北京市房屋质量缺陷损失评估规程》。

### 1.4.7 形成了较完善的房地产估价理论方法体系

房地产估价行政主管部门和行业自律组织长期以来十分重视房地产估价理论和方法的研究，高等院校、科研院所的一大批高水平研究人员及房地产估价师和房地产估价机构也积极参与房地产估价理论和方法的研究，在借鉴美国、英国等发达国家及我国台湾和香港地区房地产估价成果的基础上，结合我国内地房地产估价的实际情况，丰富和发展了我国内地的房地产估价理论和方法，形成了既与国际接轨又适用于我国内地现行房地产制度及市场环境下的房地产估价理论方法体系。目前，市场比较法、收益法（收益资本化法）、成本法和假设开发法（剩余法）是我国内地常用的四大估价方法，房地产估价的相关理念、观念、概念等也与国际上的基本一致。

### 1.4.8 深化和拓展了房地产估价业务

房地产估价起初主要服务于房地产交易市场管理，防止隐价瞒租、偷漏税费现象的出现。随着社会经济的发展，为满足社会需要，我国从估价对象、估价目的和价值类型等方面对房地产估价业务进行了深化，提供越来越精细化的估价服务，包括土地、房屋、构筑物、在建工程、以房地产为主的整体资产、整体资产中的房地产等各类房地产价值评估，以及因转让、抵押贷款、房屋拆迁补偿、损害赔偿、司法鉴定、课税、公司上市、企业改制、资产重组、企业清算、资产处置等需要进行的房地产价值评估。

此外，房地产估价以房地产价值评估为基础，还提供了房地产市场调研、房地产投资项目可行性研究、房地产开发项目策划等相关房地产专业服务，拓宽了服务领域。随着社会经济的发展，房地产估价的内容还会越来越深化，服务领域还将越来越广阔，其作用也会越来越大。

### 1.4.9 形成了公平竞争的房地产估价市场

2000年以前，由于特殊的历史原因，绝大多数房地产估价机构都是挂靠于政府部门或者其下属单位的事业单位或企业。这些房地产估价机构本质上是政府部门的延伸，垄断了房地产估价业务，不利于房地产估价市场的发展。为了建立、健全与社会主义市场经济相适应的中介机构管理体制和符合市场经济要求的自律性运行机制，促进中介机构独立、客观、公正地执业，使其真正成为自主经营、自担风险、自我约束、自我发展、平等竞争的经济组织，2000年5月29日，国务院清理整顿经济鉴证类社会中介机构领导小组提出了《关于经济鉴证类社会中介机构与政府部门实行脱钩改制的意见》，要求包括房地产估价机构在内的中介机构必须与挂靠的政府部门及其下属单位在人员、财务（包括资金、实物、财产权利等）、业务、名称等方面彻底脱钩。2000年7月14日，国务院办公厅转发了《关于经济鉴证类社会中介机构与政府部门实行脱钩改制的意见》，要求认真贯彻执行。根据这些要求，建设部大力推进房地产估价机构与政府部门脱钩，使其改制成为主要由注册房地产估价师个人出资设立的有限责任公司或者合伙企业。脱钩改制打破了行业垄断和地区市场分割的局面，形成了公平竞争的房地产估价市场。2005年出台的《房地产估价机构管理办法》第四条进一步明确规定："房地产估价机构依法从事房地产估价活动，不受行政区域、行业限制。"

## 1.4.10　积极开展了国际交流合作

我国房地产估价师与房地产经纪人学会同国际测量师联合会（International Federation of Surveyors，FIG）、世界估价组织协会（World Association of Valuation Organisations，WAVO）、国际评估准则委员会（International Valuation Standards Coucil，IVSC）三个与估价相关的国际组织，美国估价学会（Appraisal lnstitute，AL）、英国皇家特许测量师学会（Royal Instituti on of Chartered Surveyor，RICS）等国外估价组织，以及我国香港的香港测量师学会等地区估价组织建立了紧密联系，并且合作开展了多项活动。

例如，2006年10月13日，我国房地产估价师与房地产经纪人学会正式加入了国际测量师联合会，成为其全权会员。国际测量师联合会成立于1878年，是联合国认可的非政府组织（NGO），是各国测量师（包括估价师）组织的联合会，设有10个专业委员会（Commission），房地产估价属于其中的第九专业委员会——房地产估价与管理委员会（Valuation and the Management of Real Estate）。

2005年10月17日～18日，我国房地产估价师与房地产经纪人学会同国际测量师联合会、香港测量师学会在西安联合举办了主题为"社会经济环境变革与房地产估价服务"的国际房地产评估论坛，围绕着估价师的社会责任、房屋拆迁估价与社会稳定、抵押估价与金融风险、损害赔偿估价与社会正义、课税估价与社会公平，以及估价机构的治理、业务拓展等问题，展开了广泛而深入的研讨。2007年10月17日～18日，我国房地产估价师与房地产经纪人学会同世界估价组织协会在北京联合举办了主题为"估价专业的地方化与全球化"的国际估价论坛，围绕着估价专业的地方化与全球化的关系，不同国家和地区的估价组织、估价机构和估价师之间的竞争与合作，促进不同国家和地区估价行业的共同进步与和谐发展，不同国家和地区的估价实践等问题，展开了广泛而深入的研讨。2008年10月18日～19日，我国房地产估价师与房地产经纪人学会同国际测量师联合会、香港测量师学会在北京联合举办了主题为"估价与财产保护"的国际房地产估价论坛，深入探讨了开展房地产损害赔偿估价的重大意义和理论方法，相互进行了实践经验的交流。这些大型活动，对扩大我国房地产估价师与房地产经纪人学会在国内外的影响，对我国房地产估价行业的持续健康发展，产生了积极的作用。

与市场经济发达国家和地区相比，我国目前的房地产制度、房地产管理体制及房地产市场等既有许多特色，也有一些不完善之处，导致了我国目前的房地产估价不仅有许多特点，而且估价对象较为复杂，估价所依赖的前提条件有时很不确定，从而使估价的难度增大，这主要表现在：①土地和房屋的所有制不同。土地全部是公有的；土地上的房屋可以私人所有，其中的住房绝大部分是私人所有的。②土地所有制在城乡之间不同。城市的土地，属于国家所有；农村和城市郊区的土地，除由法律规定属于国家所有的以外，属于农民集体所有。国家所有的土地（简称国有土地）和农民集体所有的土地（简称集体土地）适用的政策不同。例如，集体土地依法转为国有土地后，该国有土地的使用权方可有偿出让。征收集体土地和征收国有土地上单位和个人的房屋的补偿规则、补偿方式和补偿费构成等也不同。③市场上流通的土地权利不是土地所有权而是建设用地使用权，并且通过出让方式取得的建设用地使用权是有使用期限的，通过划拨方式取得的建设用地使用权一般没有规定使用期限。④土地和房屋在许多地方分别由不同的部门管理，分别进行土地登记和房屋登记，分别颁发土地权属证书和房屋权属证书。例如，土地为"国有土地使用证"，房屋为"房屋所有权证"，致使土地和房屋的权属证书不统一，甚至土地权属证书和房屋权属证书记载的权利主体、面积、用途等都不一致。⑤行政管理不到位。例如，规划条件难以事前明确且有较大弹性；房地产登记发证不及时，从而造成估价对象的性质、权属、面积等不清；或者变更登记不及时或违法违规占地、建筑得不到及时纠正、处理，从而出现实际状况与权属证书记载的情况不一致的现象。⑥房地产市场还不够发达，市场运行缺乏规则或者运行规则不能得到严格执行，市场参与者不够理性、成熟，市场成交价格难以真实反映交易对象的实际状况，房地产交易信息不够公开、透明。

因此，目前在实际房地产估价中遇到的问题，许多不是估价技术方面的问题，也不是房地产估价师、房地产估价机构及房地产估价行业组织等能够解决的。但是，不论执业的外部环境如何不尽如人意，房地产估价师都应在既有条件下勤勉尽责地做好估价工作，不得违背职业道德做不实估价。

## 练 习 题

### 一、单项选择题

1. 房地产估价专业意见的作用可分为性质不同的两类，即（ ）。
   A. 一是咨询性或参考性的，二是法律性或证据性
   B. 一是了解性或咨询性的，二是鉴证性或证据性

C．一是咨询性或参考性的，二是鉴证性或证据性

D．一是咨询性或参考性的，二是鉴证性或法律性

2．下列关于房地产估价本质的表述中，错误的是（　　）。

A．房地产估价是模拟市场定价而不是替代市场定价

B．房地产估价是提供价值意见而不是作价格保证

C．房地产估价会有误差而且不能有误差范围限制

D．房地产估价是评估房地产的价值而不是价格

3．房地产需要专业估价的基本条件是房地产具有（　　）的特性。

A．独一无二和供给有限　　　　B．独一无二和价值量大

C．流动性差和价值量大　　　　D．不可移动和用途多样

4．（　　）我国房地产估价师与经纪人学会加入了国际测量师联合会，成为其全权会员。

A．2003年11月4日　　　　B．2005年10月17日

C．2006年10月13日　　　　D．2007年10月4日

5．中华人民共和国国家标准《房地产估价规范》的颁布时间是（　　）。

A．1994年　　B．1995年　　C．1999年　　D．2004

6．以下哪项法律、法规、规章、规范中的明确规定使房地产估价成为国家的法定制度（　　）。

A．《房地产估价师执业资格制度暂行规定》

B．《中华人民共和国城市房地产管理法》

C．中华人民共和国国家标准《房地产估价规范》

D．《房地产估价师执业资格考试实施办法》

7．在评估一宗房地产的价值时，一般要求同时采用（　　）种以上估价方法。

A．一　　　　B．两　　　　C．三　　　　D．多

二、多项选择题

1．对房地产估价本质的认识包括（　　）

A．房地产估价是评估房地产的价格而不是价值

B．房地产估价是模拟市场定价而不是替代市场定价

C．房地产估价是提供价值意见而不是作价格保证

D．房地产估价会有误差但应将误差控制在合理的范围内

E．房地产估价既是一门学科又是一门技艺

2．房地产估价是估价行业的主体，原因是（　　）。

A．国家法律规定

B．房地产是所有需要估价的资产中价值最大的

C．房地产"量大面广"，而其他资产的数量相对较少

D．房地产需要估价的情形较多，而其他资产需要估价的情形较少

E．房地产估价还普遍提供房地产咨询顾问服务，其他资产估价主要限于价值评估本身

3．2006年1月13日（    ）联合出台了《房地产抵押估价指导意见》。

    A．建设部　　　　　　　　B．国土资源部

    C．中国人民银行　　　　　D．最高人民法院

    E．中国银行业监督管理委员会

4．房地产估价的三大基本方法是（    ）。

    A．假设开发法　　　　　　B．路线价法

    C．市场比较法　　　　　　D．成本法

    E．收益法

### 三、判断题

1．房地产估价活动的核心内容是根据委托人的要求，对特定房地产在特定时间的特定价值进行分析、测算和判断并提供相关专业意见。（    ）

2．目前，我国房地产估价人员职业资格有房地产估价师执业资格和房地产估价员从业资格两种。（    ）

3．从专业估价角度来讲，房地产估价的核心是为了特定的目的，对特定的房地产在特定时间的特定价值进行分析、测算和判断并提供相关专业意见。（    ）

4．房地产估价是指房地产估价师按照自定的估价程序，根据估价目的，遵守估价原则，运用估价方法，对估价对象在估价时点的特定价值进行分析、测算和判断并提出专业意见的活动。（    ）

5．为了表述上更加科学、准确，也为了与国际上通行的估价理念、理论相一致，便于对外交流沟通，应当强调房地产估价本质是评估房地产的价格而不是价值。（    ）

6．房地产估价结果是一种专业意见。（    ）

7．一般来说，估价人员不宜直接使用实际成交价格来判断估价结果的准确性。（    ）

### 四、简答题

1．什么是房地产估价？对房地产估价的含义应如何理解？

2．房地产估价的必要性是什么？

3．我国的房地产估价制度有哪些？

4．简述我国现代房地产估价行业的几个主要发展阶段。

# 第 2 章 房地产概述

**学习要点：**

1. 熟悉房地产的定义。
2. 掌握实物、权益和区位的含义。
3. 了解房地产的存在形态及其他名称。
4. 掌握房地产的特性。
5. 熟悉房地产的分类。
6. 了解房地产状况的描述。

## 2.1 房地产的概念

### 2.1.1 房地产的定义

房地产通俗地说是指房屋和土地，或者房产和地产。严谨意义上的房地产与不动产相同，是不动产的俗称，其定义在传统上一般是"土地及其地上定着物"。

现代社会，土地定着物中的建筑物越来越普遍，体量越来越大，也越来越重要。城市房地产甚至是因使用建筑物而使用土地，以建筑物为主、土地为辅，而且在房地产交易活动中一般是"地随房走"。因此，现在一般把建筑物从土地定着物中单列出来，将房地产定义为"土地、建筑物及其他地上定着物"。

另外，同一宗房地产在实物上往往同时存在着所有权、抵押权、地役权、租赁权等多种权利，房地产因不可移动性使原本为外在因素的区位成了它的重要组成部分，因此，为了说明房地产既与家具、机器设备等动产有本质区别，又与商标、专利、著作权、特许经营权等无形资产有本质不同，通常强调房地产是实物、权益和区位三者的结合体。

综上所述给房地产下个完整的定义，即房地产是指土地、建筑物及其他地上定着物，是实物、权益和区位三者的结合体。

理解上述房地产定义，一方面要弄清楚什么是土地、建筑物和其他地上定着物,另一方面要弄清楚实物、权益和区位的含义。

## 2.1.2 土地、建筑物及其他地上定着物的含义

### 1. 土地的含义

人们对于什么是土地,有着各种各样的认识和定义,其中最典型的有以下三种:

1)土地即地面、田地。这是一般人通常最直观的认识。

2)土地是"地球上陆地的表层,包括水域在内,是由地貌、土壤、岩石、水文、气候、植被等要素组成的自然综合体。"(《经济大辞典·国土经济·经济地理卷》,上海辞书出版社,1988年版)

3)土地是自然物、自然力或自然资源。马克思曾指出:"经济学上所说的土地是指未经人的帮助而自然存在的一切劳动对象。"(马克思:《资本论》第1卷,人民出版社,1975年版)。英国著名经济学家马歇尔说:"土地是指大自然为了帮助人类,在陆地、海上、空气、光和热各方面所赠予的物质和力量。"([英]马歇尔著,朱志泰译:《经济学原理》上卷,商务印书馆,1964年版)。美国土地经济学创始人伊利和莫尔豪斯在他们合著的《土地经济学原理》中讲:"经济学家所使用的土地这个词,指的是自然的各种力量,或自然资源。它的意义不仅是指土地的表面,因为它还包括地面上下的东西。""经济学上的土地是侧重于大自然所赋予的东西。"([美]伊利、莫尔豪斯著,滕维藻译:《土地经济学原理》,商务印书馆,1982年版)。

人们对土地的不同认识和给出的不同定义,主要不是由于认识程度的深浅、学历的高低造成的,而是由于生活、工作的不同需要或者研究目的和学科领域的不同造成的。农民可以把土地仅视为赖以生存的田地;一般城市居民可以把土地看成是居住、娱乐的场地;地学工作者可以把土地当做自然的综合体;经济学家可以用土地去概括一切区别于劳动和资本的自然资源(过去经济学家把生产要素归纳为土地、劳动和资本三种,现在一般归纳为土地、劳动、资本和企业家才能四种)。

对于房地产估价来说,土地不只是平面的,而是一个空间,是三维立体的,具体是指地球陆地表面及其上下一定范围内的空间。一宗土地的范围可分为三个层次:①地球表面;②地球表面以上一定范围内的空间(简称地上空间);③地球表面以下一定范围内的空间(简称地下空间)。

一宗土地的地球表面的范围,是指该宗土地的地球表面的"边界"所围绕的面积。土地本为连绵无垠之物,看似并无范围可言,但在现实中用人为方法画野分疆,将土地分成了一块一块或一宗一宗,也使土地有了面积的大小、形状和四至。例如,政府出让土地使用权的地块,其范围通常是根据标有坐标点的用地红线图,由城市规划管理部门或土地管理部门,在地块各转点钉桩、埋设混凝土界

桩或界石来确认，面积大小依水平投影面积计算。

一宗土地的地上空间，从理论上讲，是指从该宗土地的地球表面的边界向上扩展到无限天空的空间；一宗土地的地下空间，从理论上讲，是指从该宗土地的地球表面的边界呈锥形向下延伸到地心的空间。例如《牛津法律大辞典》写道："一般来说，土地的所有权包括土地的上空和地表下面一直到地球中心的土地，正如一句格言所表述的：土地属谁所有，土地的上空及地下也属谁所有。"（[英]戴维 M.沃克著，北京社会与科技发展研究组织翻译：《牛津法律大辞典》，光明日报出版社，1988年版）。但是，在现实法律规定中，土地的上下范围并非是指"上穷天空，下尽地心"，而是"除法律有限制外，于其行使有利益的范围内"，"如他人的干涉无碍其所有权之行使，不得予以排除"。土地上下范围如图2-1所示。

**2．土地利用所受的限制**

拥有一宗土地，其范围虽然是上面所讲的空间，但是拥有者在该空间范围内并不能随心所欲地开发、利用，而要受到多方面的限制。这些限制除了来自建筑技术（包括建筑施工技术、建筑材料性能）和经济实力等拥有者自身的能力限制外，还来自拥有者自身能力以外的限制（以下都是指这类限制）。因为土地是构成环境的重要因素，其开发、利用不是孤立存在的，会影响周围及社会公众的利益。

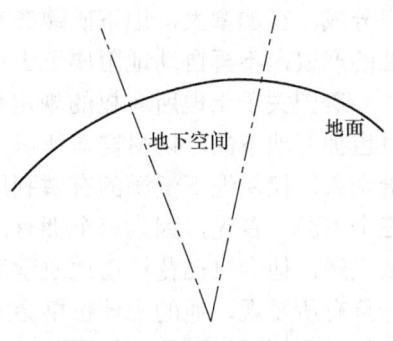

图2-1 土地的空间范围

一宗土地所受限制的种类和程度，对其价值有着重大影响，在进行房地产估价前应充分地调查、了解土地所受的各种限制及其内容和程度，如此才能评估出正确的价值。

对土地利用的限制可归纳为以下三个方面：

（1）土地权利的设置及行使的限制　从土地权利的设置及行使的限制来看，古今中外在土地上设置的权利有多种，如所有权、使用权、租赁权、抵押权、典权、地役权、永佃权等。我国目前主要有所有权、使用权、租赁权、抵押权、典权、地役权。其中，所有权属于自物权，其余属于他物权。他物权是对他人之物所拥有的权利，是对所有权的限制。拿地役权来说，对于供役地而言（在地役权关系中，有需役地和供役地之分。其中，因使用他人土地而获便利的土地为需役地；为他人土地的便利而供使用的土地为供役地），是他人在该土地上享有一种有限的使用权，字面上的意思是该土地为他人服役。供役地在给他人方便时，土地所有人或土地使用权人有可能受到某种损失，所以，地役权的存在会降低供役地的价值。

另外，对地下矿藏、埋藏物等是否自动地归属于土地拥有者，世界上各个国家和地区的规定并不一致。在我国大陆，集体土地所有权和国有土地使用权仅仅是一种"空间利用权"。虽然境内外的公司、企业、其他组织和个人，除法律另有规定者外，均可以通过政府出让方式取得土地使用权，进行土地开发、利用、经营，但取得的土地使用权并不包含地下资源、埋藏物和市政公用设施。例如《中华人民共和国民法通则》第七十九条明确规定："所有人不明的埋藏物、隐藏物，归国家所有。"《中华人民共和国城镇国有土地使用权出让和转让暂行条例》第二条规定："国家按照所有权与使用权分离的原则，实行城镇国有土地使用权出让、转让制度，但地下资源、埋藏物和市政公用设施除外。"在我国台湾地区，地下矿藏与土地也是分开的，其相关法规规定："附着于土地之矿，不因土地所有权之取得而成为私有。"在欧洲许多国家，地下资源的所有权与土地所有权也是分开的，规定地下资源属于国家，地主开采地下资源要先向政府购买或将出售的收入与政府分成。在加拿大，地下矿藏在有些省，如安大略、魁北克和阿尔伯塔，成为单独的产权，不再自动地附属于土地。

美国关于土地所有权的规定与上述国家和地区不同。在美国，土地所有者同时也拥有地下的一切财富，所以，地主可以自由开采地下资源或者将其单独出售给别人。仅从地下资源的有效利用来看，美国的制度似乎更为合理，原因主要有三个方面：首先，因为每个拥有土地的人都会关心自己这块土地下面可能有些什么宝藏，他会自己花钱请地质学家来考察，有了点眉目后则会请勘探队来钻探。一旦有所发现，他的土地价格会立刻成倍地上涨，否则他的投资将受到损失，他只能自认倒霉。这就从经济上鼓励了资源的发现，不用政府去费心。其次，矿藏的采收率（采集到的矿石占储量的比例）成为土地使用者自己关心的事，他必定会在经济合理的范围内尽量将地下资源采集上来，不会发生掠夺性开采。最后，私人拥有地下资源，使他有权选择资源的利用方式，包括将土地与资源一起出售、与开采专营企业联合、出租开采权、对资源开采所得进行分成并监督资源的合理利用或放置等待市场价格更高时自行开采等。他选择的方案对全社会而言一定是代价较小而产出价值最大的方案。但美国的制度容易引起贫富悬殊，诱使一些人陷入风险和破产。选择不同的规定各有自己的理由，区别在于有的更看重效率，有的更看重公平（茅于轼：《生活中的经济学》，暨南大学出版社，1998年版）。

（2）房地产相邻关系的限制　从房地产相邻关系的限制来看，房地产所有人或使用人在自己的房地产内从事工业、农业、商业等活动及行使其他权利时，负有注意预防和避免损害相邻房地产的义务；就相邻房地产所有人或使用人而言，则享有请求房地产所有人、使用人注意预防和避免损害发生的权利。相邻关系的实质，从义务方面来说是对房地产所有权、使用权的一种限制。现实生活中主要存在两类相邻关系：

1）通风、采光、排水、排污的相邻关系。例如，相邻关系人在建造建筑物时，应当照顾到周围相邻人的实际需要，与相邻建筑物保持适当距离且适当限制其高度，不得妨碍相邻建筑物的通风、采光和日照。

2）险情危害的相邻关系。例如，房屋有倒塌危险，或放置易燃、易爆、剧毒、放射性物质和恶臭物件于屋内，危及邻居的生命财产安全或身心健康，相邻人有权请求排除险情危害。例如《中华人民共和国民法通则》第八十三条规定："不动产的相邻各方，应当按照有利生产、方便生活、团结互助、公平合理的精神，正确处理截水、排水、通行、通风、采光等方面的相邻关系。给相邻方造成妨碍或者损失的，应当停止侵害，排除妨碍，赔偿损失。"

（3）土地使用管制　从土地使用管制看，世界上几乎所有国家和地区对土地使用都有或多或少的限制。对于房地产估价来说，有意义的土地使用管制主要是耕地转为非耕地、农用地转为建设用地及城市规划。例如，城市规划对土地用途、建筑高度、容积率和建筑密度等的规定。其中，容积率是一块土地上建筑物的总建筑面积与该块土地总面积的比值，即：容积率=总建筑面积÷土地总面积。例如：某块土地的总面积为 100m$^2$，其上建筑物的总建筑面积为 400m$^2$，则容积率为 4。容积率有包括±0.000 以下地下建筑面积的容积率和不包括±0.000 以下地下建筑面积的容积率。所以在估价时一定要了解清楚所说的容积率的确切内涵。

建筑密度又称建筑覆盖率，通常是指一块土地上所有建筑物的基底总面积占该块土地总面积的比例，即：建筑密度=建筑基底总面积÷土地总面积。例如：某块土地的总面积为 100m$^2$，其上建筑物的基底总面积为 60m$^2$，则建筑密度为 60%。建筑密度有时还采用建筑物的最大水平投影面积占土地总面积的比例来表示。城市规划一般要求建筑物四周留有一定的空地，以作为建筑物的绿地和交通道路，满足建筑物的通风、采光、防火及居住者的隐私权等要求。如果各层建筑面积均相同，则有：容积率=建筑密度×建筑层数。因此，总建筑面积=土地总面积×建筑密度×建筑层数。

3．建筑物的含义

建筑物是指人工建筑而成的由建筑材料、建筑构配件和建筑设备（如给排水、卫生、燃气、照明、空调、电梯、通信、防灾等设备）等组成的整体物，包括房屋和构筑物两大类。其中，房屋是指有基础、墙、顶、门、窗，能够遮风避雨，供人居住、工作、娱乐、储藏物品、纪念或进行其他活动的空间场所。构筑物是指房屋以外的建筑物，人们一般不直接在其里面进行生产和生活活动，如烟囱、水塔、水井、道路、桥梁、隧道、水坝等。

值得说明的是，目前人们对建筑物的范围有不同的认识，有的将建筑物与构筑物并列，把建筑物视为不包含构筑物（建筑领域多如此，如《中华人民共和国建筑法》第三十九条）；有的将建筑物与房屋并列，把建筑物视为不包含房屋（会计领域多如此，如中华人民共和国财政部制定的《企业会计准则——基本准则》

第三十条)。实际上,建筑物、房屋、构筑物之间的正确关系是:三者都是人工建筑而成的东西,其中建筑物的范围最大,包括房屋和构筑物;房屋和构筑物是同一层次的,他们之间的区别主要有两点:①人们是否直接在里面进行生产或生活活动;②是否有门、窗、顶盖。当然,有时对像亭子、宝塔之类的东西,叫房屋似乎不妥,叫构筑物似乎也不妥,所以只好直呼为建筑物。对于建筑物、房屋、构筑物的概念,《现代汉语词典》作了如下明确解释:"建筑物:人工建造的供人们进行生产、生活等活动的房屋或场所,如住宅、厂房、车站等。""房屋:有墙、顶、门、窗,供人居住或做其他用途的建筑物。""构筑物:一般不直接在里面进行生产和生活活动的工程建筑,如水塔、烟囱等。"

**4. 地上定着物的含义**

地上定着物是指固定在土地或建筑物上,与土地、建筑物不能分离,或者虽然可以分离,但是分离不经济,或者分离后会破坏土地、建筑物的完整性、使用价值或功能,或者使土地、建筑物的价值明显受到损害的物。例如,为了提高土地或建筑物的使用价值或功能,在地上种植树木、花草,在地下埋设管线、设施,在地上建造庭院、花园、假山、围墙等。而在地上临时搭建的帐篷、戏台等则不属于房地产。

在现实生活中,地上定着物往往可视为土地或建筑物的构成或附属部分,所以,通常说房地产包括土地和建筑物两大部分。

## 2.1.3 房地产实物、权益和区位的含义

**1. 房地产实物的含义**

房地产实物是指房地产中看得见、摸得着的部分。例如,土地的形状、地形、地势、土壤、地基、平整程度等,建筑物的外观、建筑结构、设施设备、装饰装修等。

房地产实物可进一步分为有形的实体、该实体的质量、该实体组合完成的功能等方面。

**2. 房地产权益的含义**

房地产权益是指房地产中无形的、不可触摸的部分,是基于房地产实物而衍生出来的权利(rights)、利益(interests)和好处(benefits)。

房地产权益以房地产权利为基础,包括:

1)房地产的各种权利。
2)受到其他房地产权利限制的房地产权利。
3)受到房地产权利以外的各种因素限制的房地产权利。
4)房地产的额外利益或收益。

我国目前的房地产权利主要有所有权、建设用地使用权、宅基地使用权、土

## 第 2 章 房地产概述

地承包经营权、地役权、抵押权和租赁权等。

房地产所有权是指房地产所有权人对自己的房地产,依法享有占有、使用、收益和处分的权利。房地产所有权具体有土地所有权和房屋所有权。

我国现行的房地产所有制是,土地只能为国家所有和集体所有,房屋可以私人所有,其中的住宅主要为私人所有。因此,我国土地所有权只有国家所有权和集体所有权两种,房屋所有权则有国家所有权、集体所有权和私人所有权三种。

房地产所有权可分为单独所有、共有和建筑物区分所有权三种。单独所有是指房地产由一个单位或个人享有所有权。共有是指房地产由两个以上单位或个人共同享有所有权。共有又有按份共有和共同共有。按份共有人对共有的房地产按照其份额享有所有权;共同共有人对共有的房地产共同享有所有权。

建筑物区分所有权是指业主对建筑物内的住宅、经营性用房等专有部分享有所有权,对专有部分以外的共有部分享有共有和共同管理的权利。

建筑物区分所有权可以说是一种复合性的权利,由专有部分的所有权(该部分通常为单独所有,但也可能为共有,这种共有是该专有部分的共有人之间的共有)、专有部分以外的共有部分的持份权(该部分为建筑物各专有部分的所有权人之间按份共有)和因共同关系所产生的成员权构成。

建设用地使用权是指建设用地使用权人依法对国家所有的土地享有占有、使用和收益的权利,有权利用该土地建造建筑物、构筑物及其附属设施。

按照取得方式,建设用地使用权可分为出让的建设用地使用权、划拨的建设用地使用权和其他建设用地使用权。其他建设用地使用权主要有出资、入股等形式的建设用地使用权。

宅基地使用权是指宅基地使用权人依法对集体所有的土地享有占有和使用的权利,有权依法利用该土地建造住宅及其附属设施。

土地承包经营权是指土地承包经营权人依法对其承包经营的耕地、林地、草地等享有占有、使用和收益的权利,有权从事种植业、林业、畜牧业等农业生产。建设用地使用权、宅基地使用权和土地承包经营权都属于土地使用权。

地役权是指房地产所有权人或土地使用权人按照合同约定利用他人的房地产,以提高自己的房地产效益的权利。

抵押权是指债务人或者第三人不转移房地产的占有,将该房地产作为债权的担保,在债务人不履行到期债务或者发生当事人约定的实现抵押权的情形时,债权人有权依照法律的规定以该房地产折价或者拍卖、变卖该房地产所得的价款优先受偿。

房地产租赁权是指以支付租金的方式从房屋所有权人或土地使用权人那里获得的占有和使用房地产的权利。

上述房地产权利中,租赁权属于债权,其余属于物权。债权是债权人要求债务人作为或者不作为的权利,不能要求与其债权债务关系无关的人作为或者不作为。因此,债权被称为"对人权"、"相对权"。

物权的权利人享有物权,任何的其他人都不得非法干预;物权的义务人是物权的权利人以外的任何其他人,因此物权被称为"对世权"。物权是权利人依法对特定的物享有直接支配和排他的权利。由于物权是直接支配物的权利,所以物权又被称为"绝对权"。

在特定的房地产上,当物权和债权同时存在时,应优先保护物权;当存在两个以上物权时,应优先保护先设立的物权,但法律另有规定的除外。在物权中,所有权属于"自物权",其余权利属于"他物权"。

自物权是对自己的物依法享有的权利。他物权是对他人的物依法享有的权利,是对所有权的限制。在他物权中,建设用地使用权、宅基地使用权、土地承包经营权、地役权属于"用益物权",抵押权属于"担保物权"。

用益物权是对他人的物依法享有占有、使用和收益的权利。担保物权是对他人的担保物依法享有优先受偿的权利。房地产权利的分类如图2-2所示。

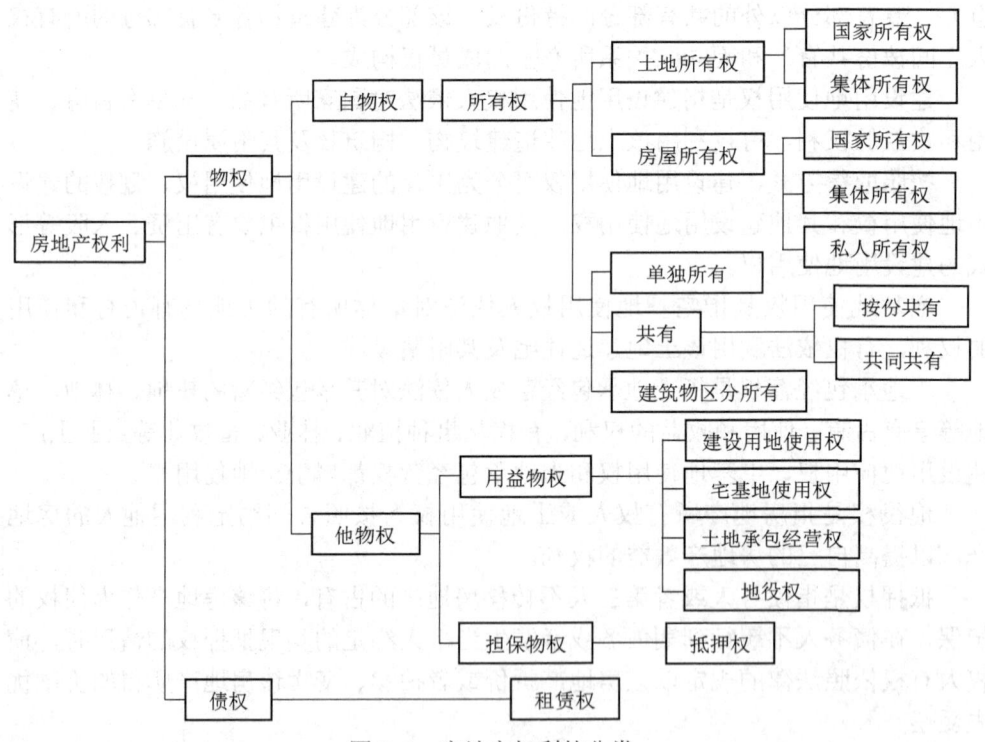

图 2-2 房地产权利的分类

3. 房地产区位的含义

房地产区位是指一宗房地产与其他房地产或事物在空间方位和距离上的关

系，包括位置、交通、周围环境和景观、外部配套设施等。由于房地产的不可移动性，区位对价值的决定作用几乎是房地产所独有的。

位置是指该宗房地产所在的地方，包括该宗房地产的坐落、方位、距离、朝向和楼层。

交通是指进出该宗房地产的方便程度——通达性。

周围环境和景观是指房地产周围的自然环境、人文环境和景观。人文环境包括房地产所在地区的声誉、居民特征（如职业、收入水平、文化程度、宗教信仰等）、治安状况（如犯罪率）、相邻房地产的利用状况（如用途）等。

外部配套设施是指该宗房地产外部的基础设施和公共服务设施，包括学校、医院、银行、商场等。

西方人认为投资房地产最重要的三点即"第一是区位，第二是区位，第三还是区位"，强调了区位对房地产的极端重要性。当然，区位并不代表房地产的一切。但是，对两宗实物和权益状况完全相同的房地产来说，如果它们的位置、交通、周围环境景观、外部配套设施等区位状况不同，那么其价值可能会存在很大的差异。

### 2.1.4 房地产的存在形态

房地产虽然包括土地和建筑物两大部分，但并不意味着只有土地与建筑物合为一体时才被称为房地产，单纯的土地或单纯的建筑物都属于房地产，它们是房地产的一种存在形态。归纳起来，房地产有下列三种存在形态：

**1. 土地**

最简单的情形是一块无建筑物的空地，如图 2-3a）所示。另外，如图 2-3b）所示，即使土地上有建筑物，有时也需要将它单独看待，只评估其中的土地价值。例如，为征收土地税费或者确定划拨土地使用权进入市场需要补交的土地使用权出让金等的数额，就只单独评估土地的价值。对于有建筑物的土地，在具体估价中就如何单独看待土地有两种做法：①无视建筑物的存在，即将其设想为无建筑物的空地；②考虑建筑物存在对土地价值的影响。至于在估价中应采用哪种看待方式及如何考虑建筑物存在对土地价值的影响，将在后面的"最高最佳使用原则"中介绍。

**2. 建筑物**

建筑物虽然必须建造在土地上，在实物形态上与土地连为一体，但在某些情况下需要将它单独看待，只评估其中的建筑物价值，如图 2-3c）所示。例如，在房地产投保火灾险时评估其保险价值、灾害发生后评估其损失及为计算建筑物折旧服务的估价等，都只单独评估建筑物的价值。在具体估价中就如何单独看待建筑物有两种做法：①无视土地的存在，即将建筑物设想为"空中楼阁"；②考虑土地存在对建筑物价值的影响。至于在估价中应采用哪种看待方式及如何考虑土地存在对建筑物价值的影响，将在后续内容中介绍。

### 3. 房地

房地，即实物形态上土地与建筑物合成一体，并且在估价时也把它们作为一个整体来看待，如图 2-3d）所示。在现实房地产估价中，已开始建设建筑物但尚未建成的房地产，即"在建工程"（包括停、缓建工程，下同），往往成为估价对象；也有要求对正在开发建设或计划开发建设但尚未出现的房地产，如期房（虽然称为期房，但实际上包含土地）进行估价；还可能因民事纠纷或理赔等原因，要求对已经消失的房地产进行估价，如对人为引起火灾或者碰毁他人房屋进行的损失价值或损失程度评估；估价对象也可能是房地产的某一部分，如某个楼层、某套住房或其中的装修装饰部分。另外，房地产估价中也可能含有房地产以外的、作为房地产的一种附属财产的价值，如为某一可供直接使用的宾馆或办公楼的交易进行估价，该评估价值除了包含该宾馆或办公楼的建筑物及其基地的价值，还可能包含其中的设施、设备（如室内配备的家具、电视机、电话机等）的价值。

概括起来，从实物角度来看的现实中的房地产估价对象有下列十一种：①空地；②有建筑物（包括尚未建成的建筑物）的土地；③地上建筑物；④土地与建筑物（已建成的建筑物）的合成体；⑤在建工程（土地与尚未建成的建筑物的合成体）；⑥未来状况下的房地产；⑦已经消失的房地产；⑧现在状况下的房地产与过去状况下的房地产的差异部分，如后来增加的装修；⑨房地产的局部，如某幢公寓中的某套房；⑩包含有其他资产的房地产；⑪作为企业整体一部分房地产。

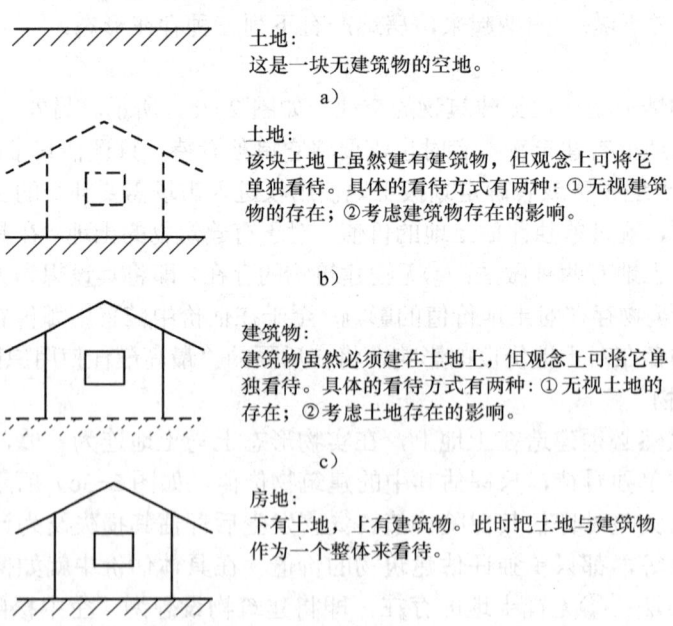

图 2-3 房地产的基本存在形态

### 2.1.5 房地产的其他名称

在英语中,房地产的名称为 real estate 和 real property,但两者的含义不完全相同。英语中的 land(土地)、real estate 和 real property 是三个相互联系且递进的概念:①land 是指地球的表面及下达地心、上达无限天空的空间,包括永久定着在地球表面之中、之上、之下的自然物,如树和水;②real estate 是指 land 加上永久定着在其中、其上、其下的人工改良物(man made improvements),如构筑物和房屋;③real property 是指 real estate 加上与其有关的各种权益,包括权利、利益和收益。land,real estate,real property 三者的内涵及其区别可进一步如图 2-4 所示。

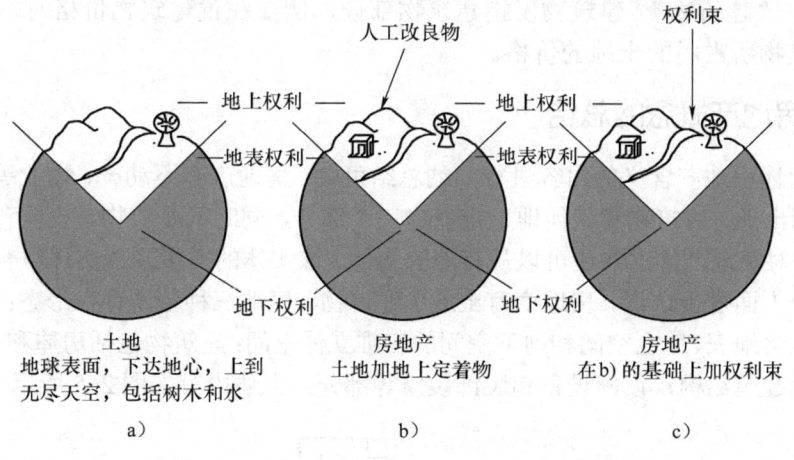

图 2-4　land、real estate、real property 的区别
a)land　b)real estate　c)real property

real estate 和 real property 尽管有上述严格区分,但在一般情况下是相互通用、不加以区分的,大多时候都使用 real estate 一词。

在我国香港地区,通常使用"物业"这个词,其实质就是房地产,仅叫法不同而已。我国香港地区的物业一词是从英国的 property 一词翻译过来的。在英国,property 也是指房地产。另外值得指出的是,我国香港地区通常还把房地产称为地产。其地产、物业、楼宇、房地产等词语经常混用。例如李宗锷先生对物业的解释是:"物业是单元性地产。住宅单位是一物业,工厂楼宇是一物业,农庄也是一物业。故物业可大可小,大物业可分割为小物业。"(李宗锷:《香港房地产法》,商务印书馆(香港)有限公司,1994 年版)。

### 2.1.6 本书对房地产用词的选择

目前,社会上对房地产的用词尚不规范,同一用词可能含义不同,而不同的用词可能含义相同,很容易引起误解。为明了起见,本书主要使用"房地产"、

"房地"、"土地"和"建筑物"几个关键词,其含义分别如下:

(1)"房地产" 房地产可指土地,也可指建筑物,还可指土地与建筑物的合成体。

(2)"房地" 房地专指土地与建筑物的合成体,例如在说房地价格时,此价格既包含土地的价格,也包含地上建筑物的价格。

(3)"土地" 土地仅指土地部分,例如在说土地价格时,此价格不含地上建筑物的价格。值得说明的是,这里的"地上建筑物",不仅是指地面以上的建筑物,还包含地面以下的建筑物,是指在该土地范围内的所有建筑物,以区别于建筑物真正的地上部分和地下部分。

(4)"建筑物" 建筑物仅指建筑物部分,例如在说建筑物价格时,此价格不含建筑物所占用的土地的价格。

### 2.1.7 房地产概念的总结

对上述房地产含义的内容进行归纳总结可知:房地产有不动产、物业等不同名称,包括土地、建筑物和其他地上定着物三个部分,同时又是实物、权益和区位的结合体;对房地产的实物还可以从有形的实体、该实体的质量及该实体组合完成的功能三个方面进行认识。房地产有土地、建筑物、房地三种基本存在形态;土地又是一个包含地表、地上空间和地下空间的三维立体空间;建筑物包括房屋和构筑物,又可分为建筑结构、设施设备和装饰装修等部分。上述内容如图2-5所示。

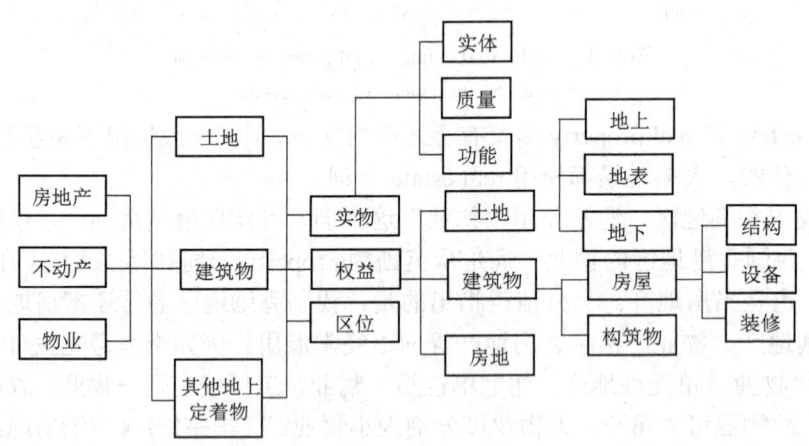

图2-5 房地产概念框图

## 2.2 房地产的特性

房地产与其他商品,包括房地产市场与其他商品市场、房地产价格与其他商品价格，有许多不同之处。这些不同之处主要是由房地产的特性导致的。所以，从事房地产估价的人员必须对房地产的特性有深入、正确的理解和认识。

房地产包括土地和建筑物，其中土地是大自然的产物，是永远存在的；建筑物为人工建造而成的，它定着在土地上，即所谓的"房依地建，地为房载"。因此，房地产的特性主要取决于土地的特性，是以土地的特性为基础的。从房地产估价和把握房地产价值的角度来看，房地产的特性主要有不可移动性、独一无二性、数量有限性、寿命长久性、相互影响性、用途多样性、易受限制性、价值高大性、难以变现性和保值增值性等。

## 2.2.1 不可移动性

不可移动性（immobility）又称位置固定性（fixity of location）。土地上的土、砂石等虽然可以搬走、移动，但作为立体空间的完整意义的土地是不可移动的。建筑物由于"扎根"在土地之中，通常也是不可移动的。但有时为了城市道路建设和古建筑物的保护等，需要对建筑物进行整体迁移。例如 2003 年上海音乐厅由原址向东南方平移 66.4m，抬升 3.38m，平移后坐落于现在的宁海西路龙门路口；2004 年安林高速公路开工建设，拟从河南林州慈源寺中部穿过，为使文物建筑最大程度地得到保护，对慈源寺中价值较高的大雄宝殿、文昌阁、三教堂三座建筑进行整体迁移 400m 左右的距离。但是，被迁移的建筑物的数量相对于现存建筑物的数量是微乎其微的，而且这种迁移是不得已的移动，还受到迁移距离的限制。建筑物被拆除的情况倒是经常发生，但建筑物被拆除后就不是建筑物了，而变成了建筑材料或废物。

由于不可移动，每宗房地产的交通、周围环境、温度、湿度、日照、景观、与其他房地产（如机场、火车站）的距离等均有一定的状态，从而形成了每宗房地产独有的自然地理位置和社会经济位置，使房地产有区位优劣之分。同时需要注意的是，房地产的自然地理位置虽然是固定不变的，但是其社会经济位置却有可能因为周围环境、交通条件、公共设施的改变及商业中心的接近程度的改变而发生变化。

房地产的不可移动性，决定了任何一宗房地产只能就地开发、利用和消费，而且受到其所在的空间环境（邻里及当地的社会经济）的限制。房地产不像其他商品那样，即原料地、生产地、销售地和消费地可以不在同一个地方，也可以在不同地区之间调剂余缺，就是从产地或过剩地区运送到供给相对短缺或需求相对旺盛的地区。所以，房地产市场不存在全国性市场，更不存在全球性市场，而是一个地区性市场（城市房地产一般是以一个城市为一个市场），其供求状况、价格水平和价格走势等都仅限当地范围，在不同地区之间价格差异很大。

## 2.2.2 独一无二性

独一无二性（uniqueness）又称异质性、个别性、独特性。房地产的不可移动性,派生出了其独一无二性,即房地产不像工厂生产出的产品那样整齐划一,可以说世界上没有完全相同的两宗房地产存在。

有时即使两处的建筑物在实物状态上一模一样,但由于坐落的位置、周围环境、景观、地形、地势不同,这两宗房地产实质上也是不相同的。

房地产的独一无二性,使得相同的房地产不可能出现大量供给,从而房地产之间不能实现完全替代,房地产市场不能实现完全竞争,房地产价格千差万别并容易受交易者个别行为的影响。此外,房地产交易难以采用样品交易的方式(尽管有样板房、样板间、位置图、平面图等),必须到实地观察,而房地产估价也要进行实地勘察。

值得指出的是,尽管房地产有独一无二性,但很多房地产之间仍然有一定程度的替代性,从而彼此间有一定程度的竞争性,在价格上相互间也有一定程度的牵掣。房地产估价方法中的市场比较法正是以这一点为理论依据的。

### 2.2.3 数量有限性

数量有限性又称供给相对有限性(relatively limited supply)。土地是大自然的产物,人工不能生产,地表面积又是个常数,所以,土地总量不仅有限,而且不能增加。但对于狭义的土地(可用的陆地)来说,如果地价高到一定程度,会致使人们移山、填海、吹沙或将荒漠改造为良田,从而"创造"出可用的土地来。我国香港、澳门地区和日本、新加坡等,都有填海造地的大量实例。但即使如此,这种"造地"的数量相对而言也是极有限的。由于土地数量有限,所以在土地上,特别是好位置的土地上,可建造的建筑物数量也是有限的。

房地产的数量有限性,使得房地产具有独占性。一定位置,特别是好位置的房地产被人占用之后,则占用者可以获得生活场所或工作场所,并且享受特定的光、热、空气、雨水和风景,还可以支配相关的天然资源和生产力。在市场经济中,这项权利除了占用者之外,他人除非支付相当的代价,否则无法享有。

进一步来看,房地产数量有限性的本质,还不在于土地总量有限和不能增加。相对于人类的需要来讲,土地的数量目前还是丰富的,关键在于不可移动性造成的房地产供给不能集中于一处(这也正是房地产供给不同于一般商品供给的最主要之处)。要想增加房地产的供给,一是向更远的平面方向发展,例如向郊区发展;二是向更高的立体方面发展,例如增加建筑物的高度或容积率。但这些又往往要受到资金、交通、建筑技术、环境等的制约。

### 2.2.4 寿命长久性

寿命长久性(durability)又称耐久性,对于土地而言,又称为不可毁灭性(indestructibility)。尽管土地可以被洪水淹没、荒漠化,但它在地球表面所标明的场所、作为空间是永存的。实际上人们对土地只要给予适当的保护,其生产力或利用价值一般也不会丧失。因此，可以说土地具有不可毁灭性。而其他物品，不论如何保管，经过一定年限或长久使用之后，最终均难免损耗。

建筑物虽然不像土地那样具有不可毁灭性，但是一经建造完成，寿命通常可达数十年、甚至上百年。在正常情况下，建筑物很少发生倒塌，只是为了土地的更好利用或更高价值才有可能被拆除。

由于具有寿命长久性，房地产可以给其占用者带来持续不断的利益。但需要说明的是，从具体占用者的角度来看，土地在有些情况下是有寿命的，特别是通过政府出让方式取得的土地使用权是有期限的。我国规定了土地使用权出让的最高年限，居住用地为70年，工业用地为50年，教育、科技、文化、卫生、体育用地为50年，商业、旅游、娱乐用地为40年，综合或者其他用地为50年。以出让方式取得土地使用权的，转让房地产后，其土地使用年限为原土地使用权出让合同约定的使用年限减去原土地使用者已经使用年限后的剩余年限。土地使用权出让合同约定的使用年限届满（土地使用者未申请续期，或虽申请续期但未获批准），续期的到续期届满，土地使用权由国家无偿收回（具体见《中华人民共和国城市房地产管理法》第二十一条，《中华人民共和国城镇国有土地使用权出让和转让暂行条例》第四十条）。对此点的认识在房地产估价上具有重要意义。例如坐落位置很好、建筑物也很好的房地产，可能由于土地使用年限较短而价值很低。另外，对于耕地来说，如果采用一种会破坏土壤肥力的方式耕作，或不注意环境保护，土地也有"毁灭"的可能。

## 2.2.5 相互影响性

房地产的价值不仅与其本身的状况有直接关系，还取决于周围其他房地产的状况，即受邻近房地产用途和开发利用的影响。例如，在一幢住宅附近兴建一座化工厂，可导致该住宅的价值下降；反之，如果在其旁边兴建一个绿化广场，则可使其价值上升。修筑一条道路或兴建一座购物中心，对其周围房地产的价值有着更大的影响。

相互影响性也就是经济学上所讲的外部性或外部影响（externality）。如果某个人（生产者或消费者）的经济活动影响了社会上其他人的经济条件或经济环境，在经济学上被称做外部性或外部影响。外部影响有正负之分，如果某个人的一项经济活动会给社会上其他成员带来好处，但他自己却不能由此而得到补偿，此时这个人从其经济活动中所得到的私人利益就小于该项经济活动所带来的社会利益。这种性质的外部影响被称为外部经济（external economy）。例如，邻居的花草树木管理得好，旁人也因赏心悦目和空气新鲜而受益。相反，如果某个人的一项经济活动会给社会上其他成员带来危害，但他自己却并不为此而支付足够抵偿这种危害的成本，此时这个人从其经济活动中所付出的私人成本就小于该项经济活动所造成的社会成本。这种性质的外部影响被称为外部不经济（external diseconomy）。例如，工厂向河流排放废水，污染了环境使别人受害。房地产由于具有相互影响性，外部性问题非常突出。

## 2.2.6 用途多样性

用途多样性主要是空地所具有的性质。如果地上一旦建有建筑物，用途即被限定，一般难以改变，因为改变的费用可能很高或受原有建筑结构的限制。当然，也有随着交通、周围环境等的变化，将原厂房改造为办公楼、超级市场或拆除重新利用的大量实例。

多数土地就其本身来看，可以作多种不同的用途使用，如用于农业、林业、道路、工业、居住、办公、商业等。如果愿意的话，即使是城市商业中心的土地也可以用来种植农作物，而且农作物可能与在农地上长得一样很好。在不同用途中还可以选择不同的利用方式，例如居住用途，有普通住宅、高档公寓和别墅，还有老年公寓、青年公寓和学生公寓，也可以建平房、多层楼房或高楼大厦。

房地产虽然具有用途多样性，但现实中房地产的用途并不是随意决定的。房地产的利用存在着不同用途及利用方式之间的竞争和优选的问题。在市场经济中，房地产拥有者趋向于将房地产用于预期可以获得最高收益的用途和利用方式。所以，房地产估价中有"最高最佳使用原则"。

从经济角度来看，土地利用选择的一般顺序是：商业、办公、居住、工业、耕地、牧场、放牧地、森林、不毛荒地。同时，土地用途的多样性还受城市规划、土地用途管制等的制约，用途的选择还要符合这些规定。

## 2.2.7 易受限制性

由于房地产具有相互影响性，世界上任何国家和地区对房地产的使用和支配都有一些限制，即使在"私有财产神圣不可侵犯"的私有制国家和地区也如此。他们之所以这样做的一种理由是："正为了要维护自由才限制自由"（[美]哈罗德·伯曼编，陈若桓译：《美国法律讲话》，生活·读书·新知三联书店，1988年版）。

政府对房地产的限制一般是通过下列四种特权来实现的：

（1）警察权（police power） 政府为增进公众安全、健康、道德和一般福利，可以直接限制某些房地产的使用，例如通过城市规划对土地用途、建筑高度、容积率、建筑密度和绿地率等作出规定。

（2）征用权（eminent domain） 政府为了社会公共利益的需要，如修公路、建学校等，可以强行取得单位和个人的房地产，即使违反这些被征用人的意愿，但要给予合理补偿。

（3）征税权（taxation） 政府为提高财政收入，可以对房地产征税或提高房地产税收，只要这些税收是公平课征的。

（4）充公权（escheat） 政府可以在房地产业主死亡或消失而无继承人或亲属的情况下，无偿收回房地产。

房地产易受限制性还表现在，由于房地产不可移动（不能搬走、不能携带），也不能隐藏，因此，逃避不了未来制度、政策变化的影响。这一点既说明了房地产投资的风险性，也说明了政府制定长远房地产政策的重要性。一般来说，在社会动荡不安、战争年代，房地产价格低落，而动产，尤其是食品的价格暴涨；在社会安定、经济发展时期，房地产价格往往有上升的趋势，而动产的价格趋于平稳或低落（扣除通货膨胀因素）。

## 2.2.8 价值高大性

房地产的价值相对而言不仅高，而且大。其价值高即单位价值高，具体表现在房地产的一个计量单位的价格上。例如 $1m^2$ 土地或 $1m^2$ 建筑面积房屋的价格，少则数百元，多则数千元，甚至上万元。其价值大即总体价值大，具体表现在能构成一个利用、消费或交易对象的房地产的价格上。例如一块可供利用的土地或一套住房的价格，比一件家具或一台电视机、电冰箱的价格要大得多，一般在数十万元。对于普通居民来说，其一生的积蓄甚至难以买得起一套普通商品住房，更不用说一幢上百万元的别墅、一座上千万元甚至上亿元的商场了。

## 2.2.9 难以变现性

由于房地产价值高大，再加上不可移动性和独一无二性，使得同一宗房地产的买卖不频繁，一旦需要买卖，要花费相当长的时间来寻找合适的买者并进行讨价还价。所以，当急需资金或有其他急需时，不易将房地产变成现款。如果要快速变现，只有进行相当幅度的降价；而有时即使进行相当幅度的降价，也不一定能在短期内找到买主（注意：这里只是讲相当幅度的降价，而没有讲无限制地降价。从理论上讲，没有卖不出去的商品，只有卖不出去的价格。只要价格低到一定程度，总会有人购买）。

## 2.2.10 保值增值性

一般来说，蛋糕、牛奶等易腐烂变质的物品，经过一段时间之后，价值会完全丧失；手机、计算机等高科技产品，随着更加高新的技术的出现，价值也会大大降低。但是，房地产由于具有数量有限性和寿命长久性等特点，其价值通常可以得到保持，甚至随着时间的推移，价值会自然增加，即自然增值。

引起房地产价格上升的原因主要有四个方面：①对房地产本身进行的投资改良，例如装修改造、更新或添加设备、改进物业管理；②通货膨胀；③需求增加导致稀缺性增加，例如经济发展和人口增长带动人们对房地产的需求增加；④外部经济或相互影响,例如交通条件或周围环境的改善。其中,对房地产本身进行投资改良所引起的房地产价格上升,不是房地产的自然增值;通货膨胀所引起的房地产价格上升,不是真正的房地产增值,而是房地产保值;需求增加导致稀缺性增加和外部经济或相互影响所引起的房地产价格上升,是真正的房地产自然增值。

通货膨胀是指商品和服务的货币价格总水平的持续上涨现象,或者简单地说,是物价的持续普遍上涨。如果出现通货膨胀,货币的购买力会下降,今天能用 100 元钱买到的商品或服务,以后很可能要花不止 100 元钱才能买到。当说某项投资具有保值性,则意味着它能抵抗通货膨胀的影响,即投入的资金的增值速度能抵消货币的贬值速度。具体地说,就是能保证投资一段时间后所抽回的资金,完全能购买到当初的投资额可以购买到的相同商品或服务。房地产通常具有这种功能。房地产的保值增值性是从房地产价格变化的总体趋势来说的,是波浪式上升的,但不排除房地产价格随着社会经济发展的波动而波动,房地产本身的功能变得落后、周围生态环境恶化使房地产价格下降,甚至因过度投机、房地产泡沫破灭而产生房地产贬值。在某些情况下,房地产价格出现长时期的连续下降也是可能的。例如,日本在 1955～1991 年的几十年间地价持续上涨,但 1991 年以后随着"泡沫经济"的破灭,地价出现了一路下滑的趋势(见图 2-6)。就日本全国而言,其地价峰值出现在 1991 年 9 月,而东京等六大城市的地价峰值出现在 1990 年 9 月。地价下跌尤以东京等六大城市为甚,例如 1999 年 3 月底,东京等六大城市商业用地的平均价格只有 1990 年 9 月泡沫经济高峰时的 21.7%,住宅用地的平均价格只有高峰时的 45%。另外,我国的土地价格由于是有期限的土地使用权价格,对于一宗使用年限较长的土地来说,在其使用年限的前若干年,价格可能随着需求的增加而呈现上升趋势,但由于总有一天土地使用年限会降为零,所以,具体一宗有土地使用年限的房地产的价格,从长远看是趋于下降的。

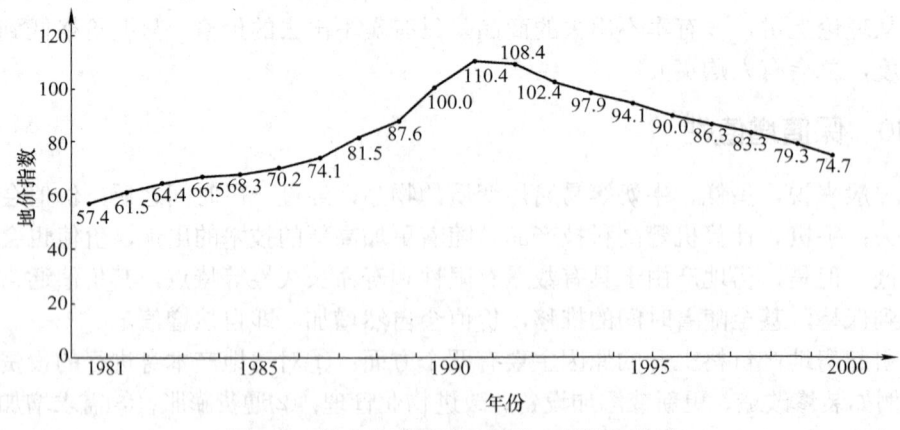

图 2-6 日本泡沫经济破灭前后的地价趋势

## 2.3 房地产状况的描述

从房地产估价的角度描述房地产状况,主要从基本状况、实物状况、权益状况和区位状况四个方面进行。

### 2.3.1 房地产的基本状况描述

对房地产基本状况的描述,主要从以下六个方面进行:

(1) 名称　名称说明估价对象的名字。例如,估价对象为某在建工程、某项目开发用地;某写字楼、某商场、某宾馆、某小区某楼(座、幢)某门(单元)某室。

(2) 坐落　坐落说明估价对象的具体地点。例如,估价对象位于某市某区某路(大街、大道)某号。

(3) 四至　四至说明估价对象的四邻。例如,估价对象东至××、南至××、西至××、北至××。

(4) 规模　对于土地,规模要说明土地的面积。例如,估价对象土地面积××$m^2$($hm^2$或亩)。对于建筑物,一般说明建筑面积或者套内建筑面积、使用面积、营业面积、可出租面积。例如,估价对象房屋的建筑面积为××$m^2$。宾馆还要说明客房数或床位数,酒店还要说明同时可容纳的用餐人数,医院还要说明床位数,影剧院还要说明座位数,停车场还要说明车位数。

(5) 用途　用途说明估价对象的规划用途、设计用途、实际用途和预期用途。

(6) 权属　对于土地,权属主要说明是国有土地还是集体土地,土地使用权是建设用地使用权还是宅基地使用权、土地承包经营权及其权利人;对于建设用地使用权,权属还要说明是出让的建设用地使用权还是划拨的建设用地使用权或者其他建设用地使用权。对于房屋所有权,权属主要说明房屋所有权人。

### 2.3.2 房地产的实物状况描述

对房地产实物状况的描述,一般分为土地实物状况描述和建筑物实物状况描述两大部分。

**1. 土地的实物状况描述**

土地实物状况描述主要从下列八个方面进行:

(1) 土地面积　土地面积通常以平方米($m^2$)为单位,面积较大的土地通常以公顷($hm^2$)为单位。对于房地产开发用地,通常要说明项目规划占地面积及其中的建设用地面积、代征道路用地面积、代征绿化用地面积等代征地面积。

(2) 土地形状　土地形状通常用文字并附图来说明。土地均是封闭多边形,其文字上的描述如形状规则、形状不规则、正方形、长方形、狭长等。可用来说明土地形状的图有宗地界址图、规划图、建筑总平面图等。

（3）地形　此部分说明该宗土地是平地还是坡地等。

（4）地势　此部分说明该宗土地与相邻土地、道路的高低关系，自然排水状况，被洪水淹没的可能性等。

（5）土壤　此部分说明土壤是否受过污染，是否为垃圾填埋场、化工厂原址、盐碱地等。

（6）地基（地质）　此部分说明地基的承载力和稳定性、地下水位和水质（包括地下水的成分和污染情况。有些含有特殊成分的地下水可以导致疾病。）、有无不良地质现象（如崩塌、滑坡、泥石流、断裂带、岩溶、软弱土、膨胀土、湿陷性黄土、冻土等）。

（7）土地条件（土地开发程度）　此部分说明周围基础设施完备程度和场地平整程度，即通常所说的"三通一平"、"五通一平"、"七通一平"及其具体内容等。

（8）其他　例如，临街商业用地还要说明其临街宽度、临街深度和宽深比。农用地还要说明其排水和灌溉情况等。

**2．建筑物的实物状况描述**

建筑物实物状况描述主要从下列 12 个方面进行：

（1）建筑规模　此部分要根据建筑物的使用性质说明其面积、体积等。面积方面有建筑面积、套内建筑面积、使用面积、居住面积、营业面积、可出租面积等。仓库一般要说明其体积。此外，旅馆通常还要说明客房数或床位数及不同标准的客房或床位数，餐馆还要说明可同时容纳的用餐人数或者座位数、餐桌数，停车场还要说明车位数，影剧院还要说明座位数，医院还要说明床位数。

（2）层数和高度　此部分说明建筑物的总层数（其中地上层数和地下层数）和总高度。建筑物通常根据层数或总高度，分为低层建筑、多层建筑、中高层建筑、高层建筑和超高层建筑。住宅通常是按照层数来划分的：1~3 层为低层住宅；4~6 层为多层住宅；7~9 层为中高层住宅；10 层以上（含 10 层）为高层住宅。公共建筑及综合性建筑通常是按照建筑总高度来划分的，总高度超过 24m 的为高层（但不包括总高度超过 24m 的单层建筑）。建筑总高度超过 100m 的，不论是住宅还是公共建筑、综合性建筑，均称为超高层建筑。

（3）外观　此部分说明建筑外立面的风格等，并通过外观照片来说明。

（4）建筑结构　建筑结构是指建筑物中由承重构件（基础、墙体、柱、梁、楼板、屋架等）组成的体系。一般分为：①钢结构；②钢筋混凝土结构；③砖混结构；④砖木结构；⑤简易结构。若以组成建筑结构的主要建筑材料来划分，可分为：①钢结构；②混凝土结构（包括素混凝土结构、钢筋混凝土结构和预应力混凝土结构等);③砌体结构(包括砖结构、石结构和其他材料的砌块结构);④木结构;⑤塑料结构;⑥薄膜充气结构。若以组成建筑结构的主要结构形式来划分,可分为:①墙体结构;②框架结构;③深梁结构;④筒体结构;⑤拱结构;⑥网架结构;⑦空间薄壁结构(包括折板结构);⑧悬索结构;⑨舱体结构。

(5)设施设备 此部分说明给水、排水、采暖、通风与空调、燃气、电梯、电气等设施设备的配置情况(有或无)及性能。

(6)装饰装修 此部分说明是毛坯还是粗装修、精装修。对于有装饰装修的,还要说明外墙面、内墙面、顶棚、室内地面、门窗等部位的装饰装修标准和程度,所用材料或饰物的质量及装饰装修工程施工质量等。

(7)防水、保温、隔热、隔声、通风、采光、日照。

(8)层高和室内净高 层高是指上下两层楼面或楼面与地面之间的垂直距离。室内净高是指楼面或地面至上部楼板底面或吊顶底面之间的垂直距离。

(9)空间布局 此部分说明空间分区及各个空间的交通流线是否合理,并应附房产平面图、户型图等来说明。

(10)年龄(房龄、屋龄、楼龄)和设计使用年限 对于年龄,最好具体说明开工日期、竣工日期。不能具体说明的,要说明建成的年、月或建成年份、建成年代。设计使用年限是指设计规定的建筑物的结构或结构构件,在正常施工、正常使用和正常维护下不需要进行大修即可按其预定目的使用的时间。

(11)维护情况及完损程度 此部分说明基础的稳固性、沉降情况(沉降是否均匀及其程度),以及地面、墙面、门窗等的破损情况等。

(12)其他 此部分说明可间接反映建筑物实物状况的有关情况,例如建设单位(如房地产开发企业)、建筑师和设计单位、施工单位、工程监理单位等的名称或者姓名、资质或资格、信誉、品牌等。对于在建工程或期房,还要说明其工程进度(如是正负零、主体某层,还是结构封顶)、预计竣工日期、交付日期等。对于商业用房特别是临街铺面房,还要说明其面宽、进深和宽深比。

## 2.3.3 房地产的权益状况描述

对房地产权益状况的描述,一般分为土地权益状况描述和建筑物权益状况描述两大部分。

### 1. 土地权益状况描述

土地权益状况的描述主要从下列六个方面进行:

(1)土地所有权 此部分说明是国有土地还是集体土地。对于集体土地,还要说明土地所有权的行使权利人。例如,估价对象土地为农民集体所有,由××村集体经济组织(××村民委员会、××村民小组、××乡镇集体经济组织)代表集体行使所有权。

（2）土地使用权　①此部分说明土地使用权是建设用地使用权还是宅基地使用权、土地承包经营权及其权利人。对于建设用地使用权，则要说明是出让的建设用地使用权还是划拨的建设用地使用权或者是其他建设用地使用权。对于出让的建设用地使用权，则要说明土地使用期限及其起止日期、剩余期限、可否续期。②还要说明土地是单独所有还是共有。对于共有的，则说明是按份共有还是共同共有及共有人。对于按份共有的，则说明每个共有人享有的份额。

（3）土地使用管制　此部分说明土地是属于农用地还是建设用地、未利用地。对于房地产开发用地，主要说明城市规划设计条件，包括用途或规划用地性质；容积率或建筑控制规模；建筑高度；建筑密度；绿地率；建筑后退红线距离；建筑间距；交通出入口方位；停车泊位；建筑体量、体型、色彩；地面标高；其他要求，例如规定规划设计方案应符合环境保护、消防安全、文物保护、卫生防疫等有关法律法规的规定。

（4）目前使用情况　①土地利用现状。说明土地上是否有房屋、林木等土地定着物。②出租或占用情况。说明有无出租或占用情形。对于已出租的情况，则要说明承租人、租赁期限、租金水平等。

（5）其他权利设立情况　此部分说明是否设立了抵押权、地役权等。

（6）其他特殊情况　①是否达到了法律法规规定的转让条件。②是否属于法律法规规定不得抵押或者不得作为出资的财产。③是否有拖欠建设工程价款的情况。④是否已依法公告列入征收、征用范围。⑤是否被依法查封、采取财产保全措施或者以其他形式限制。⑥是否土地取得手续不齐全。⑦是否土地所有权或者土地使用权不明确或者归属有争议。⑧是否为临时用地。若为临时用地，批准期限是多长，是否已超过了批准期限。⑨是否为违法占地。

**2．建筑物权益状况描述**

建筑物权益状况的描述主要从下列五个方面进行：

（1）房屋所有权　①说明房屋所有权人。②说明房屋所有权是单独所有还是共有或建筑物区分所有权，是完全产权还是部分产权。对于共有的，则要说明是按份共有还是共同共有及共有人；对于按份共有，还要说明每个共有人享有的份额。

（2）出租或占用情况　此部分说明有无出租、占用情形。对于已出租的，则要说明承租人、租赁期限、租金水平等。

（3）其他权利设立情况　此部分说明是否设立了抵押权、地役权等。

（4）其他特殊情况　此部分①是否达到了法律法规规定的转让条件。②是否属于法律法规规定不得抵押或者不得作为出资的财产。③是否有拖欠建设工程价款的情况。④是否已依法公告列入征收、征用范围。⑤是否被依法查封、采取财产保全措施或者以其他形式限制。⑥是否房屋建设等手续不齐全。⑦是否房屋所有权不明确或者归属有争议。⑧是否为临时建筑。若为临时建筑，批准期限是多长,是否已超过了批准期限。⑨是否为违法、违章建筑。

(5) 其他 例如物业管理情况,包括物业服务企业、物业服务费标准、管理规约等。因为完善的物业管理是保持及提高房地产价值的一个重要因素。

## 2.3.4 房地产区位状况的描述

房地产区位状况的描述,一般分为位置描述、交通描述、周围环境和景观描述、外部配套设施描述四大部分。

**1. 位置描述**

位置描述主要从下列五个方面进行:

(1) 坐落 此部分除了说明具体地点,还应附上位置图。例如,估价对象位于××市××区××路(大街、大道)××号,其位置见位置图。

(2) 方位 此部分说明估价对象在某个较大区域(如所在城市)中的方向和位置及在某个较小区域(如所在住宅小区、十字路口)中的方向和位置。例如,估价对象位于××市××部(中部、东部、东南部、南部、西南部、西部、西北部、北部、东北部),××路口××角(东北角、东南角、西南角、西北角),××路(大街、大道)××侧(东侧、西侧、南侧、北侧)。

(3) 距离 此部分说明估价对象与重要场所的远近。例如,估价对象离市中心××公里,离机场××公里,离火车站××公里。

(4) 朝向 此部分说明估价对象建筑物的正门或房间的窗户等正对着的方向。例如,估价对象建筑物坐北朝南或坐东朝西。

(5) 楼层 当估价对象为某幢房屋中的某层、某套时,要说明其所在的楼层。例如,估价对象位于××大厦地上××层或××商场地上(地下)××层。

**2. 交通描述**

交通描述主要从下列四个方面进行:

(1) 道路状况 此部分说明估价对象的附近有几条道路,到达这些道路的距离,各条道路的路况(如道路等级、路面状况、交通流量大小),有无过路费、过桥费及收费标准。

(2) 出入可利用的交通工具 此部分说明估价对象的附近经过的公共汽车、电车、地铁、轻轨、轮渡等公交线路的数量,到达公交站点(如公共汽车站、地铁站等)的距离,公交班次的疏密等。例如,附近有××路公共汽车经过,距离公共汽车站约××m(步行约××min),平均每隔10min有一辆公共汽车通过。

(3) 交通管制情况 此部分说明受步行街、单行道、某些车辆通行限制、通行时间限制、行车速度限制等影响的情况。

(4) 停车方便程度和收费标准 此部分说明估价对象有无停车场,以及车位数量、到停车场的距离等。

### 3. 周围环境和景观描述

周围环境和景观描述主要从下列三方面进行（通常还应附有照片）：

（1）自然环境　此部分说明环境是否优美、整洁，有无空气、噪声、水、辐射、固体废弃物等污染和污染程度，以及环境卫生状况。对于住宅，特别需要说明周边有无高压输电线路、无线电发射塔、垃圾站、公共厕所等。

（2）人文环境　此部分说明估价对象所在地区的声誉、居民特征（如职业、素质）、治安状况（如犯罪率）、相邻房地产的利用状况（如用途）等。

（3）景观　例如，有无水景（如海景、江景、河景、湖景等）、山景。

### 4. 外部配套设施描述

外部配套设施描述主要从下列两方面进行：

（1）外部基础设施　此部分说明道路、供水、排水（雨水、污水）、供电、供气、供热、通信、有线电视等设施的完备程度。

（2）外部公共服务设施　此部分说明距评估对象一定距离内的教育（如幼儿园、中小学）、医疗卫生（如医院）、文化、体育、商业服务、金融邮电、社区服务、市政公用和行政管理等设施的完备程度。

## 2.4　房地产的分类

对于房地产估价来说，有意义的房地产类型的划分主要有四种：①按用途来划分；②按开发程度来划分；③按是否产生收益来划分；④按经营使用方式来划分。

### 2.4.1　按用途来划分的房地产类型

房地产按其用途来划分，主要分为下列 10 类：

（1）居住房地产　居住房地产包括普通住宅、高档公寓、别墅等。

（2）商业房地产　商业房地产包括百货商场、购物中心、商业店铺、超级市场、批发市场等。

（3）办公房地产　办公房地产包括商务办公楼、写字楼、政府办公楼等。

（4）旅馆房地产　旅馆房地产包括饭店、酒店、宾馆、旅店、招待所、度假村等。

（5）餐饮房地产　餐饮房地产包括酒楼、美食城、餐馆、快餐店等。

（6）娱乐房地产　娱乐房地产包括游乐场、娱乐城、康乐中心、俱乐部、夜总会、影剧院、高尔夫球场等。

（7）工业和仓储房地产　工业和仓储房地产包括工业厂房、仓库等。

（8）农业房地产　农业房地产包括农地、农场、林场、牧场、果园等。

（9）特殊用途房地产　特殊用途房地产包括车站、机场、医院、学校、教堂、

第 2 章 房地产概述

寺庙、墓地等。

（10）综合房地产　综合房地产是指具有两种或两种以上用途的房地产。

## 2.4.2　按开发程度来划分的房地产类型

房地产按其开发程度来划分，主要分为下列五类：

（1）生地　生地是指不具有城市基础设施的土地，例如农地、荒地。

（2）毛地　毛地是指具有一定城市基础设施，但地上有待拆迁的房屋，并且尚未完成房屋拆迁补偿安置的土地。

（3）熟地　熟地是指具有完善的城市基础设施、土地平整，能直接在其上进行房屋建设的土地。按照基础设施的完备程度，又可将熟地分为"三通一平"、"五通一平"、"七通一平"等的土地。

（4）在建工程　在建工程是指地上建筑物已开始建设但尚未建成，不具备使用条件的房地产。该房地产不一定正在建设，也可能停工了多年。因此，在建工程包括停建与缓建工程。

（5）现房（含土地）　现房是指地上建筑物已建成，可直接使用的房地产。它可能是新的，也可能是旧的。其中，新房按照装饰装修状况，又可以分为毛坯房、粗装修房和精装修房。

## 2.4.3　按是否产生收益来划分的房地产类型

房地产按其是否产生收益来划分，主要分为下列两类：

（1）收益性房地产　收益性房地产是指能直接产生租赁或其他经济收益的房地产，包括商店、商务办公楼、公寓、旅馆、餐馆、影剧院、游乐场、加油站、厂房、农地等。

（2）非收益性房地产　非收益性房地产是指不能直接产生经济收益的房地产，例如私人宅邸、未开发的土地、政府办公楼、教堂、寺庙等。

收益性房地产可以采用收益法估价，非收益性房地产则难以采用收益法估价。收益性房地产与非收益性房地产的划分，不是看它们目前是否正在直接产生经济收益，而是看这种类型的房地产在本质上是否具有直接产生经济收益的能力。例如：某幢公寓或某座写字楼，目前尚未出租出去，没有直接产生经济收益，但仍然属于收益性房地产。因为同类的公寓和写字楼大量存在着出租现象，在直接产生着经济收益，该类尚未出租的公寓和写字楼的收益可以通过比较法来求取。

## 2.4.4　按经营使用方式来划分的房地产类型

房地产按其经营使用方式来划分，主要分为下列四类：出售型房地产、出租型房地产、营业型房地产和自用型房地产。

有的房地产既可以出售，也可以出租、营业，例如商店、餐馆；有的房地产既可以自用，也可以出租、出售，例如写字楼、公寓；有的房地产主要是自用，例如政府办公楼、学校。

这种分类对于选用估价方法特别有用。例如，出售型房地产一般可以采用比较法估价；出租或营业型房地产一般可以采用收益法估价；自用型房地产一般可以采用成本法估价。

## 练 习 题

一、单项选择题

1. 现实中土地的使用、支配权要受到多方面的制约，其中政府的城市规划属于（　　）方面的制约。
    A．建筑技术　　　　　　　B．土地权利设置
    C．相邻关系　　　　　　　D．土地使用管制
2. 建筑密度等于（　　）÷土地总面积。
    A．总建筑面积　　　　　　B．土地总面积
    C．建筑顶层面积　　　　　D．建筑基底总面积
3. 某宗土地的面积为 1 000m$^2$，其上建筑物的建筑面积为 5 000m$^2$，建筑物的基底面积为 700m$^2$，建筑物层数为 8 层。则该宗土地的容积率为（　　）。
    A．8.0　　　B．5.6　　　C．5.0　　　D．0.7
4. 下列不属于构筑物的是（　　）。
    A．储藏室　　B．水塔　　　C．隧道　　　D．道路
5. 房地产所有权有单独所有、共有和（　　）三种。
    A．建筑物区分所有权　　　B．建筑物区分共有权
    C．建筑物区分共用权　　　D．私有权
6. 对房地产估价来说，土地是（　　）。
    A．平面的　　B．三维立体的　C．陆地表面　D．地下空间
7. 在房地产权利的种类中，属于债权的是（　　）。
    A．地役权　　B．典权　　　C．抵押权　　D．租赁权
8. （　　）对价值的决定作用几乎是房地产所独有的。
    A．区位　　　B．交通　　　C．环境景观　D．外部配套设施
9. 房地产的开发、利用、消费，要受制于其所在的空间环境，例如邻里关系、当地的社会经济发展状况、制度政策等，这是由于房地产的（　　）特性。
    A．不可移动　B．独一无二　C．相互影响　D．易受限制
10. 某人在自己的住宅周围种植花草树木、美化环境，其邻居也因赏心悦目

和空气新鲜而收益，但不会为此向他支付任何费用。这是由于房地产的（    ）特性。

A．不可移动 　　　　　　　　　B．用途多样
C．相互影响 　　　　　　　　　D．易受限制

11．房地产的（    ）特性，使得房地产具有独占性。

A．不可移动 　　　　　　　　　B．供给有限特
C．价值量大 　　　　　　　　　D．用途多样

12．引起真正的房地产自然增值的原因是（    ）。

A．装修改造 　　　　　　　　　B．需求增加
C．通货膨胀 　　　　　　　　　D．改进物业管理

13．按照我国法律的规定，文化、卫生用地的最高年限为（    ）年。

A．70　　　　B．60　　　　C．50　　　　D．40

二、多项选择题

1．下列是非收益性房地产的有（    ）。

A．农地 　　　　　　　　　　　B．行政办公楼
C．教堂 　　　　　　　　　　　D．寺庙
E．未开发的土地

2．房地产按开发程度来划分，可以分为（    ）。

A．自由的房地产 　　　　　　　B．生地
C．毛地 　　　　　　　　　　　D．熟地
E．现房

3．下列（    ）不属于其他土地定着物。

A．假山 　　　　　　　　　　　B．临时搭建的帐篷
C．水池 　　　　　　　　　　　D．戏台
E．树木

4．目前我国的房地产权利主要包括（    ）。

A．所有权 　　　　　　　　　　B．土地使用权
C．地役权 　　　　　　　　　　D．抵押权
E．永租权

5．归纳起来，房地产有（    ）存在形态。

A．土地 　　　　　　　　　　　B．建筑物
C．房地 　　　　　　　　　　　D．权益
E．区位

6．政府对房地产的限制一般是通过（    ）特权来实现的。

A．罚款权 　　　　　　　　　　B．管制权

C. 征税权 D. 征收权
E. 充公权

7. 下面（　　）是由外部经济的原因而引起房地产价格上升。
A. 装饰装修改造　　　　B. 修建广场、公园、公共绿地
C. 调整城市发展方向　　D. 通货膨胀
E. 改变城市格局

三、判断题

1．某幢写字楼目前尚未出租出去而空闲着，没有直接产生经济收益，所以属于非收益性房地产。（　　）

2．具体一宗有土地使用年限的房地产的价格，从长远来看是趋于下降的。（　　）

3．某宗房地产总建筑面积为 5 000m²，建筑物的基底面积为 500m²，其建筑密度为 50%，其容积率为 2.0。（　　）

4．在房地产估价中，广义的建筑物通常包括房屋和构筑物两大类。（　　）

5．房地产权利包括物权和债权两大类，其中物权又包括自物权和他物权两类。自物权即所有权，他物权包括用益物权和担保物权，而用益物权又包括建设用地使用权和地役权等。（　　）

6．一般的无形资产主要是指权益的价值，例如专利权、专有技术、商标权、商誉、股票、债券等。（　　）

7．因为房地产具有独一无二性，所以房地产不具备完全替代性。（　　）

8．房地产具有供给有限性，本质上是由于土地总量有限和面积不能增加。（　　）

9．对于房地产的价格水平、供求状况及价格走势来说，其在不同地区之间可能不同，但不会相差太大。（　　）

四、简答题

1．房地产实物、权益和区位的含义分别是什么？
2．房地产有哪些存在形态？
3．房地产的特性有哪些？
4．房地产的类型有哪些？
5．怎样从估价的角度来认识土地和建筑物？
6．房地产权益状况的类型有哪些？

# 第 3 章 房地产价格概述

**学习要点：**

1. 了解房地产价格的含义。
2. 熟悉房地产价格的形成条件及特征。
3. 掌握房地产价格的种类。
4. 了解房地产价格的影响因素。

## 3.1 房地产价格的含义及形成条件

### 3.1.1 房地产价格的含义

要想弄清房地产价格的含义，首先要理解价格的含义。人们对于价格，有着多种不同的定义和解释，其中最典型的有下列两种：

**1. 从现象上来定义的价格**

价格是为获得一种商品或劳务所必须付出的东西，它通常用货币来表示，虽然不一定要用货币形式来偿付（[英] 戴维 W·皮尔斯主编，宋承先等译：《现代经济学词典》，上海译文出版社，1988 年版）。

**2. 从本质上来定义的价格**

价格是商品价值的货币表现，价值是凝结在商品中的抽象人类劳动（许涤新主编：《政治经济学辞典》上册，人民出版社，1980 年版）。

按照劳动价格论的观点，房地产价格为在房地产开发、经营过程中，所消耗的社会必要劳动形成的价值和土地所有权价格的综合货币表现。

按照效用价值论的观点，房地产价格为房地产的效用、相对稀缺性及房地产的有效需求共同作用而产生的房地产经济价值的货币表现。

从房地产估价的角度来讲，主要是从现象上把握房地产价格的"数量"，故可将房地产价格定义为：房地产价格是和平地获得他人的房地产所必须付出的代价，在现今社会它通常用货币来表示，习惯上也用货币形式来偿付，但也可以用知识产权、实物、劳务等其他形式来偿付，比方说以房地产作价入股换取设备、技术等。

## 3.1.2 房地产价格的形成条件

与其他任何商品为什么有价格一样，房地产价格的形成需要具备三个条件：①有用性（utility）；②稀缺性（scarcity）；③有效需求（effective demand）。

**1. 有用性**

房地产的有用性是指房地产能满足人们的某种需要或欲望。俗话说的"有用"，在经济学上称为使用价值或效用。至于为什么需要它们，或者是因为人们觉得这些东西很有必要，或者是因为它们很时髦，或者是因为人们听信了广告宣传。房地产如果没有用，人们就不会产生占有房地产的要求或欲望，更谈不上花钱去购买，从而房地产也就不会有价格。

**2. 稀缺性**

房地产的稀缺性是指现存房地产的数量尚不够满足每个人的需要或欲望。这里所说的稀缺性是指相对稀缺，而不是绝对缺乏。绝对缺乏是指"物质的不可获得性"，例如，严重干旱时，某些地区没有平日那么多的水可用。

稀缺性对价格的作用是很大的，俗话说物以稀为贵。有些物品，无论它多么有用，只要是相对富余的，就不会有高的价格。被看做现代政治经济学奠基人的亚当·斯密曾讲道："使用价值很大的东西，往往具有极小的交换价值，甚或没有；反之，交换价值很大的东西，往往具有极小的使用价值，甚或没有。例如，水的用途最大，但我们不能以水购买任何物品，也不会拿任何物品与水交换。反之，金刚钻虽几乎无使用价值可言，但需要大量其他货物才能与之交换。"[英]亚当·斯密著，郭大力、王亚南译：《国民财富的性质和原因的研究》上卷，商务印书馆，1972年版）。

一种物品仅有用还不能使其有价格。如果该种物品的数量丰富，随时随地都能自由获取，像空气或某些地方的水那样，尽管对人类至关重要——没有它们我们人类都无法生存，但是因为数量丰富也不会有价格。所以，房地产要有价格还必须具有稀缺性，因为只有有用并稀缺，人们才肯付出金钱等代价去占有或使用它。

**3. 有效需求**

房地产价格要成为现实——不是有价无市，还必须对房地产形成有效需求。只有购买欲望而无购买能力（即想买但没钱），或者虽然有购买能力但无购买欲望（即有钱但不想买），都不会发生购买行为。所以，分清需要与需求是非常重要的。需要不等于需求，需要只是一种要求或欲望，而需求是指有购买能力支持的需要——不但愿意购买而且有支付能力。人们把这种有支付能力支持的需要，称为有效需求。

综上所述，房地产价格是由房地产的有用性、稀缺性和有效需求三者相互结合而产生的。在现实中，不同房地产的价格之所以有高低之分，同一宗房地产的价格之所以有变动，归总起来都是由于这三者的程度不同及其变化所引起的。

为便于更好地理解价格，值得进一步说明的是，价格实质上是市场经济（或商品经济）这种特定制度下，对有用且稀缺物品的一种分配方式。无论人类社会处于什么阶段，只要当一种物品有用但其数量又不能满足人们随心所欲的需要时，就会出现该种物品究竟应如何分配的问题。归纳起来，古今中外对物品的分配方式主要有以下六种：①武力。例如小到个人之间的打架，大到国家之间的战争，物品最后由胜者获得。②计划。例如在传统社会主义计划经济下凭下达的指标或票证获得物品。但这在实际中往往演变为按权力大小或关系好坏进行分配。③抽签。这是指用随机的方式分配物品，最后是谁的运气好，物品就归谁。④排队。这是指谁排在最前面，物品就归谁，即把物品给予那些最愿意花时间等待的人。⑤礼让。例如像有些人那样发扬高尚风格，即使自己需要，也将物品让与他人。⑥价格。这是谁愿意且能够付出的钱最多，物品就归谁。在市场经济中，价格是最普遍、最广泛应用的一种分配方式。

## 3.2 房地产价格的特征

作为一种商品，房地产的价格与一般商品的价格既有相同之处，也有不同的地方。相同之处主要体现在以下三点：

1）都是价格，用货币来表示。
2）都有波动，受供给与需求等因素的影响。
3）都按质论价，即优质高价、劣质低价。

房地产价格与一般商品价格的不同，表现出房地产价格的独特之处。通常所说的房地产包括土地和建筑物，故首先单独介绍一下地价与一般商品价格的不同，然后再介绍房地产价格的特征。

### 3.2.1 地价与一般商品价格的不同

地价与一般商品价格的不同主要表现在下列六个方面：

**1．生产成本不同**

一般物品都是劳动的产物，而土地本质上不是由劳动创造的，是大自然的"恩赐"，所以，一般商品的价格必然含有生产成本的因素，而土地价格却不一定含有生产成本因素。例如，一块位置和自然风光较好、适宜建造别墅的未开发土地，价格可能很高，但在此之前可能并未投入任何人为劳动。从更深的角度考察，一般商品的价格是"劳动价值"的货币表现，围绕着"劳动价值"而上下波动;而地价本质上不是"劳动价值"的货币表现,是地租的资本化,即土地价格=地租÷利息率。

### 2．折旧不同

一般商品的寿命有限,可以大量重复生产,其价值通常随着时间的流逝而降低、甚至完全丧失,故有折旧。而土地由于具有不可毁灭性,不能再生产,其价格通常随着时间的流逝而自然升高,不仅无折旧,而且有增值。当然也有例外的情况,例如一座矿山城镇,矿物被开采完后如果没有其他产业兴起,则此处地价会随着城镇的衰落而有逐渐回落的趋势。我国有期限的出让土地使用权也是一个特例,在这种情况下土地应计提折旧。因为该地价是一种有年限的使用权价格,这种使用权随着剩余使用年限的缩短而逐渐减少,当达到规定的使用年限后将会被国家无偿收回。因此,购地者必须在其使用年限内将包括购地资本在内的所有投入收回。而如果是无年限的土地所有权,就无需计提折旧,因为在土地所有权交易下,新的土地所有权人不存在购地资本逐渐回收的问题。不考虑购地资本逐渐回收的原因很简单,因为购地者可以永续土地所有权,即购地资本在拥有土地期间总是以地上实物形式存在,购地者可以根据需要随时将其转化为货币资本而一次收回,还可能取得一定的增值收益。

### 3．价格差异不同

一般商品,如手机、汽车,人们可以大量制造,同一品牌、型号的很多,故其价格差异不大。但由于土地具有独一无二性,所以基本上是一宗土地一个价格,而且不同的土地之间价格差异较大,有的寸土寸金(如大城市商业中心的土地),有的可能一文不值(如偏远地区的荒漠沙丘)。

### 4．市场性质不同

一般商品的市场为较完全市场,形成的价格较客观,而土地市场为不完全市场,形成的地价受主观因素的影响较大。马克思曾说过:"必须牢牢记住,那些本身没有任何价值,即不是劳动产品的东西(如土地),或者至少不能由劳动再生产的东西(如古董,某些名家的艺术品等)的价格,可以由一系列非常偶然的情况来决定。"

### 5．形成时间不同

一般商品由于相同的很多,易于比较,有较完全市场,并且价值量不是很大,因此其价格形成的时间通常较短。由于土地具有独一无二性和价值量大等特点,不易于相互比较,是典型的不完全市场,其交易一般需要经过长期慎重考虑后才能达成,因此地价形成的时间通常较长。

### 6．供求变化不同

地价与一般商品的价格虽然都受供求变化的影响,但由于土地数量难以增加或减少,并且具有不可移动性,故其供给弹性较小。所以,地价多受需求方面的影响，并且对土地的需求是一种"引致"需求，即由对土地上的产品和服务的需求而引起的需求。从全社会的角度来看，土地的自然供给是完全无弹性的，不会随着地价的变化而增减。但对于某种特定用途的土地来说，土地的供给是有弹性的。因为土地往往可以在不同的用途之间进行选择，从而一种用途可以挤占其他用途的土地。如商业可以挤占居住用地，住宅可以挤占工业用地，工业可以挤占农业用地。

### 3.2.2 房地产价格与一般物品价格的区别

房地产价格与一般物品价格的区别主要体现在以下五个方面：

**1．房地产价格受区位的影响很大**

这个特征显而易见。实物状况和权益状况相同的房地产，如果区位不同，价格会存在很大差异。这也正是房地产市场不存在全国市场而是区域市场的原因。

**2．房地产价格实质上是房地产权益的价格**

由于房地产的自然地理位置不可移动，可以移动的只是有关该房地产的所有权、使用权及其他权益，所以房地产价格实质上是这些无形权益的价格。同一宗房地产，转移的权益不同则其价格也会不同。因此，房地产估价必须全面掌握房地产的权利状态。但在估价中也不可忽视房地产的实物完好状况对其价值的影响。

**3．房地产价格表现形式多样化**

房地产价格一般既可表现为交换代价的价格，同时也可以表现为使用和收益代价的租金。房地产价格所具有的这一双重表现形式，是收益法成立的前提。所以，房地产同时具有两个价格：一个是本身的价格，经济学上称之为源泉价格，即以交换为代价的价格；另一个是使用它一定时间的价格，经济学上称之为服务价格，即以使用为代价的租金价格；一般商品，如手机、家具等主要是交换价格，很少有租金价格。

房地产价格与租金的关系，可以理解为本金与利息的关系。如果需要求取价格（相当于本金），只要把握租金（相当于利息）与资本化率（相当于利率），将租金资本化即可；相反，如果需要求取租金，只要掌握价格和资本化率，也可求得。具体的求取方法为收益法。

**4．房地产价格的形成时间较长**

房地产由于具有独一无二和价值量大等特性，造成对影响房地产价格的质量、功能、权益状况、周围环境景观、市场行情等因素在短时间内不易掌握，所以人们在交易房地产时一般是十分谨慎的，很难在短时间内达成。

**5．房地产价格容易受交易者个别因素的影响**

一般商品由于品质差异不大，可以开展样品交易、品名交易，并且同时存在众多的买者和卖者，其价格一般由市场决定，不易受交易者个别因素的影响。但房地产由于位置固定和独一无二的特性，使得购买者必须亲自实地查勘，而且由于房地产价值量大，买者和卖者数量很少，所以房地产价格一般随交易的需要而个别形成，并且容易受买卖双方的个别因素（如喜好、感情冲动、讨价还价能力等）影响。

实际上，房地产价格的特征还可以总结出很多，比如房地产价格的保值性与增值性；房地产价格构成的复杂性及房地产价格的多因素制约性等，在此不一一详述。

## 3.3 房地产价格的种类

现实生活中往往出现这样的情形：两个不同的名称可能指的是同一个事物，同一个名称可能指的是两个不同的事物。科学的研究，要求尽可能地避免模棱两可的用语。所以，在进行房地产估价前必须弄清楚房地产价值和价格的种类及每种房地产价值和价格的确切含义，以正确理解和把握所评估的房地产价值或价格的内涵。

纵观古今中外，房地产价值和价格的种类繁多，名称也不完全一致，有的还是特定房地产制度下的产物。不同的房地产价值和价格，所起的作用不尽相同，评估时采用的依据和考虑的因素也不尽相同。

下面不是将每种房地产价值和价格单独介绍，而是将相关的内容放到一起介绍。这样做虽然有个别的重复，但可便于更好地比较和理解，而且在不同的地方，介绍的角度也会有所不同。

### 3.3.1 使用价值和交换价值

日常生活中价值一词的含义非常广泛，例如"人生的价值"中的价值。在房地产估价中，所涉及的价值是经济学范畴的价值。在经济学里，广义的价值有使用价值（use value，value in use）和交换价值（exchange value，value in exchange）之分。一种商品的使用价值，是指该种商品能满足人们某种需要的效用；交换价值，是指该种商品同其他商品相交换的量的关系或比例，通常用货币来衡量，即交换价值表现为一定数量的货币或其他商品。人们在经济活动中一般简称的价值是指交换价值，在房地产估价中一般所说的价值也是指交换价值。

任何物品能够成为商品，首先必须是有用物，能用来满足人们的某种需要。没有使用价值的东西不会被交换对方所接受，也就不能成为商品，不会有交换价值。所以，没有使用价值肯定就没有交换价值。但是反过来却不一定成立，即没有交换价值不一定没有使用价值，例如空气。作为商品的房地产，既有使用价值，也有交换价值。

就使用价值与交换价值而言，房地产估价所评估的是房地产的交换价值。但在房地产估价中首先应对房地产的质量、功能、新旧、产权等有关其使用价值的因素进行"鉴定"，所以，日本把房地产估价称为鉴定评价是有其道理的。就如同对古董、珠宝进行估价一样，如果不知其真伪、品质，肯定评估不出其真实价值。

### 3.3.2 投资价值和市场价值

某一种房地产的投资价值（investment value），是该房地产对于某个具体的投资者（这里的投资者是广义的，包括消费者）的经济价值，是该投资者基于个人需要或意愿，对该房地产所估计的价值或作出的评价。而该房地产的市场价值（market value），是该房地产对于一个典型的投资者（他代表了市场上大多数人的观点）的经济价值。市场价值是客观的、非个人的价值，而投资价值是建立在主观和个人因素基础上的价值。在某一时点，市场价值是唯一的，而投资价值因投资者的不同而不同。投资价值与市场价值的评估方法可能相同，但其中参数选取的立场可能不同。例如，它们都可以采用收益法计算——价值是未来净收益的现值之和，但在评估市场价值时，收益法中的折现率是与该房地产的风险程度相对应的社会一般收益率；而在评估投资价值时，该折现率是某个具体的投资者所要求的最低收益率（通常称为最低期望收益率）。这个投资者所要求的最低收益率可能高于也可能低于与该房地产的风险程度相对应的社会一般收益率。

投资者评估的房地产的投资价值，或者说消费者对房地产的评价，大于或等于该房地产的市场价格，是其投资行为或交易能够实现的基本条件。当投资价值大于市场价值时，说明房地产值得投资购买；反之，说明房地产不值得投资购买。换一个角度讲，每个房地产投资者对房地产都有一个心理价位，投资价值可以看成是这个心理价位。当市场价格低于其心理价位时，投资者趋向于增加投资；相反，他们将向市场出售过去所投资的房地产。

就投资价值与市场价值而言，房地产估价所评估的是房地产的市场价值。但作为房地产估价人员，评估投资价值或者提供房地产市场分析报告、房地产可行性研究报告，也是其服务的重要领域。例如，政府举行土地使用权拍卖、招标出让，有意购买者可以委托房地产估价人员为其评估能够承受的最高购买价格，这也是一种投资价值评估。

### 3.3.3 成交价格、市场价格、理论价格、公开市场价值和评估价值

**1. 成交价格**

成交价格简称成交价，是交易双方实际达成交易的价格。它是一个已完成的事实。这种价格通常随着交易者的心态、偏好、对市场的了解程度、讨价还价能

力、交易双方之间的关系、卖者的价格策略等的不同而不同。

成交价格可能是正常的,也可能是不正常的,所以,成交价格可被区分为正常成交价格和非正常成交价格。正常成交价格是指交易双方在公开市场、信息通畅、平等自愿、诚实无欺、没有利害关系下进行交易形成的价格,不受一些不良因素,如不了解市场行情、垄断、强迫交易等的影响;反之,则为非正常成交价格。

严格来说,正常成交价格的形成条件有如下七个:①公开市场。②交易对象本身具备市场性。③众多的买者和卖者。买者和卖者的数量都必须相当多才不至于使买者或卖者的个别因素影响价格,即他们都应是价格的被动接受者,其中的任何一个买者或者卖者对价格都没有控制的力量和显著的影响力。④买者和卖者都不受任何压力影响,完全出于自愿。⑤买者和卖者都具有完全信息。这是指买者和卖者对所交易的商品具有充分的了解,包括了解交易对象的性能和特点及市场行情。⑥理性的经济行为。这又被称为"经济人"的假设条件。在经济学里,"经济人"被规定为经济生活中抽象的一般人,其本性假设是利己的,力图以最小的经济代价去追逐和获得自身最大的经济利益。而且买卖双方均是谨慎的,价格不受任何一方感情冲动的影响。⑦在适当的期间完成交易。即有适当长的时间寻找合适的买者或卖者,而不是急于出售或购买。

要想理解成交价格,还应对其形成机制,即卖价、买价、成交价三者的关系有所了解。

1)卖价是指卖者出售房地产时所愿意接受的价格,是站在卖者的角度上的。由于卖者总想多卖些钱,卖者出售房地产时所愿意接受的价格总有一个最低界限,买者的出价必须高于这个最低界限他才愿意出售。其心态是在此最低界限之上,价格越高越好。

2)买价是指买者购买房地产时所愿意支付的价格,是站在买者的角度上的。由于买者总想少付些钱,买者购买房地产时所愿意支付的价格总有一个最高界限,卖者的要价必须低于这个最高界限他才愿意购买。其心态是在此最高界限之下,价格越低越好。

3)卖价和买价都只是买卖双方中的某一方所愿意接受的价格。在实际交易中,只有当买者所愿意支付的最高价格,高于或等于卖者所愿意接受的最低价格时,交易才可能成功。在图3-1a)中,交易不能成功;在图3-1b)中,交易可能成功。至于最终的成交价格是在此最低价格和最高价格之间,还是刚好为最低价格或最高价格,则取决于买卖双方的谈判能力及该种房地产市场是处于卖方市场还是买方市场。卖方市场是指供不应求、相对短缺、卖方掌握主动权的市场。买方市场是指供大于求、相对过剩、买方掌握着主动权的市场。在卖方市场下,成交价格往往是偏高的;在买方市场下,成交价格往往是偏低的。

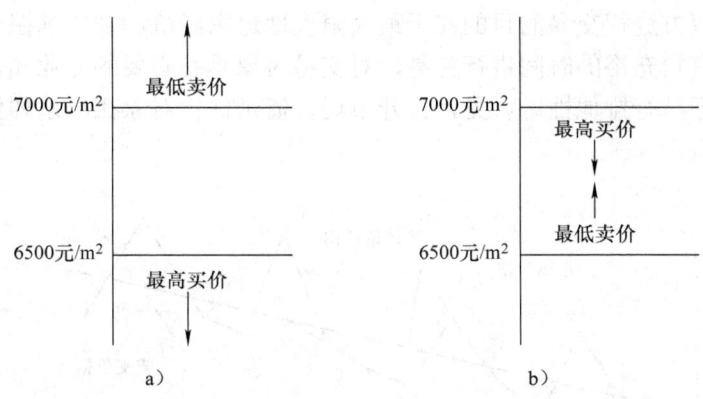

图 3-1 达成交易的基本条件
a) 交易不能成功  b) 交易可能成功

**2．市场价格**

市场价格（market price）是指某种房地产在市场上的一般、平均水平价格，是该类房地产大量成交价格的抽象结果。

**3．理论价格**

理论价格是指在经济学假设的"经济人"的行为和预期是理性的，或者真实需求与真实供给相等的条件下形成的价格。在经济学里有许多词来表达它，例如价值、内在价值（intrinsic value）、自然价值（natural value）、自然价格（natural price）等。价格是由供给力量与需求力量的相互作用决定的。供给量与需求量都受价格影响，通过价格调节达到均衡。市场价格和理论价格相比，市场价格是短期的均衡价格，理论价格是长期的均衡价格。

市场价格的正常波动是由真实需求与真实供给相互作用造成的。凡是影响真实需求与真实供给的因素，如收入、成本等的变化，都可能使市场价格发生波动。所以，在正常市场或正常经济发展下，市场价格基本上与理论价格相吻合，并且围绕着理论价格而上下波动，不会偏离太远。但在泡沫经济下，市场价格可能脱离理论价格，例如在投机需求的带领下，或在非理性预期下形成的畸高价格。

一般来说，成交价格围绕着市场价格而上下波动，市场价格又围绕着理论价格而上下波动（即小波动围绕着大波动而上下波动，大波动又围绕着更大的波动而上下波动），它们之间的关系如图 3-2 所示。

就成交价格、市场价格与理论价格而言，房地产估价所评估的是房地产的市场价格。

**4．公开市场价值**

在现代西方有关房地产估价的著作中，将需要评估的客观合理价格或价值，多称为市场价值（market value）或公开市场价值（open market value）。在公开市场中交易的双方进行交易的目的在于最大限度地追求经济利益并掌握必要的市场信息，他们有较充裕的时间进行交易，对交易对象具有必要的专业知识，而交易条件公开且不具有排他性。可见，公开市场价值是估价对象在一系列假设条件下的价值。

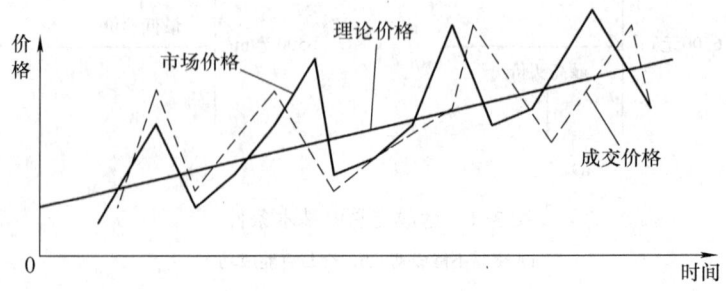

图 3-2　市场价格与理论价格关系示意图

在本书中，市场价格、市场价值、公开市场价值三者的含义基本相同，在一般情况下可以混用。值得注意的是，在现实估价中有时需要评估的不一定是公开市场价值，而是在某些特定条件限制下的正常价格或金额，例如征用拆迁补偿估价。

**5．评估价值**

评估价值又称评估价格、估计价值，简称评估值、评估价，是估价人员对房地产的客观合理价格或价值进行估算和判定的结果。

评估价值还可以根据所采用的估价方法的不同而有不同的称呼，如采用比较法估价得出的结果通常称为比准价格；采用成本法估价得出的结果通常称为积算价格；采用收益法估价得出的结果通常称为收益价格。评估价值不是事实，但在为交易目的而估价时，评估价值与成交价格有着密切的关系。由于房地产缺乏完全市场，房地产交易往往需要专业的房地产估价机构为交易双方提供服务，在这种情况下，房地产的评估价值往往会成为房地产的成交价格。但值得注意的是，由于不同估价人员的知识、经验、职业道德等情况的不同，同一宗房地产的评估价值也可能不同。

由此可见，要求评估的是客观合理的价格，而实际评估出的可能是带有估价人员主观因素的价格，这两者又都可能与估价对象在市场上真正交易起来的成交价格不同。但从理论上讲，一个良好的评估价值＝正常成交价格＝市场价格。

### 3.3.4　原始价值、账面价值和市场价值

原始价值（original cost，historical cost）简称原值、原价，也称历史成本、

原始购置成本，是一项资产在当初购置时的价格或其发生的支出。

账面价值（book value）又称账面净值、折余价值，是该资产的原始价值减去已提折旧后的余额。会计上的历史成本原则，要求资产按原始价值入账和计算折旧额。

市场价值是该资产现时在市场上实际所值的价格。

原始价值是始终不变的；账面价值是随着时间的推移而减少的；市场价值是随着时间的推移而不断变化的，有时高、有时低。市场价值很少等于账面价值。例如，某公司在 2000 年以 1 000 万元的价格购入了某项资产，这笔交易客观地计量了该项资产的价值，会计师就将这个价值计入资产负债表中的价值。但是，这是该项资产 2000 年的价值，与其今天的市场价值也许毫不相干了。另外，会计师试图通过从资产负债表中定期扣减折旧额来反映该项资产随着时间的推移而出现的老化。然而，2000 年购买的该项资产也许在技术或功能上早已过时，因此，在今天来看可能完全丧失了价值；或者由于通货膨胀或稀缺性增加，它现在的市场价值已远远高于原来的购置价格。房地产由于具有保值增值性，通常虽然经过了若干年的使用，但其市场价值有时还比过去的购置价格高出很多。

就原始价值、账面价值与市场价值而言，房地产估价所评估的是房地产的市场价值。

### 3.3.5 市场调节价、政府指导价和政府定价

市场调节价、政府指导价和政府定价是一组与政府对价格管制或干预的程度有关的价格。

《中华人民共和国价格法》第三条规定："国家实行并逐步完善宏观经济调控下主要由市场形成价格的机制。价格的制定应当符合价值规律，大多数商品和服务价格实行市场调节价，极少数商品和服务价格实行政府指导价或者政府定价。"可见，从政府对价格管制或干预的程度来划分，有市场调节价、政府指导价和政府定价。

市场调节价是指由经营者自主制定，通过市场竞争形成的价格。对于实行市场调节价的房地产，由于经营者可以自主确定价格，所以，估价应依据市场供求状况进行。政府指导价是指由政府价格主管部门或者其他有关部门，按照定价权限和范围规定基准价及其浮动幅度，指导经营者制定的价格。对于实行政府指导价的房地产，由于经营者应在政府指导价规定的幅度内制定价格，所以，估价结果不得超出政府指导价规定的幅度。

政府定价是指由政府价格主管部门或者其他有关部门，按照定价权限和范围制定的价格。对于实行政府定价的房地产，由于经营者应执行政府定价，所以，估价结果应以政府定价为准。例如在城镇住房制度改革中，出售公有住房的标准

价、成本价就属于政府定价。

政府对价格的干预，还有最高限价和最低限价。最高限价是试图规定一个对房地产可以收取的最高价格；最低限价是试图规定一个对房地产可以收取的最低价格，又称最低保护价。所以，对有最高限价的房地产，估价结果不得超过其最高限价；对有最低限价的房地产，估价结果不得低于其最低限价。近两年，房地产价格偏高是全社会普遍关注的问题，为了调控房地产市场，国家按照法律程序规定订出了一系列的价格干预政策。

政府对价格的干预还有规定成本构成或利润率等，例如规定新建的经济适用住房出售价格实行政府指导价，按保本微利原则确定。其中经济适用住房的成本包括征地和拆迁补偿安置费、勘察设计和前期工程费、建筑安装工程费、住宅小区基础设施建设费（含小区非营业性配套公建费）、管理费、贷款利息和税金等七项因素，利润率控制在3%以下。对于这类房地产，估价也应依据这些规定进行。

### 3.3.6 基准地价、标定地价和房屋重置价格

基准地价、标定地价和房屋重置价格是《中华人民共和国城市房地产管理法》提到的三种价格。该法第三十二条规定："基准地价、标定地价和各类房屋的重置价格应当定期确定并公布。"第三十三条规定："房地产价格评估，应当遵循公正、公平、公开的原则，按照国家规定的技术标准和评估程序，以基准地价、标定地价和各类房屋的重置价格为基础，参照当地的市场价格进行评估。"基准地价、标定地价和房屋重置价格都是一种评估价值。

基准地价，据中华人民共和国国土资源部1993年6月22日发布的《城镇土地估价规程（试行）》的定义是："政府对城镇各级土地或均质地域及其商业、住宅、工业等土地利用类型评估的土地使用权单位面积平均价格。"基准地价也可以定义为：城市基准地价是以一个城市为对象，在该城市一定区域范围内，根据用途相似、地块相连、地价相近的原则划分地价区段，调查评估出的各地价区段在某一时点的平均水平价格。

标定地价，据中华人民共和国国土资源部1992年5月12日印发的《关于地籍管理几个问题的处理意见》中的说明，被定义为："在基准地价的基础上，按土地使用年限、地块大小、形状、容积率、微观区位、市场行情等，修订评估出的具体地块在某一时期的价格。"《中华人民共和国城市房地产管理法》中也规定了标定地价，即"标定地价是指一定时期和一定条件下，能代表不同区位、不同用途地价水平的标志性宗地的价格。"

这里的房屋重置价格应是某一基准日期，建造不同建筑结构、用途或等级下的特定状况的房屋所需的一切合理、必要的费用、税金加上应得的利润。有了这种房屋重置价格之后，实际估价中求取估价对象房屋或建筑物的价格，可以通过

这种房屋重置价格的比较修正来进行。

### 3.3.7 土地价格、建筑物价格和房地价格

土地价格、建筑物价格和房地价格是一组按照房地产的存在形态来划分的价格。在第1章中已讲过，房地产的存在形态有土地、建筑物、房地三种，房地产价格因此有土地价格、建筑物价格和房地价格之分。

1. 土地价格

土地价格简称地价。如果是一块无建筑物的空地，此价格就是该块土地的价格；如果是一块有建筑物的土地，此价格是指该宗房地产中土地部分的价格，不含建筑物的价格。

同一块土地，在估价时考虑（或假设）的"生熟"程度不同，会有不同的价格。土地的"生熟"程度主要有下列五种：①未征用补偿的农地。取得该土地后还需要支付征地补偿费。②已征用补偿但未做"三通一平"或以上开发的土地。③已做"三通一平"或以上开发的土地，例如已做"七通一平"的土地。④在现有城区内有待拆迁建筑物的土地。取得该土地后还需要支付拆迁补偿安置费。⑤已做拆迁补偿安置的城市空地。有时根据土地的"生熟"程度，把土地粗略地分为生地、毛地、熟地三种，由此又有生地价格、毛地价格、熟地价格之分。

2. 建筑物价格

建筑物价格是指建筑物部分的价格，不含建筑物所占用的土地的价格。人们通常所说的房价，例如购买一套商品住房的价格，通常是含有该建筑物占用土地的价格，与这里所说的建筑物价格的内涵不同。

3. 房地价格

房地价格又称房地混合价，是指建筑物连同其占用土地的价格，它往往等同于人们通常所说的房价。

对于同一宗房地产而言，存在以下关系：①房地价格=土地价格+建筑物价格；②土地价格=房地价格−建筑物价格；③建筑物价格=房地价格−土地价格。

但需要说明的是，上述土地价格、建筑物价格、房地价格三者的关系不是机械的，也就是说并不是不论房地产是在分割、合并的前后，还是土地、建筑物各自独立考虑时都存在着上述关系，而是指对于同一宗房地产来讲，只存在着土地、建筑物和房地三种形态，因此，同一宗房地产的价值只能归属于这三种对象。

### 3.3.8 总价格、单位价格和楼面地价

总价格、单位价格和楼面地价是一组按照房地产价格的表示单位来划分的价格分类。

## 1. 总价格

总价格简称总价，是指某一宗或某一区域范围内的房地产总体的价格。它可能是一块面积为 2 000m² 的土地的价格、一套建筑面积为 400m² 的高档公寓的价格或一座建筑面积为 50 000m² 的商场的价格，也可能是一个城市的全部房地产的价格，甚至是一个国家全部房地产的价格。房地产的总价格一般不能反映房地产价格水平的高低。

## 2. 单位价格

单位价格简称单价，对于土地来说，是指单位土地面积的土地价格；对于建筑物来说，是指单位建筑物面积（如建筑面积、套内建筑面积、使用面积等）的建筑物价格；对于房地来说，是指单位建筑物面积的房地价格。房地产的单位价格一般可以反映房地产价格水平的高低。要想认清单位价格，就必须认清价格单位，否则其只是一个单纯的数字符号，毫无经济意义。价格单位由货币和面积两方面构成。

（1）货币　货币包括币种和货币单位。在币种方面，如是人民币、美元，还是港币等。在货币单位方面，如是元，还是万元等。

（2）面积　面积包括面积内涵和面积单位。在面积内涵方面，建筑物通常有建筑面积、套内建筑面积和使用面积之别。此外，住宅还有居住面积，商业用房还有营业面积，出租的房屋还有可出租的面积，成片开发的土地还有可转让的土地面积，成片开发的商品房还有可出售的建筑面积等。在面积单位方面，不同国家和地区的法定计量单位或习惯用法可能都不同，例如我国内地通常采用平方米（土地的面积单位有时还采用公顷、亩），美国、英国和我国香港地区习惯采用平方英尺（1m²=10.764ft²），日本、韩国和我国台湾地区一般采用坪（1m²≈0.303 坪）。

## 3. 楼面地价

楼面地价又称单位建筑面积地价，是平均到每单位建筑面积上的土地价格。楼面地价与土地总价的关系为

$$楼面地价 = \frac{土地单价}{容积率}$$

由此公式可以找到楼面地价、土地单价、容积率三者之间的关系，故认识楼面地价的作用十分重要。在现实生活中，楼面地价往往比土地单价更能反映土地价格水平的高低。例如：有甲、乙两块土地，甲土地的单价为 1 400 元/m²，乙土地的单价为 1 020 元/m²，如果甲、乙两块土地的其他条件完全相同，毫无疑问甲土地比乙土地贵（每平方米土地面积贵 380 元），此时理智的买者会购买乙土地而不会购买甲土地。但是，如果甲、乙两块土地的容积率不同，除此之外的其他条件都相同，则很难简单地根据土地单价来判断甲、乙两块土地的价格高低，此时就应该采用楼面地价。如果甲土地的容积率为 5，乙土地的容

积率为3,那么甲土地的楼面地价为280元/m²,乙土地的楼面地价为340元/m²。根据楼面地价来判断,乙土地反而比甲土地贵(每平方米建筑面积贵60元)。此时懂得楼面地价意义的买者,通常会购买甲土地而不会购买乙土地。这是因为,在同一地区,同类用途和建筑结构的房屋(含土地)在市场上的售价基本相同(但在人们越来越重视环境的情况下,高的容积率意味着高的建筑密度,从而房价会受到一定的影响),假如甲土地建筑面积平均为2 400元/m²,建筑造价(不含地价)也基本接近(如果容积率差异较大会导致对建筑高度或建筑结构的不同要求,例如一个只需建多层,而另一个必须建高层,则建筑造价会有一定差异),假如乙土地建筑面积为1 800元/m²,这样房地产开发商从甲土地上每平方米建筑面积中可获得的利润=(2 400−1 800−280)元=320元;而从乙土地上每平方米建筑面积中可获得的利润=(2 400−1 800−340)元=260元。

2009年,上海住宅市场中的地块大热门——新江湾城C6地块以楼面地价32 484元/m²、总价37.2亿元完成出让。该地块的规划容积率小于1.0,那么如此高的楼面地价成本,只有建别墅才能顺利消化。

### 3.3.9 所有权价格、使用权价格和其他权益的价格

所有权价格、使用权价格和其他权益的价格是一组按照所交易或评估的房地产权益来划分的价格。同一宗房地产,被交易或评估的可能是所有权,也可能是使用权,还可能是其他权利,例如租赁权、典权、空间利用权;交易或评估的所有权或使用权还可能附带有租约,设定了抵押权、典权、地役权;另外,该所有权或使用权还可能受到政府政策的限制,存在纠纷或被法院查封等现象。

**1. 所有权价格**

房地产的所有权价格是指房地产所有权的价格。房地产所有权价格还可依据其是否完全再细分。例如,根据"权利束(bundle of rights)"理论(见图3-3),所有权为占有权(possession)、管理权(control)、享用权(enjoyment)、排他权(exclusion)、处置权(disposition)(包括出售、出租、抵押、赠与、继承)等诸项个别权利的总和。但如果在所有权上设定了他项权利,则所有权变得不完全,价格因此会降低。

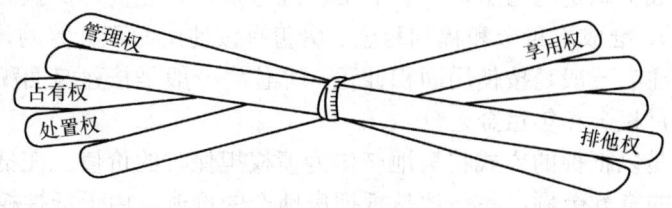

图3-3 权利束理论

### 2. 使用权价格

房地产的使用权价格是指房地产使用权的价格。以土地为例，我国目前有偿出让和转让土地的价格都是使用权价格，土地使用权又有出让土地使用权和划拨土地使用权两种。《中华人民共和国城市房地产管理法》第七条规定："土地使用权出让，是指国家将国有土地使用权在一定年限内出让给土地使用者，由土地使用者向国家支付土地使用权出让金的行为。"据此，从国家那里获得的土地使用权的价格，法定名称为出让金。但其在现实中有各种演变，多称为地价款，各地关于此的内涵也不尽相同。出让土地使用权的价格还可区分为各种使用年限的价格，例如40年、50年、70年的价格。

土地所有权价格与土地使用权价格有着极为复杂的关系。在正常情况下，土地所有权价格高于土地使用权价格，但在现实复杂的情况下，也可能出现相反的情形。例如我国封建社会后期出现的永佃制，其特点是土地所有权与土地耕作权相分离：地主享有土地的所有权，负担田赋（即土地税），有权收租，但对土地的使用权不能干涉，不能随意增租或夺佃；佃农享有土地的耕作权，即佃权，并有权将它买卖、典押或出租。一般来说，耕作权的价格低于所有权的价格，但在经济发达、人口密集的地区，耕作权的价格也有超过所有权价格的（许涤新主编：《政治经济学辞典》上册，人民出版社，1980年版）。

### 3. 其他权益的价格

其他权益的价格泛指所有权价格、使用权价格以外的各种权益的价格，例如租赁权价格、典权价格等。

## 3.3.10 买卖价格、租赁价格、抵押价值、典价、保险价值、课税价值和征用价值

买卖价格是以买卖方式支付或收取的货币额、商品或其他有价物，简称买卖价。租赁价格常称租金，对土地来讲则称为地租，对房地混合而言则称为房租。我国目前的房租有市场租金（或称协议租金，是由市场供求状况决定的租金）、商品租金（是以房地价值为基础确定的租金，其构成内容包括折旧费、维修费、管理费、贷款利息、房产税、保险费、地租和利润八项因素）、成本租金（是按照出租房屋的经营成本确定的租金，由折旧费、维修费、管理费、贷款利息、房产税五项因素构成）、准成本租金和福利租金。房租有按使用面积计算的，也有按建筑面积计算的。住宅一般是按使用面积计租，非住宅一般是按建筑面积计租。房租也有天租金、月租金和年租金之分。

抵押价值是以抵押的方式将房地产作为债权担保时的价值。在抵押过程中，一边是未偿还的贷款余额，另一边是抵押房地产的价值。由于抵押权人希望在整个抵押过程中，所抵押的房地产无论是在设定抵押之初时的价值，还是随着时间

的推移而变化了的价值,都超过未偿还的贷款余额。因为只有这样,才能确保贷款能安全收回。所以,房地产抵押价值是在债务履行期届满而债务人不履行债务时,拍卖、变卖抵押房地产最可能得到的价款或者抵押房地产折价的价值扣除优先受偿的款额后的余额。典价是在设定典权时,由典权人支付给出典人的金额。典价通常低于房地产的实际价值。

保险价值是将房地产投保时,为确定其保险金额而评估的价值。评估保险价值时,估价对象的范围应视所投保的险种而定。例如投保火灾险时的保险价值,仅是有可能遭受火灾损毁的建筑物的价值及其可能的连带损失,而不包含不可损毁的土地的价值,通常具体是指建筑物的重建成本(或重置成本)和重建期间的经济损失(如租金损失)。

课税价值是为课税的需要,由估价人员评估的作为计税依据的价值。具体的课税价值,要视税收政策而定。例如,1951 年 8 月国务院公布的《城市房地产税暂行条例》规定,房地产税的计税依据是标准房价和标准地价,或者标准房地价或标准房地租价。其中的标准房地价应按房地坐落地区、房屋建筑情况并参酌当地一般房地混合买卖价格分区、分类、分级评定。1986 年 9 月,国务院颁布的《中华人民共和国房产税暂行条例》规定,房产税的计税依据是房产原值一次减除 10%~30%后的余值或房产的租金收入。在美国,房地产课税价值是由地方政府为课税目的而确定的房地产价值,通常以该房地产市场价值的百分数表示。

征用价值是政府强制征用房地产时给予的补偿金额。美国雷利·巴洛维教授在《土地资源经济学——不动产经济学》一书中的下列一段描述,较好地说明了房地产的成本、售价、抵押价值、课税价值、征用价值几者的联系和区别:"不动产经济价值的一些重要概念,可以用一个经营者花费 5 万美元购置一块建筑场地,然后再花费 20 万美元修建一幢办公楼的例子来说明。这时他在他的财产中已投入 25 万美元,表示投资成本的总和。当他将其财产作为抵押贷款评估时,该财产只会有 21 万美元的贷款价值,估税员以 13 万美元估定财产收税价值,如果该财产所有者决定出售其财产,在与不动产经纪人谈妥以后,他决定标价 30 万美元,然而,在他确实得到标价以前,他会发现自己的财产正是某种公共项目所需的,可以得到 27.5 万美元的征用价值。上面这五个数字中,每一个都代表着一种经济价值的衡量,每一个数字都有一种解释和合理性。"([美]雷利·巴洛维著,谷树忠等译:《土地资源经济学——不动产经济学》,北京农业大学出版社,1989 年版)。

### 3.3.11　实际价格和名义价格

实际价格是指在成交日期时一次付清的价格,或者将不是在成交日期时一次付清的价格折现到成交日期时的价格。名义价格是指在成交日期时讲明,但不是在成交日期时一次付清的价格。

例如：一套建筑面积为 100m²、每平方米建筑面积为 6 000 元的住房，总价为 60 万元，其在实际交易中的付款方式可能有下列几种：

1）要求在成交日期时一次付清。

2）如果在成交日期时一次付清，则给予折扣，例如优惠 5%。

3）从成交日期时起分期付清，例如首付 20 万元，余款在一年内分两期支付，如每隔半年支付 20 万元。

4）约定在未来某个日期一次付清，例如约定一年后付清。

5）以抵押贷款方式支付，例如首付 10 万元，余款在 10 年内以抵押贷款方式支付。

上述第一种情况：实际单价为 6 000 元/m²，实际总价为 60 万元。不存在名义价格。

上述第二种情况：实际单价为 6 000 元/m²×（1-5%）=5 700 元/m²，实际总价为 57 万元。名义单价为 6 000 元/m²，名义总价为 60 万元。

上述第三种情况：假定年折现率为 5%，实际总价为 $(20+\dfrac{20}{(1+5\%)^{\frac{1}{2}}}+\dfrac{20}{1+5\%})$ 万元=58.5656 万元，实际单价为 5 856 元/m²。名义单价为 6 000 元/m²，名义总价为 60 万元。

上述第四种情况：假定年折现率为 5%，则实际总价为 $\dfrac{60万元}{1+5\%}$=57.14 万元，实际单价为 5 714 元/m²。名义单价为 6 000 元/m²，名义总价为 60 万元。

上述第五种情况：实际单价为 6 000 元/m²，实际总价为 60 万元。不存在名义价格。

## 3.3.12 现货价格和期货价格及现房价格和期房价格

现实中的商品交易有现货交易和期货交易，由此则有现货价格和期货价格之分。现货价格是指在交易达成后立刻或在短期内（可视为在交易达成的同时）进行商品交割的价格。期货价格是指在交易达成后按约定在未来某个日期进行商品交割的价格。

无论是现货交易还是期货交易，付款方式又有在交易达成后立刻或在短期内一次付清、按约定在未来某个日期一次付清和分期付清等，因此形成了多种组合形式，归纳为表 3-1 所示。

房地产也有类似的现货交易和期货交易及现货价格和期货价格。在房地产的现货价格和期货价格中，最典型的是现房价格（含土地价格）和期房价格（含土地价格）。

第3章 房地产价格概述

表3-1 现货交易和期货交易的各种情形

| 项目<br>类别 | 交易达成日 | 交 货 日 | 付款日和付款方式 | 备 注 |
|---|---|---|---|---|
| 现货交易 | 现在 | 现在 | 现在一次付清 | 此为典型的现货交易 |
| | | | 现在起分期付清 | — |
| | | | 未来一次付清 | 此称为赊销或赊购 |
| 期货交易 | 现在 | 未来 | 现在一次付清 | 此称为预购或预售 |
| | | | 现在起分期付清 | — |
| | | | 未来一次付清 | 此为典型的期货交易 |

房地产的现货价格是指以现状房地产为交易标的的价格。该房地产的现状可能是一块准备建造、但尚未建造建筑物的土地，也可能是一项在建工程，还可能是建筑物已建成的房地产。当为建筑物已建成的房地产时，即为现房价格。

房地产的期货价格是指以未来状况的房地产为交易标的的价格，其中最常见的是期房价格。期房价格是指以目前尚未建成而在将来建成的房屋（含土地）为交易标的的价格。

一般来说，一般商品的现货价格与期货价格之间的差额接近于它的储存费用，即：期货价格=现货价格+储存费用。

而对于房地产来说，期房价格通常低于现房价格。以可以出租的公寓住宅来看，由于买现房可以立即出租，买期房在期房成为现房期间不能享受租金收入，并且由于买期房总存在着风险（如有可能不能按期建成，或实际交付的品质比预售时讲的差等），所以，期房价格与现房价格之间的关系为：期房价格=现房价格–预计从期房达到现房期间现房出租的净收益的折现值–风险补偿。

上述关系是指期房与现房同品质（包括工程质量、功能、户型、环境和物业管理服务等）下的关系。在现实中常常出现同地段的期房价格比现房价格高的相反现象，这主要是由于两者的品质不同，例如现房的设计落后、功能缺乏等。

### 3.3.13 起价、标价、成交价和均价

起价、标价、成交价和均价是在商品房销售中出现的一组价格。

起价是指所销售的商品房的最低价格。这个价格通常是最差的楼层、朝向、户型的商品房价格，甚至这种价格的商品房根本不存在，仅是为了广告作用来吸引人们对所销售商品房的关注而虚设的价格。所以，起价通常不能反映所销售商品房的真实价格水平。

标价又称报价、表格价，是商品房出售者在其"价目表"上标注的不同楼层、朝向、户型的商品房的出售价格。一般情况下，买卖双方会在这个价格的基础上讨价还价，最后出售者可能作出某种程度的让步，按照一个比这个价格低的价格成交。

成交价是商品房买卖双方的实际交易价格。商品房买卖合同中写明的价格一

般就是这个价格。

均价是所销售商品房的平均价格,具体有标价的平均价格和成交价的平均价格。这个价格一般可以反映所销售商品房的价格水平。

### 3.3.14 保留价、起拍价、应价和成交价

保留价、起拍价、应价和成交价是在房地产拍卖中出现的一组价格。房地产拍卖是指以公开竞价的形式,将房地产转让给最高应价者的买卖方式。

保留价又称拍卖底价,是在拍卖前确定的拍卖标的可出售的最低价格。拍卖分为无保留价拍卖和有保留价拍卖两种。有保留价拍卖是指在拍卖前对拍卖标的进行估价,确定一个比较合理的保留价。若为无保留价拍卖,拍卖师应在拍卖前予以说明。若为有保留价拍卖,在竞买人的最高应价未达到保留价时,该应价不发生效力,拍卖师应当停止拍卖标的的拍卖。

起拍价又称开叫价格,是拍卖师在拍卖时首次报出的拍卖标的的价格。拍卖有增价拍卖和减价拍卖。增价拍卖是指先为拍卖标的确定一个最低起拍价,然后由低往高叫价,直到最后由出价最高者得。减价拍卖是指由拍卖师先喊出拍卖标的的最高起拍价,然后拍卖师依次喊出逐步降低的价格,直至有竞买人表示接受而成交。增价拍卖是一种常见的叫价方式。在增价拍卖中,起拍价通常低于保留价,也可以等于保留价。增价拍卖也被称为有声拍卖,而减价拍卖也被称为无声拍卖。

应价是竞买人对拍卖师报出的价格的应允,或是竞买人自己报出的购买价格。

成交价是经拍卖师落槌或者以其他公开的表示买定的方式确认后的竞买人的最高应价。在有保留价拍卖中,最高应价不一定成为成交价,只有在最高应价高于或等于保留价的情况下,最高应价才成为成交价。1987 年 12 月 1 日,我国首次以拍卖方式出让的一块土地的底价为 200 万元,最后成交价为 525 万元。

### 3.3.15 拍卖价格、招标价格、挂牌价格和协议价格

拍卖价格、招标价格、挂牌价格和协议价格是一组与房地产交易(或出让)所采用的方式相联系的价格分类。

拍卖价格是指采用拍卖方式交易(或出让)房地产的成交价格。

招标价格是指采用招标方式交易(或出让)房地产的成交价格。

挂牌价格是指采用挂牌方式交易(或出让)房地产的成交价格。

协议价格是指采用协议方式交易(或出让)房地产的成交价格。

从我国目前城镇国有土地使用权出让来看,拍卖出让土地使用权是指在指定的时间、公开场合,在拍卖主持人的主持下,竞买人手举统一编号的牌子应价,土地最终由最高应价者获得。招标出让土地使用权是指在指定的期限内,由符合

规定条件的单位或个人,以投标文件的形式竞买某块土地,土地由谁获得,一般不仅考虑报价,还考虑其他条件,例如开发建设方案和企业资信,但投标内容也有仅限于报价的。挂牌出让土地使用权是指出让人发布挂牌公告,按公告规定的期限将拟出让宗地的交易条件在指定的土地交易场所挂牌公布,接受竞买人的报价申请并更新挂牌价格,根据挂牌期限截止时的出价结果确定土地使用者的行为。选择土地使用权公开挂牌交易的,应公告最低交易价和其他交易条件,公告期限不少于 30 日。协议出让土地使用权一般是指政府与特定的用地者(如政府需要扶持的高科技项目、非商品住宅)协商确定出让价格。协议出让由于是政府对那些需要扶持的高科技项目等提供土地的方式,一般地价会降低。

招标方式由于不仅要考虑报价,通常还要考虑开发建设方案,所以选定的土地使用者不一定是出价最高者,从而有抑制地价的作用。但单纯以报价方式投标则有抬高地价的作用。在拍卖的情况下,由于土地由谁取得完全依据价格的高低,所以最能抬高地价。因此,在通常情况下采用协议方式出让的地价最低,其次是招标的地价,拍卖的地价最高。挂牌出让综合体现了招标、拍卖和协议方式的优点,并且同样是具有公开、公平、公正特点的国有土地使用权出让的重要方式,尤其适用于当前我国土地市场现状,具有招标、拍卖不具备的三点优势:一是挂牌时间长,并且允许多次报价,有利于投资者理性决策和竞争;二是操作简便,便于开展;三是有利于土地有形市场的形成和运作。

据 1995 年对我国 43 个大中城市的调查统计显示,协议出让的地价平均为 165 元/m$^2$,招标出让的地价平均为 507 元/m$^2$,拍卖出让的地价平均为 1 822 元/m$^2$。三者之比为 1:3:11。造成这种差异的原因,主要是三种出让方式的地价形成机制不同、地块位置的好坏不同(拍卖、招标的地块一般位置较好)、经验不同、人为因素的干扰程度不同及管理体制的缺陷程度不同等。

我国香港的梁振英先生曾对拍卖、招标方式对地价的影响做过剖析。他说,拍卖的每口价(即每次举手出价较上一次举手出价的差额)的数目由拍卖主持人来定,而且可以调整。例如:本来每口价是增加 1 000 万元,经过一番角逐,出价已到 5 亿元,只剩下最后一人举手,眼看此人就是得主,而卖地者则想把地价卖得更高一些,此时拍卖主持人有权把每口价减至 200 万元。这样,竞买者中可能有些人不甘心以仅仅 200 万元的微小数目落败,重新再度出手竞买。于是,土地竞买便在每次加价 200 万元的情况下展开另一次争夺战,这往往会使该宗土地能多卖数千万元。当然,公开拍卖的时机选择很重要,在旺市的时候,公开拍卖会营造一种热烈的竞争情绪,买家被迫在一瞬间作出决定,出价的动机往往出于压倒对手的考虑,或者不想让对手太容易得手,而把价格抬高。但是,在淡市时公开拍卖,买家见场面冷落,则会兴趣淡薄,就会故意压价。招标方式同样也可以收到高价卖地的效果,因为出标的竞投者各自躲在密室里策划,出价或所提条件都会高度保密，甚至给对手以假象。由于彼此不知虚实，不像在拍卖场合中那样可审时度势、见机行事，如果一击不中，就会丧失机会，因此，投标者自然要小心翼翼行事，一般会提出最优厚的条件、出最高的价钱，以期压倒对方（梁振英：《香港的房地产市场》，载《港澳经济》1986年第5和第6期）。

### 3.3.16 补地价

补地价是指需要补交给政府的一笔地价。需要补地价的情形主要有下列四种：①更改原出让土地使用权时规定的用途；②增加原出让土地使用权时规定的容积率；③转让、出租、抵押划拨土地使用权的房地产；④出让的土地使用权期满后续期。

对于改变用途来说，应补地价的数额理论上等于改变用途后与改变用途前的地价的差额，即

$$补地价 = 改变用途后的地价 - 改变用途前的地价$$

对于增加容积率来说，应补地价的数额理论上可以用下列公式计算。即

$$补地价（单价）= [(新容积率 - 原容积率) \div 原容积率] \times 原容积率下的土地单价$$

或者

$$补地价（单价）= (增加后的容积率 - 原容积率) \times 原楼面地价$$

$$补地价（总价）= 补地价（单价） \times 土地总面积$$

【例3-1】某宗土地总面积为 1 000m²，容积率为3，对应的楼面地价为850元/m²，现允许将容积率增加到5，则理论上应补地价的数额为多少？

【解】

$$补地价（单价）=(5-3) \times 850 元/m^2 = 1 700 元/m^2$$

$$补地价（总价）= 1 700 元/m^2 \times 1 000 m^2 = 170 万元$$

## 3.4 房地产价格的影响因素

房地产价格水平的高低及其变动，是众多对房地产价格有影响的因素对房地产价格综合作用的结果。这些对房地产价格有影响的因素，称为房地产价格影响因素，简称影响因素或因素。因此，做好房地产估价还需知晓各种房地产价格影响因素，掌握这些因素是如何及在何种程度上影响房地产价格的。

房地产价格影响因素众多而复杂，需要进行分类。一种分类方法是先将房地产价格分为房地产自身因素和房地产外部因素两种，然后再分别进行细分。其中，房地产自身因素可再细分为实物因素、权益因素和区位因素，房地产外部因素可再分为人口因素、制度政策因素、经济因素、社会因素、国际因素、心理因素和其他因素。这些因素还可根据需要再进一步细分。

房地产价格影响因素的另一种分类方法是将房地产价格分为一般因素、区域因素和个别因素三个层次。一般因素是指对较广范围的房地产价格水平都有影响的因素，例如经济发展状况、货币政策、物价、利率、汇率等。区域因素是指对估价对象周围一定区域范围内的房地产价格水平有影响的因素，例如所在地区的城市规划调整、环境状况、基础设施完备程度等。个别因素是指对估价对象价格水平有影响的估价对象自身状况因素，例如位置、规模、土地形状、地势、建筑结构、建筑物新旧程度等。需要指出的是，一般因素、区域因素和个别因素的界限并不是固定的，随着估价对象范围的扩大，某些区域因素也许会变为个别因素。

下面主要根据上述第一种分类，就各种因素对房地产价格的影响作进一步分析。为分析、讨论方便起见，我们把房地产外部因素中的人口因素、制度政策因素、经济因素、社会因素、国际因素、心理因素、其他因素提升一个层次，将它们与房地产自身因素并列进行叙述。还需要说明的是，许多影响因素之间并不是完全独立的，甚至存在着交叉或包含关系，但在分析某一因素对房地产价格的影响时，是假设其他因素不变的，尽管它们在现实中不可能不变。

### 3.4.1 自身因素

房地产自身状况的好坏，直接关系到其价格的高低。所谓自身因素，是指那些反映房地产本身的实物、权益和区位状况的因素。这里重点分析一下区位和实物方面的因素。

#### 1. 位置

人们的生活和生产等各种活动，都对房地产的位置有要求。房地产位置的优劣直接影响其所有者或使用者的生活满足程度、经济收益和社会影响，因此，房地产坐落的位置不同（例如是坐落在城市还是乡村，是位于城市中心区还是边缘地带，是临街还是不临街，是处于向阳面还是背阳面），价格会有较大的差异。尤其是城市土地，其价格高低几乎被位置优劣所左右，所以，关于房地产的那句名言："影响房地产价格的因素第一是区位，第二是区位，第三还是区位"，正说明了位置对房地产的重要性。尽管位置不能代表房地产的一切。

房地产位置优劣的形成，一是因为先天的自然条件，二是因为后天的人工影响。在实际估价中，关键是要弄清楚什么样的位置为优，什么样的位置为劣。房地产位置优劣的判定标准虽然因不同的用途而有所差异，但在一般情况下，凡是位于或接近人们经济活动的中心、要道的通口、行人较多、交通流量较大位置的房地产，价格一般都较高；反之，处于闭塞街巷、偏僻郊区的房地产，价格一般都较低。具体一点来说，商业用房地产的位置优劣，主要是看其繁华程度、临街状况；居住用房地产的位置优劣，主要是看其周围环境状况、安宁程度、交通便捷性，以及与市中心间的距离，其中别墅的要求是接近大自然、环境质量优良、居于其内又可保证一定的生活私密性；工业用房地产的位置优劣，通常需要视产业的性质而定，一般来说，凡是位置有利于原材料和产品的运输、便于废弃物处理及动力取得的房地产，其价格必有趋高的倾向。

房地产的位置有自然地理位置与社会经济位置之分。房地产的自然地理位置虽然固定不变，但其社会经济位置却会发生变化，这种变化可能是由于城市规划的重新制定或修改、交通建设或道路改造引起的，也可能是由于其他建设引起的。当房地产的位置由劣变为优时，其价值会上涨；反之，其价值会下跌。

### 2. 肥力

肥力即土地的肥沃程度，是土地提供植物生长、繁殖所需养分的能力。天然土地就会具有不同的肥力，但也可以通过后天的人工施肥或土地改良使其肥力提高。

肥力对于农业是极为重要的，但对于其他产业并不重要，所以，肥力这个因素主要与农地的价格有关。对于农地而言，显而易见，土地越肥沃，地价就越高；相反，土地越贫瘠，地价就越低。在农地价格的决定因素中，肥力甚至是最重要的因素，而且越是偏僻的地区，肥力对地价的决定作用越大。

### 3. 地质条件

地质条件决定着土地的承载力。土地的承载力是指土地可负荷重量的能力，特别是指在保证地基稳定的条件下，建筑物的沉降量不超过允许值的地基承载能力。

地价与地质条件关系的实质，是地质条件的好坏决定着建设费用的高低。建造同样的建筑物，地质条件好的土地，需要的基础建设费用低，从而地价高；相反，则需要的基础建设费用高，地价则低。不同地震烈度的建筑抗震设防要求，也可以说明这个问题。这些通过假设开发法可以被清楚地看出。

### 4. 地形、地势

地形是指同一块土地内的地面起伏状况。地势是指本块土地与相邻土地的高低关系，特别是指与相邻道路的高低关系，例如是高于还是低于路面。

由于地形、地势的平坦、起伏、低洼等影响到房地产的开发建设成本或利用价值，从而影响了该房地产的价格。一般来说，土地平坦，地价较高；土地高低不平，地价较低。在其他条件相同的情况下，地势高的房地产价格要高于地势低的房地产价格。

地形、地势对房地产价格的影响还表现在：在城市，如果人口剧增、工商业发展很快，土地需求增加，而土地向外发展受地形、地势的限制（如四面临山或有河流阻隔），致使城市土地的经济供给不能作适当比例的增加，这必然会使地价普遍高涨。

### 5. 土地面积和形状

位置相同的两块土地，由于面积大小不等，价格会有高低之分。一般来说，凡是面积过于狭小而不利于经济使用的土地，价格则较低。

土地形状是否规则，对地价也有一定的影响。形状规则的土地，主要是指正方形、长方形（但长宽的比例要适当）的土地。由于形状不规则的土地一般不能有效利用，相对于形状规则的土地，其价格一般较低。

**6. 日照、风向、降水量、天然周期性灾害**

一般来说，受到周围建筑物或者其他物体遮挡的房地产的价格（尤其是住宅的价格），要低于无遮挡情况下的类似房地产的价格。

同一街道的商业房地产，因有向阳面与背阳面的区别，价格则也有差异。因为这能够左右行人往来的多寡，从而影响顾客的多少，间接影响收益的高低。

对于农地中的坡地，阴坡地与阳坡地的价格差异也很明显。

房地产价格与风向的关系在城市中比较突出，处在上风地区的房地产的价格一般较高，处在下风地区的房地产的价格一般较低。

把降水量与地势结合起来看，对房地产价格的影响则比较明显。地势虽然低洼，但如果降水量不大，则不易积水，因而地势对房地产价格的影响不大；反之，若降水量大，地势对房地产价格的影响就大。

凡是有天然周期性灾害的地区，例如有天然周期性水灾的江、河、湖、海边，土地利用价值低，甚至不能利用。如果勉强利用，一旦天灾来袭，人们的生命财产都无保障。因此，这类土地的价格必然很低。

**7. 建筑物本身**

建筑物的规划设计、平面格局、功能、质量、外观形象等因素，对房地产价格均有较大的影响。以建筑物的外观形象为例，它包括建筑式样、风格和色调等，对房地产价格有很大的影响。凡是建筑物外观新颖、优美，可给人以舒适的感觉，则价格就高；反之，建筑物单调、呆板，很难引起人们强烈的享受欲望，甚至令人压抑、厌恶，则价格就低。

### 3.4.2 环境因素

影响房地产价格的环境因素，是指那些对房地产价格有影响的房地产周围的物理性状因素。这方面的因素主要有大气环境、听觉环境、水文环境、视觉环境和卫生环境。

**1. 大气环境**

大气就是空气，是人类赖以生存、片刻也不能缺少的物质。空气质量的好坏，对人体健康十分重要。房地产所处的地区有无难闻气味、有害物质和粉尘等，对房地产价格有很大影响。尤其是化工厂、屠宰厂、酱厂、酒厂、厕所等都可能造成空气污染，因此，凡接近这些地方的房地产价格一般都较低。

**2. 听觉环境**

汽车、火车、飞机、工厂、人群等，都可能形成噪声。对于住宅、旅馆、办公、学校、科研等房地产来说，噪声大的地方，房地产价格较低；噪声小、安静的地方，房地产价格通常较高。

#### 3．水文环境

地下水、沟渠、河流、江湖、海洋等的污染程度，对其附近的房地产价格也有很大影响。例如靠打水井来解决饮水的地区，地下水的质量或其受到污染的程度，对该地区的房地产价格有更大的影响。

#### 4．视觉环境

房地产周围安放的东西是否杂乱，如电线杆、广告牌、标志牌等的竖立状态和设计是否美观，建筑物之间是否协调，公园、绿化等形成的景观是否赏心悦目，都会对房地产价格有影响。

#### 5．卫生环境

清洁卫生状况，包括垃圾的堆放和处理情况，对房地产价格也有影响。

### 3.4.3 人口因素

#### 1．人口数量

房地产价格与人口数量的关系非常密切。当人口数量增加时，人们对房地产的需求就会增加，房地产价格也就会上涨；而当人口数量减少时，人们对房地产的需求就会减少，房地产价格也就会下落。

#### 2．人口素质

人们的文化教育水平、生活质量和文明程度，可以引起房地产价格的变化。人类社会随着文明发达、文化进步，公共服务设施必然日益完善和普遍，同时对居住环境也必然力求宽敞舒适，凡此种种都足以增加其对房地产的需求，从而导致房地产价格升高。如果一个地区的居民素质低、构成复杂、社会秩序欠佳，人们多不愿意在此居住，则该地区的房地产价格必然低落。

#### 3．家庭人口规模

这里所说的家庭人口规模，是指全社会或某一地区的家庭平均人口数。家庭人口规模发生变化，即使人口总量不变，也将引起居住单位数的变动，从而引起需用住房数量的变动，随之将导致房地产需求的变化，从而影响房地产价格。一般来说，随着家庭人口规模小型化，即家庭平均人口数的下降，家庭数量会增加，所需住房的总量将增加，房地产价格有上涨的趋势。

### 3.4.4 经济因素

影响房地产价格的经济因素，主要有经济发展状况、储蓄、消费、投资水平，财政收支及金融状况，以及利率、物价（特别是建筑材料价格）、建筑人工费、居民收入等。这些因素对房地产价格的影响都较复杂，下面仅说明其中几个。

### 1. 经济发展状况

经济发展的一般定义包括：物质福利的改善，尤其是对那些收入最低者来说；根除贫困，以及与此相关联的文盲、疾病和过早死亡；改变投入与产出的构成，包括把生产的基础结构从农业转向工业活动；以生产性就业普及于劳动适龄人口而不是只普及于少数具有特权的人的方式来组织经济活动；相应地使有着广大基础的集团更多地参与经济方面和其他方面的决定，从而增进自己的福利。

经济发展预示着投资、生产活动活跃，人们对厂房、写字楼、商店、住宅和各种娱乐设施等的需求增加，由此会引起房地产价格上涨，尤其是引起地价的上涨。例如，20世纪80年代，亚太地区的日本、新加坡、韩国等国家和我国台湾、香港等地区，经济持续高速增长，地价也相应地大幅度上涨（尽管从事后的亚洲金融危机来看，这种经济发展带有泡沫成分，有人甚至称其为泡沫经济）。

日本在第二次世界大战后共出现过三次地价暴涨，虽然引起这三次地价暴涨的原因很多，但不可否认它也是与日本经济的迅速发展密切相关的。第一次地价暴涨出现于1956～1962年，正值日本重化学工业化时期，太平洋沿海工业化区域的地价暴涨现象较为突出，而它的波及范围扩大到大城市周围地区的住宅用地。第二次地价暴涨出现于1967～1974年，正值日本开展地区开发和工业布局区向原有工业区外围延伸的时期，这次地价暴涨以大城市周围地区和主要地方城市的变动幅度最大。第三次地价暴涨出现于1984～1989年，是在日本向信息化转变和东京向世界性金融中心城市过渡的时期发生的。对于这次地价暴涨，1988年2月6日《法兰克福汇报》的文章《日本城市地价暴涨》说："日本经济在世界市场上的成就是引起房地产价格上涨的启动器。短短几年之内，东京因此变成了具有国际意义的银行中心，东京的交易所在这期间能与纽约的华尔街媲美，这把国际银行吸引到了东京。数量众多的生产和商业企业在此期间也在东京开设了分支机构，因为尽管有贸易壁垒，繁荣兴旺的日本还是提供了良好的销售机会。"

### 2. 利率

从收益法可以看出，房地产价值与报酬率呈负相关；从求取报酬率的累加法可以看出，报酬率与利率呈正相关。所以，房地产价格与利率呈负相关。利率下降，房地产价格会上升；利率上升，则房地产价格会下降。

决定利率水平的因素主要有下列六点：

（1）平均利润率　利息是利润的一部分。企业借款是为了获取利润，如果利率高于利润率，企业就要将其利润全部付给贷款人，因而就不会去借款。因此，平均利润率构成了利率的最高界限。但利率也不会等于零，否则就不会有人把钱借给他人。所以，利率介于平均利润率与零之间。

（2）资金供求状况　利率是资金的价格，它同任何商品的价格要受供求状况影响一样，要受借贷市场上资金供求状况的影响。当借贷资金的供给大于需求时，利率会下降；反之，利率会上升。随着资金供求状况的变化，利率在平均利润率与零之间波动。

（3）预期通货膨胀率　在信用货币条件下，特别是在纸币制度下，通货膨胀使借贷资金本金贬值，这给借贷资金所有者带来了损失。为了弥补这种损失，贷款人往往会在一定的预期通货膨胀率的基础上确定利率，以保证其本金和实际利息额不受损失。当预期通货膨胀率上升时，贷款人会要求提高贷款利率；反之，利率一般会相应下调。

（4）国家经济政策　利率是国家调节社会经济活动的重要经济杠杆，必定受国家的控制和调节。国家根据经济状况和经济政策目标，通过中央银行制定的准备金率和再贴现率影响市场利率，进而达到调节经济的目的。例如中央银行采用货币紧缩政策时，往往会提高再贴现率，从而引起市场利率上升；当采用货币扩张政策时，又会降低再贴现率，从而引起市场利率下降。

（5）国际利率水平　在我国与国际经济联系日益密切的当代，国际利率水平及变化趋势对国内利率也有重要影响。这种影响是通过资本在国际间的流动实现的。

（6）国际收支状况　当一国国际收支持续出现大量逆差时，为了弥补国际收支逆差，该国需要利用资本项目大量引进外资。此时，该国金融管理当局就会提高本国利率。反之，当出现大量顺差时，为了控制顺差，金融管理当局可能会降低利率，以减少资本项目的外汇流入。

### 3．物价

房地产价格是物价的一种，但与一般物价的特性不同，在此将它们区别开来进行比较。房地产价格与一般物价的关系非常复杂。通常，物价的普遍波动表明货币购买力的变动，即币值发生变动。此时物价变动，房地产价格也就随之变动。如果其他条件不变，则物价变动的百分比相当于房地产价格变动的百分比，而两者的动向也应一致，这表示房地产价格与一般物价之间的实质关系未变。

不论一般物价总水平是否变动，其中某些物价的变动也可能会引起房地产价格的变动。例如建筑材料价格、建筑人工费的上涨，会增加房地产的开发建设成本，从而可能推动房地产价格上涨。

就宏观来看地价上涨与一般物价上涨的因果关系，在日本存在着下列两种看法：一种看法是重视地价上涨—抵押力量增大—信用膨胀—物价上涨的因果关系；另一种看法则认为存在着货币量的增加—物价上涨—地价上涨的关系。

从较长时期来看，房地产价格的上涨率要高于一般物价的上涨率和国民收入的增长率。但在房地产价格中，土地价格、建筑物价格、房地价格或者不同类型房地产的价格的变动幅度不是完全同步的，有时甚至不是同方向的。

### 4．居民收入

通常，居民收入的真正增加（非名义增加。名义增加是指在通货膨胀情况下的增加），意味着人们的生活水平将随之提高，其居住与活动所需的空间会扩大，从而会增加其对房地产的需求，导致房地产价格上涨。至于对房地产价格的影响程度，要依现有的收入水平及边际消费倾向的大小而定。所谓边际消费倾向，是指收入每增加一个单位所引起的消费变化。

如果居民收入的增加是指衣食都较困难的低收入者的收入增加，虽然其边际消费倾向较大，但其增加的收入大部分甚至全部会首先用于衣食等基本生活的改善，这对房地产价格的影响估计不大。

如果居民收入的增加是指中等收入者的收入增加，因其边际消费倾向较大且衣食等基本生活已有了较好的基础，其所增加的收入大部分甚至全部依消费顺序会用于提高居住水平，这自然会增加其对居住房地产的需求，从而会促使居住房地产价格上涨。

如果居民收入的增加是指高收入者的收入增加，因其生活上的需要几乎已达到应有尽有的地步，边际消费倾向甚小，所以，其增加的收入大部分甚至全部可能用于储蓄或其他投资，这对房地产价格的影响就不大。不过，如果他们利用剩余的收入从事房地产投资或投机，例如购买房地产用于出租或将持有房地产当做保值增值的手段，则会引起房地产价格上涨。

### 3.4.5 社会因素

影响房地产价格的社会因素，主要有政治安定状况、社会治安问题、房地产投机和城市化。

1．政治安定状况

政治安定状况是指有不同政治观点的党派、团体间的冲突情况及现行政权的稳固程度等。一般来说，政治不安定则意味着社会可能动荡不安，这会影响人们投资、置业的信心，从而会造成房地产价格低落。

2．社会治安问题

社会治安问题是指偷窃、抢劫、强奸、绑架、杀人等方面的刑事犯罪情况。房地产所处的地区如果经常发生偷窃、抢劫等犯罪案件，则意味着人们的生命财产安全缺乏足够的保障，因此会造成房地产价格低落。

3．房地产投机

房地产投机指不是为了使用而是为了再出售（或再购买）而暂时购买（或出售）房地产，利用房地产价格的涨落变化，以期从价差中获利的行为。房地产投机是建立在对未来房地产价格预期的基础上的。关于房地产投机对房地产价格的影响，普遍认为它会引起房地产价格上涨。显然房地产投机有许多危害，但这种认识是不够全面的。一般来说，房地产投机对房地产价格的影响可能出现三种情况：①引起房地产价格上涨；②引起房地产价格下跌；③起着稳定房地产价格的作用。

至于房地产投机具体会导致怎样的结果,要看当时的多种条件,包括投机者的素质和心理等。当房地产价格节节上升时,那些预计房地产价格还会进一步上涨的投机者纷纷抢购,哄抬价格,造成一种虚假需求,无疑会促使房地产价格进一步上涨。而当情况相反时,那些预计房地产价格还会进一步下跌的投机者纷纷抛售房地产,则会促使房地产价格进一步下跌。另外,当投机者判断失误或被过度的热烈(乐观)或恐慌(悲观)的气氛和心理所驱使时,也可能造成房地产价格的剧烈波动。但在某些情况下,房地产投机行为可能起着稳定房地产价格的作用。当房地产价格低落时,怀有日后房地产价格会上涨心理的投机者会购置房地产,以待日后房地产价格上涨时出售,这样就会出现:当房地产需求较小的时候,投机者购置房地产,造成房地产需求增加,从而抬高了房地产价格;而在房地产价格上涨时,投机者抛售房地产,增加房地产供给,从而平抑房地产价格。

**4. 城市化**

城市化又称城镇化、都市化,是当今重要的社会、经济现象之一,但由于人们对城市的概念理解不一,对城市化的解释和度量方法也相差很大。在有关城市化的各种定义中,一种较为主要的提法是:人口向城市集中的过程即为城市化。综合不同学科,城市化一词有四个含义:①城市对农村影响的传播过程;②全社会人口接受城市文化的过程;③人口集中的过程,包括集中点的增加和每个集中点的扩大;④城市人口占全社会人口比例提高的过程。一般来说,城市化意味着人口向城市地区集中,造成人们对城市房地产的需求不断增加,从而会带动城市房地产价格上涨。

### 3.4.6 行政因素

影响房地产价格的行政因素,是指那些影响房地产价格的制度、政策、法律法规、行政行为等方面的因素,主要有房地产制度、房地产价格政策、行政隶属变更、特殊政策、城市发展战略、城市规划、土地利用规划、税收政策、交通管制等。

**1. 房地产制度**

房地产制度对房地产价格的影响也许是最大的。例如,传统的土地使用制度,严禁人们买卖、出租或者以其他形式非法转让土地,这可能使地租、地价根本不存在。对住房实行低租金、实物分配,必然造成住房的租金、价格低落。而改革土地使用制度和住房制度,推行住宅商品化、社会化,就使房地产价格显现出来,反映客观的市场供求状况。

**2. 房地产价格政策**

房地产价格政策是指政府对房地产价格高低的态度及采取的干预方式、措施等。政府对房地产价格干预的方式，可能是直接制定价格，也可能是通过其他一些措施或手段来调节价格。

房地产价格政策抽象来看可以分为两类：一类是高价格政策；一类是低价格政策。所谓高价格政策，一般是指政府对房地产价格放任不管，或者有意通过某些措施来抬高房地产价格；所谓低价格政策，一般是指政府采取种种措施来抑制房地产价格上涨。因此，高价格政策促进房地产价格上涨，低价格政策造成房地产价格回落。但值得注意的是，低价格政策并不意味着房地产价格的绝对水平低下；同理，高价格政策也不意味着房地产价格的绝对水平很高。

抑制房地产价格的措施是多种多样的，它们影响房地产价格低落的速度和幅度不尽相同。抑制房地产价格的措施主要有：①制定最高限价，规定房地产交易时不得突破此价格；②制定标准价格，以作为房地产交易时的参考；③政府在房地产价格高涨时抛出一定量的房地产，特别是通过土地供应，以增加房地产的供给，从而平抑房地产价格；④征收房地产交易税或增值税；⑤建立一套房地产交易管理制度。

3．行政隶属变更

可以想象，由于行政隶属变更，某个非建制镇升格为建制镇，或某个建制镇升格为市，或某个市由原来的较低级别升为较高级别，例如县级市升格为地级市，省辖市升格为直辖市，无疑会促进该地区的房地产价格上涨。同样，如果将原属于某一较落后地区的地方划归另一较发达地区管辖，也会促进这一地方的房地产价格上涨；相反，则会导致这一地方的房地产价格下降。

4．特殊政策

在一些地方建立经济特区，实行特殊的政策、特殊的体制、特殊的对外开放措施，往往会提高该地区的房地产价格。例如，深圳变为经济特区；中央决定开发开放上海浦东；海南岛成为国际旅游岛并享受特殊优惠政策，都曾使这些地方的房地产价格大幅度上涨。

5．城市发展战略、城市规划、土地利用规划

城市发展战略、城市规划、土地利用规划对房地产价格都有很大影响，特别是城市规划对土地用途、建筑高度、容积率等的规定。就规定用途来看，不同用途对土地条件的要求不同；反过来，在土地条件一定的情况下，规定用途对土地价格有着很大的影响，具体表现在两个方面：①就某一块土地而言，它会降低地价；②从总体上看，由于有利于土地的健康协调利用，因此有提高地价的作用。但是，如果规定用途不妥，缺乏科学的理论依据和方法，也会两败俱伤，既降低单块土地的价格，也会降低整片土地的利用率，从而使地价下降。规定用途对地价的影响在城市郊区表现得特别明显：如果城市的发展已使郊区某些农用地很适合于转变为城市建设用地，但政府规定只能维持现有的农业用途，则地价必然很

低；而政府一旦允许改变用途，则地价会成倍上涨。

**6．税收政策**

不同的税种、税率及其征收环节，对房地产价格的影响是不同的。税收可分为房地产开发环节的、房地产交易环节的和房地产持有环节的。另外，考察税收政策对房地产价格的影响，必须注意课税的转嫁问题。如果某种对房地产的课税可以通过某种途径部分或全部转嫁出去，那么它对房地产价格的影响就小，甚至不起作用。

直接或间接地对持有房地产课税，实际上是减少了利用房地产的收益，因而会导致房地产价格回落；相反，降低甚至取消对持有房地产课税，则会导致房地产价格上升。

**7．交通管制**

某些房地产所处的位置看起来交通便利，但实际上并不便利，这可能是受到了交通管制的影响。对房地产价格有影响的交通管制，主要有严禁某类车辆通行，实行单行道、步行街等。

交通管制对房地产价格的影响结果如何，要看这种管制的内容和房地产的使用性质。对于某些类型的房地产来讲，实行某种交通管制也许会降低该类房地产的价格；但是对于另一些类型的房地产来讲，实行这种交通管制则可能会提高该类房地产的价格。例如，在住宅区内的道路上禁止货车通行，可以减少噪声、汽车尾气污染和行人行走的不安全感，因此会提高房地产价格。

### 3.4.7 国际因素

现代社会，各国间的国际交往频繁，某个国家或地区的政治、经济、文化等，常常影响其他国家和地区。国际经济、军事、政治等环境，对房地产价格也有影响。影响房地产价格的国际因素主要有世界经济状况、国际竞争状况、政治对立状况和军事冲突状况。

**1．世界经济状况**

世界经济状况，特别是周边国家和地区的经济状况，对房地产价格有很大的影响。如果世界经济发展良好，一般有利于房地产价格上涨。

**2．国际竞争状况**

房地产是不可移动的，不像汽车、小麦等可以移动的商品那样能在国与国之间进行贸易、展开竞争，从而使价格相互影响。所以，这里所说的国际竞争，主要是指国与国之间为吸引外来投资而展开的竞争。当竞争激烈时，为吸引投资者通常会采取低地价政策，从而会使房地产价格下降；但如果在其他方面采取优惠政策，吸引了大量外来投资者进入，则人们对房地产的需求会增加，从而会导致房地产价格上涨。

### 3．政治对立状况

如果国与国之间发生政治对立，则不免会出现经济封锁、冻结贷款、终止往来等，这些一般会导致房地产价格下跌。

### 4．军事冲突状况

一旦战争发生，则战争地区的房地产价格会陡然下落，而那些受到战争威胁或者影响的地区，房地产价格也会有所下降。因为房地产不可移动，一旦发生战争，避难时无法随身携带；如果遇到空袭或其他战争上的破坏，则繁华城市有可能瞬间化为废墟。所以，在遭受战争威胁时，人们会争相出售房地产，此时供大于求，房地产价格势必大幅度下跌。

## 3.4.8 心理因素

心理因素对房地产价格的影响有时是不可忽视的。影响房地产价格的心理因素主要有下列五点：①购买或出售心态；②个人欣赏趣味（偏好）；③时尚风气；④接近名家住宅心理；⑤讲究风水或吉祥号码，例如讲究门牌号码、楼层数字等。

房地产需求者遍寻适当的房地产，当选定了合意的房地产后，若该房地产的拥有者无出售之意，则房地产需求者必然以高出正常价格为条件才可能改变其惜售的原意，因此，如果达成交易，成交价格自然会高于正常价格。

有时房地产购买者出于自身的急迫需要，在与竞争对手争夺中只求得到房地产，从而会抬高价格。深圳 1988 年 11 月 16 日公开拍卖一块土地的情况，可以看成是这方面的例子。这是一块面积为 $4241 m^2$ 的土地，规定只准建七层住宅，建筑面积不超过 $7700 m^2$，底价为 200 万元。拍卖一开始，27 家国内外企业反应热烈，最后由深圳现代企业有限公司以 2 000 万元夺得。按照楼面地价计算，地价高达 $2597$ 元$/m^2$。根据当时的市场行情，如果建住宅出售，肯定亏本无疑。拍卖结束时，全场哗然。深圳市政府某副秘书长表示，绝没想到成交价格高得如此惊人，他原估计只有 700 万元左右。深圳市国土局负责人在签订合同后向现代企业有限公司代表连声说价钱太高了，但现代企业有限公司负责人却称价钱比他们预料的还低 25%。原因是：这家公司为了生产录像机，将聘请一批外国专家来指导生产，与其长期租用宾馆接待这批专家，倒不如兴建宿舍更为合算。因此，对于这家公司来说，出价的多少基本上取决于与租用宾馆的比较，而不取决于未来正常的住宅销售价格。

房地产拥有者偶然发生资金调度困难，在急需现金周转时，无奈只有出售房地产变现，这时的成交价格多会低于正常价格。有债务纠纷的房地产，债务人为了达到快速脱身的目的，会故意低价出售房地产。

## 3.4.9 其他因素

影响房地产价格的因素除了上面列举的八大类之外，还有一些其他因素，例如某些重要政治人物的健康与生死状况,有时人们预期其会影响时局,从而会引起房地产价格的涨落。对于共有的房地产,如果共有人较多,并且他们对房地产的维护、修缮、处分等很难达成共识,部分共有人会不堪其繁而转让其在共有房地产中享有的份额,这时的成交价格多会低于正常价格。

## 练 习 题

一、单项选择题

1. 房地产价格是由房地产的（   ）三者相互结合而产生的。
   A．有用性、稀缺性、有效需求　　B．供给、需求、利用状况
   C．权利、租金、利率　　　　　　D．价值、使用价值、供求

2. 在消费者收入增加时,反倒会减少对（   ）的需求。
   A．正常商品　　　　　　　　　　B．炫耀性物品
   C．高档商品　　　　　　　　　　D．低档商品

3. 在某种房地产的价格不变的情况下,当其开发成本上升,会使该种房地产的供给（   ）。
   A．减少　　　B．增加　　　C．不变　　　D．无法确定

4. （   ）是某种房地产在市场上的一般、平均水平价格,是该类房地产大量成交价格的抽象结果。
   A．理论价格　B．成交价格　C．市场价格　D．清算价格

5. 在房地产价格中,（   ）是短期均衡价格,（   ）是长期均衡价格。
   A．成交价格,理论价格　　　　　B．成交价格,市场价格
   C．理论价格,市场价格　　　　　D．市场价格,理论价格

6. （   ）是指政府根据管理需要,评估的某一宗地在正常土地市场条件下于某一估价期日的土地使用权价格。它是该类土地在该区域的标准指导价格。
   A．标定地价　B．基准地价　C．重置价格　D．成交价格

7. 楼面地价=土地单价÷（   ）。
   A．总建筑面积　　　　　　　　　B．土地总面积
   C．容积率　　　　　　　　　　　D．建筑单价

8. 一套商品住宅总价30万元,首期支付10万元,余款在一年内分两期支付,每半年支付10万元,则该住宅的实际总价为（   ）万元。假定年折现率为5%。
   A．30　　　B．29　　　C．29.28　　　D．28.29

9. 下列关于不同类型价值的高低关系的表述中,错误的是（   ）。
   A．原始价值高于账面价值　　　　B．投资价值高于市场价值
   C．谨慎价值低于市场价值　　　　D．快速变现价值低于市场价值

10．某宗面积为 1 000m² 的工业用地，容积率为 1.5，楼面地价为 800 元/m²。现按规划拟改为商业用地，容积率为 5.0，楼面地价为 850 元/m²。理论上应补地价（　　）。

    A．87 万元    B．228 万元    C．350 万元    D．305 万元

11．下列属于房地产影响因素中的一般因素的是（　　）。

    A．完备程度    B．基础设施

    C．经济发展状况    D．环境状况

12．下列房地产影响因素中不属于个别因素的是（　　）。

    A．基础设施    B．位置

    C．土地形状    D．规模

13．人们常用距离来衡量房地产区位的好坏。下列距离越来越受重视的是（　　）。

    A．空间直线距离    B．交通路线距离

    C．交通时间距离    D．经济距离

14．当人口数量增加时，人们对房地产的需求就会（　　），房地产价格也就会上涨；而当人口数量减少时，人们对房地产的需求就会（　　），房地产价格也就会下落。

    A．增加，增加    B．减少，减少

    C．减少，增加    D．增加，减少

15．下列情况中会导致房地产价格上升的是（　　）。

    A．上调贷款利率    B．收紧房地产开发贷款

    C．开征房地产持有环节的税收    D．增加土地供应

二、多项选择题

1．地价与一般商品价格的不同主要表现在（　　）。

    A．生产成本不同    B．折旧不同

    C．价格差异不同    D．表示方式不同  E．市场性质不同

2．房地产价格的特征主要包括（　　）。

    A．房地产价格受实物状况的影响很大

    B．房地产价格实质上是房地产权益的价格

    C．房地产价格既有交换代价的价格，也有使用代价的租金

    D．房地产价格是在长期考虑下形成的

    E．房地产价格通常是个别形成的，容易受交易者的个别因素的影响

3．下列属于评估价值的是（　　）

    A．成交价格    B．基准地价

    C．标定地价    D．重置价格

E．理论价格

4．某宗房地产是采用抵押贷款方式购买的，购买总价为50万元，首付款为总房价的30%，余款在未来10年内以抵押贷款方式按月等额支付。银行贷款年利率为5.58%。则下列说法中正确的有（　　）。

  A．该房地产的实际价格等于名义价格
  B．该房地产的名义价格为50万元
  C．该房地产的实际价格高于50万元
  D．该房地产的实际价格为50万元
  E．该房地产不存在名义价格

5．对房地产价格影响因素的另一种分类，是分为（　　）三个层次。

  A．一般因素　　　　　　B．国际因素
  C．经济因素　　　　　　D．区域因素
  E．个别因素

6．房地产价格的形成条件需要具备（　　）。

  A．有用性　　　　　　　B．有效性
  C．稀缺性　　　　　　　D．需求
  E．有效需求

7．按照土地使用权出让方式的不同，可将土地使用权出让的成交价格分为（　　）。

  A．征收成交价　　　　　B．招标成交价
  C．拍卖成交价　　　　　D．挂牌成交价
  E．协议成交价

8．影响房地产价格的环境景观因素，是指那些对房地产价格有影响的房地产周围的物理性状因素，主要有（　　）等。

  A．大气环境　　　　　　B．治安环境
  C．听觉环境　　　　　　D．水文环境
  E．卫生环境

9．建筑物实物因素包括（　　）。

  A．建筑规模　　　　　　B．建筑结构
  C．朝向　　　　　　　　D．设施设备
  E．装饰装修

10．工业房地产的区位影响因素主要考虑（　　）。

  A．临街状况　　　　　　B．动力是否易于取得
  C．废料处理是否方便　　D．接近大自然
  E．产品原料获取的方便程度

三、判断题

1. 房地产价格通常用货币来表示，惯例上也是用货币形式来偿付，但不可以用实物、劳务等其他形式来偿付。（  ）

2. 房地产价格是由房地产的有用性、稀缺性和需要三者结合而产生的。（  ）

3. 由于土地具有不可毁灭性，不能再生产，其价格通常随着时间的流逝而上升，不仅无折旧，而且会自然增值。所以在任何情况下，土地永远无折旧。（  ）

4. 房地产价格既有使用代价的价格，又有交换代价的租金。（  ）

5. 使用价值是交换价值的前提，没有使用价值肯定没有交换价值。反过来也一定成立。（  ）

6. 市场价格和理论价格相比，市场价格是长期均衡价格，理论价格是短期均衡价格。（  ）

7. 对于实行政府指导价的房地产，由于经营者应在政府指导价规定的幅度内制定价格，所以，估价结果不得超出政府指导价规定的幅度。（  ）

8. 某一地带有铁路，该地带如果是居住区，则铁路可能是增值因素；而如果是仓储或工业区，则铁路可能是贬值因素。（  ）

9. 商场与住宅相反，其朝向对价格的影响要比楼层对价格的影响大得多。（  ）

10. 一般说来，随着家庭人口规模小型化，即家庭平均人口数的下降，家庭数量增多，所需要的住房总量将增加，房地产价格有上涨的趋势。（  ）

四、简答题

1. 房地产价格的形成条件有哪些？
2. 房地产价格有哪些特征？
3. 影响房地产价格的因素有哪些？
4. 楼面地价的特殊作用是什么？
5. 越是有用的物品，其价格是否越高？

# 第4章 房地产估价原则

**学习要点：**

1. 了解房地产估价原则的含义。
2. 掌握房地产估价的基本原则。
3. 掌握房地产估价的技术原则。
4. 熟悉房地产估价的特殊原则。
5. 了解房地产估价的其他原则。

## 4.1 对房地产估价原则的认识

不同的估价机构及不同的估价师，对同一宗房地产可能评出不同的估价结果，这和估价师有一定的裁量权、收集的资料不同等多种因素有关，但我们清楚地知道对同一估价对象在同一估价目的和同一估价时点下的估价结果应具有近似性。通过明确房地产估价原则，就可以使不同的估价人员对估价的基本前提具有认识上的一致性。房地产估价原则可以作为估价时的指南。评判一个评估价值是否正确，很重要的一点是估价师在估价时是否遵守了估价原则。

### 4.1.1 房地产估价原则的重要性

房地产估价原则可以帮助房地产估价师统一房地产估价的基本前提，使不同的房地产估价师具有相同或相似的价值取向，帮助房地产估价师依据统一的估价规律和规则去思考和衡量估价对象的价值，把估价对象的评估价值首先界定到一个合理的较小范围内，然后结合估价方法的定量分析，评估出一个更加精确的价值。

每一位估价人员都应正确理解房地产估价原则。如何去思考和衡量估价对象的价格？如何把估价对象的价格框定在一个合理的范围内？如果违背了房地产估价原则，评估出的价值就不可能客观合理。因此，评判一个评估价值是否正确，很重要的一点是看估价机构和估价师是否遵循了估价原则。

### 4.1.2 房地产估价的具体原则

房地产估价的基本原则是独立、客观、公正。同时，在具体的房地产估价作业中，房地产估价应当遵循的技术性原则主要有四项：①合法原则；②最高最佳使用原则；③替代原则；④估价时点原则。房地产估价还应当遵循的特殊性原则是谨慎、保守原则。除此以外的原则为其他原则。

### 4.1.3 房地产估价原则的实质

房地产估价原则的本质可以理解为：①房地产估价的工作标准；②统一估价人员的认识；③规范估价行为。房地产估价的目的是使得估价的结果具有类似性或者可比性。

## 4.2 房地产估价的基本原则

不论出于何种估价目的，也不论是什么用途的房地产估价，只要是房地产估价就应遵守的原则，称为基本原则，这样的原则主要有独立、客观、公正原则。

房地产估价工作的性质，决定了独立、客观、公正原则是房地产估价的基本原则。"独立、客观、公正"对于房地产估价师而言，就好比是对于医生而言的"救死扶伤"，对于律师而言的"维护当事人合法权益"。因此，独立、客观、公正原则不仅是房地产估价的基本原则，而且可以说是房地产估价的最高行为准则，是房地产估价师的天职。

具体地说，"独立"原则的要求是，房地产估价师不应受任何组织或者个人的非法干预，完全凭借自己的专业知识、经验和应有的职业道德进行估价。要坚持"独立"原则，一是要求房地产估价机构应当是一个不依附于他人、不受他人束缚的独立机构。以前房地产估价机构属于房地产管理局下属的部门，现已经全部改制，都和房地产管理局脱离关系，已经成为独立的法人，能够自主经营和自主判断。二是要求房地产估价机构和房地产估价师应当与估价对象没有任何现实的或潜在的利益关系，与委托人及估价利害关系人没有任何现实的或潜在的利害关系（除依法收取估价服务费以外的）。估价机构或估价师与估价对象有利益关系或者与委托人或估价利害关系人有利害关系的，应当主动回避。三是要求房地产估价机构和房地产估价师在估价中不应受委托人等外部因素的干扰，不应屈从于外部压力。此外，房地产估价师还必须具有良好的职业道德，不受任何私心杂念的影响。

"客观原则"的要求是，房地产估价师不应带着自己的好恶、情感和偏见进行评估，应完全从客观实际出发，反映事物的本来面目。在估价操作层面，为了评估出客观合理的价值，估价师首先应本着以下假设进行估价：各方当事人均是出于利己动机并且是理性而谨慎行事的,例如,买者不肯枉花一分钱购买,卖者不肯少得一分钱出售。其次,估价师应以各方当事人的角色或心态来考虑评估价值,也就是说要"换位思考"。在实际交易中,各方当事人的心态是不同的,例如买者的心态是出价不能高于预期使用该房地产所能带来的收益,或重新购建价格,或类似房地产的正常成交价格;卖者的心态是要价不能低于他对该房地产已投入的开发建设成本及应获得的期望利润,或类似房地产的正常成交价格。然后,估价师再以专家的身份来反复、精细地权衡评估价值:先假设评估价值的高低不是与自己无关,即将自己分别设想为各方当事人,考虑评估价值的高低会对自己有何影响,也就是假如自己是买方会怎样,是卖方又会怎样。在此基础上自然就会权衡出一个对各方当事人来说均为公平合理的评估价值。

"公正原则"的要求是,房地产估价师在估价中应当公平正直,不偏袒相关当事人中的任何一方,应当坚持原则、站在中立的立场上,评估出对各方当事人来说均是公平合理的价值。为评估出公平合理的价值,估价人员必须了解房地产供求状况和影响房地产价格的各种因素,不断提高估价理论水平、丰富估价经验并遵循严谨的估价程序。

房地产估价之所以要遵循独立、客观、公正原则,是因为评估出的价值如果不公平合理,则必然会损害相关当事人中某一方的利益,也有损于房地产估价师、房地产估价机构以至整个房地产估价行业的声誉和公信力。例如,以房地产抵押贷款为目的的估价,如果评估价值比客观合理的价值高,则借款人得利,贷款人的风险增加,甚至影响金融安全。以房屋征收补偿为目的的估价,如果评估价值比客观合理的价值低,则被征收人受损,甚至影响社会稳定;反之,则被征收人得利,征收人要付出高额代价。以人民法院强制拍卖房地产为目的的估价,如果评估价值比客观合理的价值低,则可能导致被执行人的房地产被低价拍卖,使被执行人受损;反之,可能导致流拍,使申请执行人的债权不能实现,合法权益得不到保障。以房地产税收为目的的估价,如果评估价值偏低,则导致纳税人少交税,则造成税款流失;而无论是估价结果导致纳税人多交税还是少交税,都会造成税负不公平。

## 4.3　房地产估价的技术性原则

房地产估价应当遵循的技术性原则主要有四项:①合法原则;②最高最佳使用原则;③替代原则;④估价时点原则。

### 4.3.1　合法原则

合法原则要求房地产估价应以估价对象的合法权益为前提进行。如果估价对象没有合法的权益,例如法律、法规、规章和政策规定的不得抵押的房地产,不应作为抵押估价目的的估价对象；如果委托人要求评估其抵押价值，其抵押价值在没有合法权利下可能为零。合法原则是其他三项技术性原则的前提，也就是估价遵循了合法原则才能考虑最高最佳原则、替代原则、估价时点原则。值得注意的是，合法原则不光是指只有合法权利的房地产才能成为估价对象，还指依据法律法规和政策等规定，估价对象是哪种权利状况的房地产就应当将其作为哪种权利状况的房地产来估价。任何权利状况的房地产都可以成为估价对象，只是其评估价值应与其权利状况相匹配，但法律法规或政策明确规定不得作为估价对象的房地产除外。

合法权益包括合法产权、合法使用、合法处分等方面。遵循合法原则，具体来说应当做到下列四点：

### 1. 合法产权

在依法判定的权利类型及归属方面，一般应以房地产权属证书、权属档案及相关合同等其他合法权属证明为依据。现行的土地权属证书有"国有土地使用证"、"集体土地所有证"、"集体土地使用证"和"土地他项权利证明书"四种。没有国有土地所有权证。因为作为发证的人民政府没有必要给自己发一个所有权证。房屋权属证书有"房屋所有权证"、"房屋共有权证"和"房屋他项权证"三种。当县级以上地方人民政府由一个部门统一负责房产管理和土地管理工作时，可能制作、颁发统一的房地产权证书。统一的房地产权证书有"房地产权证"、"房地产共有权证"和"房地产他项权证"三种。

### 2. 合法使用

在合法使用方面，应以城市规划、土地用途管制等为依据。例如，如果城市规划规定了某宗土地的用途、建筑高度、容积率、建筑密度等，那么，对该宗土地进行估价就必须以其使用符合这些规定为前提。西方国家所谓的城市规划创造土地价值，在一定程度上反映了这个要求。具体来说，如果城市规划规定了该宗土地为居住用途，即使从其坐落位置、周围环境等来看适合商业用，但也必须以居住用途为前提来评估。

### 3. 合法处分

在依法判定的处分权利方面，应以法律、行政法规或合同（如土地使用权出让合同）等允许的处分方式为依据。处分方式包括买卖、租赁、抵押、抵债、赠与等。例如评估建设用地使用权，如果是以划拨方式取得的房地产的抵押价值的，该房地产的抵押价值不应包含划拨土地使用权应缴纳的土地使用权出让金或者相当于土地使用权出让金的价款。这是因为《城市房地产管理法》第五十一条规定："设定房地产抵押权的土地使用权是以划拨方式取得的，依法拍卖该房地产后，应当从拍卖所得的价款中缴纳相当于应缴纳的土地使用权出让金的款额后，抵押权人方可优先受偿。"

**4．其他权益**

在依法判定的其他权益方面，评估出的价值必须符合国家的价格政策。此外，还可将合法原则拓展到对采用的估价技术标准和估价主体资格的要求上。具体来说，房地产估价应采用国家和估价对象所在地的有关估价技术标准，应当由房地产估价机构和房地产估价师进行。

### 4.3.2 最高最佳使用原则

最高最佳使用原则要求房地产估价应以估价对象的最高最佳使用为前提进行。最高最佳使用是指法律上许可、技术上可能、经济上可行，经过充分合理的论证，能使估价对象的价值达到最大的一种最可能的使用。

**1．最高最佳使用原则的标准**

最高最佳使用原则必须符合四个标准：①法律上许可；②技术上可能；③经济上可行；④价值最大化。而且，这些标准通常有先后次序。另外，最高最佳使用不是无条件的最高最佳使用，而是在法律（包括法律、行政法规、城市规划、土地使用权出让合同等）许可范围内的最高最佳使用，这也是合法原则的要求。

最高最佳使用原则与合法原则的关系是：遵守了合法原则，不一定能符合最高最佳使用原则的全部要求；遵守了最高最佳使用原则，必然遵守了合法原则。

（1）法律上的许可性　对于每一种潜在的使用方式，首先要检查其是否为法律所允许。如果是法律不允许的，应被淘汰。

（2）技术上的可能性　对于法律所允许的每一种使用方式，要检查其在技术上是否能够实现，包括建筑材料性能、施工技术手段等能否满足要求。如果是技术上达不到的，应被淘汰。

（3）经济上的可行性　对于法律上允许、技术上可能的每一种使用方式，还要进行经济可行性检验。经济可行性检验的一般做法是：针对每一种使用方式，首先估计其未来的收入和支出流量，然后将此未来的收入和支出流量用现值表示，再将这两者进行比较。只有收入现值大于支出现值的使用方式才具有经济可行性，否则应被淘汰。

（4）价值最大化　在所有具有经济可行性的使用方式中，能使估价对象的价值达到最大的使用方式，才是最高最佳的使用方式。

**2．最高最佳使用原则的衡量**

最高最佳使用原则具体包括三个方面：①最佳用途；②最佳规模；③最佳集约度。

**3．最高最佳使用原则的经济学原理**

进一步来讲，有三个经济学原理有助于把握最高最佳使用：①收益递增递减原理；②均衡原理；③适合原理。

（1）收益递增递减原理　经济学的收益递减规律表现在对该宗土地的使用强度上（如建筑层数、建筑高度、容积率、建筑规模）。如果超过一定限度，对于一宗土地来说，收入则开始下降。例如，对于给定面积的土地，如果增加容积率，建筑的总面积增加，销售收入增加。当容积率增加到极限时，销售收入则开始减少。一个极端的情况是所有的土地都用于建筑房屋，没有道路、没有绿化，这样的小区恐怕没人愿意购买，收益增长自然减少。此外，增加容积率和建筑物的高度所付出的代价，可能远远高于由此带来的收益，产出增加会逐渐减少。

（2）均衡原理　从均衡原理的角度来理解房地产最佳集约度和最佳规模，可帮助估价机构和估价师判定房地产是否为最高最佳使用。以建筑物与土地的组合来讲，均衡原理是以房地产内部各构成要素的组合是否均衡来判定房地产是否为最高最佳使用。建筑物与土地比较，如果过大或过小，或者档次过高或过低，则建筑物与土地的组合不是均衡状态，该房地产的效用便不能得到有效发挥，从而会降低该房地产的价值。例如，开发商最大限度地开发土地，使楼和楼之间的间距减小，室内阳光减少，这将阻止部分在意阳光照射的客户购买，最终影响销售进度和价格。反过来，在我国人多地少的情况下，兴建别墅，不仅浪费了土地，还增加了住房的供需矛盾。因此在开发时，一定要考虑均衡问题，使地块能最大限度地发挥效益，又不降低生活的质量。

（3）适合原理　适合原理是以房地产与其外部环境是否协调来判定房地产是否为最高最佳使用，它可以帮助我们确定房地产最佳用途。从本质上讲，现实世界不存在绝对最好，即最好是有条件的。因此，适合原理的本质是适合环境要求的就是最好的。例如，在日用必需品的零售商店集中地区，开设专卖店并不一定能获得高收益，因而在这样的地区开设专卖店就不是最高最佳使用。

适合原理加上均衡原理及收益递增递减原理，即当房地产与外部环境最协调，同时内部构成要素最适当时，便为最高最佳使用。

**4．最高最佳使用原则的估价前提**

最高最佳使用原则要求评估价值应是在合法使用方式下，各种可能的使用方式中，能够获得最大收益的使用方式的估价结果。例如某宗房地产，城市规划规定其既可用于商业，也可用于居住，如果用于商业则能够取得最大收益，则估价应以商业用途为前提；反之，应以居住用途或者商业与居住混合用途为前提。

当估价对象已做了某种使用，则在估价时应根据最高最佳使用原则对估价前提做下列之一的判断和选择，并且应在估价报告中予以说明：

（1）保持现状前提　当认为保持现状、继续使用最为有利时，应以保持现状、继续使用为前提进行估价。对现有建筑物予以保留的条件是：现状房地产的价值大于新建房地产的价值减去拆除现有建筑物的费用及建造新建筑物的费用之后的余额。

（2）装修改造前提　当认为装修改造但不转换用途再予以使用最为有利时，应以装修改造但不转换用途再予以使用为前提进行估价。对现有建筑物进行装修改造的条件是：预计装修改造后房地产价值的增加额大于装修改造费用。

（3）转换用途前提　当认为转换用途再予以使用最为有利时，应以转换用途后再予以使用为前提进行估价。转换用途的条件是：预计转换用途所带来的房地产价值的增加额大于转换用途所需的费用。

（4）重新利用前提　当认为拆除现有建筑物再予以利用最为有利时，应以拆除现有建筑物后再予以利用为前提进行估价。

（5）上述情形的某种组合　最常见的是转换用途与装修改造的组合。

### 4.3.3　替代原则

替代原则要求房地产估价结果不得明显偏离类似房地产在同等条件下的正常价格。类似房地产是指交易实例中交易类型与估价目的吻合、成交日期与估价时点接近、实际成交价格为正常成交价格或者可以修正为正常成交价格的房地产。

关于替代原则的理解：

（1）为市场比较法的选用提供了理论依据　如果交易实例的价格和品质与估价对象有若干相近效用，则可以依据替代原则，由这些相近效用的交易实例的价格推算出估价对象的价格。在通常情况下，由于估价人员很难找到各种条件完全相同、可供直接比较的房地产的价格作为依据，因此，实际上是寻找一些与估价对象具有一定替代性的房地产作为参照物来进行估价，然后根据其间的差别对价格做适当的调整和修正。这个估价技术路线正是市场比较法的技术路线。

（2）为市场比较法以外的其他估价方法的参数选择提供理论依据　替代原则不仅可以应用于市场比较法，还可以应用于其他方法的参数选择。例如，替代原则可以用于房地产市场租金及收益法、成本法、假设开发法中经营收入、运营费用、空置率、入住率、报酬率、资本化率、价格收益乘数、重新购建价格、开发完成后的房地产价值、开发经营期等的求取。

（3）保证房地产估价结果不明显偏离类似房地产在同等条件下的正常价格　估价机构和估价师不能孤立地思考估价对象的价格，要考虑相近效用的房地产的价格。特别是同一个估价机构，在同一个城市、同一时期，按同一估价目的，对不同位置、档次的房地产的估价结果应有一个合理的价格差，尤其是好的房地产的价格不能低于差的房地产的价格。在现实中有时会出现这种情况：单就一宗房地产的估价结果来看似乎有道理，但当把它与其他房地产的价格或估价结果放到一起比较时却显得不合理，它们之间没有一个合理的价格差，甚至会高低颠倒。

## 4.3.4 估价时点原则

估价时点原则要求房地产估价结果应是估价对象在估价时点时的客观合理价格或价值。

确立估价时点原则的意义在于：估价时点是评估房地产价格的时间点。例如，政府有关房地产的法律、行政法规、标准、税收等的发布、变更、实施日期等，均有可能影响估价对象的价格，因此，在估价时是采用发布、变更、实施日期之前的还是之后的法律等，就应根据估价时点来确定。再如，在运用比较法评估房地产的价格时，如果选用的可比实例的成交日期与估价时点不同（通常都是这种情况），就需要把可比实例的成交价格调整到估价时点上，如此，可比实例的成交价格才能作为估价对象的价格。当房地产市场发生变化时，指明估价时点，可以很好地保护估价机构和估价师避免卷入官司和赔偿纠纷案中。

在实际估价中，通常将"估价作业期"（估价的起止时间，即正式接受估价委托的时间至完成估价报告的时间）或估价人员实地查勘估价对象期间的某个日期定为估价时点，但估价时点并非总是在此期间，也可因特殊需要将过去或未来的某个日期定为估价时点。因此，估价机构和估价师在估价过程中要特别注意估价目的、估价时点、估价对象状况和房地产市场状况四者的内在联系。

1）估价时点为过去的情形，多出现在房地产纠纷案件中，特别是在对估价结果有争议而引发的估价复核或鉴定中。例如，某市的某大厦强制拍卖的拍卖底价评估结果争议一案，法院根据估价机构提供的评估价值进行了拍卖，共 80 万元。过了两年该房地产的转让价格为 100 万元，原产权人对估价机构的估价结果有异议，引发了对该估价结果究竟是否合理的争论。此纠纷的关键就是估价时点必须回到两年前拍卖时的市场，根据过去的时间点，选择估价对象的产权性质、用地性质、建筑物状况及房地产市场状况等，检验该估价结果是否合理。事实上该估价结果可能并没有错误，只是过去的估价结果不适合现在的情况，因为估价对象状况和房地产市场状况可能发生了变化。

2）估价时点为现在，而估价对象为历史状况下的情形，多出现在房地产损害赔偿案件中。例如，建筑物被火灾烧毁后，确定其损失程度和损失价值，要根据其过去的状况（现在已不存在了）和损毁后的状况的对比来评估。

3）估价时点为现在，并且估价对象为现时状况下的情形，是估价中最常见的，包括二手房市场评估、在建工程评估等。

4）估价时点为现在，而估价对象为未来状况下的情形，如评估房地产的预售或预购价格。

5）估价时点为未来的情形，多出现在房地产市场预测、为房地产投资分析提供价值依据的情况中，特别是预估房地产在未来开发完成后的价值。在假设开发法中，预计估价对象开发完成后的价值就属于这种情况。

## 4.4 房地产估价的特殊原则

具有某些估价目的的房地产估价还应遵循一些特定原则，例如房地产抵押估价还应遵循谨慎原则。这些仅适用于具有某种或某些估价目的的房地产估价原则，可以称之为特殊原则。谨慎原则也属于技术性原则。

谨慎原则是要求在存在不确定性因素的情况下作出估价相关判断时，估价机构和估价师应当保持必要的谨慎，充分估计抵押房地产在抵押权实现时可能受到的限制、未来可能发生的风险和损失，不高估假定未设立法定优先受偿权利下的价值，不低估房地产估价师知悉的法定优先受偿款。

虽然说只要所担保的债权不超过抵押时抵押物的价值即不违法，但由于需要处分抵押物的时间与抵押估价时点一般相隔较长，而且抵押担保的范围包括主债权及利息、违约金、损害赔偿金和实现抵押权的费用，届时抵押物的价值有可能下跌，同时其他相关的不确定因素也较多，为确保抵押贷款的清偿，拟接受抵押担保的债权人对变现风险高度关注，所以房地产抵押价值评估除了应遵循房地产估价的基本原则外，还应遵循谨慎原则。

理解谨慎原则的关键，是要弄清"在存在不确定性因素的情况下"的含义。在实际估价中，房地产估价师如果面临的是确定性因素，则不存在谨慎问题，应依据确定性因素进行估价；如果其面临的是不确定性因素，当对该因素的乐观、悲观（保守）和折中进行判断或估计会导致对房地产抵押价值的相对偏高、偏低和居中估计时，则应采取对房地产抵押价值相对偏低的估计。例如，在运用收益法评估收益性房地产的抵押价值时，当估计未来的收益可能会高也可能会低时，估价师应遵循谨慎原则采用保守的较低的收益估计值。相比之下，一般的房地产价值评估是采用既不偏高也不偏低的居中的收益估计值。

《房地产抵押估价指导意见》针对不同的估价方法，提出了下列有关遵循谨慎原则的要求：

1) 在运用市场比较法估价时，不应选取成交价格明显高于市场价格的交易实例作为可比实例，并应对可比实例进行必要的实地查勘。

2) 在运用成本法估价时，不应高估土地取得成本、开发成本、有关费税和利润，不应低估折旧。

3) 在运用收益法估价时，不应高估收入或者低估运营费用，选取的报酬率或者资本化率不应偏低。

4) 在运用假设开发法估价时，不应高估未来开发完成后的价值，不应低估开发成本、有关税费及应得的利润。

## 4.5 房地产估价的其他原则

有些房地产估价需要根据当地、当时、当下的估价对象,考虑一些其他原则,主要有:

1)供需原则。商品的价格由该商品供给和需求的均衡点来决定。供小于求时,价格上升,否则下降。房地产的价格由类似房地产的供求状况决定。

2)贡献原则。它是收益法和剩余法的基础。

3)政府干预房地产市场的原则。政府发布的政策应具有的共同特征:公平、效率、连续、系统、协调、前瞻性和引导性。政府为干预房地产市场而发布的政策也不例外。但房地产特殊的位置固定性、价值昂贵性和耐久性,对干预其发展的政策也具有相应的特殊性。

4)房地产合一原则。

## 练 习 题

一、单项选择题

1. 下列关于房地产估价原则的表述中,错误的是(  )。
    A. 独立、客观、公正原则属于基本原则
    B. 合法原则属于一般性原则
    C. 最高最佳使用原则属于技术性原则
    D. 谨慎原则属于一般性原则

2. (  )不仅是房地产估价的基本原则,而且可以说是房地产估价的最高行为准则,是房地产估价师的天职。
    A. 合法原则                B. 独立、客观、公正
    C. 最高最佳使用原则        D. 估价时点原则

3. 某宗房地产规划为商业用,现状为超市,年净收益为18万元,预计改为服装店后的年净收益为20万元,除此无其他更好的用途,则根据(  )应按服装店用途进行估价。
    A. 合法原则                B. 最高最佳使用原则
    C. 估价时点原则            D. 替代原则

4. 寻找最高最佳使用的方法,是先尽可能地设想出各种潜在的使用方法,然后按照下列(  )方面依次筛选。
    A. 法律上的许可性、技术上的可能性、经济上的可行性、价值是否最大化
    B. 技术上的可能性、经济上的可行性、价值是否最大化、法律上的许可性

C．经济上的可行性、价值是否最大化、法律上的许可性、技术上的可能性
D．法律上的许可性、经济上的可行性、价值是否最大化、技术上的可能性

5．适合原理是以房地产与其外部环境是否协调，来判定是否为最高最佳使用。它可以帮助我们确定（    ）。

A．最佳用途　　B．最佳规模　　C．最佳集约度　　D．最佳使用

6．某城市市区内有一个长期亏损的工厂，其周边多为新建的商品住宅，并且销售形势良好，根据城市规划，该工厂所在地块的规划为商住混合用。现需评估该工厂用地的公开市场价值，则应按（    ）进行评估。

A．工业厂房　　B．工业用地　　C．商品住宅　　D．商住用地

7．某估价机构于2003年6月10日～20日为某房地产抵债进行了评估，估价时点为2003年6月15日。因估价结果有争议，2003年8月15日进行重新评估，则重新评估的估价时点为（    ）。

A．2003年6月15日　　　　　B．2003年8月15日
C．签订估价委托合同之日　　D．估价人员与委托人商定的某日

二、多项选择题

1．在具体估价中应遵循的技术性原则主要有（    ）。

A．合法原则　　　　　　B．独立、客观、公正
C．最高最佳原则　　　　D．估价时点原则
E．谨慎原则

2．目前，我国房屋权属证书有（    ）。

A．房地产权证　　　　　B．房屋所有权证
C．房屋占有权证　　　　D．房屋他项权证
E．房屋使用权证

3．土地权属证书有（    ）。

A．国有土地使用证　　　B．集体土地所有证
C．集体土地使用证　　　D．土地他项权利证明书
E．国有土地所有证

4．估价中的最高最佳使用原则具体包括（    ）等。

A．最佳用途　　　　　　B．最佳位置
C．最佳规模　　　　　　D．最佳环境
E．最佳集约度

三、判断题

1．如果城市规划规定了某宗土地的用途、建筑高度、容积率、建筑密度等，那么对该宗土地进行估价就应以其使用符合这些规定为前提。（    ）

2．评估拖欠工程款的房地产抵押价值时，该房地产的抵押价值不应包含发

包人拖欠承包人的建设工程价款。                    (    )
　　3．适合原理是以估价对象与其外部环境是否协调，来判定估价对象是否为最高最佳使用。它可以帮助估价师确定估价对象的最佳用途。    (    )
　　4．估价时点这个特定的时间，既不是委托人也不是估价人员可以随意假定的，必须根据估价目的来确定。                    (    )
　　5．某估价所于 2003 年 3 月 11 日～4 月 20 日评估了一宗房地产的价格，三年后因有关方面对估价结果有异议而引发争论，现需要重新评估结果的真实性，则估价时点应为 2006 年 3 月 11 日。              (    )
　　6．在同一个市场上的类似房地产的价格相互牵掣、相互接近。(    )
　　7．在房地产估价中，如果估价目的不同，估价报告的用途则不同。(    )
　　8．估价结果不应被认为是估价师或估价机构对估价对象可实现价格的保证。
                                        (    )

### 四、简答题

1．何谓房地产估价原则？
2．房地产估价原则主要有哪几项？
3．掌握房地产估价原则的意义是什么？
4．何谓合法原则？
5．遵循合法原则包括哪几个方面？
6．何谓最高最佳使用原则？
7．如何衡量最高最佳使用？
8．如果对估价对象的使用不是最高最佳使用，那么对估价对象价值有什么影响？
9．何谓收益递增递减原理？
10．何谓均衡原理？

# 第 5 章 市场比较法

**学习要点：**
1. 熟悉市场比较法的含义。
2. 了解市场比较法的理论依据。
3. 熟悉市场比较法适用的估价对象和条件。
4. 掌握可比实例的选择。
5. 掌握市场比较法中的各项修正。

## 5.1 市场比较法概述

### 5.1.1 市场比较法的含义

市场比较法（market approach）也称为市场法、比较法、交易实例比较法等，是指与在估价时点近期有过交易的类似房地产进行比较，对这些类似房地产的成交价格作适当修正，以此估算估价对象的客观合理价格或价值的方法。市场比较法是房地产估价方法中最重要、最常用的方法，也是一种技术上最成熟、最贴近实际的估价方法。这种以实际成交价格为导向而求取的房地产价值，通常被称为比准价格。

所谓类似房地产，是指交易实例中交易类型与估价目的吻合、成交日期与估价时点接近、实际成交价格为正常成交价格或者可以修正为正常成交价格的房地产。

### 5.1.2 市场比较法应用的前提条件

1）从适用条件来看，市场比较法主要用于房地产市场发达、有充足的具有替代性的房地产交易实例的地区。市场上房地产交易越频繁，与估价对象相类似房地产的价格越容易获得。交易实例甚少或者几乎没有交易实例的地区则不适用市场比较法。从估价目的和估价结果的形式来看，市场比较法可直接用于评估房地产的价格或价值，还可用于评估房地产的租金，以及用于其他估价方法中有关参数的求取。

2）类似房地产及估价对象可比较的指标、技术参数等是可以收集到的。在运用市场比较法估算估价对象的价格或价值时，最重要的是能够找到与估价对象相同或相似的已经成交的类似房地产。与估价对象完全相同的可比实例是不可能找到的，这就要求估价机构和估价师对类似房地产价格或价值进行修正和调整，其修正和调整的指标、参数等资料的获取和准确性，是决定市场比较法运用与否的关键因素。

3）在房地产市场总体较活跃的地区，在某些情况下市场比较法也可能不适用。例如，可能由于某些原因导致在一段较长的时期内很少发生房地产交易。

值得指出的是，以下情况不能成为不采用市场比较法估价的理由：在估价对象所在地实际上存在着较多的类似房地产的交易，但由于估价机构和估价师没有勤勉尽责地去搜集交易实例，造成不能采用市场比较法进行估价。

还需要说明的是，市场比较法求得的价值有时并不一定合理、真实，因为在市场参与者群体处于非理性的情况下，房地产价值也可能被市场高估或低估，造成房地产市场价格偏离了房地产本身的价值。

### 5.1.3 市场比较法的基本原理

在评估某宗房地产价格的时候，人们总会自觉或不自觉地将该项房地产与其周边的房地产价格作对比。一般情况下，如果住宅的效用相近，那么他们的房价也应该差不多。合乎逻辑的做法就是拿类似房地产作为定价的参照系。购房者常常看好几处住宅，然后"货比三家"，在价格相等的住宅中选取效用最高的，或者在效用相近的住宅中选择价格最便宜的，从而挑选出自己最满意的一个。这就是市场比较法所依据的替代原理。

经济主体在市场上的一切交易行为总是为了追求利润最大化，即要以最少的费用求得最大的利润，因此在选择商品时都要选择效用高而价格低的。如果效用与价格相比，价格过高，经济主体就会敬而远之。这种经济主体的选择行为结果，在效用均等的商品之间产生了替代作用，从而使具有替代关系的商品之间在价格上相互牵制而趋于一致，这就是替代原则。市场比较法就是以这一原则为依据的。因为有这种替代原则的作用，估价机构和估价师就可以用类似房地产的已知成交价格，比较求得未知待估房地产的价格，得到最终的估价结果。从房地产交易过程来看，当事人会依据替代原则，将拟交易的估价对象价格与类似房地产价格进行比较，然后决定是否进行交易，所以市场比较法是符合当事人的现实经济行为的。

市场比较法是以替代原则为理论基础的，因此具有现实性并富有说服力。同时，只要有类似的房地产买卖实例可以使用，估价机构和估价师不仅可以评估出房地产价格，还可以利用相应的租赁实例，测算房地产的租金，这就是租赁实例比较法。当然，市场比较法要求房地产市场比较发达，估价机构和估价师可以获得足够的比较实例。

### 5.1.4 市场比较法适用的对象、条件及特点

**1．适用对象**

市场比较法适用的估价对象是同种类型的数量较多且经常发生交易的房地产。例如，①住宅，包括普通住宅、高档公寓、别墅等。特别是存量成套住宅，由于数量较多、可比性较好，最适合采用市场比较法估价。相比于其他估价对象，住宅类房地产估价也是最容易、最简单的一种房地产估价对象。②写字楼。③商铺。④标准厂房。⑤房地产开发用地。

下列房地产难以采用市场比较法估价：

1）难以成为交易对象的房地产，例如博物馆、教堂、寺庙、古建筑、特殊厂房、机场、码头等。

2）很少发生交易的房地产，例如医院、学校、行政办公楼等。

3）可比性很差的房地产，例如在建工程等。

**2．适用条件**

1）使用市场比较法估价隐含着这样一个假设：在房地产市场上不存在垄断或者寡头垄断。市场比较法的使用前提是充分竞争。供给者和需求者在双方共同作用的情况下产生了均衡价格。人们可以按照市场提供的信息来估计房价。可是，倘若某个地区只有一个或者几个房地产开发商，而他们又形成了价格联盟，或者当地政府强力干预房地产市场，那么价格信号反映的是这些具有垄断地位的集团的利润最大化或利润目的，而不是房地产市场上的供求关系。如果不注意这一点，根据扭曲的信号作出的判断肯定也是扭曲的。

2）采用市场比较法时，房价必须相对稳定。众所周知，房地产开发有一个较长的周期。在房地产开发商决定开发一个项目之前，其需要预测房价，而房地产项目往往要在一段时间之后才能完工并交付使用，故房地产最终实现的价格与当初的预测价格间存在一个明显的时间滞后。预测的房价高低对房地产项目的利润率有重大影响。预测得是否正确，往往决定着一个项目的成败，有的时候甚至决定着一个房地产公司的命运。如果估价太低了，房地产开发商根本就不敢接手这个项目，就会失去这次商业机会；如果估价太高，房地产到完工的时候卖不出去，房地产开发商不得不降价，这又会导致其亏损。

在市场比较法中，房地产开发商估计的房价取决于他们对市场走向的预期。如果房地产市场比较稳定，那么房地产开发商会在当前房价的基础上加上一定的通货膨胀率来设定房价。如果市场不稳定，房价暴涨或暴跌，那么采用市场比较法估价的难度就很大。倘若某个地区的房价在一年之内上涨了10%以上，没有人能够说得清楚一年以后房价还要上涨多少，此时，采用市场比较法就失去了客观

标准。在出现房地产泡沫的时期,许多人对房地产的走势都过于乐观。他们期望在未来一年里房价继续飞涨。因此,在房地产市场缺乏足够稳定的时候,采用市场比较法有可能会高估房价,甚至进一步推动房地产泡沫的形成。在这种情况下,市场比较法就完全丧失了用武之地。

**3.特点**

1)市场比较法具有现实性,有较强的说服力。
2)市场比较法以替代关系为途径,所求得的价格被称为比准价格。
3)市场比较法以价格求价格,但在不正常的市场条件下难以与收益价格相协调。
4)市场比较法需要估价人员具有较高的素质。
5)市场比较法以替代原则为基础。正确选择可比实例和合理修正交易价格是保证估价结果准确性的关键。

### 5.1.5 市场比较法估价步骤

运用市场法估价具体包括以下八个步骤:
1)搜集交易实例。
2)选取可比实例。
3)建立价格可比基础。
4)进行交易情况修正。
5)进行交易日期修正。
6)进行房地产状况修正。
7)求取比准价格。
8)通过若干个可比实例的比准价格,用统计学方法求取估价对象的评估价格。

## 5.2 可比实例的搜集、选取及统一

### 5.2.1 搜集交易实例

**1.搜集交易实例的必要性**

运用市场比较法的先决条件是需要拥有大量真实的交易实例(一些不能反映市场真实价格行情的报价、标价是无效的)。只有拥有了大量真实的交易实例,才能把握正常的市场价格行情,从而才能评估出客观合理的价格或价值。如果真实的交易实例太少,不仅会影响评估结果的准确性、客观性,甚至会使市场比较法无法使用。

虽然搜集交易实例是运用市场比较法的第一个步骤,但是对于房地产估价机构和估价师来讲,却是一个日积月累、时刻留意的过程,不能等到需要采用市

比较法评估的时候才想起去搜集。这样，在需要采用市场比较法估价时，估价机构和估价师就已经有了足够多的交易实例可供选择，可以大大节约估价的作业时间。当然，估价机构和估价师也可以在需要的时候根据估价对象自身的特点、估价目的、估价时点等情况，有针对性地搜集一些交易实例。

**2．搜集交易实例的内容**

搜集到的交易实例的内容应完整、真实，这是提高估价准确性的一个基本前提条件。在搜集交易实例时，估价机构和估价师应尽可能搜集较多的内容，通常包括下列六个方面：

（1）交易当事人的情况　例如卖方和买方的名称，卖方和买方之间的关系。

（2）交易实例的基本状况　例如名称、坐落、四至、面积、用途、权属、土地形状、土地使用期限、建筑物建成日期、建筑结构、周围环境和景观等。

（3）成交日期　成交日期应具体到某年某月某日。

（4）成交价格　成交价格包括总价、单价及计价方式（例如是按建筑面积还是按套内建筑面积、使用面积、套计价等）。

（5）付款方式　例如是一次性付款、分期付款（包括付款期限、每期付款额或付款比率），还是以贷款方式付款（包括首付款比例、贷款期限）。

（6）交易情况　例如交易目的（卖方为何而卖，买方为何而买），交易方式（如协议、招标、拍卖、挂牌等），交易税费负担方式（如买卖双方是依照规定或者按照当地习惯各自缴纳自己应缴纳的部分，还是全部由卖方负担或全部由买方负担等），有无利害关系人之间的交易、急于出售或急于购买等特殊交易情况。

为了避免在搜集交易实例时遗漏重要的内容并保证所搜集内容的统一性和规范性，估价机构和估价师最好事先将房地产分为不同的类型，例如分为居住、商业、办公、旅馆、餐饮、体育和娱乐、工业、农业等，然后根据不同类型房地产的特点，将需要搜集的内容制作成相应的表格。此表格可命名为"房地产交易实例调查表"，见表5-1。

表 5-1　房地产交易实例调查表

| | 名　称 | | | | |
|---|---|---|---|---|---|
| 房地产基本状况 | 坐落 | | | | |
| | 四至 | | | | |
| | 规模 | | | | |
| | 用途 | | | | |
| | 权属 | | | | |
| 交易基本情况 | 卖方 | | | | |
| | 买方 | | | | |
| | 成交日期 | | | | |
| | 成交价格 | 总价 | | 单价 | |
| | 付款方式 | | | | |

## 第5章 市场比较法

(续)

| 房地产状况说明 | 交易情况说明 | | |
|---|---|---|---|
| | 实物状况 | | |
| | 权益状况 | | |
| | 区位状况 | | |
| | 位置图 | 外观图片 | 其他图片 |

调查人员：　　　　　　　　　　　　　调查日期：

**3．搜集交易实例的途径**

搜集交易实例的途径主要有下列七种：

1）查阅政府有关部门的房地产交易资料。例如，房地产权利人在转让房地产时向政府有关部门申报的成交价格资料，政府出让建设用地使用权的价格资料，政府或者其授权的部门确定、公布的基准地价、标定地价、房屋重置价格及房地产市场价格资料。

2）向房地产交易当事人、四邻、促使交易协议达成的经纪人、律师、财务人员、银行有关人员等了解其知晓的房地产成交价格资料和有关交易情况。

3）与房地产出售者，如业主、房地产开发商、房地产经纪人等洽谈，获取房地产的要价资料。

4）查阅报刊、网络资源上有关房地产出售、出租的广告、信息等资料。

5）参加房地产交易展示会，了解房地产价格行情，搜集有关信息，索取有关资料。

6）同行之间相互提供。估价机构或估价师可以约定相互交换所搜集的交易实例及经手的估价案例资料。

7）专业房地产信息提供机构的购买房地产的价格资料。现在，出现了一些以营利为目的专门从事房地产价格等信息搜集、整理、分析和提供的机构。

**4．建立交易实例库**

市场比较法的基础是依据大量数据建立一个可供比较的参照系。这说起来简单，但实际上相当困难。即使房地产交易的数据相当多，但是由于房地产地理位置的特殊性及建筑结构、质量、用途等各不相同，要想找到在位置、结构、规模、质量等指标上都基本类似的房地产绝非易事。在收集数据过程中还要剔除那些非正常交易的实例，例如债务清偿、亲朋好友间交易、人为哄抬、隐瞒价格等。房地产交易的时间越近越好。对于多年前的房地产交易，不仅要考虑通货膨胀的影响，还要考虑当时的周边环境、社会和经济状况。这就要求房地产估价机构高度专业化。估价机构和估价师要花费相当长的时间通过各种渠道，例如政府资料、市场交易记录、纳税记录等收集、掌握大量的历史数据，建立规模足够大的数据库，然后才有条件采用市场比较法进行估价。

资料收集是估价机构的一项十分重要的基础工作，要实现估价机构的可持续

发展,就要求估价人员要不断学习、进步。估价机构要将一手的、基础的市场资料及时、准确地收集和积累起来,建立房地产交易实例库、资料库,形成良好的运行机制。

建立房地产交易实例库不仅是运用市场比较法估价的需要,而且是从事房地产估价及相关咨询、顾问业务人员的一项基础性工作,也是形成房地产估价机构核心竞争力的重要手段之一。建立房地产交易实例库有利于交易实例资料的保存和在需要时查找、调用,能有效地提高估价工作效率。

建立交易实例库是房地产估价的一项基础性工作。在建立交易实例库时,相关人员可将在搜集交易实例时填写好的"房地产交易实例调查表"及有关资料(如照片等)制成交易实例卡片,分门别类存放,或将收集到的交易实例分门别类地存入计算机中,这样更有利于保存和在需要时查找、调用。

### 5.2.2 选取可比实例

**1. 选取可比实例的必要性**

虽然估价机构和估价师搜集和积累的交易实例或房地产交易实例库中存放的交易实例较多,但针对某一具体的估价对象、估价目的和估价时点来说,有些交易实例并不适用。因此,需要估价人员从中选择符合一定条件的交易实例作为估价中用于参照比较的交易实例。这些用于参照比较的交易实例,称为可比实例。

**2. 选取可比实例的要求**

可比实例选取得是否恰当,直接影响到市场比较法评估出的价格的准确性,因此应特别慎重。选取的可比实例应符合四个方面的要求:

1)实物、权益和区位状况均与估价对象相同或相近,即为估价对象的类似房地产。

2)交易类型与估价目的吻合。

3)成交日期与估价时点接近。

4)成交价格为正常价格或可修正为正常价格。

在实际选取的过程中,上述四个方面又可具体分为下列八点:

1)可比实例所处的地区应与估价对象所处的地区相同,或是在同一供求范围内的类似地区。拿长春市来说,如果估价对象是坐落在红旗街商圈的一个商场,则选择的可比实例最好也位于红旗街商圈;而如果在红旗街商圈内可供选取的交易实例不多,则应选取像重庆路、桂林路这类同级别商圈中的交易实例。

2)可比实例的用途应与估价对象的用途相同。这里的用途主要是指大类用途,如果能做到小类用途相同则更好。大类用途一般分为:①居住;②商业;③办公;④旅馆;⑤工业;⑥农业等。

3)可比实例的建筑结构应与估价对象的建筑结构相同。这里的建筑结构主要是指大类建筑结构,如果能做到小类建筑结构相同则更好。大类建筑结构一般分为:①钢结构;②钢筋混凝土结构;③砖混结构;④砖木结构;⑤简易结构。

4)可比实例的规模应与估价对象的规模相当。一般要求选取的可比实例的规模应在估价对象规模的 0.5~2 倍之间(包括 0.5 倍和 2 倍)。超出此范围则不宜选为可比实例。

5)可比实例的权利性质应与估价对象的权利性质相同。如两者不相同,一般不能作为可比实例。例如商品住房与经济适用住房、房改房的权利性质不同,不能互为可比实例。

6)可比实例的交易类型应与估价目的吻合。交易类型主要有土地使用权协议出让、一般买卖、租赁、征用等。

7)可比实例的成交日期应与估价时点接近。交易实例的成交日期与估价时点相隔一年以上的不宜采用,因为难以进行交易日期修正,即使修正也可能出现较大偏差。时间的接近是相对而言的,相对于房地产市场的变动情况而言,如果几年来房地产市场都比较稳定,价格变化幅度不大,那么几年前的交易实例用于现在的比较修正也是有效的。

8)可比实例的成交价格应是正常成交价格,或可修正为正常成交价格。收集的交易实例必须为正常的交易或可修正为正常的交易。所谓正常交易,是指交易应当是公开、平等、自愿的,即在公开市场、完全竞争、信息畅通,交易双方平等自愿,没有私自利益关系的情况下的交易。

上述的选取可比实例,一般是指估价对象为土地的,应选取类似土地的交易实例;为建筑物的,应选取类似建筑物的交易实例;为房地的,应选取类似房地的交易实例。

选取可比实例还有所谓的"分配法",其内容如下:如果在估价对象为单独的土地或单独的建筑物,但缺少相应的交易实例,而有土地与建筑物合成体的交易实例时,则可将此土地与建筑物合成体及其成交价格予以分解,提取出与估价对象同类型部分的房地产及其价格,再以此为可比实例。例如,估价对象为土地,但在其所在地区或同一供求范围内的类似地区中,没有类似土地的单独交易实例,而有包含与该土地同类型土地的房地交易实例,则可从该房地成交价格中扣除建筑物价格,剩余部分为土地价格,此土地便可作为可比实例。然后再对该土地价格进行适当的修正,即可求得估价对象土地的价格。

选取可比实例的数量从理论上讲是越多越好。但是,在实际选取中,一是可能由于交易实例缺乏而难以做到,二是后续进行比较修正的工作量大,所以,一般要求选取 3~10 个(含 3 个和 10 个)可比实例即可。

### 5.2.3 建立价格可比基础

在选取了可比实例之后，估价机构和估价师应对这些可比实例的成交价格进行换算处理，使其之间的口径一致、相互可比，并且将其统一到需要求取的估价对象的价格单位上，为进行后续的比较修正建立共同的基础。

建立价格可比基础包括五个方面：
1）统一付款方式。
2）统一采用单价。
3）统一币种和货币单位。
4）统一面积内涵。
5）统一面积单位。

**1．统一付款方式**

由于房地产的价值量大，成交款往往采用分期付款的方式支付。但是，付款期限的长短不同，付款数额在付款期限内的分布则不同，实际价格会有所不同。估价中为便于比较，价格以一次付清所需支付的金额为基准，所以，就需要将分期付款的可比实例的成交价格折算为在其成交日期时一次付清的价格。具体方法是货币的时间价值中的折现计算。

【例 5-1】某宗房地产交易总价为 60 万元，其中首期付款 20%，余款于半年后支付。假设月利率为 0.5%，试计算该宗房地产在成交日期一次付清的价格。

【解】

该宗房地产在成交日期一次付清的价格计算如下：

$$60 \text{ 万元} \times 20\% + 60 \text{ 万元} \times (1-20\%) \div (1+0.5\%)^6 = 58.58 \text{ 万元}$$

例 5-1 中如果已知的不是月利率，而是：①年利率 $r$，则算式中的 $(1+0.5\%)^6$ 就应变为 $(1+r)^{\frac{1}{2}}$；②半年利率 $r$，则算式中的 $(1+0.5\%)^6$ 就应变为 $1+r$；③季度利率 $r$，则算式中的 $(1+0.5\%)^6$ 就变为 $(1+r)^2$。

**2．统一采用单价**

在统一采用单价方面，通常采用单位面积的价格，其中土地除了单价，还可为楼面地价。在这种情况下，单位面积是一个比较单位。根据估价对象的具体情况，还可以有其他的比较单位，例如仓库以单位体积为比较单位，停车场以每个车位为比较单位，旅馆以每个房间或床位为比较单位，电影院以每个座位为比较单位，医院以每个床位为比较单位，保龄球馆以每个球道为比较单位。

在此还需要说明的是，有些可比实例适宜先进行某些修正后，再转化为单价进行其他修正，因为经过这样处理，价格修正更容易且修正结果更准确。

### 3. 统一币种和货币单位

在统一币种方面，不同币种之间的价格换算，应采用该价格所对应的日期的市场汇价。在通常情况下，采用成交日期时的市场汇价。但如果先按原币种的价格进行交易日期修正，则对进行了交易日期修正后的价格，应采用估价时点时的市场汇价进行换算。在统一货币单位方面，按照使用习惯，人民币、美元、港币等，通常都采用"元"。

### 4. 统一面积内涵

在现实房地产交易中，有按建筑面积计价的，有按套内建筑面积计价的，也有按使用面积计价的。它们之间的换算如下：

$$建筑面积下的单价 = 套内建筑面积下的单价 \times \frac{套内建筑面积}{建筑面积}$$

$$建筑面积下的单价 = 使用面积下的单价 \times \frac{使用面积}{建筑面积}$$

$$套内建筑面积下的单价 = 使用面积下的单价 \times \frac{使用面积}{套内建筑面积}$$

### 5. 统一面积单位

在面积单位方面，我国内地通常采用平方米（土地的面积单位有时还采用公顷、亩），美国、英国和我国香港地区习惯采用平方英尺，日本、韩国和我国台湾地区一般采用坪。它们之间的换算如下：

$$平方米下的价格 = 亩下的价格 \div 666.67$$

$$平方米下的价格 = 公顷下的价格 \div 10\,000$$

$$平方米下的价格 = 平方英尺下的价格 \times 10.764$$

$$平方米下的价格 = 坪下的价格 \times 0.303$$

【例 5-2】有 A、B 两个交易实例，A 的建筑面积为 240m²，成交总价为 100 万元人民币，分两期付款，首付 40 万元人民币，余额一年后付清；B 的使用面积为 3 000ft²，成交总价为 18 万美元，于成交时一次付清。如选取此两宗交易实例为可比实例，在修正前应做什么处理？

【解】
（1）统一付款方式

如果以在成交日期时一次付清为基准，假设当时人民币的年利率为 10%，则

A 的总价 = [40+60÷（1+10%）]万元 = 94.545 万元人民币

B 的总价 = 18 万美元

（2）统一采用单价

A 的单价 = 945 450 元÷240m² = 3 939.4 元/m²（建筑面积）

B 的单价=180 000 美元÷3 000ft$^2$=60 美元/ft$^2$（使用面积）

（3）统一币种和货币单位

如果以人民币元为基准，则需要将 B 交易实例的美元换算为人民币元。假设 B 交易实例成交当时的人民币与美元的市场汇价为 1 美元=6.3 元人民币，则

A 的单价=3 939.4 元/m$^2$（建筑面积）

B 的单价=（60×6.3）元/ft$^2$=378 元/ft$^2$（使用面积）

（4）统一面积内涵

设该类房地产的建筑面积与使用面积的关系为 1m$^2$ 建筑面积=0.75m$^2$ 使用面积。则

A 的单价=3 939.4 元/m$^2$（建筑面积）

B 的单价=（378×0.75）元/ft$^2$=283.5 元/ft$^2$（建筑面积）

（5）统一面积单位

如果以平方米为基准，由于 1m$^2$=10.764ft$^2$，则：

A 的单价=3 939.4 元/m$^2$（建筑面积）

B 的单价=283.5 元/ft$^2$×10.764ft$^2$/m$^2$=3 051.59 元/m$^2$（建筑面积）

## 5.3 市场比较法中各项修正的计算

### 5.3.1 交易情况修正

**1．交易情况修正的含义**

由于房地产具有不可移动性、独一无二性等特性，房地产市场一般又是不完全市场，因此其价格受个别情况影响较大，可比实例的成交价格可能是正常的，也可能是不正常的。由于要求评估的是估价对象的客观合理价值，所以，如果可比实例的成交价格是不正常的，则应将其修正为正常的价格。这种对可比实例成交价格进行的修正即为交易情况修正。

**2．引起成交价格不正常的原因**

交易中的个别情况比较复杂，可总结为以下八种：

1）特殊利害人之间的交易，例如父子之间、亲友之间；有利害关系的公司之间，例如单位与其职工之间的房地产交易等。这些交易的价格通常都低于市场价格，所以不宜直接作为可比实例。

2）交易时有特别的动机，例如急欲出售或急欲购买，前者易造成价格偏低，后者则易造成价格偏高；或者买者对欲购买的房地产有着特别浓厚的兴趣，例如以前曾是祖先的家产，后因各种原因落入他人手中的房地产，或是文化品位高的房地产，这类房地产成交价格往往偏高。

3）购买相邻土地。由于与相邻土地合并后通常会增加原有土地的效用，成交价格往往高于该土地单独存在时的正常价格。

4）买卖双方不了解市场行情，造成交易价格偏高或偏低。

5）政府为了对某种产业进行鼓励、扶植或控制，在政策上给予某些优惠，甚至对一些房地产交易进行干预和限制。

6）交易税费的转嫁，如一方应承担的交易契税、手续费及土地增值税等转嫁给对方。按照税法及中央和地方政府的有关规定，有的税费应由卖方缴纳，例如营业税、城市维护建设税、教育费附加、土地增值税；有的税费应由买方缴纳，例如契税、补交土地使用权出让金；有的税费则买卖双方都应缴纳或各负担一部分，例如印花税、交易手续费。

7）受债权债务关系影响的交易，例如设立了抵押权、典权或有拖欠工程款的房地产交易。

8）特殊方式的交易，例如拍卖、招标、哄抬或抛售等。

通常来讲，正常的成交价格是买卖双方经过充分的讨价还价后协商一致的结果。而拍卖、招标等方式容易受现场气氛、情绪的影响而使价格失常。但在我国，目前的土地使用权出让是例外，拍卖、招标的价格较能反映市场行情，而协议价格往往偏低。这是由于土地使用权出让市场由政府管理造成的，市场上存在一些以土地作为优惠政策吸引投资及不珍惜国有土地资产的现象，因而形成了出让价格和转让价格之间的不合理的价格差，使得国有土地的一级市场存在不公平竞争现象。

**3．交易情况修正的方法**

进行交易情况修正，需要测定使成交价格发生偏离的程度。由于缺乏客观、统一的尺度，这种测定有时非常困难。因此，在哪种情况下应当修正、修正多少，往往由估价人员凭经验判断。这就需要估价人员具有丰富的经验，对市场行情有充分的了解，平常就注重收集、征集交易实例并加以分析，在积累了丰富经验的基础上，努力把握适当的修正系数。

在修正方法上，主要有百分率法、差额法、交易税费的非正常负担法。

（1）**百分率法** 采用百分率法进行交易情况修正的一般公式为

可比实例正常市场价格=可比实例成交价格×交易情况修正系数

（2）**差额法** 采用差额法进行交易情况修正的一般公式为

可比实例正常市场价格=可比实例成交价格±交易情况修正数额

（3）**交易税费非正常负担法** 采用交易税费非正常负担法进行交易情况修正的一般公式为

卖方实际得到的价格=正常成交价格−应由卖方缴纳的税费

买方实际付出的价格=正常成交价格+应由买方缴纳的税费

应由买卖双方缴纳的税费=买方实际付出的价格−卖方实际得到的价格

应由卖方缴纳的税费=正常成交价格×应由卖方缴纳的税费比率

应由买方缴纳的税费=正常成交价格×应由买方缴纳的税费比率

$$正常成交价格=\frac{卖方实际得到的价格}{1-应由卖方缴纳的税费比率}$$

$$正常成交价格=\frac{买方实际付出的价格}{1+应由买方缴纳的税费比率}$$

如果交易实例在成交时存在上述特殊交易情况，则一般不宜选为可比实例。但当可供选择的交易实例较少，而又不得不选用时，则必须对其交易情况进行修正。

在上述方法中，通常把百分率法和差额法称为交易情况修正的一般方法，而交易税费的非正常负担法则是从一般方法中衍生出来的方法。现实估价业务中主要采用百分率法进行修正。

在百分率法中，交易情况修正系数应以正常价格为基准来确定。假设可比实例的成交价格比其正常市场价格高或低的百分率为±$S\%$（当可比实例的成交价格比其正常市场价格高时，为+$S\%$；低时为-$S\%$），即

$$可比实例正常市场价格=可比实例成交价格×\frac{1}{1±S\%}$$

或者

$$可比实例正常市场价格=可比实例成交价格×\frac{100}{100±S}$$

上述公式中的交易情况修正系数为 $\frac{1}{1±S\%}$ 或 $\frac{100}{100±S}$，而不是±$S\%$，也不是 $1±S\%$。

【例5-3】某可比实例，成交价格为5 000元/m²，在估价调查中得知是属于熟人之间的交易，经分析，此交易比正常的市场价格低5%左右，试进行交易情况修正。

【解】

$$正常价格=5\,000元/m^2×\frac{100}{100-5}=5\,000元/m^2×\frac{100}{95}=5\,263元/m^2$$

【例5-4】某宗房地产的正常成交价格为7 500元/m²，卖方应缴纳的税费为正常成交价格的7%，买方应缴纳的税费为正常成交价格的5%。试计算卖方实际得到的价格和买方实际付出的价格。

【解】

（1）卖方实际得到的价格计算

卖方实际得到的价格=正常成交价格−应由卖方缴纳的税费

=7 500元/m²−7 500元/m²×7%

=6 975元/m²

(2)买方实际付出的价格计算

买方实际付出的价格=正常成交价格+应由买方缴纳的税费
= 7 500 元/m² + 7 500 元/m² × 5%
= 7 875 元/m²

【例5-5】在某宗房地产交易中,买卖双方在合同中写明,买方付给卖方 6 975 元/m²,买卖中涉及的税费均由买方负担。据悉,在该地区的房地产买卖中应由卖方缴纳的税费为正常成交价格的7%,应由买方缴纳的税费为正常成交价格的5%。试求该宗房地产的正常成交价格。

【解】

该宗房地产的正常成交价格计算如下:

$$正常成交价格 = \frac{卖方实际得到的价格}{1 - 应由卖方缴纳的税费比率}$$

$$= \frac{6\,975}{1 - 7\%} \text{元/m}^2$$

$$= 7\,500 \text{元/m}^2$$

【例5-6】在某宗房地产交易中,买卖双方在合同中写明,买方付给卖方 7 875 元/m²,买卖中涉及的税费均由卖方负担。据悉,该地区房地产买卖中应由卖方缴纳的税费为正常成交价格的7%,应由买方缴纳的税费为正常成交价格的5%。试求该宗房地产的正常成交价格。

【解】

该宗房地产的正常成交价格计算如下:

$$正常成交价格 = \frac{买方实际付出的价格}{1 + 应由买方缴纳的税费比率}$$

$$= \frac{7\,875}{1 + 5\%} \text{元/m}^2$$

$$= 7\,500 \text{元/m}^2$$

### 5.3.2 交易日期修正

**1. 交易日期修正的含义**

可比实例的成交价格是其成交日期时的价格,是在其成交日期时的房地产市场状况下形成的。估价对象的价格是估价时点时的价格,是在估价时点时的房地产市场状况下形成的。

如果成交日期与估价时点不同,房地产市场状况可能发生了变化,价格就有可能不同,因此应将可比实例在其成交日期时的价格修正为在估价时点时的价格,如此才能将其作为估价对象的价格,这种修正称为交易日期修正,也称为房地产市场状况修正。

**2. 交易日期修正的方法**

在可比实例的成交日期至估价时点期间，随着时间的推移，房地产价格可能发生的变化有三种情况：平稳、上涨、下跌。

在判定房地产价格水平为稳定发展的情况下，可不进行交易日期修正。若房地产价格处于上涨或下跌情况，都必须进行修正，以使可比实例的成交价格符合估价时点时的房地产市场状况。

进行交易日期修正可以采用百分率法、价格指数法或房地产价格变动率法，其中价格指数法是一种方便快捷的修正方法。

（1）百分率法 采用百分率法进行交易日期修正的一般公式为

可比实例在估价时点时的价格＝可比实例在成交日期时的价格×交易日期修正系数

在百分率法中，交易日期修正系数一般应以成交日期时的价格为基准来确定。假设从成交日期到估价时点，可比实例的市场价格上涨或下跌的百分率为±T%（从成交日期到估价时点，当可比实例的市场价格上涨时，为+T%；下跌时，为-T%），则

可比实例在估价时点时的价格＝可比实例在成交日期时的价格×（1±T%）

或者

可比实例在估价时点时的价格＝可比实例在成交日期时的价格× $\dfrac{100 \pm T}{100}$

上述公式中的交易日期修正系数为 $1 \pm T\%$ 或 $\dfrac{100 \pm T}{100}$，而不是 $\pm T\%$。

（2）价格指数法 价格指数有定基价格指数和环比价格指数两种。在价格指数编制中需要选择某个时期作为基期。以某个固定时期作为基期的，称为定基价格指数；都是以上一期作为基期的，称为环比价格指数。定基价格指数和环比价格指数的编制原理见表 5-2。

表 5-2 价格指数编制原理

| 时间 | 价格 | 定基价格指数 | 环比价格指数 |
| --- | --- | --- | --- |
| 1 | $p_1$ | $p_1/p_1$ | $p_1/p_0$ |
| 2 | $p_2$ | $p_2/p_1$ | $p_2/p_1$ |
| 3 | $p_3$ | $p_3/p_1$ | $p_3/p_2$ |
| ⋮ | ⋮ | ⋮ | ⋮ |
| n | $p_n$ | $p_n/p_1$ | $p_n/p_{n-1}$ |

1）采用定基价格指数进行交易日期修正的公式为

可比实例在估价时点时的价格=可比实例在成交日期时的价格×

$$\frac{估价时点时的价格指数}{成交日期时的价格指数}$$

【例 5-7】为评估长春某区一套住宅于 2010 年 3 月 1 日的价格，在选取的可比实例中有一可比实例成交于 2009 年 7 月 1 日，价格为 6 000 元/m²。长春市 2009 年 7 月 1 日～2010 年 3 月 1 日二手房住宅价格指数分别为 80.1，81.2，82.4，85.0，90.2，93.1，98.4，98.7，99.4（以 2009 年 1 月 1 日为 100），试对该可比实例进行交易日期修正。

【解】

该宗房地产 2010 年 3 月 1 日的价格计算为

$$6\ 000\ 元/m^2 \times \frac{99.4}{80.1} = 7\ 445.69\ 元/m^2$$

2）采用环比价格指数进行交易日期修正的公式为

可比实例在估价时点的价格=可比实例在成交日期时的价格×成交日期的

下一时期的价格指数×再下一时期的价格

指数×…×估价时点时的价格指数

【例 5-8】某地区某类房地产 2010 年 1 月 1 日～7 月 1 日的价格指数分别为 98.6，95.7，96.7，104.0，108.2，113.5，119.2（均以上个月为 100），其中某宗房地产在 2010 年 3 月 1 日成交时的价格为 6 400 元/m²，对其进行交易日期修正，修正到 2010 年 7 月 1 日的价格是多少？

【解】

该宗房地产在 2010 年 7 月 1 日的价格计算如下：

$$6\ 400\ 元/m^2 \times \frac{104.0}{100} \times \frac{108.2}{100} \times \frac{113.5}{100} \times \frac{119.2}{100} = 9\ 743.4\ 元/m^2$$

（3）房地产价格变动率法　房地产价格变动率有逐期递增或递减的价格变动率和期内平均上升或下降的价格变动率。

1）采用逐期递增或递减的价格变动率进行交易日期修正的公式为

可比实例在估价时点的价格=可比实例在成交日期时的价格×

（1±价格变动率）$^{期数}$

2）采用期内平均上升或下降的价格变动率进行交易日期修正的公式为

可比实例在估价时点时的价格=可比实例在成交日期时的价格×

（1±价格变动率×期数）

这里容易出现的错误是将逐期递增或递减的价格变动率和期内平均上升或下降的价格变动率混用。

【例 5-9】某可比实例的成交价格为 4 500 元/m², 成交日期为 2010 年 9 月末。已知该类房地产价格在 2010 年 9 月末~2011 年 2 月末期间平均每月比上月上涨 1.2%, 在 2011 年 2 月末~2011 年 6 月末期间平均每月比上月上涨 2%, 对该可比实例进行交易日期修正, 修正到 2011 年 6 月末的价格是多少?

【解】
该宗房地产在 2011 年 6 月末的价格计算为
$$4\ 500\ 元/m^2 \times (1+1.2\%)^5 \times (1+2\%)^4 = 5\ 170.3\ 元/m^2$$

【例 5-10】某可比实例交易日期为 2010 年 5 月 1 日, 成交价格为 700 万元, 现估价时点为 2011 年 12 月 1 日, 该地区房地产价格月平均涨幅为 1.8%, 试对其进行修正。

【解】
该宗房地产在 2011 年 12 月 1 日的价格计算为
$$700\ 万元 \times (1+1.8\% \times 19) = 939.4\ 万元$$

【例 5-11】需要评估某房地产于 2010 年 3 月 1 日的价格, 所选取的某一可比实例成交于 2009 年 5 月 1 日, 价格为 2 000 美元/m²。经市场调查分析, 该类房地产以人民币为基准的价格在 2009 年间平均每月比上月递增 1.2%, 2010 年以来平均每月比上月递减 0.2%; 人民币与美元的市场汇价于 2009 年 5 月 1 日为 1 美元=7.29 元人民币, 2010 年 3 月 1 日为 1 美元=7.25 元人民币。试对该可比实例进行交易日期修正, 并以美元表示。

【解】
将该可比实例的价格调整到 2010 年 3 月 1 日的价格为
$$2\ 000\ 美元/m^2 \times 7.29\ 元/美元 \times (1+1.2\%)^8 \times (1-0.2\%)^2 \div 7.25\ 元/美元 = 2\ 203.6\ 美元/m^2$$

【例 5-12】需要评估某房地产于 2010 年 3 月 1 日的价格。所选取的某一可比实例成交于 2009 年 4 月 30 日, 价格为人民币 15 000 元/m²。经市场调查分析, 该类房地产以人民币为基准的价格在 2009 年间平均每月上涨 1.5%, 2010 年以来平均每月下跌 0.5%。试对该可比实例进行交易日期修正。

【解】
将该可比实例的价格调整到 2010 年 3 月 1 日的价格为
$$15\ 000\ 元/m^2 \times (1+1.5\% \times 8) \times (1-0.5\% \times 2) = 16\ 632\ 元/m^2$$

在实际的交易日期修正中, 有下列五类价格指数或价格变动率可供选用:
1) 一般物价指数或变动率。
2) 建筑造价指数或变动率。
3) 建筑材料价格指数或变动率。
4) 建筑人工费指数或变动率。
5) 房地产价格指数或变动率。

需要注意的是,一般物价的涨幅与房地产价格的涨幅并不是同比的,我国住宅价格在 1985～1995 年间平均增长幅度在 20%以上,而同期的年通货膨胀率平均在 12%左右。在社会性的房地产价格指数体系完善之前,估价人员在运用价格指数进行交易日期修正时,最好能对照近年来该类房地产的价格变动规律,以减少修正的偏差。

房地产价格指数或变动率又可细分为:①全国房地产价格指数或变动率;②某地区房地产价格指数或变动率;③全国某类房地产价格指数或变动率;④某地区某类房地产价格指数或变动率。由于不同地区、不同用途或不同类型的房地产其价格变动的方向和程度并不相同,所以,针对具体的可比实例,在对其价格进行交易日期修正时,不是任何类型的房地产价格指数或价格变动率都可以采用,而应采用可比实例房地产所在地区的同类房地产价格指数或价格变动率。

## 5.3.3 房地产状况修正

**1. 房地产状况修正的含义**

如果可比实例房地产与估价对象房地产之间有差异,则还应进行房地产状况修正,因为房地产的价格除了与交易情况、交易日期(房地产市场状况)有关外,还受到其本身状况的影响。进行房地产状况修正,是将可比实例在其房地产状况下的价格,调整为在估价对象房地产状况下的价格。因此,经过了房地产状况修正后,就将可比实例在其房地产状况下的价格变成了在估价对象房地产状况下的价格。

**2. 房地产状况修正的内容**

房地产状况修正可分为实物状况修正、权益状况修正和区位状况修正。在这三个方面的修正中,还可进一步细分为若干因素的修正。进行房地产状况修正,是市场比较法运用的一个难点和关键。

(1) 实物状况修正的内容　实物状况是指对房地产价格有影响的房地产实物因素的状况。进行实物状况调整,是将可比实例房地产在其实物状况下的价格,调整为在估价对象房地产实物状况下的价格。

实物状况比较、调整的内容很多,对于土地来说,主要包括:面积大小、形状、基础设施完备程度(属于可比实例、估价对象之内的部分)、土地平整程度、地势、地质水文状况等影响土地价格的因素;对于建筑物来说,主要包括:新旧程度、建筑规模、建筑结构、设备、装修、平面格局、工程质量等影响建筑物价格的因素。

(2) 权益状况修正的内容　权益状况是指对房地产价格有影响的房地产权益因素的状况。进行权益状况调整,是将可比实例房地产在其权益状况下的价格,调整为在估价对象房地产权益状况下的价格。

权益状况比较、调整的内容主要包括：土地使用年限、城市规划限制条件（如容积率）等影响房地产价格的因素。在实际估价中，遇到最多的是土地使用年限的调整。

（3）区位状况修正的内容　区位状况是对房地产价格有影响的房地产区位因素的状况。进行区位状况修正，是将可比实例房地产在其区位状况下的价格，调整为在估价对象房地产区位状况下的价格。

区位状况比较、修正的内容主要包括：繁华程度、交通便捷程度、环境景观、公共设施完备程度（属于估价对象以外的部分）、临街状况、朝向、楼层等影响房地产价格的因素。不同使用性质的房地产，影响其价格的区位的因素也不同，具体比较的内容也不尽相同。例如商业区重视繁华程度；住宅区重视宁静、安全、舒适；工业区重视交通运输；农业区则重视浇灌、土壤肥沃程度。

**3. 房地产状况修正的步骤**

房地产状况修正的步骤是：首先，列出对估价对象这类房地产的价格有影响的各方面房地产状况因素，包括实物方面的、权益方面的和区位方面的；其次，判定估价对象房地产和可比实例房地产在这些因素方面的状况；然后，将可比实例房地产与估价对象房地产在这些因素方面的状况进行逐项比较，找出它们之间的差异所造成的价格偏差程度；最后，根据价格偏差程度对可比实例价格进行修正。总的来说，如果可比实例房地产优于估价对象房地产，则应对可比实例价格作减价调整；反之，则应作加价调整。

房地产状况修正应注意的问题：

1）可比实例的房地产状况，无论是区位状况、权益状况还是实物状况，都应是成交价格所对应或反映的房地产状况，而不是在估价时点或其他时候的状况。因为在估价时点或其他时候，可比实例房地产状况可能发生了变化，从而其成交价格就不能反映市场情况了。除了期房交易的成交价格之外，可比实例的房地产状况一般是指可比实例房地产在其成交日期时的状况。

2）由于不同使用性质的房地产，影响其价格的区位和实物因素不同，即使某些因素相同，但其对价格的影响程度也不一定相同。因此，在进行区位状况和实物状况的比较、调整时，具体比较、调整的内容及权重应有所不同。例如，居住房地产讲求宁静、安全、舒适；商业房地产注重繁华程度、交通条件；工业房地产强调对外交通运输的便捷性；农业房地产重视土壤、排水和灌溉条件等。

**4. 房地产状况修正的方法**

房地产状况修正的方法有百分率法、差额法和回归分析法。本章主要介绍百分率法和差额法，回归分析法将在本书后面章节中介绍。

（1）百分率　法采用百分率法进行房地产状况修正的一般公式为

可比实例在估价对象房地产状况下的价格=可比实例房地产状况下的价格×房地产状况修正系数

（2）差额法　采用差额法进行房地产状况修正的一般公式为

可比实例在估价对象房地产状况下的价格=可比实例房地产状况下的价格±房地产状况修正数额

在百分率法中，房地产状况修正系数是以估价对象房地产状况为基准来确定的。假设可比实例在其房地产状况下的价格比在估价对象房地产状况下的价格高或低的百分率为±$R$%（当可比实例在其房地产状况下的价格比在估价对象房地产状况下的价格高，则为+$R$%；当可比实例在其房地产状况下的价格比在估价对象房地产状况下的价格低，则为–$R$%），则

可比实例在估价对象房地产状况下的价格=可比实例房地产状况下的价格×$\dfrac{1}{1\pm R\%}$

或者

可比实例在估价对象房地产状况下的价格=可比实例房地产状况下的价格×$\dfrac{100}{100\pm R}$

上述公式中的房地产状况修正系数为$\dfrac{1}{1\pm R\%}$或$\dfrac{100}{100\pm R}$，而不是±$R$%，也不是1±$R$%。

进行房地产状况修正的具体方法，有直接比较修正法和间接比较修正法两种。

1）直接比较修正的计算式为

$$房地产状况修正系数=\dfrac{100}{(\ \ )}$$

上式括号内应填写的数字，为可比实例房地产相对于估价对象房地产的得分。

2）间接比较修正的计算式为

$$房地产状况修正系数=\dfrac{100}{(\ \ )}\times\dfrac{(\ \ )}{100}$$

上式位于分母的括号内应填写的数字，为可比实例房地产相对于标准房地产的得分；位于分子的括号内应填写的数字，为估价对象房地产相对于标准房地产的得分。

上述公式表达了间接比较修正的两个步骤：首先，将可比实例在自身状况下的价格调整为在标准房地产状况下的价格；然后，再将可比实例在标准房地产状况下的价格，调整为在估价对象状况下的价格。

【例5-13】有A、B两可比实例，成交价格分别为6 300元/m²和6 800元/m²，现分别用直接比较法（表5-3）和间接比较法（表5-4）对它们作区位因素修正。

【解】

（1）直接比较法

表5-3  区位因素修正表（直接比较法）

| 区位因素 | 待估房地产 | 可比实例A | 可比实例B |
| --- | --- | --- | --- |
| 基础设施 | 25 | 27 | 22 |
| 交通条件 | 25 | 24 | 28 |
| 周围环境 | 25 | 22 | 25 |
| 城市规划 | 25 | 23 | 28 |
| 总　分 | 100 | 96 | 103 |

修正系数：

$$可比实例A修正系数 = \frac{100}{96}$$

$$可比实例B修正系数 = \frac{100}{103}$$

修正后的价格：

$$可比实例A = 6\,300\,元/m^2 \times \frac{100}{96} = 6\,562.5\,元/m^2$$

$$可比实例B = 6\,800\,元/m^2 \times \frac{100}{103} = 6\,601.9\,元/m^2$$

（2）间接比较法

表5-4  区位因素修正表（间接比较法）

| 区位因素 | 标准房地产 | 可比实例A | 可比实例B | 待估房地产 |
| --- | --- | --- | --- | --- |
| 基础设施 | 25 | 23 | 22 | 22 |
| 交通条件 | 25 | 22 | 21 | 24 |
| 周围环境 | 25 | 28 | 24 | 26 |
| 城市规划 | 25 | 24 | 22 | 23 |
| 总　分 | 100 | 97 | 89 | 95 |

修正系数：

$$对可比实例A修正系数 = \frac{100}{97} \times \frac{95}{100} = \frac{95}{97}$$

$$对可比实例B修正系数 = \frac{100}{89} \times \frac{95}{100} = \frac{95}{89}$$

修正后的价格：

$$\text{可比实例 A} = 6\,300\,元/m^2 \times \frac{95}{97} = 6\,170.1\,元/m^2$$

$$\text{可比实例 B} = 6\,800\,元/m^2 \times \frac{95}{89} = 7\,258.4\,元/m^2$$

在实际估价业务中，一般多采用直接比较修正法，每项修正对可比实例成交价格的调整不超过±20%，综合调整不超过±30%。

由上述内容可知，利用市场比较法估价需要进行交易情况、交易日期、房地产状况三大方面的修正和调整。经过了交易情况修正后，可比实例的实际而可能不是正常的价格变成了正常价格；经过了交易日期调整后，可比实例在其成交日期时的价格变成了在估价时点时的价格；经过了房地产状况调整后，可比实例在其房地产状况下的价格变成了在估价对象房地产状况下的价格。

### 5.3.4 综合求取比准价格

**1. 求取比准价格的方法**

经过了上述三大方面的修正、调整后，可比实例房地产的实际成交价格，变成了估价对象房地产在估价时点时的客观合理的价格。如果把这三大方面的修正综合起来，则有下面三种综合的计算公式：

（1）百分率法修正系数连乘公式　百分率法修正系数连乘公式具体为

比准价格=可比实例成交价格×交易情况修正系数×
交易日期修正系数×房地产状况修正系数

或者

$$\text{比准价格} = \text{可比实例成交价格} \times \frac{1}{1 \pm S\%} \times (1 \pm T\%) \times \frac{1}{1 \pm R\%}$$

或者

$$\text{比准价格} = \text{可比实例成交价格} \times \frac{100}{100 \pm S} \times \frac{100 \pm T}{100} \times \frac{100}{100 \pm R}$$

（2）百分率法修正系数累加公式　百分率法修正系数累加公式具体为

比准价格=可比实例成交价格×（1+交易情况修正系数+
交易日期修正系数+房地产状况修正系数）

或者

$$\text{比准价格} = \text{可比实例成交价格} \times \frac{1 \pm T\%}{1 \pm S\% \pm R\%}$$

$$\text{比准价格} = \text{可比实例成交价格} \times \frac{100 \pm T}{100 \pm S \pm R}$$

（3）差额法公式　差额法公式具体为

比准价格=可比实例成交价格±交易情况修正数额±
交易日期修正数额±房地产状况修正数额

在市场比较法的计算中，百分率法修正系数的连乘形式比累加形式应用更为普遍。而且，交易情况、交易日期、房地产状况的修正，通常也是采用百分率法来计算的。

所以下面仅以百分率法连乘形式来进一步说明市场法的综合修正与调整计算。由于房地产状况调整有直接比较调整和间接比较调整，因此，较具体化的综合修正与调整计算公式有直接比较修正与调整计算公式和间接比较修正与调整计算公式：

（1）直接比较修正与调整计算公式　直接比较修正与调整计算公式具体为

$$可比实例的比准价格 = 可比实例成交价格 \times \frac{100}{(\ )} \times \frac{(\ )}{100} \times \frac{100}{(\ )}$$

$$= 可比实例成交价格 \times \frac{正常市场价格}{实际成交价格} \times \frac{估价时点价格}{成交日期价格} \times \frac{估价对象状况下价格}{可比实例状况下价格}$$

上式中，交易情况修正的分子为100，表示以正常价格为基准，分母是可比实例成交价格相对于正常价格的得分；交易日期调整的分母为100，表示以成交日期时的价格为基准，分子是估价对象在估价时点时的价格相对于成交日期时价格的得分；房地产状况调整的分子为100，表示以估价对象的房地产状况为基准，分母是可比实例房地产状况相对于估价对象房地产状况的得分。

（2）间接比较修正与调整计算公式　间接比较修正与调整计算公式具体为

$$可比实例的比准价格 = 可比实例成交价格 \times \frac{100}{(\ )} \times \frac{(\ )}{100} \times \frac{100}{(\ )} \times \frac{(\ )}{100}$$

$$= 可比实例成交价格 \times \frac{正常市场价格}{实际成交价格} \times \frac{估价时点价格}{成交日期价格} \times \frac{标准状况价格}{可比实例状况价格} \times \frac{估价对象状况价格}{标准状况价格}$$

上式中，交易情况修正的分子为100，表示以正常价格为基准，分母是可比实例成交价格相对于正常价格的得分；交易日期调整的分母为100，表示以成交日期时的价格为基准，分子是估价对象在估价时点时的价格相对于成交日期时价格的得分；标准化修正的分子为100，表示以标准房地产的状况为基准，分母是可比实例房地产相对于标准房地产所得的分数；房地产状况调整的分母为

100，表示以标准房地产的状况为基准，分子是估价对象房地产相对于标准房地产所得的分数。

**2．求取综合比准价格的方法**

每一个可比实例的成交价格经过上述三项修正后，都会相应地得出一个比准价格；若有三个可比实例，经过各项修正后，会得到三个比准价格，但这些比准价格可能是不一致的，最后需要将它们综合成一个比准价格，以此作为市场比较法的最终估算结果。常用的方法通常有下列五种：

（1）简单算术平均数　简单算术平均数是把修正出来的各个价格直接相加，再除以这些价格的个数，所得的数即为综合出的价格。设 $V_1$，$V_2$，$V_3$，…，$V_n$ 为修正出的 $n$ 个价格，则其简单算术平均数的计算式为

$$V=\frac{V_1+V_2+V_3+\cdots+V_n}{n}=\frac{1}{n}\sum_{i=1}^{n}V_i$$

（2）加权算术平均数　加权算术平均数是在把修正出的各个价格综合成一个价格时，考虑到每个价格的重要程度不同，先赋予每个价格不同的权数，然后综合出一个价格。通常对与估价对象房地产最类似的可比实例房地产所修正出的价格，赋予最大的权数；反之，赋予最小的权数。设 $V_1$，$V_2$，$V_3$，…，$V_n$ 为修正出来的 $n$ 个价格，$f_1$，$f_2$，$f_3$，…，$f_n$ 依次为 $V_1$，$V_2$，$V_3$，…，$V_n$ 的权数，则其加权算术平均数计算式为

$$V=\frac{V_1f_1+V_2f_2+V_3f_3+\cdots+V_nf_n}{f_1+f_2+f_3+\cdots+f_n}=\frac{\sum_{i=1}^{n}V_if_i}{\sum_{i=1}^{n}f_i}$$

（3）中位数　中位数是把修正出的各个价格按从低到高或从高到低的顺序排列，当项数为奇数时，位于正中间位置的那个价格为综合出的一个价格；当项数为偶数时，位于正中间位置的那两个价格的简单算术平均数为综合出的一个价格。例如，为评估某宗房地产的市场价格，找到五个可比实例，对其成交价格进行修正和调整后得到五个比准价格，分别为 4 500 元/m²、4 700 元/m²、5 000 元/m²、5 200 元/m²、5 300 元/m²，采用中位数的方法求取出的综合比准价格为 5 000 元/m²；如果有六个经过修正得到的比准价格，分别为 4 500 元/m²、4 700 元/m²、5 000 元/m²、5 200 元/m²、5 300 元/m²、5 300 元/m²，采用中位数的方法求取出的综合比准价格为 $\frac{5\,000元/m^2+5\,200元/m^2}{2}$=5 100 元/m²。

（4）众数　众数是一组数值中出现次数最多的数值，即出现频率最高的那个数值就是众数。例如，5 000 元/m²、4 500 元/m²、5 200 元/m²、5 000 元/m²、4 800

元/m²、5 000 元/m² 这组数值的众数是 5 000 元/m²。一组数值可能不止有一个众数，也可能不存在众数。

（5）其他方法 还可以采用其他的方法将修正出的多个价格综合成一个价格。例如分别去掉一个最高价格和一个最低价格，将余下的价格用简单算术平均法计算。或者估价人员根据自身经验，以某一个比准价格为主，参考其他比准价格最终确定价格。

【例 5-14】为评估某宗房地产的市场价格，找到三个可比实例，对其成交价格进行修正和调整后得到三个比准价格，分别为 6 800 元/m²、7 200 元/m² 和 6 900 元/m²。试采用简单算术平均法求取综合比准价格。

【解】

采用简单算术平均法计算得出的综合比准价格为

$$(6\ 800+7\ 200+6\ 900)\ 元/m^2 \div 3 = 6\ 966.7\ 元/m^2$$

【例 5-15】在例 5-14 中，如果三个比准价格分别所占的权重为 0.3，0.2，0.5，试采用加权算术平均法求取综合比准价格。

【解】

采用加权算术平均法计算得出的综合比准价格为

$$(6\ 800\times0.3+7\ 200\times0.2+6\ 900\times0.5)\ 元/m^2 \div (0.3+0.2+0.5)=6\ 930\ 元/m^2$$

## 5.4 市场比较法的应用

【例 5-16】为评估某住宅楼的价格，估价人员在该住宅楼附近调查选取了 A、B、C、D、E 共五个类似住宅楼的交易实例，其有关资料见表 5-5。

表 5-5 五个类似住宅交易实例的相关资料

| 项 目 | | 可比实例 A | 可比实例 B | 可比实例 C | 可比实例 D | 可比实例 E |
|---|---|---|---|---|---|---|
| 成交价格/(元/m²) | | 5 100 | 5 800 | 5 200 | 5 300 | 5 000 |
| 成交日期 | | 2010年11月30日 | 2011年6月30日 | 2011年1月31日 | 2009年7月31日 | 2011年5月31日 |
| 交易情况 | | 2% | 21% | 0 | 0 | -3% |
| 房地产状况 | 区位 | 0 | -3% | 3% | 1% | 0 |
| | 权益 | -2% | 0 | 2% | -1% | -1% |
| | 实物 | -4% | -5% | -2% | 2% | 1% |

表 5-5 中，交易情况、房地产状况中的各正、负值都是按直接比较所得结果。其中，房地产状况中的三方面因素产生的作用程度相同。另据调查得知，从 2009 年 7 月 1 日～2010 年 1 月 1 日，该类住宅楼市场价格每月递增 1.5%，其后至 2010 年 11 月 1 日则每月递减 0.5%，而从 2010 年 11 月 1 日～2011 年 4 月 30 日的市场

价格基本不变,以后每月递增 1%。试利用上述资料根据估价相关要求选取最合适的三个交易实例作为可比实例,并且估算该住宅楼 2011 年 8 月 31 日的正常单价。

【解】
首先确定要采用的三个交易实例。因为交易实例 D 的成交日期为 2009 年 7 月 31 日,与所评估的 2011 年 8 月 31 日的住宅楼的日期相差时间较长,故不选用 D;交易实例 B 的成交价格与其他可比实例的成交价格相比,成交价格为非正常的价格,故而也舍去。所以,选用的可比实例为 A、C、E。

(1)测算公式

比准价格=可比实例×交易情况修正系数×交易日期调整系数×房地产状况调整系数

(2)求取交易情况修正系数

$$可比实例 A 的交易情况修正系数 = \frac{100}{100+2} = \frac{100}{102}$$

$$可比实例 C 的交易情况修正系数 = \frac{100}{100+0} = 1$$

$$可比实例 E 的交易情况修正系数 = \frac{100}{100-3} = \frac{100}{97}$$

(3)求取交易日期调整系数

可比实例 A 的交易日期调整系数 = $(1+1\%)^4$

可比实例 C 的交易日期调整系数 = $(1+1\%)^4$

可比实例 E 的交易日期调整系数 = $(1+1\%)^3$

(4)求取房地产状况调整系数

$$可比实例 A 的房地产状况调整系数为 = \frac{100}{100 \times \frac{1}{3} + (100-2) \times \frac{1}{3} + (100-4) \times \frac{1}{3}}$$

$$= \frac{100}{98}$$

$$可比实例 C 的房地产状况调整系数为 = \frac{100}{(100+3) \times \frac{1}{3} + (100+2) \times \frac{1}{3} + (100-2) \times \frac{1}{3}}$$

$$= \frac{100}{101}$$

$$可比实例 E 的房地产状况调整系数为 = \frac{100}{100 \times \frac{1}{3} + (100-1) \times \frac{1}{3} + (100+1) \times \frac{1}{3}} = \frac{100}{100}$$

（5）求取比准价格 $V_A$、$V_C$、$V_E$

$$V_A = 5\,100\ 元/m^2 \times \frac{100}{102} \times (1+1\%)^4 \times \frac{100}{98} = 5\,309.20\ 元/m^2$$

$$V_C = 5\,200\ 元/m^2 \times 1 \times (1+1\%)^4 \times \frac{100}{101} = 5\,357.57\ 元/m^2$$

$$V_E = 5\,000\ 元/m^2 \times \frac{100}{97} \times (1+1\%)^3 \times 1 = 5\,310.83\ 元/m^2$$

（6）将上述三个比准价格的简单算术平均数作为市场法的测算结果

估价对象价格（单价）＝（5 309.20＋5 357.57＋5 310.83）元/m²÷3＝5 325.87 元/m²

【例 5-17】现拟采用市场比较法评估某房地产价格，选取了甲、乙、丙三宗可比实例，有关资料见表 5-6。

表 5-6　甲、乙、丙三宗可比实例资料

| 项　目 | 可比实例甲 | 可比实例乙 | 可比实例丙 |
| --- | --- | --- | --- |
| 建筑面积 | 1 000m² | 1 200m² | 9 687.6ft² |
| 成交价格 | 240 万元（人民币） | 300 美元/m² | 243 万元（人民币） |
| 成交日期 | 2009 年 10 月初 | 2010 年 8 月初 | 2011 年 2 月初 |
| 交易情况 | －5% | 0 | 0 |
| 状况因素 | 0 | 2% | 5% |

又知，可比实例乙、丙的付款方式均为一次付清，可比实例甲为分期付款：首期付 96 万元；第一年末付 72 万元，月利率 1%；第二年末付 72 万元，月利率 1.05%。2010 年 8 月初人民币与美元的市场汇价为 1 美元＝7.5 元人民币，2011 年 8 月初的市场汇价为 1 美元＝6.3 元人民币。该类房地产人民币价格 2009 年逐月下降 0.8%，2010 年逐月上涨 1.0%，2011 年逐月上涨 1.2%。又知 1m²＝10.764ft²。试利用上述资料评估该房地产 2011 年 8 月初的正常单价（如需计算平均值，请采用简单算术平均法）。

【解】

（1）建立价格可比基础

$$甲一次付清总价 = 960\,000\ 元 + \frac{720\,000\ 元}{(1+1\%)^{12}} + \frac{720\,000\ 元}{(1+1\%)^{12} \times (1+1.05\%)^{12}} = 2\,162\,653\ 元$$

$$甲单价 = 2\,162.65\ 元/m^2$$

$$乙单价 = 300\ 美元/m^2 \times 7.5\ 元/美元 = 2\,250\ 元/m^2$$

$$丙单价 = 2\,430\,000\ 元 \div 9\,687.6ft^2 \times 10.764\ ft^2/m^2 = 2\,700\ 元/m^2$$

（2）计算比准价格

$$比准价格甲 = 2\,162.65\ 元/m^2 \times \frac{100}{100-5} \times (1-0.8\%)^3 \times (1+1.0\%)^{12} \times (1+1.2\%)^7$$
$$= 2\,721.91\ 元/m^2$$

比准价格乙=2 250 元/m²×$\frac{100}{100}$×（1+1.0%）⁵×（1+1.2%）⁷×$\frac{100}{100+2}$=2 520.30 元/m²

比准价格丙=2 700 元/m²×$\frac{100}{100}$×（1+1.2%）⁶×$\frac{100}{100+5}$=2 762.22 元/m²

（3）将上述三个比准价格的简单算术平均数作为比较法的估价结果

估价对象价格（单价）=（2 721.91+2 520.30+2 762.22）元/m²÷3=2 668.14 元/m²

【例 5-18】为评估某商品住宅 2011 年 12 月 1 日的正常市场价格，在该商品住宅附近调查选取了 A、B、C 三宗类似商品住宅的交易实例作为可比实例，有关资料见表 5-7。

表 5-7　A、B、C 交易实例资料

| 项　　目 | 可比实例 A | 可比实例 B | 可比实例 C |
| --- | --- | --- | --- |
| 成交价格/（元/m²） | 7 600 | 8 000 | 8 400 |
| 成交日期 | 2011 年 7 月 1 日 | 2011 年 10 月 1 日 | 2011 年 11 月 1 日 |
| 交易情况 | −2% | 0 | 1% |
| 房地产状况 | 5% | 3% | −2% |

该类商品住宅 2011 年 6 月～12 月的价格变动情况见表 5-8（表中的价格指数为定基价格指数）。

表 5-8　该类商品住宅 2011 年 6 月～12 月的价格变动情况

| 月　　份 | 6 | 7 | 8 | 9 | 10 | 11 | 12 |
| --- | --- | --- | --- | --- | --- | --- | --- |
| 价格指数 | 100 | 92.4 | 98.3 | 98.6 | 100.3 | 109.0 | 106.8 |

利用上述资料估算该商品住宅 2011 年 12 月 1 日的正常价格。

【解】

比准价格 A=7 600 元/m²×$\frac{100}{100-2}$×$\frac{100}{100+5}$×$\frac{106.8}{92.4}$=8 536.85 元/m²

比准价格 B=8 000 元/m²×$\frac{100}{100}$×$\frac{100}{100+3}$×$\frac{106.8}{100.3}$=8 270.33 元/m²

比准价格 C=8 400 元/m²×$\frac{100}{100+1}$×$\frac{100}{100-2}$×$\frac{106.8}{109.0}$=8 315.27 元/m²

估价对象价格（单价）=（8 536.85+8 270.33+8 315.27）元/m²÷3=8 374.15 元/m²

【例 5-19】为了评估某商品住宅在 2010 年 9 月 1 日的正常市场价格，在该住宅附近调查选取了 A、B、C 三宗已成交的类似商品住宅作为可比实例，有关资料见表 5-9。

表 5-9　A、B、C 可比实例资料

| 项　　目 | 可比实例 A | 可比实例 B | 可比实例 C |
| --- | --- | --- | --- |
| 成交价格 | 4 500 元/m² | 600 美元/m² | 5 000 元/m² |
| 成交日期 | 2009 年 11 月 1 日 | 2010 年 1 月 1 日 | 2010 年 6 月 1 日 |

(续)

| 项目 | 可比实例A | 可比实例B | 可比实例C |
|---|---|---|---|
| 交易情况 | −5% | 0% | 2% |
| 区域因素 | 2% | 3% | −2% |
| 个别因素 | −3% | 5% | −2% |

在表中，交易情况比较中的正（负）值表示可比实例的成交价格高（低）于其正常价格的幅度；在区域因素、个别因素比较时，以估价对象的区域因素和个别因素为基准，正（负）值表示可比实例的区域因素和个别因素优（劣）于估价对象的区域因素和个别因素所导致的价格差异幅度。另外，假设2010年1月1日人民币与美元的市场汇价为1美元=8.5元人民币，2010年9月1日人民币与美元的市场汇价为1美元=8.3元人民币；该类商品住宅以人民币为基准的市场价格在2009年6月1日～2010年2月28日之间平均每月比上月上涨1%，在2010年3月1日～2010年9月1日之间平均每月比上月下降1.5%。试利用上述资料评估该商品住宅在2010年9月1日的正常市场价格。

【解】
（1）计算公式
采用直接比较修正法连乘形式的公式进行评估。基本公式为

比准价格=可比实例成交价格×交易情况修正系数×

交易日期修正系数×房地产状况修正系数

（2）求出各可比实例的比准价格（人民币）

比准价格A=4 500元/m² × $\frac{100}{100-5}$ × $(1+1\%)^4$ × $(1-1.5\%)^6$ × $\frac{100}{100+2}$ × $\frac{100}{100-3}$ =4 550.09元/m²

比准价格B=600美元/m² × 8.5元/美元 × $\frac{100}{100}$ × $(1+1\%)^2$ × $(1-1.5\%)^6$ × $\frac{100}{100+3}$ × $\frac{100}{100+5}$

=4 393.43元/m²

比准价格C=5 000元/m² × $\frac{100}{100+2}$ × $(1-1.5\%)^3$ × $\frac{100}{100-2}$ × $\frac{100}{100-2}$

=4 877.83元/m²

（3）计算评估结果
若将上述三个结果的简单算术平均值作为估价结果，则
估价对象价格（人民币）=（4 550.09+4 393.43+4 877.83）元/m²÷3=4 607.12元/m²

【例5-20】估价对象是一块空地，总面积为459m²。请评估该宗土地于2010年10月1日的买卖价格。

【解】

(1) 选择估价方法

在估价对象所在地区和近邻地区，该类型土地存在较多的买卖实例，所以采用市场比较法进行估价。

(2) 搜集有关资料

搜集估价对象资料（略）。

搜集买卖实例资料。共调查搜集了 A、B、C、D、E 五宗土地买卖实例，均可作为可比实例。实例 A 的面积为 166m²，成交单价 120 元/m²，交易日期 2010 年 4 月 1 日；实例 B 的面积为 374m²，成交单价 102 元/m²，交易日期 2010 年 3 月 1 日；实例 C 的面积为 300m²，成交单价 83 元/m²，交易日期 2009 年 6 月 1 日；实例 D 的面积为 457m²，成交单价 94 元/m²，交易日期 2009 年 7 月 1 日；实例 E 的面积为 76m²，成交单价 145 元/m²，交易日期 2010 年 3 月 1 日。

(3) 确定修正系数

1) 确定交易情况修正系数。实例 A、E 为正常买卖，无需进行交易情况修正；实例 B、C、D 均较正常买卖价格偏低，其中：实例 B 估计偏低 2%，实例 C 估计偏低 5%，实例 D 估计偏低 3.5%。各宗可比实例的交易情况修正系数如下：

实例 A：$\dfrac{100}{100-0}=\dfrac{100}{100}$ 　　实例 B：$\dfrac{100}{100-2}=\dfrac{100}{98}$

实例 C：$\dfrac{100}{100-5}=\dfrac{100}{95}$ 　　实例 D：$\dfrac{100}{100-3.5}=\dfrac{100}{96.5}$

实例 E：$\dfrac{100}{100-0}=\dfrac{100}{100}$

2) 确定交易日期修正系数。据调查，2009 年 4 月 1 日～2010 年 10 月 1 日之间，该类型土地的价格平均每月上涨 1%。各宗可比实例的交易日期修正系数如下：

可比实例 A：$(1+1\%\times 6)=\dfrac{106}{100}$ 　　可比实例 B：$(1+1\%\times 7)=\dfrac{107}{100}$

可比实例 C：$(1+1\%\times 16)=\dfrac{116}{100}$ 　　可比实例 D：$(1+1\%\times 15)=\dfrac{115}{100}$

可比实例 E：$(1+1\%\times 7)=\dfrac{107}{100}$

3) 确定区域因素修正系数。实例 A 与估价对象土地处于同一地区，无需作区域因素修正；实例 B、C、D、E 与估价对象土地所在地区的区域因素进行比较的结果，见表 5-10。

表 5-10　B、C、D、E 与估价对象的区域因素比较

| 区域因素 | 估价对象 | 可比实例B | 可比实例C | 可比实例D | 可比实例E |
| --- | --- | --- | --- | --- | --- |
| 繁华程度 | 20 | 19 | 20 | 20 | 13 |
| 道路通达度 | 10 | 8 | 10 | 10 | 11 |
| 公交便捷度 | 10 | 10 | 10 | 10 | 10 |
| 对外交通 | 5 | 9 | 5 | 5 | 13 |
| 环境质量 | 10 | 8 | 10 | 10 | 9 |
| 景观 | 5 | 5 | 5 | 5 | 12 |
| 城市基础设施 | 15 | 11 | 15 | 14 | 8 |
| 社会公共设施 | 15 | 9 | 15 | 16 | 11 |
| 规划限制 | 5 | 5 | 5 | 5 | 9 |
| 治安状况 | 5 | 3 | 5 | 5 | 12 |
| 总分值 | 100 | 87 | 100 | 100 | 108 |

各宗可比实例的区域因素修正系数如下：

可比实例 A：$\dfrac{100}{100}$　　　　　　可比实例 B：$\dfrac{100}{87}$

可比实例 C：$\dfrac{100}{100}$　　　　　　可比实例 D：$\dfrac{100}{100}$

可比实例 E：$\dfrac{100}{108}$

4）确定个别因素修正系数。估价对象土地的面积较大，有利于利用，另外其环境条件较好，其他方面没有差异。经分析确定个别因素使得可比实例土地的价格均比估价对象土地的价格低 3%。所以各宗可比实例的个别因素修正系数如下：

可比实例 A：$\dfrac{100}{100-3}=\dfrac{100}{97}$　　　可比实例 B：$\dfrac{100}{100-3}=\dfrac{100}{97}$

可比实例 C：$\dfrac{100}{100-3}=\dfrac{100}{97}$　　　可比实例 D：$\dfrac{100}{100-3}=\dfrac{100}{97}$

可比实例 E：$\dfrac{100}{100-3}=\dfrac{100}{97}$

（4）进行因素综合修正（见表 5-11）

表 5-11　因素综合修正

| 项　目 | 实例A | 实例B | 实例C | 实例D | 实例E |
| --- | --- | --- | --- | --- | --- |
| 实际成交单价/（元/m²） | 120 | 102 | 83 | 94 | 145 |
| 交易情况修正 | $\dfrac{100}{100}$ | $\dfrac{100}{98}$ | $\dfrac{100}{95}$ | $\dfrac{100}{96.5}$ | $\dfrac{100}{100}$ |

# 第5章 市场比较法

(续)

| 项目 | 实例A | 实例B | 实例C | 实例D | 实例E |
|---|---|---|---|---|---|
| 交易日期修正 | $\frac{106}{100}$ | $\frac{107}{100}$ | $\frac{116}{100}$ | $\frac{115}{100}$ | $\frac{107}{100}$ |
| 区域因素修正 | $\frac{100}{100}$ | $\frac{100}{87}$ | $\frac{100}{100}$ | $\frac{100}{100}$ | $\frac{100}{108}$ |
| 个别因素修正 | $\frac{100}{97}$ | $\frac{100}{97}$ | $\frac{100}{97}$ | $\frac{100}{97}$ | $\frac{100}{97}$ |
| 比准价格/（元/m²） | 131 | 132 | 104 | 115 | 148 |

（5）计算估价结果

将上述五个比准价格的简单算术平均值作为最终的估价结果，则估价对象土地单价=（131+132+104+115+148）÷5=126（元/m²）

## 练 习 题

一、单项选择题

1．在市场比较法中，土地使用权年限修正属于（　　）修正。
　　A．交易情况　B．交易日期　　C．区域因素　　D．个别因素
2．与市场比较法关系最为密切的房地产价格形成原理是（　　）
　　A．均衡原理　B．预期原理　　C．竞争原理　　D．替代原理
3．某地区房地产交易中卖方、买方应缴纳的税费分别为正常成交价格的7%和8%。在某宗房地产交易中，买方付给卖方297万元，应缴纳的税费均由卖方负担，则该宗房地产的正常成交价格为（　　）万元。
　　A．321　　　B．275　　　　C．273　　　　D．258
4．比准价格是一种（　　）
　　A．公平市价　B．评估价格　　C．市场价格　　D．理论价格
5．市场比较法中的交易情况修正是对（　　）价格本身是否正常的修正。
　　A．交易实例　B．可比实例　　C．估价对象　　D．标准化实例
6．判定某可比实例的成交价格比正常价格低6%，则交易情况修正系数为（　　）。
　　A．0.060　　B．0.940　　　C．1.060　　　D．1.064
7．下列（　　）情况会导致房地产价格偏高。
　　A．卖方不了解行情　　　　　B．政府协议出让
　　C．购买相邻地产　　　　　　D．设立抵押的房地产
8．在一些城市中，距离重点中小学近的区域内的居住地价通常比较高，其原因主要在于（　　）
　　A．繁华程度高　　　　　　　B．集聚规模大

C．交通条件好　　　　　　　　D．公共配套设施状况好
　9．市场比较法的间接比较法是以（　　）为基准，把可比实例和估价对象均与其逐项比较，然后将比较结果转化为修正价格。
　　　A．标准宗地　B．待估宗地　　C．类似宗地　　D．比较宗地
　10．为评估某宗房地产2002年10月13日的价格，现选取了可比实例甲，其成交价格为3 000元/m²，成交日期为2001年11月13日。经调查获知2001年6月～2002年10月该类房地产的价格平均每月比上月上涨1%。对可比实例甲进行交易日期修正后的价格为（　　）元/m²。
　　　A．3 214　　B．3 347　　　C．3 367　　　D．3 458
　11．市场比较法估价需要具备的条件是估价时点的前后有较多的（　　）。
　　　A．完全相同的房地产　　　　B．相关的房地产交易
　　　C．类似房地产的交易　　　　D．房地产的交易
　12．在确定选取可比实例的数量时，一般要求选取（　　）的可比实例即可。
　　　A．3个以上　B．5个以下　　C．3～5个　　D．3～10个
　13．在市场比较法选择可比实例的过程中，可比实例的规模应与估价对象的规模相当，选取的可比实例规模一般应在估价对象规模的（　　）范围之内。
　　　A．0.5～2.0　B．1.5～2.0　　C．0.5～1.5　　D．1.0～1.5
　14．某房地产在2006年3月的价格为2 009元/m²，现要调整为2006年9月的价格。已知该类房地产2006年3月～9月的价格指数分别为：99.4，94.8，96.6，105.1，109.3，112.7和118.3（均以上个月为基数100），则该房地产2006年9月的价格为（　　）元/m²。
　　　A．2 700.8　B．2 800.1　　C．2 800.8　　D．2 817.7
　15．某宗房地产2006年2月25日的价格为1 000美元/m²，汇率为1美元=8.26元人民币，该类房地产以美元为基准的价格变动平均比每月比上月递减0.5%，则其2006年10月25日的价格为（　　）元人民币。（2006年10月25日的汇率为1美元=8.29人民币）
　　　A．7 935　　B．7 964　　　C．8 260　　　D．8 290

二、多项选择题
　1．在选取可比实例时，应符合的要求包括（　　）等。
　　　A．可比实例与估价对象所处的地区必须相同
　　　B．可比实例的交易类型与估价目的吻合
　　　C．可比实例的规模与估价对象的规模相当
　　　D．可比实例的成交价格是正常价格或可修正为正常价格
　　　E．可比实例的大类用途与估价对象的大类用途相同
　2．在评估某套住宅价格中，进行区位状况调整时，比较、调整的内容包括

# 第5章 市场比较法

  （  ）等。
   A．环境景观      B．离市中心距离
   C．朝向        D．城市规划限制条件
   E．地势
3．在运用市场比较法时，需要建立价格可比基础，主要包括（  ）等。
   A．统一采用总价     B．统一采用单价
   C．统一币种和货币单位   D．统一面积内涵和大小
   E．统一付款方式
4．影响房地产价格的区位因素有（  ）等。
   A．建筑规模      B．临路状况
   C．楼层        D．建筑容积率
   E．繁华程度
5．下列关于可比实例的说法中，正确的有（  ）。
   A．可比实例一定是交易实例  B．可比实例不一定是交易实例
   C．交易实例一定是可比实例  D．交易实例不一定是可比实例
   E．可比实例可以是交易实例，也可以不是交易实例
6．下列房地产交易中，需要进行交易情况修正的有（  ）。
   A．以正常市场价格成交的交易
   B．急于出售的交易
   C．以协议方式进行的房地产交易
   D．受迷信影响的交易
   E．相邻房地产的合并交易
7．在考虑房地产交易程度的不同负担状况时，房地产正常的成交价格等于（  ）。
   A．卖方实际得到的价格/（1-应由卖方缴纳的税费比率）
   B．卖方实际得到的价格-应由卖方负担的税费
   C．买方实际付出的价格+应由买方负担的税费
   D．应由卖方负担的税费/应由卖方缴纳的税费比率
   E．买方实际付出的价格/（1-应由买方缴纳的税费比率）
8．房地产状况调整可分为（  ）。
   A．实物状况调整     B．权益状况调整
   C．区位状况调整     D．土地状况调整
   E．房屋状况调整
9．对于商业房地产来说，它注重的是（  ）。
   A．繁华程度      B．安宁程度

C．交通条件　　　　　　D．动力的取得
E．基础设施条件

### 三、判断题

1．市场比较法中选取的可比实例应是交易实例中与估价对象类似的房地产。（　）

2．即使在房地产市场比较发达的地区，市场比较法也并非完全有效。（　）

3．对在建工程的估价，可采用市场比较法。（　）

4．对于估价人员搜集的交易实例，只要是估价对象的类似房地产就可以作为可比实例。（　）

5．一般认为，可比实例的成交日期与估价时点相隔两年以上的就不宜采用。（　）

6．交易双方自愿成交的价格属于正常成交价格。（　）

7．某宗房地产2008年6月1日的价格为1 800元/m²，现需要将其调整为2008年10月1日的价格。已知该宗房地产所在地区类似房地产2008年4月1日～10月1日的价格指数分别为79.2，74.5，76.5，85.0，89.1，92.7，98.0（以2006年1月1日为100）。该宗房地产2008年10月1日的价格为2 305.88元。（　）

8．某宗可比实例房地产2006年1月30日的价格为500美元/m²，该类房地产以美元为基准的价格变动平均每月比上月下降0.7%，假设人民币与美元的市场汇率在2006年1月30日为1美元=7.98元人民币，2006年9月30日为1美元=7.95元人民币，则将该可比实例价格调整为2006年9月30日的价格约为3 758元人民币/m²。（　）

9．现判定某可比实例的房地产状况比估价对象差2%，则可比实例的房地产状况调整系数为$\frac{100}{102}$。（　）

10．市场比较法中的房地产状况调整可以分为区位状况调整、交易情况调整和权益状况调整。（　）

### 四、计算题

1．在某宗房地产估价中，三个可比实例房地产对应的比准单价分别是6 800元/m²，6 700元/m²和6 300元/m²，根据可比性综合评估得到的三个可比实例对应的比准单价的权重分别是0.3、0.5和0.2。如果分别采用加权算术平均法和中位数法测算最终的比准单价，则前者与后者的差值是多少？

2．在估价中选取四个可比实例，甲成交价格4 800元/m²，建筑面积100m²，首次支付24万元，其余在半年后支付16万元，一年后支付8万元；乙成交价格5 000元/m²，建筑面积120m²，首次支付24万元，半年后付清余款36万元；丙成交价格4 700元/m²，建筑面积90m²，成交时一次付清；丁成交价格4 760元/m²，建筑面积110m²，成交时支付20万元，一年后付清余款32.36万元。已知折现率为10%，对这四个可比实例的实际单价由高到低进行排序。

3．为评估某写字楼2007年10月1日的正常市场价格，在该写字楼附近调查选取了A、B、C三宗类似写字楼的交易实例作为可比实例，有关资料见表5-12。

表5-12　A、B、C可比实例资料

| 项　目 | 可比实例A | 可比实例B | 可比实例C |
|---|---|---|---|
| 成交价格/（元/m²） | 6 000 | 5 800 | 6 120 |
| 成交日期 | 2007年4月1日 | 2007年2月1日 | 2007年5月1日 |
| 交易情况 | 3% | −1% | 2% |

表5-12中交易情况的分析判断是以正常价格为基准的，正值表示可比实例成交价格高于其正常市场价格的幅度，负值表示成交价格低于其正常市场价格的幅度。

经调查获知，该类写字楼的价格在2006年11月1日～2007年6月1日期间平均每月比上月上涨1.2%，2007年6月1日～2007年10月1日期间平均价格每月比上月上涨1.8%。

房地产状况的比较判断结果见表5-13。

表5-13　A、B、C可比实例房地产状况比较

| 房地产状况 | 可比实例A | 可比实例B | 可比实例C |
|---|---|---|---|
| 因素1 | 2% | 4% | 0 |
| 因素2 | −3% | −1% | 5% |
| 因素3 | 6% | 2% | −3% |

三个因素对价格的重要程度是：因素1是因素3的4倍，因素2是因素3的1.67倍。房地产状况各因素的正（负）值表示可比实例的状况优（劣）于估价对象状况的幅度。

试利用上述资料测算该写字楼在2007年10月1日的正常市场价格。

4．为评估某商品住宅在2006年11月1日的正常价格，在该住宅附近调查选取了A、B、C三宗已成交的类似商品住宅作为可比实例，有关资料见表5-14。

表5-14　A、B、C可比实例的有关资料

| 项　目 | 可比实例A | 可比实例B | 可比实例C |
|---|---|---|---|
| 成交价格 | 5 000元人民币/m² | 560美元/m² | 530美元/m² |
| 成交日期 | 2005年8月1日 | 2006年1月1日 | 2006年5月1日 |
| 交易情况 | −1% | 0 | 2% |
| 区域因素 | 2% | 3% | 0 |
| 个别因素 | 0 | 1% | −2% |

表 5-14 交易情况中，负值表示低于正常价格的幅度，正值表示高于正常价格的幅度。区域因素、个别因素中，以估价对象的区域因素和个别因素为基准，负值表示劣于估价对象的因素对价格影响的幅度，正值表示优于估价对象的因素对价格影响的幅度。另知 2005 年 8 月 1 日人民币与美元的市场汇价为 1 美元=8.5 元人民币，2006 年 11 月 1 日人民币与美元的市场汇价为 1 美元=8.3 元人民币；2005 年 7 月 1 日～2006 年 11 月 1 日期间，该类商品住宅以美元为基准的价格平均每月比上月下降 1%。试利用上述资料评估该商品住宅在 2006 年 11 月 1 日以人民币表示的正常单价（如需计算平均值，请采用简单算术平均法）。

5．为评估某房地产价格，选取 A、B、C 三宗可比实例，有关资料见表 5-15。

表5-15　A、B、C可比实例资料

| 项目 | | 可比实例 A | 可比实例 B | 可比实例 C |
| --- | --- | --- | --- | --- |
| 成交价格/（元/m²） | | 3 800 | 4 100 | 3 950 |
| 成交日期 | | 2010 年 10 月 1 日 | 2011 年 5 月 1 日 | 2011 年 6 月 1 日 |
| 交易情况 | | −2% | 1.5% | 0 |
| 房地产状况 | 区位状况 | 3% | 0 | −1% |
| | 权益状况 | 0 | 2% | −1% |
| | 实物状况 | −1% | 0 | 2% |

表 5-15 中各百分数均是以估价对象为标准的，正数表示比估价对象好，负数表示比估价对象劣。2010 年 6 月 1 日～2011 年 3 月 1 日，该类房地产市场价格每月平均比上月价格上涨 1.5%。以 2011 年 3 月 1 日为基准，以后每月递减 1%。试利用上述资料评估该房地产 2011 年 10 月 1 日的正常价格。

# 第6章 收 益 法

**学习要点：**

1. 了解收益法的含义及理论依据。
2. 熟悉收益法适用的估价对象及条件。
3. 掌握报酬资本化法的各类公式。
4. 掌握净收益的求取。
5. 熟悉报酬率的求取。
6. 了解直接资本化法。

## 6.1 收益法的基本原理

### 6.1.1 收益法的含义

收益法（income approach，income capitalization approach），也称收益资本化法、收益还原法，是指为了预测估价对象的未来正常收益，选择适当的报酬率或资本化率、收益乘数并将其折现到估价时点后累加，以此估算估价对象的客观合理价格或价值的方法。它是房地产估价中重要的评估方法之一，与市场比较法、成本法一起被誉为现代房地产估价的三大基本方法，而且它以其充分的理论依据被国外许多房地产估价专家尊崇为房地产估价法中的"皇后"。

收益法的本质是以房地产的预期收益能力为导向来求取估价对象价值的。通常把用收益法估算出的价值称为收益价格。如果在未来的净收益和报酬率这两个环节上没有异议，那么收益法是最理想的房地产估价方法。

收益法中常用的两种具体方法有直接资本化法和报酬资本化法。

**1. 直接资本化法**

直接资本化法（direct capitalization）是将估价对象未来预期的具有代表性的相对稳定的收益，以适当的资本化率转换为估价对象价值的一种计算方法。通常直接以单一年度的预测收益（通常为未来第一年）为基础进行价值估算，即通过将预测收益与一个适当的比率相除或者将预测收益与一个合适的乘数相乘获得。其中,将未来某一年的某种收益乘以适当的收益乘数来求取估价对象价值的方法,称为收益乘数法。

**2. 报酬资本化法**

报酬资本化法(yield capitalization)是一种现金流量折现的方法(discounted cash flow),即估价对象的价值等于其未来各期净收益的现值之和。具体地说,就是指先预测估价对象未来各期的净收益,然后利用适当的报酬率将其折现到估价时点的价格,再相加来求取估价对象价值的方法。

报酬资本化法是土地估价、房地产估价中常用的方法之一,具有一定的权威性。如果估价对象具备收益性质,则报酬资本化法是首选的估价方法。此方法在用于土地估价时,把购买土地作为一种投资,把地价款作为获得未来若干年土地收益而投入的资本。即

$$地价 = \frac{地租}{利息率}$$

## 6.1.2 收益法的理论依据

收益法作为一种国际公认的估价方法,其有着深厚的理论依据。它是以预期原理为基础的,即决定房地产当前价值的、最重要的是未来的因素,而非过去的因素。具体地说,房地产当前的价值,通常不是基于其历史价格、已经投入的开发建设成本及过去的房地产市场状况,而是基于房地产市场参与者对房地产未来所能带来的收益或者能够获得的满足、乐趣等的预期。历史资料的作用主要是利用它们推知未来的发展方向和变化趋势,解释预期的合理性。从理论上讲,一宗房地产过去的收益虽然与其当期的价值无关,但其过去的收益往往是未来收益的一个很好的参考值,除非外部条件发生异常变化使得过去的趋势不能继续发展下去。

如果将购买收益性房地产视为一种投资,那么投资者购买收益性房地产的目的,不是购买房地产本身,而是购买房地产未来所能给其带来的收益,即以现在的一笔资金去换取未来的一系列资金。对于投资者来说,将资金用于购买房地产来获取收益,与将这笔资金存入银行来获取利息所起的作用是相同的。于是,一宗房地产的价格就相当于这样一笔资金,如果将该笔资金存入银行也会带来与该宗房地产所产生的收益相等的收入。具体一点讲,如果

$$房地产的净收益 = 某笔资金 \times 利率$$

那么,这笔资金就是该宗房地产的价格。即

$$房地产价格 = \frac{房地产的净收益}{利率}$$

比方说,某人拥有一宗房地产,该宗房地产每年可以产生 20 万元的净收益;

另外还有 400 万元资金，如果将资金以 5%的年利率存入银行，则每年可获得 20 万元的利息。对于此人来说，这宗房地产与 400 万元的资金等价，也就是房地产的价值为 400 万元。

如果上述想法是合理的，实际上已经对问题进行了三个重要的简化：第一，假设今后各期的净收益每年不变；第二，假设今后各期的资本化率都是固定不变的；第三，一宗房地产可以永远使用下去，即收益期限为无限年。但在现实中，这三点几乎都是做不到的。

事实上，对于收益性房地产来说，其未来每年所产生的净收益并不一定是每年都不变的，特别是对于一些以经营为目的的收益性房地产，因为营业初期与中、后期的营业额不可能完全相同，营业初期相关费用的投入比较大；而且收益法中的报酬率和银行存款的利率也不可能完全相同，即便相同也仅仅是个特例而已；再有，任何一宗房地产的收益期限都不可能是无限期的。所以上述想法只是一种简明、方便理解的表达，严格地说，还是不确切的。

收益法是建立在资金具有时间价值（time value of money）的观念上的。货币随着时间的推移而发生的增值，是资金周转使用后的增值额。有了资金的时间价值观念之后，收益性房地产的价值就是其未来净收益的现值之和，该价值的大小主要取决于以下三个因素：①未来净收益的大小——未来净收益越大，房地产的价值就越高，反之则越低；②获得净收益期限的长短——获得净收益的期限越长，房地产的价值就越高，反之就越低；③获得净收益的可靠性——获得的净收益越可靠，房地产的价值就越高，反之就越低。

### 6.1.3 收益法适用的估价对象及条件

#### 1. 收益法适用的估价对象

收益法主要适用于有收益或者有潜在收益的房地产，例如住宅（特别是公寓）、写字楼、旅馆、商店、餐馆、游乐场、影剧院、停车场、汽车加油站、标准厂房（用于出租的）、仓库（用于出租的）、农地等，但并不限于估价对象本身现在是否正在产生收益，只要它所属的这类房地产有收益的潜力就可以采用收益法估价。收益法关注房地产的未来收益超过其历史投入的成本。显而易见，对纯粹是消费性的或无明显市场经营收益的房地产，例如机关、学校、公园或者对那些以自用、自住为目的的居住房地产估价，大多不适宜采用收益法。

#### 2. 收益法适用的条件

收益法是指通过预测估价对象未来预期收益的现值来判断估价对象价值的各种评估方法的总称。它服从资产评估中用利求本的思路，即采用资本化或折现的途径及方法来判断和估算资产价值。它涉及三个基本要素：一是被评估资产的预期收益；二是所选取的折现率或资本化率；三是被评估资产取得预期收益的持续时间。因此，能否清晰地把握上述三要素，就成为能否运用收益法的基本前提。从这个意义上讲，应用收益法必须具备的前提条件是：

1）估价对象的未来预期收益可以预测并可以用货币衡量。
2）估价对象拥有者获得预期收益所承担的风险可以预测并可以用货币衡量。
3）估价对象预期获取收益的年限可以预测。

对未来的预测通常是基于过去的经验和对现实的认识作出的，必须以广泛、深入的市场调查和分析为基础，错误和非理性的预测就会得出错误的估价结果。

### 6.1.4 收益法的估价步骤

运用收益法估价一般包括以下九个步骤：

1）收集相关资料。
2）确定估价对象未来的收益期限。
3）测算年潜在毛收入。
4）确定年总费用。
5）计算年净收益。
6）确定报酬率。
7）选用适当的计算公式。
8）测算收益价格。
9）确定估价对象价格。

具体做法如下：

**1．收集相关资料**

收集的资料包括：估价对象和与估价对象特征相同或相似的房地产，在用于出租或经营时的年平均总收益与总费用资料等。出租性估价对象应收集三年以上的租赁资料；营业性估价对象应收集五年以上的营运资料；自营性估价对象应收集过去五年中原材料、人工及产品的市场价格资料。所收集的资料应是持续、稳定的，能反映估价对象的长期收益趋势。

**2．确定估价对象未来的收益期限**

收益期限是预期未来可以从估价对象那里获取收益的时间，其起点是估价时点，终点是未来不能获取收益的时点。具体应根据建筑物经济寿命、建设用地使用权剩余期限等来确定。

**3．测算年潜在毛收入**

潜在毛收入是指估价对象房地产在充分利用、没有空置的情况下所能获得的归因于房地产的总收入。写字楼等出租型房地产的潜在毛收入，一般是潜在毛租金收入再加上其他收入。潜在毛租金收入是全部可出租面积与最可能的租金水平的乘积。其他收入是租赁保证金或押金的利息等。总收益的收益期限超过或不足一年的，也要统一折算为年估价对象总收益。

4．确定年总费用

年总费用是指利用估价对象进行经营活动时正常、合理和必要的年支出。在确定估价对象年总费用时，要根据估价对象的利用方式进行具体分析。总费用的支出期限超过或不足一年的，要统一折算为年总费用。

5．计算年净收益

年净收益按年总收益扣除年总费用计算。估价对象净收益是在总收益中扣除总费用和非估价对象因素所产生的净收益后的剩余额。

6．确定报酬率

报酬率应按下列方法确定：

（1）市场比较法　采用此方法时，应选择三宗以上近期发生交易的且在交易类型上与估价对象相似的交易实例，交易实例的净收益与其价格的比率均值作为报酬率。

（2）安全利率加风险调整值法　此方法的计算公式为：报酬率=安全利率+风险调整值。安全利率可选用同一时期的一年期国债年利率或银行一年期定期存款年利率；风险调整值应根据估价对象所处地区的社会经济发展和房地产市场等状况对其影响程度而确定。

（3）投资报酬率排序插入法　此方法是指把社会上各种相关类型的投资，按它们的收益率与风险大小排序，然后分析并判断估价对象所对应的范围，从而确定报酬率的方法。

（4）投资组合收益率法

7．选用适当计算公式

根据未来估价对象收益的变化情况，选择适当的计算公式。具体内容将在下节介绍。

8．测算收益价格

在确定了估价对象净收益和报酬率后，可根据已选择的公式计算估价对象的收益价格。

9．确定估价对象价格

根据测算结果，结合房地产估价师的估价经验，确定估价对象的最终价格。

## 6.2　收益法的计算公式

收益法实质上是指将预期收益折现为现在价值的若干具体方法的集合。收益法中的具体方法可以分为若干类：①针对估价对象未来预期收益有无期限限制的情况划分，收益法可分为有限期和无限期的估价方法；②针对估价对象预期收益额的特点划分，收益法又可分为等额收益估价方法和非等额收益估价方法。为了便于学习收益法中的具体方法，先对这些具体方法中所用的字符含义作统一的定义：

$V$——房地产在估价时点时的收益价格，通常称为现值。

$V_n$——未来第 $n$ 年的预期现值。

$A$——房地产未来的年净收益。

$A_i$——未来第 $i$ 年的净收益。

$Y$——房地产的报酬率。

$Y_i$——未来第 $i$ 年的报酬率。

$n$——房地产的收益期限，具体是从估价时点开始计算的未来可以获取净收益的时间，通常称为收益年限。

$i$——年序号。

$t$——收益年期。

### 6.2.1 报酬资本化法最一般的公式

报酬资本化法最一般的公式为

$$V = \frac{A_1}{1+Y_1} + \frac{A_2}{(1+Y_1)(1+Y_2)} + \cdots + \frac{A_n}{(1+Y_1)(1+Y_2)\cdots(1+Y_n)}$$

$$= \sum_{i=1}^{n} \frac{A_i}{\prod_{j=1}^{i}(1+Y_j)}$$

对上述公式作补充说明如下：

1）上述公式实际上是收益法基本原理的公式化，是收益法的原理公式，主要应用于理论分析。

2）在实际估价中，一般假设报酬率长期维持不变，即 $Y_1=Y_2=Y_3=\cdots=Y_n=Y$，则上述公式可简化为：

$$V = \frac{A_1}{1+Y} + \frac{A_2}{(1+Y)^2} + \frac{A_3}{(1+Y)^3} + \cdots + \frac{A_n}{(1+Y)^n}$$

3）当上述公式中的 $A$ 每年不变或按一定规则变动，$n$ 为有限年或无限年的情况下，可以导出后续的各种公式。所以，后续各种公式实际上都是上述公式的特例。

4）报酬资本化法公式均假设净收益相对于估价时点发生在期末。实际估价中如果净收益发生的时间相对于估价时点不是在期末，例如在期初或期中，则应对净收益或者对公式作相应调整。例如，净收益发生在年初时为 $A_{初}$，则将其转换为发生在年末的公式为

$$A_{末} = A_{初}(1+Y)$$

5）公式中 $A$、$Y$、$n$ 的时间单位是一致的，通常为年，但也可以是月、季等。

例如，房租通常按月收取，基于月房租求取的是月净收益。在实际计算中，如果 $A$、$Y$、$n$ 的时间单位不一致，例如 $A$ 的时间单位为月，而 $Y$ 的时间单位为年，则应对净收益、报酬率或者对公式作相应调整。

### 6.2.2 净收益每年不变的公式

净收益每年不变的公式为

$$V=\frac{A}{1+Y}+\frac{A}{(1+Y)^2}+\cdots+\frac{A}{(1+Y)^n}$$

1）当收益期限为有限年时，利用等比数列求和公式得出 $V=\frac{A}{Y}\left[1-\frac{1}{(1+Y)^n}\right]$。

2）当收益期限为无限年时，即 $n\to\infty$，则 $V=\frac{A}{Y}$。

上述公式的假设前提为：①净收益每年不变；②报酬率每年不变且大于零。

【例 6-1】某宗房地产土地使用年限为 50 年，至今已使用了 5 年，预计利用该宗房地产正常情况下每年可获得净收益 10 万元；该宗房地产的报酬率为 9%。则该宗房地产的收益价格为多少？

【解】

$$V=\frac{A}{Y}\left[1-\frac{1}{(1+Y)^n}\right]$$

$$=\frac{10\text{万元}}{9\%}\left[1-\frac{1}{(1+9\%)^{45}}\right]=108.81\text{ 万元}$$

【例 6-2】某宗房地产未来每年的净收益为 10 万元，收益年限设为无限年，报酬率为 10%，则该宗房地产的收益价格为多少？

【解】

$$V=\frac{A}{Y}$$

$$=\frac{10\text{万元}}{10\%}=100\text{ 万元}$$

净收益每年不变的公式除了可以用于计算收益价格外，还有许多其他的作用。例如：①用于不同使用年限（如不同土地使用年限）或不同收益年限（以下简称不同年限）价格之间的换算；②用于比较不同年限价格的高低；③用于市场比较法中因年限不同进行的价格调整等。

### 6.2.3 净收益在前面若干年有变化的公式

净收益在前面若干年有变化的公式为

$$V = \frac{A_1}{1+Y} + \frac{A_2}{(1+Y)^2} + \cdots + \frac{A_t}{(1+Y)^t} + \frac{A}{(1+Y)^{t+1}} + \frac{A}{(1+Y)^{t+2}} + \cdots + \frac{A}{(1+Y)^n}$$

1）当收益期限为有限年时，$V = \sum_{i=1}^{t} \frac{A_i}{(1+Y)^i} + \frac{A}{Y(1+Y)^t} \left[1 - \frac{1}{(1+Y)^{n-t}}\right]$。

2）当收益期限为无限年时，即 $n \to \infty$，$V = \sum_{i=1}^{t} \frac{A_i}{(1+Y)^i} + \frac{A}{Y(1+Y)^t}$。

上述公式的假设前提为：①净收益在未来的前 $t$ 年（包括第 $t$ 年）有变化，自第 $t$ 年以后每年不变；②报酬率每年不变且大于零。

【例6-3】某估价对象已知可取得收益的年限为38年，通过预测得到其未来5年的净收益分别为20万元、22万元、25万元、28万元、30万元，从未来的第6年到最后一年，每年的净收益将稳定在35万元左右，该类房地产的报酬率为10%。试计算该估价对象的收益价格。

【解】

$$V = \sum_{i=1}^{t} \frac{A_i}{(1+Y)^i} + \frac{A}{Y(1+Y)^t} \left[1 - \frac{1}{(1+Y)^{n-t}}\right]$$

$$= \frac{20万元}{1+10\%} + \frac{22万元}{(1+10\%)^2} + \frac{25万元}{(1+10\%)^3} + \frac{28万元}{(1+10\%)^4} + \frac{30万元}{(1+10\%)^5} +$$

$$\frac{35万元}{10\%(1+10\%)^5} \left[1 - \frac{1}{(1+10\%)^{38-5}}\right]$$

$$= 300.86 \text{ 万元}$$

【例6-4】某宗房地产，经预测得知其在未来五年的净收益分别为15万元、20万元、25万元、30万元、32万元，从第六年到未来无限年，每年的净收益稳定在35万元左右，该类房地产的报酬率为8%。求该宗房地产的收益价格为多少？

【解】

$$V = \sum_{i=1}^{t} \frac{A_i}{(1+Y)^i} + \frac{A}{Y(1+Y)^t}$$

$$= \frac{15万元}{1+8\%} + \frac{20万元}{(1+8\%)^2} + \frac{25万元}{(1+8\%)^3} + \frac{30万元}{(1+8\%)^4} + \frac{32万元}{(1+8\%)^5} + \frac{35万元}{8\%(1+8\%)^5}$$

$$= 392.47 \text{ 万元}$$

### 6.2.4 净收益按一定数额递增的公式

净收益按一定数额递增的公式为

$$V = \frac{A}{1+Y} + \frac{A+b}{(1+Y)^2} + \frac{A+2b}{(1+Y)^3} + \cdots + \frac{A+(n-1)b}{(1+Y)^n}$$

1) 当收益期限为有限年时，$V=\left(\dfrac{A}{Y}+\dfrac{b}{Y^2}\right)\left[1-\dfrac{1}{(1+Y)^n}\right]-\dfrac{b}{Y}\times\dfrac{n}{(1+Y)^n}$。

2) 当收益期限为无限年时，即 $n\rightarrow\infty$，$V=\dfrac{A}{Y}+\dfrac{b}{Y^2}$。

上述公式的假设前提为：①净收益在未来第 1 年为 $A$，在未来第 2 年为 $A+b$，在未来第 3 年为 $A+2b$，按此规律，未来第 $n$ 年为 $A+(n-1)b$；②报酬率每年不变且大于零。

【例 6-5】假设有某宗土地，土地使用权的年限为 40 年，通过预测，得知该土地在未来第 1 年的净收益为 16 万元，此后每年递增 0.4 万元，如果该土地的报酬率为 8%，则该土地的收益价格为多少？

【解】

$$V=\left(\dfrac{A}{Y}+\dfrac{b}{Y^2}\right)\left[1-\dfrac{1}{(1+Y)^n}\right]-\dfrac{b}{Y}\times\dfrac{n}{(1+Y)^n}$$

$$=\left\{\left(\dfrac{16}{8\%}+\dfrac{0.4}{(8\%)^2}\right)\times\left[1-\dfrac{1}{(1+8\%)^{40}}\right]-\dfrac{0.4}{8\%}\times\dfrac{40}{(1+8\%)^{40}}\right\}万元$$

$$=214.21\ 万元$$

而当该土地递增净收益的年限变为无限期时，则该土地的收益价格变为

$$V=\dfrac{A}{Y}+\dfrac{b}{Y^2}$$

$$=\dfrac{16万元}{8\%}+\dfrac{0.4万元}{(8\%)^2}=262.5\ 万元$$

## 6.2.5 净收益按一定数额递减的公式

净收益按一定数额递减的公式为

$$V=\dfrac{A}{1+Y}+\dfrac{A-b}{(1+Y)^2}+\dfrac{A-2b}{(1+Y)^3}+\cdots+\dfrac{A-(n-1)b}{(1+Y)^n}$$

净收益按一定数额递减的公式只有收益期限为有限年一种。

$$V=\left(\dfrac{A}{Y}-\dfrac{b}{Y^2}\right)\left[1-\dfrac{1}{(1+Y)^n}\right]+\dfrac{b}{Y}\times\dfrac{n}{(1+Y)^n}$$

上述公式的假设前提为：①净收益在未来第 1 年为 $A$，在未来第 2 年为 $A-b$，未来第 3 年为 $A-2b$，按此规律，在未来第 $n$ 年为 $A-(n-1)b$。②报酬率每年不变且大于零；③收益期限为有限年 $n$，且 $n\leqslant\dfrac{A}{b}+1$。

当 $n>\dfrac{A}{b}+1$ 年时，第 $n$ 年的净收益小于 0，此后每年的净收益均为负数，任

何一个理智的人在 $\frac{A}{b}+1$ 年后都不会再继续经营下去了。所以在净收益按一定数额递减的时候只存在收益期限为有限年的一种公式。

【例6-6】预计某宗房地产未来第一年的净收益为50万元，此后每年的净收益会在上一年的基础上减少4万元。请计算该宗房地产的合理经营期限及合理经营期限结束前后整数年份假定经营情况下的净收益。如果报酬率为10%，请计算该宗房地产的收益价格。

【解】
1）该宗房地产的合理经营期限 $n$ 计算如下：

令
$$A-(n-1)b=0$$

有
$$50-(n-1)\times 4=0$$

则
$$n=50\div 4+1=13.5\text{ 年}$$

2）该宗房地产第13年的净收益为
$$A-(n-1)b=[50-(13-1)\times 4]\text{万元}=2\text{万元}$$

3）该宗房地产第14年的净收益为
$$A-(n-1)b=[50-(14-1)\times 4]\text{万元}=-2\text{万元}$$

4）该宗房地产收益价格计算为
$$V=\left(\frac{A}{Y}-\frac{b}{Y^2}\right)\left[1-\frac{1}{(1+Y)^n}\right]+\frac{b}{Y}\times\frac{n}{(1+Y)^n}$$
$$=\left\{\left[\frac{50}{10\%}-\frac{4}{(10\%)^2}\right]\times\left[1-\frac{1}{(1+10\%)^{13.5}}\right]+\frac{4}{10\%}\times\frac{13.5}{(1+10\%)^{13.5}}\right\}\text{万元}$$
$$=221.52\text{ 万元}$$

净收益按一定数额递减时，在测算净收益年限时，年限可以是非整数，不用取整数。根据公式 $n\leq\frac{A}{b}+1$，如计算结果 $n\leq 11.4$ 年，那么收益年限就应为11.4年。

## 6.2.6 净收益按一定比率递增的公式

净收益按一定比率递增的公式为
$$V=\frac{A}{1+Y}+\frac{A(1+s)}{(1+Y)^2}+\frac{A(1+s)^2}{(1+Y)^3}+\cdots+\frac{A(1+s)^{n-1}}{(1+Y)^n}$$

1）当收益期限为有限年时，$V=\frac{A}{Y-s}\left[1-\left(\frac{1+s}{1+Y}\right)^n\right]$。

此公式的假设前提为：①净收益在未来第 1 年为 $A$，在未来第 2 年为 $A(1+s)$，在未来第 3 年为 $A(1+s)^2$，按此规律，在未来第 $n$ 年为 $A(1+s)^{n-1}$；②净收益每年递增的比率 $s$ 不等于报酬率 $Y$（当 $s=Y$ 时，$V=A\times\dfrac{n}{1+Y}$）；③$n$ 为有限年。

2）当收益期限为无限年时，即 $n\to\infty$，$V=\dfrac{A}{Y-s}$。

此公式的假设前提为：①净收益在未来第 1 年为 $A$，在未来第 2 年为 $A(1+s)$，未来第 3 年为 $A(1+s)^2$，按此规律，在未来第 $n$ 年为 $A(1+s)^{n-1}$；（2）净收益每年递增的比率 $s$ 小于报酬率 $Y$。（3）$n$ 为无限年。

【例 6-7】设有某宗使用年限为 40 年的土地，通过预测，得知该土地在未来第 1 年的净收益为 16 万元，此后每年的净收益在上一年的基础上增长 2%，该土地的报酬率为 8%，则该土地的收益价格为多少？

【解】
$$V=\dfrac{A}{Y-s}\left[1-\left(\dfrac{1+s}{1+Y}\right)^n\right]$$

$$=\dfrac{16}{8\%-2\%}\text{万元}\times\left[1-\left(\dfrac{1+2\%}{1+8\%}\right)^{40}\right]$$

$$=239.56 \text{ 万元}$$

若此题改为 $s=8\%$，则应用 $V=A\times\dfrac{n}{1+Y}$

可得

$$V=592.59 \text{ 万元}$$

而当该土地的收益期限为无限年时，收益价格则变为

$$V=\dfrac{A}{Y-s}$$

$$=\dfrac{16}{8\%-2\%}\text{万元}=266.7 \text{ 万元}$$

### 6.2.7 净收益按一定比率递减的公式

净收益按一定比率递减的公式为

$$V=\dfrac{A}{1+Y}+\dfrac{A(1-s)}{(1+Y)^2}+\dfrac{A(1-s)^2}{(1+Y)^3}+\cdots+\dfrac{A(1-s)^{n-1}}{(1+Y)^n}$$

此公式的假设前提为：净收益在未来第 1 年为 $A$，在未来第 2 年为 $A(1-s)$，在未来第 3 年为 $A(1-s)^2$，依此类推，在未来第 $n$ 年为 $A(1-s)^{n-1}$。

1）当收益期限为有限年时，$V = \dfrac{A}{Y+s}\left[1-\left(\dfrac{1-s}{1+Y}\right)^n\right]$。

此公式的假设前提为：①净收益未来第 1 年为 $A$，此后按比率 $s$ 逐年递减；②报酬率为 $Y$，且 $Y\neq 0$；③收益期限为有限年 $n$。

2）当收益期限为无限年时，即 $n\to\infty$，$V = \dfrac{A}{Y+s}$。

此公式的假设前提为：①净收益未来第 1 年为 $A$，此后按比率 $s$ 逐年递减；②报酬率为 $Y$，$Y>0$；③收益期限为无限年。

【例 6-8】设有某宗使用年限为无限年的土地，通过预测，得知该土地在未来第一年的净收益为 16 万元，此后每年的净收益在上一年的基础上递减 2%，该土地的报酬率为 8%，则该土地收益价格是多少？

【解】

$$V = \dfrac{A}{Y+s}$$

$$= \dfrac{16}{8\%+2\%}万元 = 160万元$$

## 6.2.8 预知未来若干年后的价格的公式

预知未来若干年后的价格的公式为

$$V = \dfrac{A_1}{1+Y} + \dfrac{A_2}{(1+Y)^2} + \cdots + \dfrac{A_t}{(1+Y)^t} + \dfrac{V_t}{(1+Y)^t}$$

式中　$V_t$——房地产在未来第 $t$ 年年末的价格（或第 $t$ 年年末的市场价值，或第 $t$ 年年末的残值；如果购买房地产的目的是为了持有一段时间后转售，则为预测的第 $t$ 年年末转售时的价格减去销售税费后的净值,简称期末转售收益。期末转售收益是在持有期末转售房地产时可以获得的净收益）；

　　　$t$——持有房地产的期限，简称持有期。

此公式的假设前提为：①已知房地产未来 $t$ 年期间的净收益为 $A_1$，$A_2$，…，$A_t$；②已知房地产在未来第 $t$ 年年末的价格为 $V_t$；③期间报酬率和期末报酬率相同，均为 $Y$。

为便于理解，以净收益在前若干年有变化的现金流量图来表示，如图 6-1 所示。

根据求和公式整理后的公式为

$$V = \sum_{i=1}^{t} \frac{A_i}{(1+Y)^i} + \frac{V_t}{(1+Y)^t}$$

该公式可以根据净收益的变化规律进行整理，派生出不同类型的公式。

1) 当净收益每年不变且为 $A$ 时，则变为

$$V = \frac{A}{Y}\left[1 - \frac{1}{(1+Y)^t}\right] + \frac{V_t}{(1+Y)^t}$$

2) 当净收益按一定的数额 $b$ 递增，则变为

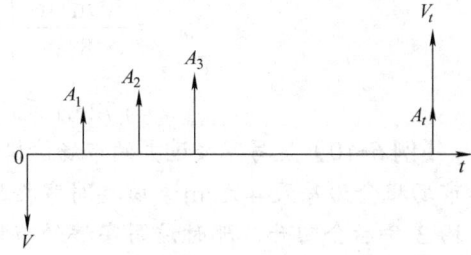

图 6-1 净收益在前若干年有变化的现金流量图

$$V = \left(\frac{A}{Y} + \frac{b}{Y^2}\right)\left[1 - \frac{1}{(1+Y)^t}\right] - \frac{b}{Y} \times \frac{t}{(1+Y)^t} + \frac{V_t}{(1+Y)^t}$$

3) 当净收益按一定的比率 $s$ 递增时，则变为

$$V = \frac{A}{Y-s}\left[1 - \left(\frac{1+s}{1+Y}\right)^t\right] + \frac{V_t}{(1+Y)^t}$$

预知未来若干年后价值的公式主要适用于两种情况：一种情况是房地产目前的价格难以确定，但根据发展前景较容易预测其未来的价格，或者未来价格相对于当前价格的变化率容易获得，特别是在某地区将会出现较大改观或房地产市场行情预期有较大变化的情况；第二种情况是对于收益期限较长的房地产，有时不是按照其收益期限来估价，而是预先确定一个合理的持有期，然后预测持有期间的净收益和持有期末的价值，再将它们折算为现值。实际上，收益性房地产是一种投资品，其典型的收益包括两部分：一是在持有期间每单位时间（如每月、每年）所获得的租赁收益或经营收益；二是在持有期末转售房地产时所获得的收益。因此，预知未来若干年后价格的公式成了评估收益性房地产价值的常用公式。下面举几个例子以方便大家更好地理解。

【例 6-9】某待估土地近期的价格水平为 1 000 元/m²，土地年净收益为 50 元/m²，报酬率为 8%，现获知该地区将兴建一座大型现代化海港，该海港将在 10 年后建成并投入使用，到时该地区将达到该城市现有海港地区的繁化程度。在该市现有的海港地区中，该类土地价格为 3 000 元/m²，据此预测第 11 年新港建成投入使用时，该类土地价格水平将达到 3 000 元/m²，试求获知兴建新港后该待估土地的价格。

【解】

$$V = \frac{A}{Y}\left[1 - \frac{1}{(1+Y)^t}\right] + \frac{V_t}{(1+Y)^t}$$

$$=\frac{50元/m^2}{8\%}\left[1-\frac{1}{(1+8\%)^{10}}\right]+\frac{3\,000元/m^2}{(1+8\%)^{10}}$$

$$=1\,725.1\,元/m^2$$

**【例 6-10】** 某写字楼过去的市场价格为 22 000 元/m²,目前房地产市场不景气,其市场租金为每天 4 元/m²。该类写字楼的净收益为市场租金的 70%。预测房地产市场 3 年后会回升,那时该写字楼的市场价格将达 25 000 元/m²,转让该写字楼的税费为市场价格的 6%。如果投资者要求该类投资的报酬率为 10%,请求取该写字楼目前的价值(假设该宗房地产未来 3 年获取净收益的风险与 3 年后获得期末转售收益的风险相同)。

**【解】** 该写字楼目前的价值为

$$V=\frac{A}{Y}\left[1-\frac{1}{(1+Y)^t}\right]+\frac{V_t}{(1+Y)^t}$$

$$=\left\{\frac{4\times365\times70\%}{10\%}\left[1-\frac{1}{(1+10\%)^3}\right]+\frac{25\,000(1-6\%)}{(1+10\%)^3}\right\}元/m^2$$

$$=20\,197.46\,元/m^2$$

**【例 6-11】** 某出租的旧办公楼的租约尚有 2 年到期,在这 2 年的租期中,每年可收取净租金 80 万元(没有费用支出),到期后要拆除作为商业用地。预计作为商业用地的价值为 1 400 万元,需补交的土地使用权出让金等费用为 300 万元,建筑物残值为 0,拆除费用为 50 万元,该类房地产的报酬率为 10%。请求取该旧办公楼的价值(假设该宗房地产未来两年获取净收益的风险与两年后拆除作为商业用地获利的风险相同)。

**【解】** 该旧办公楼的价值为

$$V=\frac{A}{Y}\left[1-\frac{1}{(1+Y)^t}\right]+\frac{V_t}{(1+Y)^t}$$

$$=\frac{80万元}{10\%}\left[1-\frac{1}{(1+10)^2}\right]+\frac{1\,400万元-300万元+0万元-50万元}{(1+10\%)^2}$$

$$=1\,006.61\,万元$$

## 6.3 净收益、收益年限及报酬率的确定

我们在上节中已经介绍过,收益法估价一般有九个步骤。其中,测算年总收益和确定年总费用,是为估算年净收益作准备,所以可以合并到净收益的求取中

去。本节主要介绍净收益的求取、收益年限的确定及报酬率的确定。

### 6.3.1 净收益的确定

**1. 净收益的含义**

房地产的净收益是指以收益为目的的房地产所产生的潜在毛收入在扣除生产成本、各项费用及利息、利润和保险等后的余额。换句话说，就是由有效毛收入扣除运营费用之后得到的归属于房地产的收益，通常以年度计，并且假设在年末发生。

为了便于理解净收益的求取，一般将收益法中可以转换为价值的未来收益分为潜在毛收入、有效毛收入、净收益、运营费用、税前现金流、税后现金流等。

潜在毛收入（potential gross income，PGI）是指房地产在充分利用、没有空置状态下可以获得的归因于房地产的总收入。写字楼等出租型房地产的潜在毛收入，一般是指潜在毛租金收入加上其他收入。潜在毛租金收入等于全部可出租面积与最可能的租金水平的乘积。其他收入是租赁保证金或押金的利息收入，以及写字楼中设置的自动售货机、投币电话等获得的收入。

有效毛收入（effective gross income，EGI）是指从潜在毛收入中扣除空置和收租损失以后得到的归因于房地产的收入。

需要特别注意的是：空置的面积没有收入。收租损失是指租出的面积因拖欠租金，包括延迟支付租金、少付租金或者不付租金所造成的收入损失。空置和收租损失通常是按照潜在毛收入的一定比例来估算的。

净收益（net operating income，NOI）是从有效毛收入中扣除运营费用以后得到的归因于房地产的收入。

运营费用（operating expense）是指维持房地产正常使用或营业的必要费用，包括房地产税、保险费、人员工资及办公费用、保持房地产正常运转的成本（建筑物及相关场地的维护、维修费）、为承租人提供服务的费用（如清洁、保安）等。运营费用是从估价角度出发的，与会计上的成本费用有所不同，不包含房地产抵押贷款还本付息额、房地产折旧额、房地产改扩建费用和所得税。不包括上述几项费用的原因如下：

1）对于有抵押贷款负担的房地产，运营费用不包含抵押贷款还本付息额是以测算包含自有资金和抵押贷款价值在内的整体房地产价值为前提的。由于抵押债务并不影响房地产整体的正常收益，而且由于抵押贷款条件不同，抵押贷款还本付息额会有所不同，如果运营费用包含抵押贷款还本付息额，则会使不同抵押贷款条件下的净收益出现差异，从而影响这种情况下房地产估价的客观性。

2）这里所讲的房地产折旧额，是指会计上的建筑物折旧费、土地取得费用的摊销，而不包含寿命比整体建筑物经济寿命短的构件、设备、装饰装修等的折旧费。建筑物的有些组成部分（如空调、电梯、锅炉、地毯等）的寿命比整体建筑物的经济寿命短，它们在寿命结束后必须重新购置、更换才能继续维持房地产的正常使用。例如，如果不在电梯的寿命结束后重新购置、更换电梯，则房地产就不能正常运营，由于它们的购置成本是确实发生的，因此短寿命项目的折旧费应包含在运营费用中，而与建筑物寿命相同的其他长寿命项目和房地产本身的折旧则不包含在运营费用中。

3）房地产改建及扩建能通过增加房地产每年的收入而提高房地产的价值。收益法估价是假设房地产改建及扩建费用与其所带来的房地产价值增加额相当，从而两者可相抵，因此不将它作为运营费用的一部分。

4）运营费用中之所以不包含所得税，是因为所得税与特定业主的经营状况直接相关。如果包含它，则估价会失去作为客观价值指导的普遍适用性。

税前现金流（pre-tax cash flow，PTCF）是指从净收益中扣除抵押贷款还本付息额后的余额。它被用于评估房地产自有资金权益的价值。

税后现金流（after-tax cash flow，ATCF）是指从净收益中扣除所得税后的收益。其通常被用于评估投资价值。

运营费用率（operating expense ratio，OER）是指运营费用与有效毛收入的比值。有些类型的房地产，其运营费用率有一个相对固定的范围，因此可以找出市场上不同类型房地产的运营费用率，以供具体估价时测算估价对象的运营费用或净收益参考。找出运营费用率的方法是市场提取法，即调查、了解同一市场上许多类似房地产的运营费用和有效毛收入，分别求其运营费用与有效毛收入的比率，然后综合得出一个运营费用率区间。

净收益率（net income ratio，NIR）是指净收益占有效毛收入的比率。因为净收益等于有效毛收入减去运营费用，所以净收益率是运营费用率的补集。

运用收益法估价的核心是预测净收益。在实际估价中，预测净收益甚至比求取报酬率更困难，特别是在求取净收益时要考虑哪些费用应该扣除、哪些费用不能扣除。而且，估价结果对净收益也相当敏感。

**2．净收益的分类**

房地产的总收益由有形收益和无形收益两部分组成。有形收益是指以货币金额表示的净收益，例如房租、地租等；无形收益是指难以用价格表示，但却能为房地产所有者提供真实收益的部分，例如信誉、品牌、安全感等。在求取净收益时，不仅要考虑房地产的有形收益，还要考虑各种无形收益。

房地产的收益有实际净收益和客观净收益之分。实际净收益是指待估房地产在目前使用状态下所取得的净收益，它与经营者的经营能力、房地产的用途等有密切的关系。若以此作为估价依据，所得结果缺乏客观合理性，所以它一般不能直接用于估价。客观净收益是指房地产在最合理的使用状态下所取得的一般正常收益,它排除了实际收益中的特殊、偶然因素,是求取净收益的依据。所以,估价中采用的潜在毛收入、有效毛收入、运营费用等,除了有租约限制条件外,一般都应该采用正常且客观的数据。

**3. 净收益的测算途径**

在运用收益法估价时,需要预测估价对象未来的净收益。收益性房地产获取收益的方式,可分为出租和营业两类。所以,净收益的测算途径可分为两种:

(1) 基于租赁收入测算净收益 基于租赁收入测算净收益的基本公式为

净收益=潜在毛收入−空置和收租损失−运营费用

=有效毛收入−运营费用

在英国,这种情况下的收益法被称为投资法。在实际估价中,只要是能够通过租赁收入来测算净收益的,一般都应该选择此法来估价。因此,这种方式也是收益法的典型方式。

(2) 基于营业收入测算净收益 有些收益性房地产,通常不是以租赁方式而是以营业方式获取收益的,其业主与经营者是合二为一的,比方说娱乐中心、加油站、宾馆等。这些收益性房地产的净收益测算与基于租赁收入的净收益测算主要有两个方面的不同:一是潜在毛收入或者有效毛收入变成了经营收入;二是要扣除归属于其他资本或经营的收益,比方说农业、工业、商业、餐馆等经营者的正常利润。

在英国,这种情况下的收益法被称为利润法。

**4. 净收益的求取**

在运用收益法估算房地产价值时,求取净收益是其中较为重要的一个步骤。针对不同物业类型或用途的估价对象,在求取净收益时,运营费用或营业支出的具体组成也有所区别,这是实际操作中需要特别注意的。房地产净收益的计算可以根据具体估价对象收益类型的不同而采取以下不同的方法:

1) 租赁用房地产净收益的计算。该计算公式为

年净收益=年租赁收入−年租赁费用

这里,年租赁收入包括租金收入和租赁保证金或押金的利息收入等;年租赁费用包括年维修费、年管理费、年折旧费、年利息、年保险、年房产税、年土地使用税等。如果是土地的出租,则其租赁收入即为地租收入,租赁费用则包括管理费、土地使用税及地下设施和道路的维修费等。

在计算租赁收入时应注意:有租约限制的租约期内的租金应采用租约所确定的租金,租约期外的租金则应采用正常且客观的租金。在分析租约的基础上决定所要扣除的租赁费用。

2) 经营用房地产净收益的计算。该计算公式为

年净收益=年经营收入−年经营费用

如果是工厂等生产性房地产，其经营收入就是销售额，经营费用则包括产品生产和销售的成本费用、正常运转资金的利息、厂商利润、税金及其他为求取净收益应扣除的费用；如果是商场等经营性房地产，其经营收入就是营业额，经营费用则包括进货成本、销售费用、税金及正常经营的商业利润等；如果是农地，其经营收入就是农地年产值，经营费用就是农药费、人工费、化肥费、种子费、农业利润等。

3）自用或尚未使用的房地产净收益的求取。自用或尚未使用的房地产是指写字楼、住宅等目前为业主自己使用或者暂时空置的房地产，而不是指宾馆、写字楼等的大堂、管理用房等所必需的"空置"或自用部分。自用或尚未使用的房地产净收益可以比照同一市场上有收益的类似房地产的有关资料按上述相应的方式计算净收益，或者直接采用比较法求净收益。

4）混合型房地产净收益的求取。现实中包含上述多种收益类型的房地产净收益的求取。例如商务中心、娱乐中心、商场等，在求取净收益时可以把它看成是各种单一收益类型房地产的组合。此时，应先分别求取各自的净收益然后再进行综合计算。

【例6-12】有一建筑面积为 1 000 $m^2$ 的写字楼，其月毛租金水平为 100 元/$m^2$，空置率为 13%，租金损失为毛租金收入的 2%，合理运营费用为有效租金收入的 30%。则该写字楼的净收益为多少？

【解】
潜在毛收入 = 1 000$m^2$×100 元/$m^2$·月×12 月 = 120 万元
有效毛收入 = 120 万元×（1–13%）×（1–2%）= 102.3 万元
运营费用 = 102.3 万元×30% = 30.7 万元
净收益 = 102.3 万元 – 30.7 万元 = 71.6 万元

【例6-13】某商店的土地使用年限为 40 年，从 2007 年 5 月 1 日起计。该商店共有两层，每层可出租面积各为 200$m^2$。一层于 2008 年 5 月 1 日租出，租期为 5 年，可出租面积的月租金为 180 元/$m^2$，并且每年不变；二层现在暂时空置。附近类似商场一层和二层可出租面积的正常月租金分别为 200 元/$m^2$ 和 150 元/$m^2$，运营费用率为 30%。该类房地产的资本化率为 10%。试估算该商场 2011 年 5 月 1 日带租约出售时的正常价格。

【解】
**1．商店一层价格的估算**
1）租约期内的年净收益为
200$m^2$×180 元/$m^2$·月×（1–30%）×12 月 = 302 400 元 = 30.24 万元
2）租约期外的年净收益为
200$m^2$×200 元/$m^2$·月×（1–30%）×12 月 = 336 000 元 = 33.60 万元

一层的现金流量如图 6-2 所示。

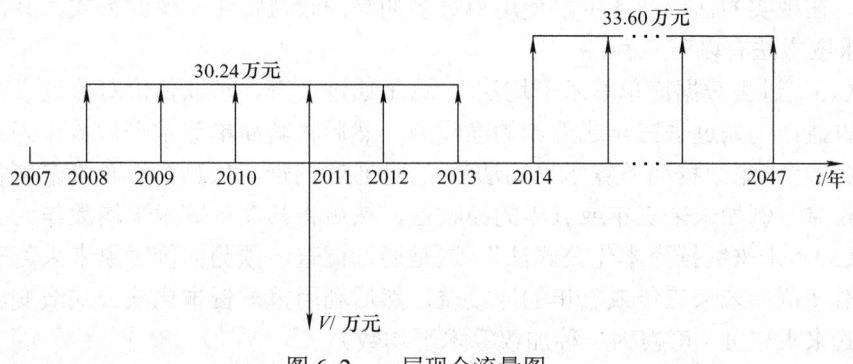

图 6-2　一层现金流量图

3）选用公式为

$$V=\sum_{i=1}^{t}\frac{A_i}{(1+Y)^i}+\frac{A}{Y(1+Y)^t}\left[1-\frac{1}{(1+Y)^{n-t}}\right]$$

$$=\frac{30.24}{1+10\%}\text{万元}+\frac{30.24}{(1+10\%)^2}\text{万元}+\frac{33.60}{10\%(1+10\%)^2}\left[1-\frac{1}{(1+10\%)^{40-4-2}}\right]\text{万元}$$

$$=319.30\text{ 万元}$$

2．商店二层价格的估算

1）年净收益为

200m² × 150 元/m²·月 × (1–30%) × 12 月 = 252 000 元 = 25.20 万元

2）选用公式为

$$V=\frac{A}{Y}\left[1-\frac{1}{(1+Y)^n}\right]$$

$$=\frac{25.20\text{万元}}{10\%}\left[1-\frac{1}{(1+10\%)^{40-4}}\right]=243.85\text{ 万元}$$

3．该商店正常价格的计算

该商店的正常价格 = 商店一层的价格 + 商店二层的价格
= 319.30 万元 + 243.85 万元 = 563.15 万元

5．净收益流量的分类

收益法本质上是现金流量折现法。运用收益法估价，在求取估价对象的净收益时，应根据估价对象的净收益在过去和现在的变动情况及预期的收益期限，预测估价对象未来各期的净收益，并且确定未来净收益流量属于什么类型，以便于选用相应的收益法公式进行计算。一般情况下净收益流量的类型有以下四种：①净收益每年基本上固定不变；②净收益每年基本上按照某个固定的数额递增或递减；③净收益每年基本上按照某个固定的比率递增或递减；④其他有规则变动的情况。

在计算收益价格时,应根据未来净收益流量的类型,选用对应的收益法计算公式。在现实的估价业务中,使用得最多的是净收益每年不变的公式,其净收益 $A$ 的求取方法有以下三种:

(1)"过去数据简单算术平均法" 这是通过调查,求取估价对象过去若干年的净收益,例如过去三年或五年的净收益,然后将其简单算术平均数作为 $A$。

(2)"未来数据简单算术平均法" 这是通过调查,预测估价对象未来若干年的净收益,例如未来三年或五年的净收益,然后将其简单算术平均数作为 $A$。

(3)"未来数据资本化公式法" 这是通过调查,预测估价对象未来若干年的净收益,例如未来三年或五年的净收益,然后利用报酬资本化法公式演变出的下列等式来求取 $A$(可视为一种加权算术平均数)

$$\frac{A}{Y}\left[1-\frac{1}{(1+Y)^t}\right]=\sum_{i=1}^{t}\frac{A_i}{(1+Y)^i}$$

或者

$$A=\frac{Y(1+Y)^t}{(1+Y)^t-1}\sum_{i=1}^{t}\frac{A_i}{(1+Y)^i}$$

【例6-14】某宗房地产的收益期限为40年,判断其未来每年的净收益基本保持固定不变,通过测算得知未来四年的净收益分别为25万元、26万元、24万元、25万元,报酬率为10%。求该宗房地产的收益价格。

【解】

本题只给出了四年的净收益,但其他年份的净收益 $A$ 没有给出,因此应先求出其他年份的净收益 $A$ 值。求 $A$ 的方法:既可以用四年的净收益求简单算术平均值,也可以用资本化公式计算。

(1)求取 $A$ 值

1)用简单算术平均法求 $A$ 值,则

$A=$(25万元+26万元+24万元+25万元)÷4=25万元

2)利用资本化公式计算 $A$ 值,则

$$A=\frac{Y(1+Y)^t}{(1+Y)^t-1}\sum_{i=1}^{t}\frac{A_i}{(1+Y)^i}$$

$$=\frac{10\%\times(1+10\%)^4}{(1+10\%)^4-1}\times\left[\frac{25\text{万元}}{1+10\%}+\frac{26\text{万元}}{(1+10\%)^2}+\frac{24\text{万元}}{(1+10\%)^3}+\frac{25\text{万元}}{(1+10\%)^4}\right]$$

=25.02万元

由此可见,两种方法计算出的 $A$ 值相差不大。下面按第二种方法得出的 $A$ 值求 $V$。

(2) 计算收益价格 $V$

按 $A$ 值固定不变计算 $V$，则

$$V = \frac{A}{Y}\left[1 - \frac{1}{(1+Y)^n}\right]$$

$$= \frac{25.02 \text{万元}}{10\%}\left[1 - \frac{1}{(1+10\%)^{40}}\right] \text{万元}$$

$$= 244.67 \text{ 万元}$$

由于收益法采用的净收益应是估价对象的未来净收益，而不是历史净收益或当前净收益，所以，上述三种方法中相对而言第三种最合理，其次是第二种。

### 6.3.2 收益年限的确定

收益年限是指预测估价对象未来可以获取收益的时间，其起点是估价时点，终点通常是未来不能获取收益之日。收益期限应根据估价对象的合同约定、法律规定、建筑物剩余经济寿命、建设用地使用权剩余期限等来确定，主要分为以下四种情况：

1）在建筑物剩余经济寿命与建设用地使用权剩余期限同时结束的情况下，收益期限为建筑物剩余经济寿命或者建设用地使用权剩余期限。

2）在建筑物剩余经济寿命晚于建设用地使用权剩余期限结束的情况下，根据出让合同约定土地出让期限届满需要无偿收回国有建设用地使用权时，对收回的建筑物是否予以补偿又分为两种情况：一是对于出让合同约定土地出让期限届满需要无偿收回国有建设用地使用权时，对收回的建筑物不予补偿的，以建设用地使用权剩余期限为收益期限，选用相应的收益期限为有限年的公式计算房地产的价值；另一种情况是对于出让合同约定土地出让期限届满需要无偿收回国有建设用地使用权时，对收回的建筑物予以补偿的，房地产的价值等于以建设用地使用权剩余期限为收益期限计算的房地产价值，加上建设用地使用权剩余期限结束时建筑物的残余价值折算到估价时点时的价值。

3）在建筑物剩余经济寿命早于建设用地使用权剩余期限结束的情况下，房地产的价值等于以建筑物剩余经济寿命为收益期限计算的房地产价值，加上建筑物剩余经济寿命结束后的剩余期限建设用地使用权在估价时点时的价值。建筑物剩余经济寿命结束后的剩余期限建设用地使用权在估价时点时的价值，等于整个剩余期限的建设用地使用权在估价时点时的价值，减去以建筑物剩余经济寿命为使用期限的建设用地使用权在估价时点时的价值。例如，某估价对象为一宗收益性房地产，该房地产中建筑物剩余经济寿命为 50 年，建设用地使用权剩余期限为 60 年，在求取该房地产现在的收益价格时，可先求取该房地产 50 年收益期限的价值，然后加上 50 年后的 10 年使用期限建设用地使用权在现在的价值。该 50 年后的 10 年使用期限建设用地使用权在现在的价值，等于现在 60 年使用期限的建设用地使用权价值减去现在50年使用期限的建设用地使用权价值。

4）对于以单独的土地和单独的建筑物作为估价对象来说，应分别根据土地使用年限和建筑物的剩余经济寿命来确定未来可获得的收益年限。

上述收益期限的确定是针对求取建筑物所有权和土地使用权的价值而言的，如果是求取承租人权益的价值，则收益期限为剩余租赁期限。

### 6.3.3 报酬率的确定

**1. 报酬率的含义**

*The Appraisal of Real Estate*（《不动产估价》（美国估价学会）第11版）一书中对收益法作了非常详细的论述。收益法的实质是分析投资人将资本投资到房地产后，获得收益与最初投资资本之间的关系。收益法一般具有两种计算方法，一种是直接资本化法，另一种是报酬资本化法。在现代，由于计算机的普遍使用，报酬资本化法则更多地应用折现现金流量分析。回报率（rates of return）是分析房地产期望收益状况的比率，通常用年回报率来表达。在美国的不动产收益评估中，回报率通常分为收益率（income rate，$R$）和报酬率（yield rate，$Y$）两大类。收益率$R$是用于直接资本化法中的回报率，是估价标的单一年度收益与总价值的比率；报酬率$Y$是用于报酬资本化法中的回报率，是将估价标的在持有期内各期的预期收益，折现为各期收益现值的比率。

回报率中的收益率$R$和报酬率$Y$虽然分别应用于两种不同的方法，但它们之间存在一定的联系。为了更好地理解它们之间的联系，先来看以下两个概念：资本返还（return of capital）和资本报酬（return on capital）。

同其他投资方式一样，房地产投资的收益包括资本返还和资本报酬两部分。资本返还是指投资者对其所投入资本的回收；资本报酬是指投资者所投入的资本在使用过程中所获得的报酬。例如，金融机构在向居民提供抵押贷款时，借款人在每月的还款额中，一部分是还本，另一部分是付息；对于金融机构来说，借款人还本的部分就是其贷款（资本）返还部分，借款人所支付的利息，就是金融机构所获得的贷款（资本）报酬。即

$$报酬率 = \frac{投资回报}{所投入的资本}$$

如果将购买收益性房地产视为一种投资行为，那么这种投资所需要投入的资本是房地产价格，试图获取的收益是房地产预期会产生的净收益。投资既要获取收益，又要承担风险，而以最小的风险获取最大的收益，可以说是所有投资者的愿望。在一个完善的市场中，投资者要想获取较高的收益，意味着要承担较大的风险；或者，有较大的风险，投资者必然要求有较高的收益，即只有较高收益的吸引，投资者才愿意进行有较大风险的投资。因此，从全社会来看，投资遵循收

益与风险相匹配的原则，报酬率与投资风险呈正相关，即风险大的投资，其报酬率也高；反之则低。例如，将资金存入银行，基本没有风险，但利率低，收益也就低；而将资金购买股票，报酬率高，但风险也大。

掌握了报酬率与投资风险的上述关系，实际上就在观念上把握住了求取报酬率的方法，即所选取的报酬率，应等同于与获取估价对象产生的净收益具有同等风险的投资的报酬率。例如，两宗房地产的净收益相等，但其中一宗房地产的净收益获取的风险大，从而要求的收益高；另一宗房地产的净收益获取的风险小，从而要求的收益率低。由此，风险大的房地产价值低，风险小的房地产价值高。对于不同地区、不同时期、不同用途或不同种类的房地产，由于其投资的风险不同，报酬率也就不尽相同。所以，在估价中并不存在一个统一不变的报酬率。

**2. 报酬率的分类**

不同形式的资本返还和资本报酬，以及资本返还和资本报酬的不同组合，可以用不同的回报率来表达，以使投资人清晰地计算和衡量出房地产投资的安全性、获利性和可靠性。再者，在房地产评估过程中，对不同的房地产权益，应该采用不同的回报率，这样才可以使评估更为科学。

（1）从整个房地产来看 整个房地产按照收益率和报酬率来分，可以分为综合资本化率 $R_O$（Overall capitalization rate）和综合报酬率 $Y_O$（Overall yield rate）。综合资本化率（$R_O$）是房地产单一年度净收益期望值与房地产总价值或总价格的比率。净收益是房地产的有效毛收入扣除经营费用、但未扣除贷款本息偿还额及账面折旧额后的余额。综合报酬率（$Y_O$）是全部投入资本的报酬率。报酬率的计算要考虑不动产预期内的全部收益，尤其是在物业持有期末投资者转售时所获得的净转售收益。但它不需要考虑贷款融资的影响，是在假设没有融资购买情况下计算出来的。

综合资本化率未区分资本返还和资本报酬。综合报酬率则区分了资本返还和资本报酬，而且它需要考虑整个物业持有期的所有收益，包括期末转售所得。综合资本化率不是资本回报率，也不是用来衡量投资效果的经济指标。综合资本化率可能等于、也可能小于或大于资本投资的预期收益率，这取决于预期收入或价值的变化情况。

（2）从物理要素构成来分 在房地产估价中，可以从物理要素的角度，把房地产实体分为土地和建筑物两个部分。按照这种划分，回报率就有土地资本化率 $R_L$（Land capitalization rate）和土地报酬率 $Y_L$（Land yield rate）；建筑物资本化率 $R_B$（Building capitalization rate）和建筑物报酬率 $Y_B$（Building yield rate）。土地资本化率是土地的年净收益与土地价值的比率；建筑物资本化率是建筑物的净收益与建筑物价值的比率；对土地报酬率和建筑物报酬率概念的理解可以结合报酬率和综合报酬率的概念来进行，这里就不详述了。

从投资组合的角度来看，土地资本化率和建筑物资本化率及综合资本化率之

间应该满足关系式

$$R_O = LR_L + BR_B$$

式中　$L$——整个房地产价值中土地价值所占的比率；

$B$——整个房地产价值中建筑物价值所占的比率；

$R_O$——综合资本化率；

$R_L$——土地资本化率；

$R_B$——建筑物资本化率。

由于建筑物存在折旧，因此在投资过程中，其风险相对于土地来说较高。我们知道，风险越高，所对应的资本化率就越高，因此它们之间存在关系式 $R_L<R_O<R_B$。而在考虑报酬率的时候，很少有投资人将房地产的报酬率分成土地和建筑物两部分来考虑，因此它们之间一般满足 $Y_L=Y_O=Y_B$。

（3）从财务要素构成来分　因为大多数房地产都是以抵押贷款和自有资金购买的，因此，可以从财务的角度将房地产投资分为两部分：自有资金和抵押贷款。它们对应的回报率分别是：自有资金资本化率 $R_E$（Equity capitalization rate）和自有资金权益报酬率 $Y_E$（Equity capitalization rate）；抵押贷款资本化率 $R_M$（Mortgage capitalization rate）和抵押贷款报酬率 $Y_M$（Mortgage yield rate）。

自有资金权益资本化率是不动产年度税前现金流量与自有资金总额的比率；自由资金权益报酬率是投入自有资金的一种报酬率。

抵押贷款资本化率通常也叫抵押贷款常数（mortgage constant），它是每年的本金和利息偿还额同抵押贷款总额的比率；抵押贷款报酬率是抵押贷款的一种报酬率。

### 3．报酬率的求取

在运用收益法估价时，房地产价格对报酬率这一参数的变化反应最为敏感，报酬率微小的变化都会导致房地产价格很大的差异。因此，确定一个合适的报酬率对估价结果的准确性起着非常重要的作用。如果报酬率选取不当，即便是净收益估算得再精确，估价结果仍可能偏离正常的市场价值。净收益相同时，报酬率变化对价值的影响见表6-1。

表6-1　净收益相同时，不同报酬率下的估价结果（收益期限为无限年）

| 年净收益/万元 | 报酬率（%） | 估价结果/万元 |
| --- | --- | --- |
| 10 | 3 | 333.33 |
| 10 | 4 | 250.00 |
| 10 | 5 | 200.00 |
| 10 | 6 | 166.67 |
| 10 | 7 | 142.86 |
| 10 | 8 | 125.00 |

从表中可以看出，每年的净收益均为10万元的房地产，当报酬率为3%时，估价结果为333.33万元；当报酬率为4%时，估价结果为250万元；报酬率发生

1%的变化,而估价结果却相差 83 万元,所以估价中对报酬率的精度要求特别高。科学、准确、合理地确定报酬率是影响估价结果准确性的关键。现实估价业务中常用的求取报酬率的方法有如下四种:

(1) 市场比较法　市场比较法是指通过搜集同一市场上三宗以上类似房地产的价格、净收益等资料,选用相应的收益法计算公式求取报酬率的一种方法。为避免偶然因素的影响,类似报酬率的掌握应与市场比较法对可比实例的要求相同,即要求是近期发生的,在用途、区位等方面是相同或相似的,并且选择 3～10 个实例。

【例 6-15】通过搜集,选择了 6 个收益期限无限年、净收益和房地产的价格资料,见表 6-2。利用市场法求取估价对象的报酬率。

表 6-2　可比实例房地产价格、净收益资料

| 可比实例 | 1 | 2 | 3 | 4 | 5 | 6 |
|---|---|---|---|---|---|---|
| 净收益/万元 | 25 | 35 | 20 | 15 | 12 | 10 |
| 价格/万元 | 245 | 360 | 220 | 160 | 115 | 100 |

【解】

在 $V=\dfrac{A}{Y}$ 的情况下,可以通过 $V-\dfrac{A}{Y}=0$ 来求取 $Y$。由表 6-2 可知,可比实例的报酬率分别为:10.2%,9.7%,9.1%,9.4%,10.4%,10%。所以

$$最终的报酬率 = \frac{10.2\%+9.7\%+9.1\%+9.4\%+10.4\%+10\%}{6}=9.8\%$$

上述结果是通过简单的算术平均数计算求得的。为了使结果更精确,还可以采用加权算术平均法。

在 $V=\dfrac{A}{Y}\left[1-\dfrac{1}{(1+Y)^n}\right]$ 的情况下,可以通过 $V-\dfrac{A}{Y}\left[1-\dfrac{1}{(1+Y)^n}\right]=0$ 来求取 $Y$,具体的做法是先采用试错法,计算到一定程度后再采用线性内插法求取。这种方法一般都是通过计算机进行的。

在 $V=\dfrac{A}{Y-s}$ 的情况下,可以通过 $V-\dfrac{A}{Y-s}=0$ 来求取 $Y$。当然,如果遇到收益法的其他公式,则应采用相对应的公式进行推导和计算,确定相应的报酬率。

(2) 安全利率加风险调整值法　安全利率加风险调整值法也称累加法,这种做法一般是先求投资的安全利率,再在安全利率的基础上,根据影响估价对象的各种社会经济因素确定增减额。即

报酬率=安全利率+风险调整值
　　　=安全利率+投资风险补偿+管理负担补偿
　　　+缺乏流动性补偿-投资带来的优惠

1)安全利率。是指无风险投资的报酬率,是资金的机会成本。现实中并不存在完全无风险的投资,一般选用同一时期的国债利率或者是银行的存款利率。

2)投资风险补偿。是指当投资者投资于收益不确定、具有风险性的房地产时,他必然会要求对所承担的额外风险有补偿,否则他就不会投资。

3)管理负担补偿。一项投资要求的关心和监管越多,其吸引力就会越小,从而投资者必然会要求对所承担的额外管理有补偿。

4)缺乏流动性补偿。投资者对所投入的资金由于缺乏流动性所要求的补偿。房地产与股票、基金相比,买卖不频繁、交易费用高,所以缺乏流动性。

5)投资带来的优惠。由于投资房地产可能获得某些额外的好处,如保值、升值、易于获取融资等,从而投资者会降低所要求的报酬率。针对估价对象可以获取的好处,要作相应的扣除。此方法的具体应用见表6-3。

表6-3 安全利率加风险法应用举例

| 项 目 | 数值(%) |
|---|---|
| 安全利率 | 4 |
| 投资风险补偿 | 2 |
| 管理负担补偿 | 1 |
| 缺乏流动性补偿 | 2 |
| 投资带来的优惠 | 1 |
| 报酬率 | 8 |

(3)投资报酬率排序插入法 投资报酬率排序插入法的基本做法是将调查、收集到的估价对象所在地区的各种类型投资报酬率按从低到高的顺序排列,如图6-3所示,然后将估价对象与这些类型投资的风险程度进行分析比较,并且考虑投资的流动性、管理的难度和资产安全性,找出同等风险投资并判断资本化率应落在的区域范围,从而确定所要求的资本化率的一种方法。

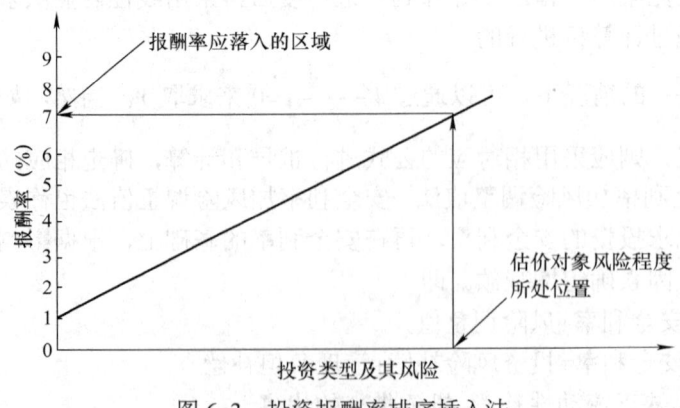

图6-3 投资报酬率排序插入法

需要注意的是，在一定时期，报酬率基本上有一个合理的区间，但是很难确切地讲某一宗房地产的报酬率究竟是 8%还是 10%。因此，报酬率的确定不是一个简单的数字计算过程，还需要通过估价人员丰富的实践经验和对当地市场行情的充分了解，作出最后的综合性判断。

（4）投资组合收益率法　在收益法中，可以从房地产的自身构成或者资金构成中求出各个构成部分的报酬率。投资组合收益率法主要有两种：

1）抵押贷款与自有资金的组合，即将购买房地产的抵押贷款收益率与自有资本金的收益率的加权平均数作为综合资本化率的方法。由于抵押贷款一般都是分期偿还的，所以不是用抵押贷款利率和自有资金报酬率来求取房地产的报酬率的，而是利用抵押贷款常数和自有资金资本化率来求取综合资本化率的。其计算公式为

$$R_O = MR_M + (1-M)R_E$$

式中　$R_O$——综合资本化率；

$M$——抵押贷款价值比率，也称贷款成数，即抵押贷款额占房地产价值的比率；

$R_M$——抵押贷款常数；

$R_E$——自有资金资本化率。

上述公式的推导过程如下：

首先，把购买房地产视为一种投资，房地产本身的价格为投资额，房地产的净收益为投资收益。

其次，在房地产市场与金融市场密切相关的社会中，购买房地产的资金来源可分为两个部分，即自有资金和抵押贷款。即

房地产价格=自有资金+抵押贷款

再次，将房地产的净收益也分为两个部分。即

房地产的净收益=自有资金净收益+抵押贷款净收益

于是存在

房地产的价格×综合资本化率=自有资金×自有资金资本化率+抵押贷款额×抵押贷款常数

即

综合资本化率=$\dfrac{自有资金额}{房地产价格}$×自有资金资本化率+$\dfrac{抵押贷款额}{房地产价格}$×抵押贷款常数

=抵押贷款价值比率×抵押贷款常数+自有资金价值比率×自有资金资本化率

抵押贷款常数一般采用年抵押贷款常数，它等于年偿还额与抵押贷款金额的比

率。现实生活中,抵押贷款往往都是按月偿还的,所以年抵押贷款常数是将每个月的偿还额乘以 12,然后除以抵押贷款金额。在分期等额本息偿还贷款的情况下,由

$$V_M = \frac{A_M}{Y_M}\left[1-\frac{1}{(1+Y_M)^n}\right]$$

可推出

$$A_M = \frac{V_M \times Y_M}{1-\frac{1}{(1+Y_M)^n}}$$

所以抵押贷款常数为

$$R_M = \frac{A_M}{V_M} = Y_M + \frac{Y_M}{(1+Y_M)^n-1}$$

式中 $A_M$——等额还款额;
$V_M$——抵押贷款金额;
$Y_M$——抵押贷款利率;
$n$——抵押贷款年限;
$R_M$——抵押贷款常数。

【例 6-16】在购买某宗房地产时,抵押贷款占六成,抵押贷款的年利率为 8%,贷款期限为 20 年,采用按月等额偿还本息。通过对可比实例房地产进行分析,得出自有资金的资本化率为 15%,试计算综合资本化率。

【解】

$$R_M = \frac{A_M}{V_M} = Y_M + \frac{Y_M}{(1+Y_M)^n-1}$$

$$= \left[\frac{8\%}{12}+\frac{\frac{8\%}{12}}{\left(1+\frac{8\%}{12}\right)^{20\times12}-1}\right]\times 12$$

$$=10.04\%$$

$$R_O = MR_M+(1-M)R_E$$
$$=60\%\times10.04\%+(1-60\%)\times15\%$$
$$=12\%$$

2)土地与建筑物的组合。在运用直接资本化法估价时,由于估价对象不同,比如说可能是整个房地产,也可能是房地产当中的土地或建筑物,这时应采用不同的资本化率。三种相应的资本化率分别是综合资本化率、土地资本化率和建筑物资本化率。综合资本化率对应的净收益为房地产的净收益;土地资本化率对应

的净收益应该是土地产生的净收益，即仅仅归属于土地本身的不包括建筑物带来的收益；建筑物资本化率对应的净收益应是建筑物产生的净收益，即仅仅是归属于建筑物本身的不包括土地带来的净收益。其计算公式为

$$R_O = LR_L + BR_B$$
$$= LR_L + (1-L)R_B$$
$$= (1-B)R_L + BR_B$$

式中　$R_O$——综合资本化率；
　　　$L$——整个房地产价值中土地价值所占的比率；
　　　$B$——整个房地产价值中建筑物价值所占房地产价值的比率（$L+B=100\%$）；
　　　$R_L$——土地资本化率；
　　　$R_B$——建筑物资本化率。

【例 6-17】某宗房地产的土地价值占总价值的 40%，建筑物价值占总价值的 60%。土地的资本化率为 7%，建筑物资本化率为 10%，求综合资本化率。

【解】
综合资本化率计算如下

$$R_O = LR_L + BR_B$$
$$= 40\% \times 7\% + 60\% \times 10\%$$
$$= 8.8\%$$

## 6.4 直接资本化法

### 6.4.1 直接资本化法的概念和基本公式

直接资本化法是指先将估价对象未来某一年的某种收益除以适当的资本化率或者乘以适当的收益乘数，然后再转换为价值的方法。未来某一年的某种收益通常是采用未来第一年的收益，其种类有毛租金、潜在毛租金、有效毛收入、净收益等。

**1. 资本化率的计算**

资本化率的计算公式为

$$资本化率 = \frac{年收益}{价格}$$

**2. 收益乘数**

收益乘数是房地产的价格除以其某种年收益所得的倍数。即

$$收益乘数 = \frac{价格}{年收益}$$

### 6.4.2 收益乘数法

**1．毛租金乘数法**

（1）定义　毛租金乘数法是指先将估价对象未来某一年或某一月的毛租金乘以相应的毛租金乘数，然后再转换为价值的方法。即

$$房地产价值 = 毛租金 \times 毛租金乘数$$

$$毛租金乘数 = \frac{价格}{毛租金}$$

（2）毛租金乘数法的优点

1）方便易行，在市场上较容易获得房地产的价格和租金资料。

2）由于在同一市场上，相似房地产的租金和价格同时受相同的市场力量的影响，因此毛租金乘数是一个比较客观的数值。

3）避免了由于多层次测算可能产生的各种误差的累计。

（3）毛租金乘数法的缺点

1）忽略了房地产租金以外的收入。

2）忽略了不同房地产的空置率和运营费用的差异。

**2．潜在毛收入乘数法**

潜在毛收入乘数法是指先将估价对象某一年的潜在毛收入乘以潜在毛收入乘数，然后再转换为价值的方法。潜在毛收入乘数是市场上房地产的价格除以其年潜在毛收入所得的倍数。

$$房地产价值 = 潜在毛收入 \times 潜在毛收入乘数$$

$$潜在毛收入乘数 = \frac{价格}{潜在毛收入}$$

与毛租金乘数法相比，潜在毛收入乘数法相对来说更全面一些，它考虑了房地产租金以外的收入，但同样也没有考虑房地产空置率和运营费用的差异。

**3．有效毛收入乘数法**

有效毛收入乘数法是指先将估价对象某一年的有效毛收入乘以有效毛收入乘数，然后再转换为价值的方法。有效毛收入乘数是房地产的价格除以其年有效毛收入所得的倍数。

$$房地产价值 = 有效毛收入 \times 有效毛收入乘数$$

$$有效毛收入乘数 = \frac{价格}{有效毛收入}$$

**4．净收益乘数法**

净收益乘数法是指先将估价对象某一年的净收益乘以净收益乘数，然后再转换为价值的方法。净收益乘数是房地产的价格除以其年净收益所得的倍数。

房地产价值=净收益×净收益乘数

$$净收益乘数=\frac{价格}{净收益}$$

## 6.4.3 资本化率与报酬率的区别和联系

**1. 资本化率与报酬率的区别**

（1）定义不同　资本化率是在直接资本化法中采用的，是指直接由房地产的净收益转换为价值所得的比率；报酬率是在报酬资本化法中采用的，是指通过折现的方式将房地产的净收益转换为价值所得的比率。

（2）求取方式不同　资本化率是房地产某一年的净收益与房地产价值的比率（通常用未来第一年的净收益除以价值来计算），仅仅表示从净收益到价值的比率，并不能明确地表示获利能力。

报酬率则是指用来除一连串的未来各期净收益，以求得未来各期净收益现值的比率。

**2. 资本化率与报酬率的联系**

根据资本化率的定义，资本化率和报酬率存在一定的数量联系，具体情况见表6-4。

表6-4　资本化率与报酬率的关系

| 条件<br>项目 | 净收益不变且持续无限年 | 净收益不变且持续有限年 | 净收益每年按一定比率递增且持续无限年 | 预知未来若干年后的价格相对变动 |
| --- | --- | --- | --- | --- |
| 报酬资本化法公式 | $V=\dfrac{A}{Y}$ | $V=\dfrac{A}{Y}\left[1-\dfrac{1}{(1+Y)^n}\right]$ | $V=\dfrac{A}{Y-s}$ | $V=\dfrac{A}{Y-A\dfrac{Y}{(1+Y)^t-1}}$ |
| 报酬率 | $Y$ | $Y$ | $Y$ | $Y$ |
| 资本化率 | $R=Y$ | $R=\dfrac{Y(1+Y)^n}{(1+Y)^n-1}$ | $R=Y-s$ | $R=Y-A\dfrac{Y}{(1+Y)^t-1}$ |

【**例6-18**】某宗房地产的未来净收益流量见表6-5。假定报酬率为10%，试求其资本化率。

表6-5　某宗房地产的未来净收益流量

| 年　　份 | 1 | 2 | 3 | 4 | 5 |
| --- | --- | --- | --- | --- | --- |
| 净收益/元 | 5 000 | 5 250 | 5 600 | 5 850 | 65 000 |

【解】

**1. 先求取该宗房地产的价值**

该宗房地产的价值为其未来每年净收益的现值之和，见表6-6。

表 6-6　某宗房地产的价值求取过程

| 年　份 | 1 | 2 | 3 | 4 | 5 | 合　计 |
|---|---|---|---|---|---|---|
| 净收益/元 | 5 000 | 5 250 | 5 600 | 5 850 | 65 000 | 86 700 |
| 现值/元 | 4 545.4 | 4 338.84 | 4 207.3 | 3 995.6 | 40 359.89 | 57 447.03 |

**2．求资本化率**

求出了该宗房地产的价值之后，其报酬率为未来第一年的净收益与价值的比率：

$$Y = \frac{A}{V}$$

$$= \frac{5\,000 元}{57\,447.03 元} = 8.70\%$$

### 6.4.4　直接资本化法与报酬资本化法的比较

**1．直接资本化法的优点及缺点**

（1）直接资本化法的优点

1）不需要预测未来许多年的净收益，通常只需要测算未来第一年的收益。

2）资本化率或收益乘数直接来源于市场上所显示的收益与价值的关系，能较好地反映市场的实际情况。

3）计算过程较为简单。

（2）直接资本化法的缺点　要求有较多与估价对象的净收益流量模式相同的类似房地产来求取资本化率或收益乘数，对可比实例的依赖很强。

**2．报酬资本化法的优点及缺点**

（1）报酬资本化法的优点

1）指明了房地产的价值是其未来各期净收益的现值之和，这既是预期原理最形象的表述，又考虑到了资金的时间价值，逻辑严密，有很强的理论基础。

2）每期的净收益或现金流量都是明确的，直观且容易被理解。

3）由于具有同等风险的所有投资的报酬率均应该是相似的，所以不必直接依靠与估价对象的净收益流量模式相同的类似房地产来求取适当的报酬率，仅通过其他具有同等风险投资的房地产就可以求取适当的报酬率。

（2）报酬资本化法的缺点

由于报酬资本化法需要预测未来各期的净收益，从而较多地依赖于估价人员的主观判断，并且各种简化的净收益流量模式不一定符合市场的实际情况。

## 6.5　收益法的应用

【例 6-19】某宾馆共有 400 个标准间和 100 个套间，标准间每间每天 200 元，套间每间每天 350 元,年平均空房率为 25%。餐饮收益为客房收益的 30%。客房运营费用率为 35%,餐饮运营费用率为 55%。康体娱乐等其他方面的净收益为每年 200 万元。土地使用年限不限。搜集同类宾馆的价格和净收益资料见表 6-7,试依据上述资料估计该宾馆的现时价格。

表 6-7 同类宾馆价格和净收益资料

| 可比实例 | 价格/万元 | 净收益/万元 |
| --- | --- | --- |
| A | 25 200 | 3 000 |
| B | 29 400 | 3 500 |
| C | 23 800 | 2 800 |
| D | 16 600 | 2 000 |

【解】

假设该宾馆的现时价格为 $V$。

1) 按收益法无限年公式求取该宾馆的价格,其公式为

$$V = \frac{A}{Y}$$

2) 计算客房与餐饮年总收益

客房年总收益=(400 间×200 元/间·天+100 间×350 元/间·天)×

365 天×(1−25%)=31 481 250 元=3 148.13 万元

餐饮年总收益=3 148.13 万元×30%=944.44 万元

3) 计算客房与餐饮年总费用

客房年总费用=3 148.13 万元×35%=1 101.85 万元

餐饮年总费用=944.44 万元×55%=519.44 万元

4) 计算宾馆年净收益=3 148.13 万元+944.44 万元−1 101.85 万元−

519.44 万元+200 万元

=2 671.28 万元

5) 由所给资料计算报酬率

可比房地产 A 的报酬率=$\dfrac{3\,000 \text{万元}}{25\,200 \text{万元}}$=11.9%

可比房地产 B 的报酬率=$\dfrac{3\,500 \text{万元}}{29\,400 \text{万元}}$=11.9%

可比房地产 C 的报酬率=$\dfrac{2\,800 \text{万元}}{23\,800 \text{万元}}$=11.76%

可比房地产 D 的报酬率=$\dfrac{2\,000 \text{万元}}{16\,600 \text{万元}}$=12.05%

$$Y = \frac{11.9\% + 11.9\% + 11.76\% + 12.05\%}{4} = 11.9\%$$

6）由公式求得该宾馆价格为

$$V = \frac{A}{Y} = \frac{2\,671.28\,万元}{11.9\%} = 22\,447.73\,万元$$

**【例 6-20】** 估价对象为一幢出租写字楼，土地总面积为 7 000m²，建筑总面积为 56 000m²，建筑物结构为钢筋混凝土结构，地上有 36 层，地下有两层，土地使用权年限为 50 年，从 2005 年 9 月 30 日取得土地时起计，建设期 3 年。需要评估出该宗房地产 2010 年 9 月 30 日的买卖价格。有关资料为：该写字楼使用面积为建筑面积的 65%，月租金为使用面积 150 元/m²，空置率平均为 15%。建筑物原值为 22 000 万元，耐用年限为 60 年，残值率为零；家具设备原值为 8 000 万元，耐用年限为 12 年，残值率为 4%；经营费每月 100 万元，房产税为租金的 12%，营业税等为租金的 6%，报酬率为 8%。

**【解】**

假设该宗房地产 2010 年 9 月 30 日的价格为 $V$。

（1）运用收益法有限年公式求取房地产价格

计算公式为：

$$V = \frac{A}{Y}\left[1 - \frac{1}{(1+Y)^n}\right]$$

（2）年总收益

56 000m² × 65% × 150 元/m²·月 × 12 月 ×（1–15%）= 55 692 000 元 = 5 569.2 万元

（3）年总费用

$$年家具设备的折旧费 = 8\,000\,万元 \times \frac{1-4\%}{12} = 640\,万元$$

年经营费 = 100 万元/月 × 12 月 = 1 200 万元

年房产税 = 5 569.2 万元 × 12% = 668.3 万元

营业税等 = 5 569.2 万元 × 6% = 334.15 万元

年总费用 = 640 万元 + 1 200 万元 + 668.3 万元 + 334.15 万元 = 2 842.45 万元

（4）年净收益

5 569.2 万元 – 2 842.45 万元 = 2 726.75 万元

（5）房地产价格

$$V = \frac{A}{Y}\left[1 - \frac{1}{(1+Y)^n}\right]$$

$$= \frac{2\,726.75\,万元}{8\%}\left[1 - \frac{1}{(1+8\%)^{50-5}}\right]$$

$$= 33\,016.58\,万元$$

【例6-21】6年前，甲公司提供一宗面积为1 000m²、土地使用年限为50年的土地，乙公司出资300万元，合作建设建筑面积为9 000m²的房屋。房屋建设期为2年，建成后，其中3 000m²建筑面积划归甲公司所有，6 000m²建筑面积由乙公司使用20年，期满后无偿归甲公司所有。现今，乙公司有意将使用期满后的剩余年限购买下来，甲公司也乐意出售。但双方对价格把握不准并有争议，协商请一家专业房地产估价机构进行估价。据调查得知，现时该类房地产建筑面积的月租金为120元/m²，出租率为85%，年运营费用约占年租赁有效毛收入的35%，报酬率为12%。

【解】
根据题意，本题估价对象是未来乙公司使用期满后至土地使用年限期满前28年的土地使用权和房屋所有权在今天的价值。这里采用收益法进行估价。

1）年净收益=120元/月×6 000m²×85%×(1−35%)×12月=4 773 600元=477.36万元。

2）未来44年的净收益现值之和为

$$V_{44} = \frac{A}{Y}\left[1 - \frac{1}{(1+Y)^n}\right]$$

$$= \frac{477.36万元}{12\%}\left[1 - \frac{1}{(1+12\%)^{44}}\right]$$

$$= 3\,950.83\,万元$$

3）未来16年的净收益现值之和为

$$V_{16} = \frac{A}{Y}\left[1 - \frac{1}{(1+Y)^n}\right]$$

$$= \frac{477.36万元}{12\%}\left[1 - \frac{1}{(1+12\%)^{16}}\right] = 3\,329.10\,万元$$

4）乙公司使用期满后至土地使用年限期满前的28年的土地使用权和房屋所有权在今天的价值为

$$V_{28} = V_{44} - V_{16}$$

$$= 3\,950.83\,万元 - 3\,329.10\,万元 = 621.73\,万元$$

【例6-22】某出租的写字楼，使用面积为3 000m²，收益年限为45年，空置率为20%，未来3年每平方米使用面积的租金（含物业服务费用）分别为360元、400元、330元，同档次写字楼的年物业服务费用为每平方米使用面积36元，除物业服务费用之外的其他运营费用为租金（不含物业服务费用）的25%。假设该写字楼未来每年的净收益基本上固定不变，报酬率为9%。请利用"未来数据资本化公式法"求取该写字楼的净收益并计算其收益价格。

【解】
假设该写字楼的收益价格为$V$。

（1）计算未来三年的净收益

未来第一年的净收益=（360元/m²−36元/m²）×（1−20%）×（1−25%）
×3 000m²=583 200元=58.32万元

未来第二年的净收益=（400元/m²−36元/m²）×（1−20%）×（1−25%）
×3 000m²=655 200元=65.52万元

未来第三年的净收益=（330元/m²−36元/m²）×（1−20%）×（1−25%）
×3 000m²=529 200元=52.92万元

（2）计算年净收益

$$A=\frac{Y(1+Y)^t}{(1+Y)^t-1}\sum_{i=1}^{t}\frac{A_i}{(1+Y)^i}$$

$$=\frac{9\%(1+9\%)^3}{(1+9\%)^3-1}\times\left[\frac{58.32\text{万元}}{1+9\%}+\frac{65.52\text{万元}}{(1+9\%)^2}+\frac{52.92\text{万元}}{(1+9\%)^3}\right]$$

=59.07万元

（3）计算收益价格

$$V=\frac{A}{Y}\left[1-\frac{1}{(1+Y)^n}\right]$$

$$=\frac{59.07\text{万元}}{9\%}\left[1-\frac{1}{(1+9\%)^{45}}\right]=642.75\text{万元}$$

## 练 习 题

一、单项选择题

1. 收益法适用的条件是房地产的（　　）。
    A．收益能够量化　　　　　　B．风险能够量化
    C．收益或风险其一可以量化　　D．收益和风险均能量化
2. 在用收益法评估某宗房地产的价格时，除有租约限制的以外，应选取（　　）净收益作为估价依据。
    A．类似房地产的客观　　　　B．类似房地产的实际
    C．类似房地产的最高　　　　D．类似房地产的最低．
3. 收益法有效年期的计算公式中的 $n$ 为（　　）。
    A．耐用年限　　　　　　　　B．使用权年限
    C．已使用年限　　　　　　　D．剩余使用年限
4. 采用收益法进行地价评估时，其中确定的总收益为（　　）。
    A．评估对象所产生的收益

B．评估对象所产生的且考虑了空置等损失后的收益
C．评估对象所产生的并为其产权主体所取得的收益
D．评估对象所产生的并为其产权主体所取得、考虑空置等损失后的收益

5．某宗房地产，净收益为每年 50 万元，建筑物价值 200 万元，建筑资本化率为 12%，土地资本化率为 10%，则该宗房地产的总价值为（　　）万元。
　　A．417　　　B．500　　　C．460　　　D．450

6．根据市场调查，某建筑物出租每年能获得的总收益为 200 万元，每年需支出的总费用为 40 万元，该类综合还原率为 8%，土地还原率为 6%，则在不考虑土地的使用年限的情况下，该土地及其建筑物的价格为（　　）万元。
　　A．2 000　　　B．2 500　　　C．2 667　　　D．3 333

7．预计某宗房地产未来第一年的净收益为 18 万元，此后各年的净收益会在上一年的基础上增加 1 万元，该类房地产的报酬率为 8%，该房地产的价格为（　　）万元。
　　A．225.00　　　B．237.50　　　C．381.25　　　D．395.83

8．某宗土地的规划容积率为 3，可兴建 6 000 m² 的商住楼，经评估，总地价为 180 万元，该宗土地的单价为（　　）元/m²。
　　A．100　　　B．300　　　C．600　　　D．900

9．某宗不动产的土地使用年限为 50 年，至今已使用 8 年，预计该宗不动产年有效毛收入为 80 万元，运营费用率为 40%，安全利率假定为 6%，风险补偿率为安全利率的 40%，该不动产的收益价格为（　　）。
　　A．368 万元　　　B．552 万元　　　C．561 万元　　　D．920 万元

10．预测某宗收益性房地产未来三年的净收益均为 100 万元/年，三年后的出售价格会上涨 12%，届时转让税费为售价的 6%，报酬率为 9%。该房地产目前的价值为（　　）万元。
　　A．923　　　B．1 111　　　C．1 353　　　D．1 872

11．收益法中的运营费用率是指（　　）。
　　A．运营费用与潜在毛收入之比　　B．运营费用与总收益之比
　　C．运营费用与净收益之比　　　　D．运营费用与有效毛收入之比

12．某宗房地产是于三年前通过出让方式取得的，当时获得的土地使用期限为 50 年并约定不可续期，判定其未来每年的净收益基本稳定。预计该宗房地产在正常情况下未来四年的净收益分别为：31 万元、29 万元、30.5 万元、29.5 万元，报酬率为 8%。用"未来数据资本化公式法"计算该宗房地产的收益价格为（　　）万元。
　　A．358.85　　　B．360.49　　　C．362.93　　　D．365.29

13．采用安全利率加风险调整值法确定资本化率的基本公式为（　　）。

A. 报酬率=安全利率+投资风险补偿–投资带来的优惠
B. 报酬率=安全利率+投资风险补偿+管理负担补偿+投资带来的优惠
C. 报酬率=安全利率+投资风险补偿+管理负担补偿+通货膨胀补偿–投资带来的优惠
D. 报酬率=安全利率+投资风险补偿+管理负担补偿+缺乏流动性补偿–投资带来的优惠

14. 某商场建成于 2000 年 10 月，收益期限从 2000 年 10 月～2040 年 10 月，预计未来正常运行年潜在毛收入为 120 万元，年平均空置率为 20%，年运营费用为 50 万元。目前，该类物业无风险报酬率为 5%，风险报酬率为安全利率的 60%，则该商场在 2005 年 10 月的价值最接近于（　　）万元。
　　A．536　　　　B．549　　　　C．557　　　　D．816

15. 直接资本化法通常是采用（　　）的预期收益。
　　A．估价时点　　　　　　　　B．未来第一年
　　C．收益期内的算术平均数　　D．收益期内的中位数

## 二、多项选择题

1. 收益性房地产的价值高低主要取决于（　　）。
　　A．已经获得净收益的大小　　B．未来获得净收益的风险
　　C．未来获得净收益的大小　　D．目前总收益的大小
　　E．未来获得净收益期限的长短

2. 收益性房地产包括（　　）。
　　A．未出租的餐馆　　B．旅店
　　C．加油站　　　　　D．农地
　　E．未开发的土地

3. 甲、乙两块土地，其区位及实物状况都基本一样。甲地块土地单价为 506 元/m²，容积率为 1.5，土地使用年限为 50 年。乙地块土地单价为 820 元/m²，容积率为 2.4，土地使用年限为 70 年。在用楼面地价来判断甲、乙两地块的投资价值时，若土地报酬率为 8%，则下列表述中正确的有（　　）。
　　A．乙地块比甲地块贵
　　B．甲地块的 70 年使用权楼面地价低于 341.67 元/m²
　　C．甲地块与乙地块的楼面地价相等
　　D．甲地块比乙地块贵
　　E．乙地块的 70 年使用权楼面价高于 340 元/m²

4. 从估价角度出发，收益性房地产的运营费用不包含（　　）等。
　　A．房地产改建及扩建费用　　B．抵押贷款还本付息额
　　C．房屋设备折旧费　　　　　D．所得税

5. 收益法中确定报酬率的基本方法有（ ）。
   A．市场比较法　　　　　　B．累加法
   C．指数调整法　　　　　　D．投资报酬率排序插入法
   E．收益乘数法
6. 直接资本化法的优点是（ ）。
   A．指明了房地产的价值是其未来各期净收益的现值之和
   B．通常只需要测算未来第一年的收益
   C．每期的净收益或现金流量都是明确的，直观且容易被理解
   D．资本化率或收益乘数直接来源于市场所显示的收益与价值的关系
   E．计算过程较为简单

三、判断题
1. 收益法是以预期原理为基础的。预期原理说明，决定房地产当前价值的，重要的不是过去的因素而是现在的因素。（　　）
2. 报酬资本化法是指房地产的价值等于其未来各期净收益之和，具体是预测估价对象未来各期的净收益（净现金流量），然后累加，以此求取估价对象的客观合理价格或价值的方法。（　　）
3. 预计某宗房地产的年净收益为2万元，预计该房地产尚可使用15年，房地产的报酬率为8%，则房地产的收益价格为17万元。（　　）
4. 某宗房地产，收益期为无限年，预计每年的总收益稳定为16万元，总费用未来第一年为8万元，此后每年递增2%。该类房地产的报酬率为10%，则该宗房地产的收益价格为60万元。（　　）
5. 预计某宗房地产未来第一年的净收益为38万元，此后每年的净收益将在上一年的基础上减少3万元，则该宗房地产的合理经营期限为12年。（　　）
6. 商业经营的房地产的净收益为商品销售收入扣除商品销售成本、经营费用、商品销售税金及附加、管理费用、财务费用和商业利润。（　　）
7. 投资回报是指所投入的资本的回收，即保本。（　　）
8. 报酬率与投资风险呈正相关。风险大的投资，其报酬率也高，反之则低。（　　）
9. 潜在毛收入是假定房地产在充分利用、无空置（即100%出租）情况下的收入。（　　）
10. 在同一地区、同一时期的房地产，其资本化率相同。（　　）

四、计算题
1. 已知某宗房地产在70年使用权、资本化率为10%的情况下的价格为2 000元/m²。试求该宗房地产在无限年期、报酬率为12%及50年使用权、报酬率为8%下的价格。

2．某门市的土地剩余使用年限为 3 年，可出租面积 200m²，从现在租赁出去，期限为两年，约定好月租金是 180 元/m²，并且每年不变，附近类似门市的正常月租金是 200 元/m²、报酬率是 10%，运营费用率为 30%，则该门市现在带租约出售时的正常价格是多少？

3．某房地产的净收益为每年 50 万元，近期同类地价为 260 万元，建筑物重置价格 300 万元，已知建筑物报酬率为 12%，土地报酬率为 10%。根据上述资料，试求该建筑物的折旧额。

4．已知无风险报酬率为 5%，与某房地产投资相关的投资风险补偿、管理负担补偿、缺乏流动性补偿、投资带来的优惠分别为 2.5%、0.5%、1.0%、1.0%，试求该房地产投资的报酬率。

5．某估价对象为一出租型写字楼，土地总面积为 12 000m²，土地使用权年限为 50 年，从 2006 年 6 月 30 日起计。建筑物总建筑面积 52 000m²，2003 年 6 月 30 日建成，建筑结构为钢混结构，建筑物地上有 22 层、地下有两层。要求评估该写字楼在 2005 年 6 月 30 日的市场价格。

通过调查，收集的资料如下：

1）租金按净面积计，可供出租的净面积占建筑总面积的 60%，总计为 31 200m²，其余部分为公共过道、大楼管理人员用房、设备用房及其他占用的用房。

2）租金平均每月每平方米为 35 美元。

3）年平均空置率为 10%，即年平均出租率为 90%。

4）经常性费用平均每月为 10 万美元，包括工资、水电、维修、清洁、保安等费用。

5）房产税按建筑物重置价值（重置价格为 5 500 万美元）扣除 30% 后的余值的 1.2%缴纳（每年）。

6）其他税费为每月总收入的 6%（每月）。报酬率为 8%。

6．六年前甲公司提供一宗 40 年使用权的出让土地与乙公司合作建设一办公楼，总建筑面积 3 000m²，于四年前建成并投入使用，办公楼正常使用寿命长于土地使用年限。甲、乙双方当时合同约定，建成投入使用后，其中的 1 000m² 建筑面积归甲方，2 000m² 建筑面积由乙方使用 15 年，期满后无偿归甲方。现今，乙方欲拥有该办公楼的产权，甲方也愿意将其转让给乙方。试估算乙方现时应出资多少万元购买甲方的权益。据调查得知，现时该类办公楼每平方米建筑面积的月租金平均为 80 元，出租率为 85%，年运营费用约占租赁有效毛收入的 35%，报酬率为 10%。

7．有一宗房地产，占地面积为 200m²，1995 年 9 月拥有使用权，期限为 70 年。该地上的建筑面积为 350m²，现出租。每月租金 3 万元，每月总费用 0.2 万元，假如房地产的投资收益率为 10%，请评估该房地产 2011 年 9 月的价值。

# 第7章 成 本 法

**学习要点：**
1. 熟悉成本法的含义及理论依据。
2. 熟悉成本法适用的估价对象和条件。
3. 掌握房地产价格的构成及基本公式。
4. 掌握重新构建价格的求取方法。
5. 掌握建筑物折旧的求取方法。

## 7.1 成本法概述

### 7.1.1 成本法的含义

成本法是指先求取估价对象在估价时点时的重新购建价格和折旧，然后再用重新购建价格减去折旧来求取估价对象价值的方法。即

$$房地产价格＝重新购建价格－折旧$$

所谓重新购建价格，是指假设在估价时点时重新取得全新状况的估价对象的必要支出，或者重新开发建设全新状况的估价对象的必要支出及应得利润。

所谓折旧，是指各种原因造成的房地产价值的减损。其金额为房地产在估价时点时的市场价值与在估价时点时的重新购建价格之差。

成本法也可以说是以房地产价格的各个构成部分的累加为基础来求取房地产价值的方法，即先把房地产价格分成各个组成部分，然后分别求取各个组成部分的价格，再将各个组成部分的价格予以累加。

成本法的本质是以房地产的重新开发建设成本为导向来求取房地产的价值。所以，成本法中的"成本"并不是通常意义上的成本（不含利润），而是价格（包含利润）。通常把用成本法测算出的价值简称为积算价格。但在该方法中也用到了通常意义上的成本，此外还用到了费用、支出、代价等相关概念。因此，在遇到"成本"、"费用"、"支出"、"代价"等词时，要注意根据上下文的内容来判定它

们的具体内涵。

成本法的优点是其求得的房地产价值能让人们"看得见"——人们可以看到该价值是由哪些部分组成的；较容易发现其中哪些是不必要的，哪些是重复的，哪些被遗漏了，哪些被高估了，哪些又被低估了。因此，成本法测算出的房地产价值给人的感觉是"有理有据"，特别是在有"文件"规定房地产价格构成和相关成本、费用、税金、利润等标准的情况下。

### 7.1.2 成本法的理论依据

成本法的理论依据是生产费用价值论——商品的价格是依据其生产所必需的费用决定的。具体又可以分别从卖方的角度和买方的角度看。

从卖方的角度看，房地产的价格是基于其过去投入的"生产费用"而定的，重在过去的投入，卖方所愿意接受的最低价格肯定不能低于他为开发建设该房地产已投入的成本。如果低于该成本，他就要赔本。进一步讲，当某种房地产的市场价格低于卖方过去投入的成本（包含利润）时，它就不太可能会被开发建设，除非它的市场价格升高了；而如果当某种房地产的市场价格远远高于卖方投入的成本时，则它将会很快进入市场，直到它的市场价格降下来。

从买方的角度看，房地产的价格是基于其社会上的"生产费用"而定的，这一点类似于市场比较法中提到过的"替代原理"，即买方愿意支付的最高价格不能高于他预计重新开发建设该房地产的必要支出及应得利润。如果高于这个必要支出及应得利润，那么他就不如自己开发建设（或者委托别人开发建设）。比方说，当房地产为土地与建筑物的综合体时，买方在确定其购买价格的时候通常会有这样的考虑：自己另外购买一块类似土地的现时价格是多少？在该块土地上建造类似建筑物的现时费用又是多少？而这两者之和便是自己所愿意支付的最高价格。当然，如果该房地产中的建筑物是旧的或者在功能、质量等方面存在某些缺陷，或者建筑物本身以外还有一些不利因素导致价格下降，则买方在确定其愿意支付的最高价格时通常还会考虑建筑物的折旧所带来的价值减损。

由此可知，一个是不低于已投入的开发建设的成本，另一个是不高于预计重新开发建设的必要支出及应得利润，买卖双方可以接受的共同价格即是正常的开发建设代价（包含开发建设的必要支出及应得利润）。因此，房地产估价师便可以根据重新开发建设估价对象的必要支出及应得利润来估算估价对象的客观合理的价值。

成本法虽然在本质和理论依据上与市场比较法不同，但也存在相似之处。在成本法中，折旧可以视为一种房地产状况调整，即将估价对象假定为"新的"状况下的重新购建价格，调整为实际上是"旧的"状况下的价格。因此，成本法与市场比较法的本质区别，不是看是否有减去折旧，而是看"重新购建价格"或"可比实例价格"的来源方式。如果"重新购建价格"或"可比实例价格"是直接来源于市场上类似房地产的成交价格，则就属于市场比较法；如果是通过价格构成各部分的累加方式求取的重新开发建设成本，则就属于成本法。为了便于理解，以评估一台旧设备的市场价值为例来说明：如果该旧设备的市场价值是通过市场上相同的新设备的市场价格减去折旧来求取的，则表面上的成本法实质上是市场比较法，这里的折旧实质上是实物状况调整；如果是通过重新制造相同的新设备的成本（包括原料费、加工费、税金、利润等）减去折旧来求取的，则才是真正的成本法。成本法中房地产价格的各个构成部分及建筑物折旧的求取，通常也会采用市场比较法。

## 7.1.3 成本法适用的估价对象和条件

### 1. 成本法适用的估价对象

对于新近开发建设完成的房地产（简称新开发的房地产）、可以假设重新开发建设的现有房地产（简称旧的房地产）、正在开发建设的房地产（即在建工程）、计划开发建设的房地产来说，它们都可以采用成本法估价。对于那些很少发生交易而限制了市场法的运用、又没有经济收益或没有潜在经济收益而限制了收益法运用的房地产，例如体育场馆、公园、行政办公楼、学校、医院、图书馆、军队营房等以公益、公用为目的的房地产，它们均特别适用成本法估价。化工厂、钢铁厂、发电厂之类有独特设计或者只针对个别使用者的特殊需要而开发建设的房地产，以及单纯的建筑物或者其装饰装修部分，通常也采用成本法估价。

在房地产保险（包括投保和理赔）及其他房地产损害赔偿中，往往也采用成本法估价。因为在保险事故发生后或其他损害赔偿中，房地产的损坏通常是建筑物的局部，需要将其恢复到原状；对于建筑物全部损毁的，有时也需要采取重新建造的办法来解决。另外，在房地产市场不够活跃或者类似房地产交易实例较少的地区，难以采用市场法估价时，通常只能采用成本法估价。

成本法一般适用于评估那些可独立开发建设的整体房地产的价值。当采用成本法评估局部房地产的价值时，例如评估某幢住宅楼中的某套住宅的价值，通常是先评估该整幢住宅楼平均每单位面积的价值，然后在此基础上进行楼层、朝向、装饰装修等因素调整后才可得到该套住宅的价值。在实际估价中，根据估价对象这类房地产的开发建设方式，还可能需要先求取"小区"的平均价格，然后推算到"幢"的平均价格，再推算到"层"或"套"的平均价格。采用成本法评估开发区中某块土地的价值，通常也与此类似。

成本法估价比较费时费力，估价对象重新购建价格和建筑物折旧的测算也有相当大的难度,尤其是测算那些建筑物过于老旧的房地产,往往需要估价人员针对建筑物进行实地勘察,依靠估价人员的主观进行判断。如果一个建筑物已很破旧,基本上没有使用价值了,这时采用成本法估价就无多大意义了。在这种情况下,对于建筑物,一般是根据拆除后的残余价值来估价;对于整个房地产,一般是采用假设开发法并根据开发完成后的价值减去开发建设的必要支出及应得利润来估价。因此,成本法主要适用于评估建筑物是新的或者比较新的房地产的价值,不适用于评估建筑物过于老旧的房地产的价值。

**2. 成本法适用的条件**

房地产的价格直接取决于房地产效用,而非花费的成本。例如金杯与普通的玻璃杯,在用于喝水上,效用是一样的。需要特别强调的是,只有转化为效用的成本,才能构成价格或者价值。换一个角度讲,房地产成本的增加并不一定能增加其价值;投入的成本不多,也不一定说明其价值不高。价格等于"成本加平均利润",是从长期、平均方面来看的,而且还需要具备两个条件:一是自由竞争(即可以自由进入市场),二是该种商品本身可以大量重复生产。

**3. 成本法的理想假设条件**

1)价格正好等于成本加平均利润。
2)供给正好等于需求。
3)假设有某个因素引发了供大于求。

实际上,现实中很难满足理想假设条件。因此,我们在运用成本法估价时应注意"逼近"理想假设条件。其中最主要的有以下三个方面:

一是要区分实际成本和客观成本。实际成本是某个开发商的实际花费,客观成本是假设开发建造时大多数开发商的正常花费。在估价时应采用客观成本,而不是实际成本。

二是要结合市场供求分析来确定评估价值。当市场处于供大于求的环境时,价格应向下调整;当供不应求时,价格应向上调整。

三是应在客观成本的基础上结合选址、规划设计等的分析进行调整。现实中有一些选址不当或者规划设计不合理等造成不符合市场需求的房地产,比如在人流量很少的地方建造高档购物中心。在这种情况下虽然购物中心的建造成本比较高,但其价格不一定那么高。

成本法估价还要求房地产估价师具备一定的建筑工程、建筑设备、建筑工程造价、建筑材料、装饰装修等方面的专业知识,更要求估价师具备扎实的理论基础和丰富的实践经验。

### 7.1.4 房地产价格的构成

运用成本法估价的一项基础性工作,是要弄清估价对象所在地的房地产价格构成。在现实中,特别是在目前房地产开发建设(土地开发、房屋建设)、房地产税费等制度、政策、规则、土地取得尚不完善、不明晰、不统一、时常发生变化的情况下,房地产价格构成极其复杂,不同地区、不同时期、不同用途或不同类型的房地产,其价格构成可能不同。房地产价格构成还可能因不同的单位和个人对构成项目划分的不同而不同。但在实际运用成本法估价时,不论估价对象所在地的房地产价格构成多么复杂,首先也是最为关键的还是估价机构和估价师必须深入调查、了解当地从土地取得一直到房屋竣工验收乃至完成租售的全过程中所需做的各项工作——一般要经历获取土地、前期工作(包括规划设计等)、招标投标、施工建设、竣工验收、商品房租售等阶段,然后整理出这些开发建设成本、费用、税金和利润等的清单,从而做到既不遗漏,也不重复。最后,在此基础上结合估价对象的实际情况,确定估价对象的价格构成,并且测算出各个构成项目的金额。

下面以房地产开发商取得房地产开发用地进行商品房建设,然后销售所建成的商品房这种典型的房地产开发经营方式为例,并且从便于测算房地产价格各个构成项目金额的角度来划分房地产价格。房地产价格分为以下七大项:①土地取得成本;②开发成本;③管理费用;④销售费用;⑤投资利息;⑥销售税费;⑦开发利润。

**1. 土地取得成本**

土地取得成本是指取得房地产开发用地的必要支出。在目前情况下,土地取得成本的构成因取得房地产开发用地的途径的不同而不同。取得房地产开发用地的途径可归纳为以下三种:①通过市场购置取得;②通过征收集体土地取得;③通过征收国有土地上房屋取得。在实际估价中,应根据估价对象的实际情况(如估价对象所处的地段,当地同类土地取得的主要途径)选取上述三个途径中的一个来求取。

(1)市场购置下的土地取得成本 在完善、成熟的土地市场下,土地取得成本一般是由购买土地的价款和应当由买方(在此为房地产开发商)缴纳的税费及可直接归属于该土地的其他支出构成。目前,市场购置下的土地取得主要是指购买政府招标、拍卖、挂牌出让或者房地产开发商转让的已完成征收或拆迁补偿安置的建设用地使用权。这种情况下的土地取得成本一般包括:

1)土地使用权购买价格。一般是采用市场比较法求取,也可以采用基准地价修正法、成本法求取。

2)买方应当缴纳的税费,包括契税、印花税、交易手续费等,其通常是根据税法及中央和地方政府的有关规定,按照土地使用权购买价格的一定比例来测算的。

【例7-1】某宗面积为 10 000m$^2$ 的房地产开发用地,市场上的楼面地价为 1 600

元/m², 容积率为4, 受让人需按照受让价格的3%缴纳契税等税费, 则土地取得成本为多少?

【解】
土地取得的成本=1 600元/m²×10 000m²×4×(1+3%)=65 920 000元=6 592万元

（2）征收集体土地的土地取得成本　征收集体土地的土地取得成本一般包括土地使用权出让金、城市基础设施建设费、征地补偿安置费、相关税费及地上物拆除费、渣土清运费和场地平整费等。

土地使用权出让金和城市基础设施建设费一般是按照规定的标准或者采用市场比较法求取。

征地补偿安置费一般由下列四项费用组成:

1) 土地补偿费。征收耕地的土地补偿费, 为该耕地被征收前三年平均年产值的6~10倍。征收其他土地的土地补偿费标准, 由省、自治区、直辖市参照征收耕地的土地补偿费的标准规定。土地补偿费的计算公式为

土地补偿费=被征土地前三年平均年产值×补偿倍数

2) 安置补助费。征收耕地的安置补助费, 按照需要安置的农业人口数计算。

需要安置的农业人口数, 按照被征收的耕地数量除以征地前被征收单位平均每人占有耕地的数量计算。每一个需要安置的农业人口的安置补助费标准, 为该耕地被征收前三年平均年产值的4~6倍。但是, 每公顷被征收耕地的安置补助费, 最高不得超过被征收前三年平均年产值的15倍。征收其他土地的安置补助费标准, 由省、自治区、直辖市参照征收耕地的安置补助费的标准规定。安置补助费的计算公式为

当被征土地需安置人数×补偿倍数≤15时

总安置补助费=被征收土地前三年平均年产值×补偿倍数×
被征收土地需安置人数

当被征土地需安置人数×补偿倍数>15时

总安置补助费=被征土地前三年平均年产值×15

依照规定支付土地补偿费和安置补助费, 尚不能使需要安置的农民保持原有生活水平的, 经省、自治区、直辖市人民政府批准, 可以增加安置补助费。但是, 土地补偿费和安置补助费的总和不得超过土地被征收前三年平均年产值的30倍。

省级国土资源部门会同有关部门制定省域内各县（市）耕地的最低统一年产值标准, 报省级人民政府批准后公布执行。制定统一年产值标准可考虑被征收耕地的类型、质量、农民对土地的投入、农产品价格、农用地等级等因素。土地补偿费和安置补助费的统一年产值倍数, 应按照保证被征地农民原有生活水平不降低的原则, 在法律规定范围内确定; 按法定的统一年产值倍数计算的

征地补偿安置费用，不能使被征地农民保持原有生活水平，不足以支付因征地而导致无地农民社会保障费用的，经省级人民政府批准应当提高倍数；土地补偿费和安置补助费合计按30倍计算，尚不足以使被征地农民保持原有生活水平的，由当地人民政府统筹安排，从国有土地有偿使用收益中划出一定比例给予补贴。经依法批准占用基本农田的，征地补偿按当地人民政府公布的最高补偿标准执行。

在有条件的地区，省级国土资源部门可会同有关部门制定省域内各县（市）征地区片综合地价，报省级人民政府批准后公布执行，实行征地补偿。制定区片综合地价应考虑地类、产值、土地区位、农用地等级、人均耕地数量、土地供求关系、当地经济发展水平和城镇居民最低生活保障水平等因素。

3）地上附着物和青苗的补偿费。地上附着物补偿费是对被征收土地上诸如房屋及其他建筑物（含构筑物）、树木、鱼塘、农田水利设施、蔬菜大棚等给予的补偿费。青苗补偿费是对被征收土地上尚未成熟、不能收获的诸如水稻、小麦、蔬菜、水果等给予的补偿费。可以移植的苗木、花草及多年生经济林木等，一般仅支付移植费；不能移植的，则给予合理的补偿或作价收购。地上附着物和青苗的补偿标准，由省、自治区、直辖市规定。

4）被征地农民的社会保障费用。

相关税费一般包括以下费用和税金：

1）新菜地开发建设基金（征收城市郊区菜地的）。在征收城市郊区的菜地时，用地单位应当按照国家有关规定缴纳新菜地开发建设基金。新菜地开发建设基金的缴纳标准，由省、自治区、直辖市规定。

2）耕地开垦费（占用耕地的）。国家实行占用耕地补偿制度。非农业建设经批准占用耕地的，按照"占多少，垦多少"的原则，由占用耕地的单位负责开垦与所占用耕地的数量和质量相当的耕地，没有条件开垦或者开垦的耕地不符合要求的，应当按照省、自治区、直辖市的规定缴纳耕地开垦费，专款用于开垦新的耕地。

3）耕地占用税（占用耕地的）。根据《中华人民共和国耕地占用税暂行条例》（2007年12月1日中华人民共和国国务院令第511号公布，以下简称《耕地占用税暂行条例》），占用耕地建房或者从事其他非农业建设的单位和个人，都是耕地占用税的纳税义务人，应当按照规定缴纳耕地占用税。耕地占用税以纳税义务人实际占用的耕地面积计税，按照规定税额一次性征收。占用林地、牧草地、农田水利用地、养殖水面以及渔业水域滩涂等其他农用地建房或者从事非农业建设的，比照《耕地占用税暂行条例》规定征收耕地占用税。

4）征地管理费。该项费用是指县级人民政府土地管理部门受用地单位委托，采用包干方式统一负责、组织、办理各类建设项目征收土地的有关事宜，由用地单位按照征地费用总额（征地补偿安置费）的一定比例支付的管理费用。包干方式有全包方式、半包方式和单包方式三种。

5）政府规定的其他有关费用。部分省、自治区、直辖市还规定收取防洪费、南水北调费等。具体费用项目和收取标准，应根据国家和当地政府的有关规定执行。

（3）征收国有土地上房屋的土地取得成本　征收国有土地上房屋的土地取得成本一般包括土地使用权出让金、城市基础设施建设费、房屋拆迁补偿安置费、相关费用及地上物拆除费、渣土清运费和场地平整费等。

房屋拆迁补偿安置费由征收人对被征收人给予拆迁补偿安置所发生的全部费用构成，其金额相当于下列五项之和：

1）房地产补偿费。房地产补偿费是对被征收房屋及其占用范围内的土地和地上附着物的补偿费，其标准是被征收房屋及其占用范围内的土地和地上附着物的市场价值，具体由房地产估价机构根据被征收房屋的区位、用途、建筑结构、新旧程度、装饰装修、建筑面积等因素评估确定。其中，被征收房屋室内自行装饰装修的补偿费可单独计算，其标准是该自行装饰装修部分的市场价值，具体由征收人和被征收人协商确定；协商不成的，可以委托房地产估价机构评估确定。对征收范围内的违章建筑和超过批准期限的临时建筑，不予以补偿，并且按照《中华人民共和国城乡规划法》的规定处理；对未超过批准期限的临时建筑，根据其残余价值给予相应补偿。

2）搬迁补助费。搬迁补助费包括搬迁的家具、电器（如分体式空调、热水器）、机器设备等动产的拆卸费、搬运费和重新安装费。对征收后不可重新利用的动产，根据其残余价值给予相应补偿。

3）过渡补助费（或临时安置补助费、周转房费）。过渡补助费是根据被征收房屋的区位、用途、建筑面积等因素，按照类似房地产的市场租金结合过渡期限确定的补助费。

4）停产停业补偿费。因征收非住宅房屋造成停产、停业的，根据被征收房屋的市场租金或者被征收时会计报表等资料反映的生产经营、营业收入、纳税等情况，结合停产及停业期限确定。

5）安置补助费。征收个人住宅的，对住房困难的低收入家庭，应当给予安置补助费或者提供廉租住房保障。

相关费用一般包括以下费用：

1）房屋拆迁估价费（房地产价格评估费）。该项费用是承担房屋拆迁估价的房地产估价机构向房屋拆迁估价委托人（通常为征收人）收取的估价服务费用。

2）房屋拆迁服务费。该项费用是承担房屋拆迁服务的单位（房屋拆迁企业）

按照房屋拆迁补偿安置费的一定比例向征收人收取的费用。

3）政府规定的其他有关费用。这些费用一般是依照规定的标准或者采用市场比较法求取的。

**2. 开发成本**

开发成本是指在取得的房地产开发用地上进行基础设施建设、房屋建设所必需的直接费用、税金等，主要包括下列几项：

（1）勘察设计和前期工程费　例如市场调查，可行性研究，工程勘察，环境影响评价，规划及建筑设计，建设工程招标和投标，施工的通水、通电、通路，场地平整及临时用房等开发项目前期工作的必要支出。要注意场地平整等费用与前面的土地取得成本的衔接，如果土地取得成本中包含了房屋拆除费（拆除房屋和清运渣土等费用）或者取得的房地产开发用地是"七通一平"等场地平整的熟地，则在此就没有或者只有部分场地平整等费用。

（2）建筑安装工程费　建筑安装工程费包括建造商品房及附属工程所发生的土建工程费用、安装工程费用、装饰装修工程费用等。附属工程是指房屋周围的围墙、水池、建筑小品、绿化等。要注意避免与下面的基础设施建设费、公共配套设施建设费重复。

（3）基础设施建设费　基础设施建设费包括城市规划要求配套的道路、给水和排水（给水、雨水、污水、中水）、电力、电信、燃气、热力、有线电视等设施的建设费用。如果取得的房地产开发用地是熟地，则基础设施建设费已部分或全部包含在土地取得成本中，在此就只有部分或者没有基础设施建设费。

（4）公共配套设施建设费　公共配套设施建设费包括城市规划要求配套的教育（如幼儿园）、医疗卫生（如医院）、文化体育（如文化活动中心）、社区服务（如居委会）、市政公用（如公共厕所）等非营业性设施的建设费用。

（5）其他工程费　其他工程费包括工程监理费、竣工验收费等。

（6）开发期间的税费　开发期间的税费包括有关税收和地方政府或其有关部门收取的费用，例如绿化建设费、人防工程费等。

有时需要将上述开发成本划分为土地开发成本和建筑物建设成本。在这种情况下，一般可将基础设施建设费归入土地开发成本；公共配套设施建设费视土地市场成熟度、房地产开发用地大小等情况，归入土地开发成本或建筑物建设成本中，或者在两者之间进行合理分配；其他费用一般归入建筑物建设成本中。

**3. 管理费用**

管理费用是指房地产开发商组织和管理房地产开发及经营活动的必要支出，包括房地产开发公司员工的工资及福利费、办公费、差旅费等，可以是土地取得成本与开发成本之和的一定比例。因此，管理费用通常按照土地取得成本与开发成本之和的一定比例来测算。

**4．销售费用**

销售费用也称销售成本，是指预售或者销售已经开发完成的房地产的必要支出，包括样板房或样板间建设费、售楼处建设费、广告费、销售资料制作费、销售人员费用或者销售代理费等。为了便于投资利息的测算，销售费用应当区分为销售之前发生的费用和与销售同时发生的费用。广告费、销售资料制作费、样板房或样板间建设费、售楼处建设费一般是在销售之前发生的，销售代理费一般是与销售同时发生的。销售费用通常按照售价的一定比例来测算。

**5．投资利息**

（1）投资利息与财务费用的区别　投资利息与财务费用不完全相同。投资利息是指在房地产开发完成或者实现销售之前发生的所有必要费用的利息，而不仅是指借款的利息和手续费。因此，土地取得成本、开发成本、管理费用和销售费用，无论是来自借贷资金还是自有资金，都应计算利息。因为借贷资金要支付贷款利息，自有资金要放弃可得的存款利息，即基于资金的机会成本的考虑。机会成本（其他投资机会的相对吸引力）是指在互斥的选择中，选择其中一个而非另一个时所放弃的收益。放弃的收益可被视作一种成本。或者说，稀缺的资源被用于某种用途意味着它不能被用于其他用途，因此当我们使用某一稀缺的资源时，应当考虑它的第二种最好的用途。从这第二种最好的用途中可以获得的益处，是机会成本的正式度量。资金是一种稀缺的资源，根据机会成本的概念，资金被占用之后就失去了获得其他收益的机会。因此，占用资金时要考虑资金获得其他收益的可能，显而易见的一种可能是把资金存入银行获取利息。此外，从估价的角度看，为了使评估出的价值客观合理，也要把房地产开发商的自有资金应获得的利息与其应获得的利润分开，而不能算做开发利润。

（2）投资利息的计算　正确计算投资利息具体需要把握下列五个方面：

1）应计息项目。应计息项目包括土地取得成本、开发成本、管理费用和销售费用。销售税费一般不计算利息。

2）计息周期。计息周期是计算利息的单位时间。计息周期可以是年、半年、季、月等，但通常选择按年计息。

3）计息期。计息期是某项费用应计息的时间长度。其起点是该项费用发生的时间点，终点通常是开发期结束的时间点，不考虑预售和延迟销售的情况。为确定每项费用的计息期，首先要估算整个房地产开发项目的建设期。在成本法中，建设期的起点一般是取得房地产开发用地的日期，终点是估价对象达到全新状况的日期，因为一般都假设估价对象在估价时点时达到全新状况，所以建设期的终点一般是估价时点。当估价对象为现房时，一般都假设估价对象在估价时点时竣工验收完成。另外值得注意的是，未知、需要求取的待开发房地产的价值是假设在估价时点时需要一次付清的，所以，其计息的起点是估价时点。有些费用不是发生在一个时间点上的，而是在一段时间（如开发期或建造期）内连续发生的，但在计息时通常将其假设为在所发生的时间段内均匀发生，具体视为发生在该时间段的期中。

4）计算方式。计算方式有单利计息和复利计息两种。

5）利率。利率有单利利率和复利利率两种。选用哪种利率，则应选用相对应的计息方式；反过来，选用哪种计息方式，就应选用相对应的利率，两者不能混淆。

为了更好地弄清投资利息的测算，下面将有关问题再作进一步的说明。

资金的时间价值是同量资金在两个不同时点的价值之差，若用绝对量来反映，则为"利息"；若用相对量来反映，则为"利率"。利息从贷款人的角度来说，是贷款人将资金借给他人使用所获得的报酬；从借款人的角度来说，是借款人使用他人的资金所支付的成本。利率是指单位时间内的利息与本金的比率，即利率=单位时间内的利息÷本金×100%。计算利息的方式有单利和复利两种。

单利是指每期均按原始本金计算的利息，即只由本金计算出的利息，而本金所产生的利息不入。在单利计息的情况下，每期的利息是常数。

$$I = P \times i \times n$$
$$F = P(1 + i \times n)$$

式中　$P$——本金；
　　　$i$——利率；
　　　$n$——计息周期；
　　　$I$——总利息；
　　　$F$——计息期末的本利和。

例如：将1 000元存入银行两年，银行两年期存款的单利年利率为6%，则到期时：

$$I = P \times i \times n = 1\,000 \text{元} \times 6\% \times 2 = 120 \text{元}$$
$$F = P(1 + i \times n) = 1\,000 \times (1 + 6\% \times 2) = 1\,120 \text{元}$$

复利是指以上一期的利息加上本金为基数计算当期利息的方法。在复利计息的情况下，不仅本金要计算利息，利息也要计算利息，即通常所说的"利滚利"。复利的计息期末的本利和与复利的总利息的计算公式为

$$I = P[(1+i)^n - 1]$$
$$F = P(1+i)^n$$

例如：将1 000元存入银行2年，银行存款的复利年利率为6%，则2年后

$$I = P[(1+i)^n - 1] = 1\,000 \text{元} \times [(1+6\%)^2 - 1] = 123.6 \text{元}$$
$$F = P(1+i)^n = 1\,000 \text{元} \times (1+6\%)^2 = 1\,123.6 \text{元}$$

综上所述不难看出，在本金相等、计息的周期数相同时，如果利率相同，则通常情况下（计算的周期数大于1）单利计息的利息少，复利计息的利息多。

在上述利息计算中，假设利率的时间单位与计息周期相一致的。当利率的时间单位与计息周期不一致时，就出现了名义利率和实际利率的问题。假设名义年利率为 $r$，一年中计息 $m$ 次，则每次计息的利率为 $r/m$。至 $n$ 年年末时，在名义利率下的本利和为

$$F = P\left(1+\frac{r}{m}\right)^{n \times m}$$

如果每半年计息一次，则 $m=2$；如果每季度计息一次，则 $m=4$；如果每月计息一次，则 $m=12$。若要找出名义利率与实际利率的关系，则可以通过令一年末名义利率与实际利率的本利和相等来解决。

在名义利率下的一年末本利和为

$$F = P\left(1+\frac{r}{m}\right)^{m}$$

假设实际年利率为 $i$，则在实际利率下的一年末本利和为

$$F = P(1+i)$$

由 $P(1+i) = P\left(1+\frac{r}{m}\right)^{m}$ 得出

$$i = \left(1+\frac{r}{m}\right)^{m} - 1$$

名义利率与实际利率的关系，也可以通过利率的计算公式得出

$$i = \frac{F-P}{P} = \frac{P\left[\left(1+\frac{r}{m}\right)^{m}-1\right]}{P} = \left(1+\frac{r}{m}\right)^{m} - 1$$

例如：年利率为6%，存款额为1000元，存款期限为1年，如果按每年6%的利率计息一次，按半年3%（6%÷2）的利率计息2次，按季1.5%（6%÷4）的利率计息4次，按月0.5%（6%÷12）的利率计息12次，则在这4种情况下的本利和分别为

一年计息1次：$F = 1000\ 元 \times (1+6\%)^{1} = 1\ 060.00\ 元$

一年计息2次：$F = 1000\ 元 \times (1+3\%)^{2} = 1\ 060.90\ 元$

一年计息 4 次：$F=1\,000\text{ 元}\times(1+1.5\%)^4=1\,061.36\text{ 元}$
一年计息 12 次：$F=1\,000\text{ 元}\times(1+0.5\%)^{12}=1\,061.68\text{ 元}$

这里的 6%，对于一年计息一次的情况来说，既是名义利率又是实际利率；对于一年计息 2 次、4 次和 12 次的情况来说，都是名义利率，而实际利率分别为

一年计息 2 次：$i=(1+3\%)^2-1=6.09\%$
一年计息 4 次：$i=(1+1.5\%)^4-1=6.14\%$
一年计息 12 次：$i=(1+0.5\%)^{12}-1=6.17\%$

### 6．销售税费

销售税费是指在预售或销售未来开发完成的房地产时应由卖方（在此为房地产开发商）缴纳的税费，可分为下列两类：

（1）销售税金及附加　销售税金及附加包括营业税、城市维护建设税和教育费附加（通常简称"两税一费"）。

（2）其他销售税费　其他销售税费包括印花税、交易手续费等。

销售税费一般是按照售价的一定比例收取的，例如"两税一费"一般为售价的 5.5%。因此，销售税费通常按照房地产价值的一定比例来测算。

值得指出的是，这里的销售税费不包括应由买方缴纳的契税等税费及应由卖方缴纳的土地增值税、企业所得税。不包含应由买方缴纳的契税等税费，是因为评估价值是建立在买卖双方各自缴纳自己应缴纳的交易税费下的价值上的。不包含应由卖方缴纳的土地增值税、企业所得税，是为了便于实际估价中正常开发利润率的调查、估计。因为土地增值税是以纳税人转让房地产取得的增值额为计税依据的，每笔转让房地产取得的增值额都可能不同，从而应缴纳的土地增值税会有所不同。企业所得税是以企业为对象缴纳的，一个企业可能同时有多种业务或者多个房地产开发项目，有的业务或项目可能盈利较多，有的业务或项目可能盈利较少，有的业务或项目甚至亏损，从而不同的企业应缴纳的企业所得税会有所不同。

### 7．开发利润

现实中的开发利润是一种结果，是指由销售收入（售价）减去各项成本、费用、税金后的余额。开发利润是指房地产开发商（业主）的利润，而不是建筑承包商的利润。建筑承包商的利润已包含在建筑安装工程费等费用中。而在成本法中，"售价"是未知的，是需要求取的，开发利润则是典型的房地产开发商进行特定的房地产开发所期望获得的利润，是需要事先估算的。因此，运用成本法估价需要先估算出开发利润。测算开发利润应掌握下列四点：

1）开发利润是指所得税前的利润。即

开发利润=开发完成后的房地产价值−土地取得成本−开发成本
−管理费用−投资利息−销售费用−销售税费

2）开发利润是在正常条件下开发商所能获得的平均利润，而不是个别开发商最终获得的实际利润，也不是个别开发商所期望获得的利润。

3）开发利润是按一定基数乘以同一市场上类似房地产开发项目所要求的相应平均利润率来计算的。开发利润的计算基数和相应的利润率有下列四种：

①计算基数=土地取得成本+开发成本，相应的利润率可称为直接成本利润率。即

$$直接成本利润率=\frac{开发利润}{土地取得的成本+开发成本}$$

②计算基数=土地取得成本+开发成本+管理费用，相应的利润率可称为投资利润率。即

$$投资利润率=\frac{开发利润}{土地取得成本+开发成本+管理费用+销售费用}$$

③计算基数=土地取得成本+开发成本+管理费用+投资利息+销售费用，相应的利润率可称为成本利润率。即

$$成本利润率=\frac{开发利润}{土地取得成本+开发成本+管理费用+投资利息+销售费用}$$

④计算基数=开发完成后的房地产价值（售价），相应的利润率可称为销售利润率。即

$$销售利润率=\frac{开发利润}{开发完成后房地产的价格}$$

所以，在测算开发利润时要注意计算基数与利润率的匹配，即采用不同的计算基数，应选用相对应的利润率；反过来，选用不同的利润率，应采用相对应的计算基数，两者不能混淆。从理论上讲，同一个房地产开发项目的开发利润，无论是采用哪种计算基数与其相对应的利润率来测算，所得的结果都是相同的。

4）不管是哪种利润率，都是通过大量调查同一市场上类似房地产开发项目的利润率得到的，也就是客观利润率而不是个别开发商的利润率。

将上述房地产价格的七个组成部分加以累加，就得到了一般房地产的价格。

## 7.1.5 成本法估价的步骤

运用成本法估价一般分为四个步骤进行：
1）搜集有关房地产开发建设的成本、税费、利润等资料。
2）估算估价对象的重新购建价格。
3）估算估价对象的折旧。
4）求取估价对象的积算价格。

## 7.1.6 成本法的基本公式

**1. 成本法最基本的公式**

成本法最基本的公式为

$$积算价格 = 重新购建价格 - 折旧$$

上述公式可针对下列三类估价对象而具体化：
1）新开发的土地。
2）新建的房地产（此处指房地、建筑物两种情况）。
3）旧的房地产（此处指房地、建筑物两种情况）。

新开发的土地和新建的房地产采用成本法估价一般不扣除折旧，但应考虑其工程质量、规划设计、周围环境、房地产市场状况等方面对价格的影响，并且应给予适当的增减修正。

求取新开发土地的价格、新建房地产的价格和旧房地产的重新购建价格的基本步骤是：
1）弄清房地产价格构成。
2）估算各构成部分的金额。
3）将各构成部分的金额累加。

**2. 适用于新开发土地的基本公式**

新开发土地包括吹沙造地、填海造地、开山造地、征用农地后进行"三通一平"等开发的土地，以及在旧城区中拆除旧建筑物等开发的土地。在这些情况下成本法的基本公式为

$$新开发土地价格 = 取得待开发土地的成本 + 土地开发成本 + 管理费用 + 销售费用 + 投资利息 + 销售税费 + 开发利润$$

上述基本公式，在具体情况下又会有具体形式。如新开发区土地的分宗估价公式为

$$新开发区某宗土地的单价 = （取得开发区用地的总成本 + 土地开发总成本 + 总管理费用 + 总销售费用 + 总投资利息 + 总销售税费 + 总开发利润）\div （开发区用地总面积 \times 开发完成后可转让土地面积的比率）\times 用途、区位等因素修正系数$$

在利用上式进行实际估算时，通常分为下列三步骤：
1）计算开发区全部土地的平均价格。
2）计算开发区可转让土地的平均价格，即用第一步计算出的平均价格除以可转让土地面积的比率。

3）计算开发区某宗土地的价格。将第二步计算出的平均价格，根据宗地的规划用途、具体位置、使用年限、建筑容积率等作适当的增减修正。对对新开发区土地的分宗估价，成本法是一种有效的方法。因为新开发区在初期，房地产市场一般还未形成，土地收益一般也还没有。

【例 7-2】某成片荒地面积为 2km², 取得该荒地的代价为 1.2 亿元，将其开发成"五通一平"熟地的开发成本和管理费用为 2.5 亿元，开发期为 3 年，贷款年利率为 10%，销售费用、销售税费和开发利润分别为可转让熟地价格的 2%、5.5% 和 7.5%，开发完成后可转让土地面积的比率为 60%。试求该荒地开发完成后可转让熟地的平均单价。

【解】

该荒地开发完成后可转让熟地的总价=取得该荒地的总代价+土地开发总成本+总管理费用+总销售费用+总投资利息+总销售税费+总开发利润

=取得该荒地的总代价+土地开发总成本+总管理费用+总投资利息+可转让熟地的总价×（销售费用率+销售税费率+开发利润率）

该荒地开发完成后可转让熟地的总价=（取得该荒地的总代价+土地开发总成本+总管理费用+总投资利息）÷（1−销售费用率−销售税费率−开发利润率）

该荒地开发完成后可转让熟地的平均单价=（取得该荒地的总代价+土地开发总成本+总管理费用+总投资利息）÷（1−销售费用率−销售税费率−开发利润率）÷可转让熟地总面积

=（取得该荒地的总代价+土地开发总成本+总管理费用+总投资利息）÷（1−销售费用率−销售税费率−开发利润率）÷（该荒地总面积×可转让土地面积的比率）

$= [(120\,000\,000\text{元} \times (1+10\%)^3 + 250\,000\,000\text{元} \times (1+10\%)^{\frac{3}{2}})] \div [1-(2\%+5.5\%+7.5\%)] \div (2000000\text{m}^2 \times 60\%)$

$= 439.4 \text{元}/\text{m}^2$

**3. 适用于新建房地产的基本公式**

1）在新建房地产的情况下，成本法的基本公式为

新建房地产的价格=土地取得成本+土地开发成本+建筑物建造成本+
　　　　　管理费用+销售费用+投资利息+销售税费+开发利润

2）在新建建筑物的情况下，上述公式中不含土地取得成本、土地开发成本及应归属于土地的管理费用、投资利息、销售税费和开发利润。即

新建建筑物价格=建筑物建造成本+管理费用+销售费用+投资利息+
　　　　　销售税费+开发利润

在实际估价中，应根据估价对象和当地的实际情况，对上述公式进行具体化。

**4. 适用于旧房地产的基本公式**

1）在旧房地产的情况下，成本法的基本公式为

旧房地产价格=土地的重新取得价格或重新开发成本+建筑物的
　　　　　重新购建价格–建筑物的折旧

或者

旧房地产价格=房地产重新购建价格–建筑物折旧

在上式中，必要时还应扣除由于旧建筑物的存在而导致的土地价值减损。

2）在旧建筑物的情况下，成本法的基本公式为

旧建筑物价格=建筑物的重新购建价格–建筑物的折旧

## 7.2　求取重新构建价格

### 7.2.1　建筑物重新构建价格的含义

重新构建价格也称重新构建成本（construction cost-new），是假设在估价时点时重新取得或重新开发、建造全新状态的估价对象所需的一切合理且必要的费用、税金和应得利润之和。这里之所以说是合理、必要的费用，目的是强调重新构建价格是客观的，不是个别企业或个人的实际耗费，而是社会一般的平均消耗。

需要注意的是，重新构建价格是指在估价时点时的价格，而且该估价时点可以是"现在"，也可以是"过去"；建筑物的重新构建价格是全新状态下的价格，未扣除折旧；重新购建价格应是客观的价格。具体地说，重新取得的支出或者重新开发建设的支出和利润，不是个别单位或个人实际的支出和利润，而是同类或类似房地产商开发建设活动的平均支出和利润，即客观成本而不是实际成本。

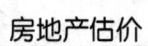

## 7.2.2 建筑物重新构建价格的分类

根据建筑物重新建设的方式不同,建筑物的重新构建价格有重建价格和重置价格两种。

**1. 重建价格**(reproduction cost)

重建价格也称重建成本,是指以估价对象建筑物原有的建筑材料、建筑标准、建筑设备、建筑构件和配件、建筑工艺和建筑风格重新建造与估价对象建筑物完全相同的新建筑物的价格。可以把这种重新建设方式形象化地理解为"复制",所以建筑物的重建价格也可以称为复制成本。重建价格一般适用于有特殊保护价值的建筑物和有美学或历史价值的建筑物的估价,例如文物性建筑物、纪念性建筑物的估价。

**2. 重置价格**(replacement cost)

重置价格又称重置成本,是指采用估价时点时的建筑材料、建筑标准、建筑设备、建筑构件和配件、建筑工艺和建筑风格,按估价时点时的价格水平,重新建造与估价对象基本相同并且具有同等功能效用的全新状态的建筑物的正常价格。重置价格是技术进步的必然结果,也是"替代原理"的体现。由于技术进步,使原有的许多建筑设备、技术、结构、材料、工艺等都已经过时或者成本过高,而采用新的建筑设备、技术、结构、材料、工艺等,不仅可使功能更加完善,而且还使成本降低,因此,重置价格一般会低于重建价格。一般的建筑物适宜采用重置价格估价。

重置价格与重建价格的区别是,重置价格只要求具有同等的功能效用,而重建价格则要求是完全相同的复制品。

## 7.2.3 建筑物重新构建价格的求取思路

**1. 土地重新购建价格的求取思路**

求取土地的重新购建价格,通常是先假设该土地上没有建筑物,除此之外的状况均维持不变,然后采用市场比较法、基准地价修正法等求取该土地的重新购置价格。这种求取思路特别适用于城市建成区内难以求取重新开发成本的土地。另外,也可以采用成本法求取其重新开发成本。因此,土地的重新购建价格可进一步分为重新购置价格和重新开发成本。在求取旧的房地产特别是其中建筑物破旧的土地重新购建价格时应注意,有时需要考虑土地上已有的旧建筑物导致的土地价值减损,即此时空地的价值大于有旧的建筑物的土地价值,甚至大于有旧的建筑物的房地价值。

**2. 建筑物重新购建价格的求取思路**

求取建筑物的重新购建价格,通常是首先假设该建筑物占用的土地已经取得,并且该土地为没有该建筑物的空地,除了没有该建筑物之外,其他状况均维持不变,然后确定在该土地上建造与该建筑物相同或者具有同等效用的全新建筑物的必要支出及应得利润;也可以设想将该全新建筑物发包给承包人建造,由建筑承包人将能直接使用的全新建筑物移交给发包人,这种情况下发包人应支付给承包人建设工程价款再加上发包人的其他必要支出(如勘察设计和前期工程费、管理费用、销售费用、投资利息、销售税费等)及发包人的应得利润,即为建筑物的重新构建价格。

3. 房地重新购建价格的求取思路

求取房地的重新购建价格有两大途径:一是不将该房地分为土地和建筑物两个相对独立的部分,而是模拟房地产开发商的房地产开发过程,在房地产价格构成的基础上,采用成本法来求取;二是将该房地分为土地和建筑物两个相对独立的部分,先求取土地的重新购建价格,再求取建筑物的重新购建价格,然后将这两者相加起来求取。后一种途径适用于以土地市场上能直接在其上进行房屋建设的小块熟地交易为主的情况,或者有关成本、费用、税金、利润,特别是基础设施建设费、公共配套设施建设费较容易在土地和建筑物之间进行分配的情况。

## 7.2.4 建筑物重新购建价格的求取方法

建筑物重新购建价格可以采用市场比较法、成本法求取,也可以通过政府或者其授权的部门、机构公布的房屋重置价格或者房地产市场价格扣除其中可能包含的土地价格来求取。

求取建筑物重新购建价格的具体方法,根据其中的建筑安装工程费的求取方法不同,分为单位比较法、分部分项法、工料测量法和指数调整法。

1. 单位比较法

单位比较法(comparative—unitmethod)是以估价对象建筑物为整体,选取与建筑物价格或成本密切相关的某种计量单位为比较单位,通过调查了解类似建筑物的这种单位价格或成本,并且对其作适当的修正、调整来求取建筑物重新购建价格的方法。这种方法主要有单位面积法和单位体积法。

(1)单位面积法(square-footmethod) 单位面积法是指根据当地近期建成的类似建筑物的单位面积造价,对其作适当的修正、调整(有关修正、调整的内容和方法类似于市场比较法),然后乘以估价对象建筑物的面积来测算建筑物的重新购建价格的方法,例如办公楼、住宅等。这是一种常用、简便、迅速的方法,但比较粗略。

【例 7-3】某建筑物的建筑面积为 3 000$m^2$,该类用途和建筑结构的建筑物的单位建筑面积造价为 6 000 元/$m^2$。试估算该建筑物的重新购建价格。

【解】

该建筑物的重新购建价格为

$$3\,000\,m^2 \times 6\,000\,元/m^2 = 1\,800\,万元$$

（2）单位体积法（cubic-footmethod）　单位体积法与单位面积法相似，是指根据当地近期建成的类似建筑物的单位体积造价，对其作适当的修正、调整，然后乘以估价对象的体积来测算建筑物的重新购建价格的方法。这种方法适用于成本与体积关系较大的建筑物，例如地下油库、储油罐等。

【例 7-4】 某建筑物的体积为 $5\,000\,m^3$，该类用途和建筑结构的建筑物单位体积造价为 $6\,000\,元/m^3$。试估算该建筑物的重新购建价格。

【解】

该建筑物的重新购建价格为

$$5\,000\,m^3 \times 6\,000\,元/m^3 = 3\,000\,万元$$

2．分部分项法

分部分项法（unit—in—place method）是指先将估价对象建筑物分解为各个独立的构件或分部分项工程，并且测算每个独立构件或分部分项工程的数量；然后调查了解估价时点时的各个独立构件或分部分项工程的单位价格或成本；最后将各个独立构件或分部分项工程的数量乘以相应的单位价格或成本后的结果相加，再加上相应的专业费用、管理费用、销售费用、投资利息、销售税费和开发利润，来求取建筑物重新购建价格的方法。

在运用分部分项法测算建筑物的重新购建价格时，需要注意以下两点：①应结合各个构件或分部分项工程的特点使用计量单位，有的要用面积，有的要用体积，有的要用长度，有的要用容量。例如，楼梯栏杆工程的计量单位通常为延米，基础工程的计量单位通常为体积，墙面抹灰工程的计量单位通常为面积；②既不要漏项也不要重复计算，以免造成测算结果的不准。

3．工料测量法

工料测量法（quantity survey method）的优点是详细、准确；缺点是比较费时、费力并且需要相关专业人士（如建造师、造价师等）的帮助。工料测量法是指先将估价对象建筑物还原为建筑材料、建筑构件和配件及设备，并且测算重新建造该建筑物所需要的建筑材料、建筑构件和配件、设备的种类、数量和人工时数；然后调查了解估价时点时相应的建筑材料、建筑构件和配件、设备的单价和人工费标准；最后将各种建筑材料、建筑构件和配件、设备的数量和人工时数乘以相应的单价和人工费标准后的结果相加，再加上相应的专业费用、管理费用、销售费用、投资利息、销售税费和开发利润，来求取建筑物重新购建价格的方法。它主要适用于具有历史价值或保护价值建筑物的重新购建价格的求取。

采用工料测量法计算建筑物重新购建价格的一个简化例子见表 7-1：

表 7-1 采用工料测量法计算建筑物重新构建价格

| 项 目 | 数 量 | 单 价 | 总价/元 |
|---|---|---|---|
| 现场准备 | | | 5 000 |
| 沙子 | | | 8 000 |
| 水泥 | | | 6 000 |
| 木材 | | | 12 000 |
| 砖瓦 | | | 7 000 |
| 铁钉 | | | 500 |
| 人工 | | | 20 000 |
| 税费 | | | 1 500 |
| 其他费用 | | | 1 500 |
| 利润 | | | 5 000 |
| 重新构建价格 | | | 66 500 |

**4．指数调整法**

指数调整法（the index method）也称成本指数趋势法，是指利用有关成本指数或变动率，将估价对象建筑物的历史成本调整到估价时点时的成本来求取建筑物重新购建价格的方法。这种方法主要应用于对其他方法估算结果的检验。将历史成本调整到估价时点时的成本与市场比较法中市场状况调整的方法相同。

## 7.3 建筑物折旧的求取

### 7.3.1 建筑物折旧的含义

房地产估价中的建筑物折旧与会计中的建筑物折旧，虽然都称为折旧，但两种折旧的内涵却有着本质的区别。

估价中的建筑物折旧是指由于各种原因而造成的建筑物价值的损失，其数额为建筑物在估价时点上的市场价值与重新购建价格的差值。

建筑物折旧=建筑物重新购建价格−建筑物市场价值

会计中的折旧注重的是原始价值的分摊、补偿或回收。对会计来说，$C$ 为原始价值，是当初购置时的价值，不随时间的变化而变化；对估价来说，$C$ 为重新购建价格，是估价时点时的价值，估价时点不同，$C$ 值也可能不同。对会计来说，资产原始价值与累计折旧总额的差被称为资产的账面价值，它无需与市场价值一致；对估价来说，重新购建价格与折旧总额的差被视为资产的实际价值，它必须与市场价值相一致。例如，常常出现这种情况：有些房地产，尽管在会计账目上折旧早已提足或快要提足，但估价结果却显示其仍有较大的现实价值；而有些房地产，尽管在会计账目上折旧尚未提足或远未提足，但估价结果却显示现实价值已所剩无几。

估价中的建筑物折旧与会计中的建筑物折旧的相同点：并非所有的建筑物折旧都是估价上的折旧，如在收益法中，需要扣除的建筑物折旧费和土地摊提费（土地取得费用的摊销）就属于会计上的折旧。

### 7.3.2 建筑物折旧的分类

在实际估价中，根据引起建筑物折旧的原因，可以把建筑物的折旧分为三类。

**1．物质折旧**

物质折旧（physical depreciation，physical obsolescence）又称物质磨损、有形损耗，是指建筑物在实体上的老化、损坏所造成的建筑物价值的损失。物质折旧又可以进一步分为：

1）自然老化。例如塑料门窗、屋面防水层的自然老化。

2）正常使用磨损。例如电梯、集中空调的正常使用磨损等。

3）意外破坏。例如地震、台风、水灾、火灾等自然和人为破坏。

4）延迟维修的损坏残存。例如，因不及时维修造成的损坏或者提前损坏。

**2．功能折旧**

功能折旧（functional depreciation，functional obsolescence）也称无形损耗，是指由于消费观念变化、设计更新、技术进步等原因导致建筑物在功能方面的缺乏、落后、不适用或者功能过剩所造成的价值损失。

（1）功能缺乏　功能缺乏是指建筑物没有应该有的某些部件、设备、设施或者系统。例如，住宅没有单独的卫生间、暖气、电话、有线电视等。

（2）功能落后　功能落后是指建筑物已有部件、设备、设施或者系统等的标准低于正常标准或者有缺陷，而妨碍其他部件、设备、设施或者系统等的正常运营。例如，住宅样式过时、布局不合理，设备、设施陈旧落后或者容量不足等。

（3）功能过剩　功能过剩是指建筑物已有部件、设备、设施或者系统等的标准超过市场要求的标准，而对房地产价值的贡献小于其成本。例如，某住宅设计超过三个卫生间，而多余的卫生间不被市场接受，使多花费的成本成为无效成本。

**3．经济折旧**

经济折旧（economic depreciation，economic obsolescence）也称外部折旧，是指除建筑物本身以外的各种不利因素所造成的价值损失，包括供给过量、需求不足、自然环境恶化、城市规划改变、政府政策变化等。例如，在豪华住宅附近建立发电场、垃圾处理中心，使得该地区豪华住宅价值下降等。

【例 7-5】某旧住宅测算其重置价格为 60 万元，地面、门窗等破旧引起的物质折旧为 3 万元；户型设计不好、没有独立的卫生间和共用电视天线等导致的功能折旧为 8 万元。由于该住宅位于城市衰落区，其经济折旧为 5 万元。求该住宅的折旧总额和现值。

【解】
该旧住宅的折旧总额为
$$折旧总额 = 3 万元 + 8 万元 + 5 万元 = 16 万元$$
该旧住宅的现值为
$$现值 = 重置价格 - 折旧$$
$$= 60 万元 - 16 万元$$
$$= 44 万元$$

### 7.3.3 建筑物折旧的求取方法

求取建筑物折旧的方法很多，一般可归纳为以下四类：①年限法；②成新率法；③市场提取法；④分解法。

**1．年限法**

年限法（age-life method）是指根据建筑物的经济寿命、有效经过年数或剩余经济寿命来求取建筑物折旧的方法。和年限法有关的概念有如下五类：

（1）建筑物的寿命、经过年数、剩余寿命　建筑物的寿命是指建筑物从竣工日期起到不堪使用时的年数。经过年数分为实际经过年数与有效经过年数。剩余寿命应为剩余经济寿命。建筑物的寿命
$$剩余经济寿命 = 经济寿命 - 有效经过年数$$

（2）建筑物的自然寿命与经济寿命　建筑物的自然寿命是指建筑物从竣工日期起到其主要结构构件和设备不堪使用时的年数。建筑物的经济寿命是指建筑物从竣工日期起，预期产生的收入大于运营费用的持续年数。

建筑物的经济寿命短于其自然寿命。具体来说，建筑物的经济寿命是根据建筑物的结构、用途和维修保养情况，结合市场状况、周围环境、经营收益状况等进行综合判断的。

建筑物在其寿命期间如果经过翻修、改造等，自然寿命和经济寿命都有可能得到延长。

（3）建筑物的实际经过年数与有效经过年数　建筑物的实际经过年数是指建筑物从竣工日期起到估价时点时的日历年数，类似于人的实际年龄。建筑物的有效经过年数是指估价时点时的建筑物状况和效用所显示的经过年数，类似于人看上去的年龄或心理年龄、生理年龄等。

有效经过年数可能短于、也可能长于实际经过年数。当建筑物的维修和保养属于正常情况时，有效经过年数与实际经过年数相当；当建筑物的维修和保养比正常的好或建筑物经过更新改造时，建筑物的有效经过年数短于实际经过年数，

剩余经济寿命相应延长；当建筑物的维修和保养比正常的差时，有效经过年数长于实际经过年数，剩余经济寿命相应缩短。

（4）建筑物的残值及残值率　建筑物的净残值（简称残值）是指预计建筑物因达到经济寿命而不宜继续使用，经拆除后可以收回的残余价值减去清理费后的数额。

建筑物的净残值率（简称残值率）是指预计的建筑物净残值与重新购建价格的比率。

（5）直线法　直线法是最简单和目前应用最普遍的一种折旧方法，也是最主要的计算方法。它假设在建筑物的经济寿命期间，每年的折旧额相等。

采用直线法计算折旧的公式为

$$年折旧额 = \frac{建筑物的重新购建价格 \times (1-残值率)}{建筑物的经济寿命}$$

即年折旧额的计算公式为

$$D_i = D = \frac{C-S}{N} = \frac{C(1-R)}{N}$$

式中　$D_i$——第 $i$ 年折旧额，在直线法中通常假设 $D_i$ 为常数 $D$，即每年的折旧额相同；
　　　$C$——重新购建价格；
　　　$S$——净残值；
　　　$N$——建筑物的经济寿命；
　　　$R$——建筑物的净残值率。

$$R = \frac{S}{C} \times 100\%$$

另外，$C-S$ 为折旧基数；年折旧额与重新购建价格的比率称为年折旧率，即

$$d = \frac{D}{C} \times 100\%$$

$$= \frac{C-S}{CN} \times 100\%$$

$$= \frac{1-R}{N} \times 100\%$$

式中　$d$——年折旧率。

有效经过年数为 $t$ 的建筑物的折旧总额计算公式为

$$E_t = Dt$$

$$= (C-S)\frac{t}{N}$$

$$= C(1-R)\frac{t}{N}$$

式中  $E_t$——有效经过年数的折旧总额。

直线法折旧下的建筑物现值公式为

$$V = C - E_t$$
$$= C - (C-S)\frac{t}{N}$$
$$= C\left[1-(1-R)\frac{t}{N}\right]$$
$$= C(1-dt)$$

式中  $V$——建筑物的现值。

【例7-6】某建筑物的建筑面积为200m², 单位建筑面积的重置价格为3 500元/m², 判定其有效经过年数为10年, 经济寿命为30年, 残值率为5%。用直线法计算该建筑物的年折旧额、折旧总额、现值。

【解】已知:$C$=3 500 元/m²×200m²=700 000 元;$R$=5%;$N$=30 年;$t$=10 年。

年折旧额  $$D = \frac{C-S}{N} = \frac{C(1-R)}{N} = \frac{700\,000 元 \times (1-5\%)}{30 年} = 22\,166.67 元/年$$

折旧总额  $E_t = D \times t = 22\,166.67$ 元/年×10 年=221 666.7 元

建筑物现值

$$V = C\left[1-(1-R)\frac{t}{N}\right]$$
$$= 700\,000 元 \times \left[1-(1-5\%) \times \frac{10}{30}\right]$$
$$= 478\,333.33 元$$

或

建筑物现值 $V = C - E_t = 700\,000$ 元 $-221\,666.67$ 元 $= 478\,333.33$ 元

这种直线法是最简单的计算折旧方法, 在实际操作上也相当便利, 所以被广泛采用。但是这种方法将每年的折旧额设为一个常数, 而建筑物并不是每年以一定比率折旧的, 所以这与建筑物的折旧率、实际折旧额并不一致。

**2. 成新率法**

成新率法也叫成新折扣法, 是根据建筑物的建成年代、新旧程度等, 确定建筑物的成新率, 然后用建筑物的重新购建价格直接求取建筑物现值的一种方法。

其计算公式为

$$V = Cq$$

式中　　$V$——建筑物的现值；

　　　　$C$——建筑物的重新购建价格；

　　　　$q$——建筑物的成新率。

用直线法计算成新率公式为

$$q = \left[1-(1-R)\frac{t}{N}\right]\times 100\%$$

$$= \left[1-(1-R)\frac{N-n}{N}\right]\times 100\%$$

$$= \left[1-(1-R)\frac{t}{t+n}\right]\times 100\%$$

式中　　$n$——剩余经济寿命，$n=N-t$。

当 $R=0$ 时，即建筑物的残值率为零时

$$q = \left(1-\frac{t}{N}\right)\times 100\%$$

$$= \frac{n}{N}\times 100\%$$

$$= \frac{n}{t+n}\times 100\%$$

【例 7-7】某 15 年前建成并交付使用的建筑物，估价人员实地观察并判断其剩余经济寿命为 45 年，残值率为零。计算该建筑物的成新率。

【解】已知：$t=15$ 年；$n=45$ 年；$R=0$。

$$q = \frac{n}{t+n}\times 100\%$$

$$= \frac{45年}{15年+45年}\times 100\%$$

$$=75\%$$

【例 7-8】某套住宅重新构建价格为 60 万元，经对其结构、装修和设备三大部分的具体观察，确定其成新度为八成，试用成新率法估算其现值。

【解】

$$V=c\times q=60\text{ 万元}\times 80\%=48\text{ 万元}$$

成新率法比较粗糙，主要应用于初步估价，或者同时需要对大量建筑物进行估价的时候，特别是在大范围内开展建筑物现值摸底的调查中。从上面的公式中可以看出，成新率法是年限法的另一种表现方式。

3．市场提取法

市场提取法是利用与估价对象具有类似折旧程度的可比实例来计算估价对

象建筑物折旧的一种方法。其具体步骤为：
1）搜集交易实例。
2）从中选出三个以上与估价对象建筑物具有类似折旧程度的可比实例。
3）对可比实例进行付款方式、交易情况等的换算、修正及调整。
4）求取可比实例在其成交日期的土地价值，并且计算折旧后价值。

可比实例建筑物折旧后价值=可比实例成交价格–土地价值

5）求取可比实例在其成交日期时的建筑物重新购建价格，并且计算折旧。

折旧=可比实例建筑物重新购建价格–可比实例建筑物折旧后价值

6）计算可比实例建筑物折旧率。
7）计算估价对象建筑物折旧。

估价对象建筑物折旧=估价对象建筑物重新购建价格× 可比实例建筑物折旧率

$$建筑物经济寿命 = \frac{1}{年折旧率}$$

**注意**：当可比实例建筑物与估价对象建筑物不同时，也需要进行修正和调整。具体的调整方法与市场比较法完全相同。

**4．分解法**

（1）分解法的含义　分解法（breakdown method）是指对建筑物各类型的折旧分别进行分解和测算，然后再加总来求建筑物折旧的一种方法。

分解法一般把建筑物的折旧分解为物质折旧、功能折旧和经济折旧，再根据各自的具体情况，分别采用适当的方法来测算各自的折旧额，最后把上述三种折旧额相加以求取建筑物的折旧总额。建筑物折旧分解如图 7-1 所示。

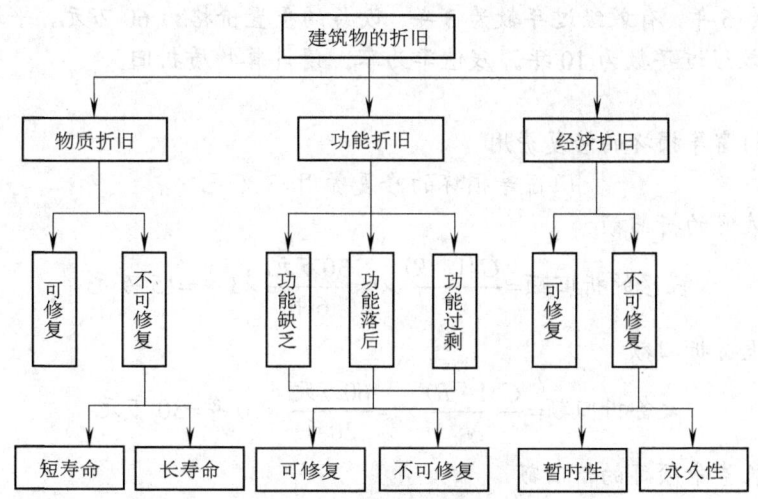

图 7-1　建筑物折旧分解图

（2）物质折旧的求取方法　物质折旧分解为可修复项目和不可修复项目两大类。

所谓的修复，是指使建筑物恢复到新的或者相当于新的情况，有时是经过修理，有时是通过更换相应的零部件。如果修复所需的费用小于或等于修复所带来的房地产价值的增加额，即，则为可修复项目；反之，则为不可修复项目。

对于可修复的项目，可直接估算其在估价时点时的修复费用，并且以此作为折旧额。

对于不可修复的项目，根据估价时点时的剩余使用寿命是否短于整体建筑物的剩余经济寿命，又将其分解为短寿命项目和长寿命项目。短寿命项目是指剩余使用寿命短于整体建筑物剩余经济寿命的部件、设备、设施等，这些项目在整个建筑物的经济寿命周期内迟早要更换，甚至需要更换多次；长寿命项目与之正好相反。例如，建筑物的主体结构、基础等部分均为长寿命项目；而设备、门窗、装饰装修等部分则均为短寿命项目。

短寿命项目折旧额分别根据各自的重新购建价格、寿命、经过年数或者剩余寿命，采用年限法计算。

长寿命项目折旧额是合在一起的，根据建筑物重新购建价格减去可修复项目的修复费用和各短寿命项目的重新购建价格后的余额、建筑物的经济寿命、有效经过年数或者剩余经济寿命，采用年限法计算。

最后，将可修复项目的修复费用、短寿命项目的折旧额、长寿命项目的折旧额相加，即为物质折旧。

**【例7-9】** 某建筑物的重置价格为180万元，经济寿命为50年，有效经过年限为10年。其中，门窗等损坏修复费用为3万元；装修的重置价格为30万元，平均寿命为6年，有效经过年数为3年；设备的重置价格为60万元，平均寿命为20年，有效经过年数为10年。残值率为零。请计算物质折旧。

**【解】**

（1）门窗等损坏的修复费用

$$门窗等损坏的修复费用 = 3 万元$$

（2）装修的折旧额

$$装修的折旧额 = \frac{C(1-R)}{N} \times t = \frac{30 万元}{6 年} \times 3 年 = 15 万元$$

（3）设备折旧额

$$设备折旧额 = \frac{C(1-R)}{N} \times t = \frac{60 万元}{20 年} \times 10 年 = 30 万元$$

（4）长寿命项目的折旧额

长寿命项目的折旧额=（建筑物重新购建价格−可修复费−短寿命项目

重新购建价格）$(1-R)\dfrac{t}{N}$

$= (180\text{万元}-3\text{万元}-30\text{万元}-60\text{万元}) \times 1 \times \dfrac{10\text{年}}{50\text{年}}$

$=17.4$ 万元

（5）建筑物的物质折旧

建筑物的物质折旧=可修复费用+短寿命项目折旧额+长寿命项目折旧额
　　　　　　　=3万元+15万元+30万元+17.4万元
　　　　　　　=65.4万元

（3）功能折旧的求取方法　具体如下：

1）功能缺乏引起的折旧。①可修复的功能缺乏引起的折旧计算过程：估算在估价对象建筑物上增加该功能所必需的费用；估算如果在建筑物建造时就具有该功能所必需的费用；计算前两步的差值，即为折旧额。②不可修复的功能缺乏引起的折旧计算过程：采用"租金损失资本化法"，计算缺乏该功能导致未来每年损失租金的现值之和；估算如果在建筑物建造时就具有该功能所必需的费用；计算前两步的差值，即为折旧额。

2）功能落后引起的折旧。可修复的功能落后引起的折旧额加上功能落后尚未折旧的价值（即功能落后设备的重置价格减去已提折旧，剩下的部分没等发挥作用就报废了），减去功能落后设备拆除后的净残值（即拆除后回收的残值扣除拆除费用的余额），即多了落后功能的服务期没满而提前报废的损失。

功能落后引起的折旧额=落后功能项目的重置价格-落后功能项目已提折旧+拆除该功能项目的必需费用-落后功能项目的残值+更换功能项目必需的费用-在建筑物建造时就具有该功能所必需的费用

3）功能过剩引起的折旧。

功能过剩引起的折旧一般是不可修复的。当使用重置成本法时
　　　　扣除功能过剩引起的折旧后的成本=重置成本-超额持有成本

当使用重建成本法时

扣除功能过剩引起的折旧后的成本=重建成本-（无效成本+超额持有的成本）

对于不可修复的功能落后引起的折旧，其折旧额是在可修复的功能落后引起折旧额的计算中，将单独增加先进功能费用替换为利用"收益损失资本化法"求取的功能落后导致的未来每年租金损失的现值之和。

4）功能折旧计算公式

功能折旧额=功能缺乏引起的折旧+功能落后引起的折旧+功能过剩引起的折旧

【例7-10】某幢应有空调而没有空调的写字楼，重置价格为1 000万元，现在如果增加空调需要80万元，而如果现在建造写字楼时随同安装空调却只需要

60万元。请计算该写字楼因为没有空调引起的折旧和扣除没有空调引起折旧后的现值。

【解】
1）该写字楼没有空调引起的功能缺乏折旧额

写字楼没有空调引起的功能缺乏折旧额=80万元−60万元=20万元

2）该写字楼的现值

该写字楼的现值=1 000万元−20万元=980万元

【例 7-11】某幢旧写字楼的空调已经落后，如果将该空调更换为功能先进的新空调，需要拆除费用4万元，预计可收回的残值为6万元，安装新的空调需要100万元，比建造同类写字楼时随同安装空调要多花费20万元。估计该旧的写字楼重建价格为2 000万元，该旧空调的重置价格为40万元，已提折旧30万元。试计算该写字楼因空调落后而引起的折旧及扣除空调落后引起的折旧后的现值。

【解】

（1）空调落后引起的功能折旧

空调落后引起的功能折旧=40万元−30万元+4万元−6万元+20万元=28万元

（2）该写字楼的现值

该写字楼的现值=2 000万元−28万元=1 972万元

【例 7-12】某房地产的重置价格为1 800万元，在建造期间空调系统因为功率过大较正常情况下多投入了200万元，投入使用后每年要多消耗电费0.8万元。如果该空调系统使用寿命为15年，估价对象的房地产报酬率为12%。试计算该房地产因为空调系统功率过大而引起的功能过剩折旧额及该房地产扣除折旧后的现值。

【解】

（1）功能过剩引起的折旧额

$$功能过剩引起的折旧额 = 200\,万元 + \frac{0.8\,万元}{12\%}\left[1 - \frac{1}{(1+12\%)^{15}}\right]$$

$$= 205.45\,万元$$

（2）该房地产的现值

该房地产的现值=1 800万元−205.45万元=1 594.55万元

（4）经济折旧的求取方法　经济折旧一般是不可修复的，但可能是暂时的，如果周围环境发生了改变，经济折旧可能就不存在了。一般采用租金损失资本化法求取未来每年的租金损失的现值之和作为经济折旧额。功能过剩造成的损失是功能折旧，而经济折旧中由于外部的改善带来的价值提升，则属于房地产价值的升值。

## 7.3.4 土地使用期限对建筑物经济寿命的影响

在我国建设用地使用权下，土地的使用期限和建筑物的经济寿命有可能不是同时结束的，因此，在求取建筑物折旧时应注意土地使用期限对建筑物经济寿命的影响。两者的时间关系有如下三种：

1) 建筑物经济寿命早于土地使用期限结束的，应按照建筑物经济寿命计算建筑物的折旧。

2) 建筑物经济寿命晚于土地使用期限结束的，分为以下两种情况：

①出让合同约定土地出让期限届满需要无偿收回国有建设用地使用权时，根据收回时建筑物的残余价值给予土地使用者相应补偿，此时应按照建筑物经济寿命计算建筑物折旧。

②出让合同约定土地出让期限届满需要无偿收回国有建设用地使用权时，对收回的建筑物不予以补偿，此时，应按照建筑物经济寿命减去其晚于土地使用期限的那部分寿命后的寿命计算建筑物折旧。

3) 建筑物经济寿命与土地使用期限同时结束。

## 7.4 成本法的应用

【例 7-13】某市经济技术开发区内有一块土地的面积为 15 000m$^2$，该地块的土地征地费用（含安置、拆迁、青苗补偿费和耕地占用税）为每亩 10 万元，土地开发费为 2 亿元/km$^2$，土地开发周期为两年，第一年投入资金占总开发费用的 35%，管理费用为土地取得成本和开发成本的 3%，销售费用和销售税费分别为可转让土地价值的 2% 和 5%，并且销售费用与销售同时发生，直接成本利润率为 10%，银行贷款年利率为 6%，试评估该土地的价值。

【解】

该土地的各项投入成本均已知，可用成本法评估。

设土地的单价为 $V$

（1）计算土地取得费

$$土地取得费=10 万元/亩=150 元/m^2$$
$$（1 亩=667m^2）$$

（2）计算土地开发费

$$土地开发费=2 亿元/km^2=200 元/m^2$$
$$（1km^2=1 000 000m^2）$$

（3）计算管理费用

$$管理费用=（150 元/m^2+200 元/m^2）\times 3\%=10.5 元/m^2$$

（4）计算投资利息

土地取得费的计息期为两年，土地开发费和管理费用为分段均匀投入，则

$$土地取得费利息=150 元/m^2 \times [(1+6\%)^2 - 1]$$
$$=18.54 元/m^2$$

$$土地开发费用和管理费用的利息=(200 元/m^2+10.5 元/m^2) \times 35\% \times [(1+6\%)^{\frac{3}{2}}-1]+$$
$$(200 元/m^2+10.5 元/m^2) \times 65\% \times [(1+6\%)^{\frac{1}{2}}-1]$$
$$=6.73 元/m^2+4.04 元/m^2$$
$$=10.77 元/m^2$$

（5）计算销售费用及销售税费

$$销售费用及销售税费=V(2\%+5\%)$$

（6）计算开发利润

$$开发利润=(150+200) \times 10\%=35 元/m^2$$

（7）计算土地价值

土地单价

$$V=150 元/m^2+200 元/m^2+10.5 元/m^2+18.54 元/m^2+10.77 元/m^2+$$
$$V(2\%+5\%)+35 元/m^2$$
$$V=456.78 元/m^2$$

$$土地总价=456.78 元/m^2 \times 15\,000 m^2=6\,851\,700 元$$

**【例7-14】** 某建筑物为钢筋混凝土结构，经济寿命为50年，有效经过年数为8年。经调查测算，现在重新建造全新状态的该建筑物的建造成本为800万元（建设期为两年，假定第一年投入建造成本的60%，第2年投入40%且均为均匀投入），管理费用为建造成本的3%，年利率为6%，销售税费为50万元，开发利润为120万元。又知道其中该建筑物的墙、地面等损坏的修复费用为18万元；装修的重置价格为200万元，平均寿命为5年，已使用2年；设备的重置价格为110万元，平均寿命为10年，已使用8年。假设残值率均为零，试计算该建筑物的折旧总额及现值。

**【解】**

**1. 计算建筑物的重置价格**

（1）建造成本=800万元

（2）管理费用=800万元×3%=24万元

（3）投资利息=(800万元+24万元)×60%×[(1+6%)^{\frac{3}{2}}-1]+

(800万元+24万元)×40%×[(1+6%)^{\frac{1}{2}}-1]

=54.90万元

建筑物重置价格=800万元+24万元+54.90万元+50万元+120万元
           =1 048.9万元

**2. 计算建筑物的折旧总额**

（1）墙、地面等损坏的折旧额=18万元

（2）装修部分的折旧额=$\dfrac{200\text{万元}}{5\text{年}}\times 2\text{年}$=80万元

（3）设备部分的折旧额=$\dfrac{110\text{万元}}{10\text{年}}\times 8\text{年}$=88万元

（4）长寿命项目的折旧额=（1 048.9万元−18万元−200万元−110万元）$\times\dfrac{1}{50\text{年}}\times 8\text{年}$=115.34万元

建筑物的折旧总额=18万元+80万元+88万元+115.34万元=301.34万元

**3. 计算建筑物的现值**

建筑物的现值=重置价格−折旧总额
         =1 048.9万元−301.34万元
         =747.56万元

【例7-15】某公司于2005年3月1日在某城市水源地附近取得一宗土地使用权，建设休闲度假村。该项目总用地面积10 000m²，土地使用期限为40年，建筑总面积为20 000m²，并于2007年9月1日完成，该公司申请竣工验收。根据环保政策要求，环保管理部门在竣工验收时要求该公司必须对项目的排污系统进行改造。请根据下列资料采用成本法评估该项目于2007年9月1日的正常市场价格。

（1）假设在估价时点重新取得该项目建设用地，土地取得费用为1 000元/m²。新建一个与上述项目功能相同且符合环保要求的项目的开发成本为2 500元/m²，销售费用为200万元，管理费用为开发成本的3%，开发建设期为2.5年，开发成本、管理费用、销售费用在第一年投入30%，第二年投入50%，最后半年投入20%，各年内均匀投入，贷款年利率为7.02%，销售税金及附加为售价的5.53%，投资利润率为12%。

（2）经分析，新建符合环保要求的排污系统设备购置费和安装工程费分别为400万元和60万元，而已建成项目中排污系统设备购置费和安装工程费分别为200万元和40万元。对原项目排污系统进行改造，发生拆除费用30万元，拆除后的排污系统设备可回收90万元。

（3）原项目预计于2008年1月1日正常营业，当年可获得净收益500万元。由于排污系统改造，项目营业开始时间将推迟到2009年1月1日，为获得与2008年1月1日开始营业时可获得的相同的年净收益，该公司当年需额外支付运营费用100万元，之后将保持预计的盈利水平。

（4）该类度假村项目的报酬率为8%。

【解】

设该项目在2007年9月1日的正常市场价格为$V$。

（1）土地取得成本

土地取得成本=1 000元/m²×10 000m²=10 000 000元=1 000万元

（2）开发成本

开发成本=2 500元/m²×20 000m²=50 000 000=5 000万元

（3）销售费用

销售费用=200万元

（4）管理费用

管理费用=5 000万元×3%=150万元

（5）投资利息

投资利息=1 000万元×$[(1+7.02\%)^{\frac{5}{2}}-1]$+（5 000万元+200万元+150万元）×

{30%×$[(1+7.02\%)^2-1]$+50%×$[(1+7.02\%)^1-1]$+20%×

$[(1+7.02\%)^{\frac{1}{4}}-1]$}=624.19万元

（6）开发利润

开发利润=（1 000万元+5 000万元+200万元+150万元）×12%=762万元

（7）销售税费

销售税费=5.53%$V$

（8）因排污功能落后而引起的折旧

因排污功能落后而引起的折旧=（400万元+60万元）-（200万元+40万元）-

（90万元-30万元）=160万元

（9）因推迟营业而引起的折旧

因推迟营业而引起的折旧=$\frac{500万元}{(1+8\%)^{1.33}}+\frac{100万元}{(1+8\%)^{2.33}}$=534.94万元

（10）

$V$=1 000万元+5 000万元+200万元+150万元+624.19万元+

762万元+5.53%$V$-160万元-534.94万元

$V$=7 453.42万元

## 练 习 题

一、单项选择题

1. 下列关于建筑物寿命和经过年数的说法中，正确的是（    ）。

A. 建筑物的经济寿命短于自然寿命,有效经过年数也短于实际经过年数
B. 建筑物的经济寿命长于自然寿命,有效经过年数也可能长于实际经过年数
C. 建筑物的经济寿命与自然寿命相等,有效经过年数与实际经过年数也相等
D. 建筑物的经济寿命短于自然寿命,有效经过年数可能短于也可能长于实际经过年数

2. 某商业房地产,在取得 40 年土地使用权的当年开始建造,建造期为 3 年,建筑物经济寿命为 60 年,则该商业房地产的折旧年限是(　　)年。
A. 37　　　　　B. 40　　　　　C. 60　　　　　D. 63

3. 因技术革新、设计优化等导致建筑物变得落伍陈旧而引起的减价,属于(　　)。
A. 自然折旧　　B. 物质折旧　　C. 功能折旧　　D. 经济折旧

4. 通常房地产开发投资利润率的计算基数为(　　)。
A. 土地取得成本+开发成本
B. 土地取得成本+开发成本+管理费用
C. 土地取得成本+开发成本+管理费用+销售费用
D. 开发完成后的房地产价值

5. 某幢应用中央空调而没有中央空调的写字楼,重建价格为 3 000 万元,现增设中央空调的成本是 280 万元,假设现在建写字楼时一同安装中央空调只需 200 万元。则该写字楼因没有中央空调而引起的折旧后的价值为(　　)万元。
A. 2 720　　　B. 2 800　　　C. 2 920　　　D. 3 000

6. 某建筑物实际经过年数为 10 年,经估价人员现场观察该建筑物剩余经济寿命为 46 年,该建筑物经济寿命为 50 年,残值率为 2%,用直线法计算该建筑物的成新率为(　　)。
A. 80%　　　　B. 82%　　　　C. 83%　　　　D. 92%

7. 某综合办公楼建设期为 3 年,有效经过年数为 10 年,现补办了土地使用权出让手续,土地使用权出让年限为 50 年,建筑物剩余经济寿命为 35 年,则计算该建筑物折旧的经济寿命应为(　　)。
A. 35 年　　　B. 45 年　　　C. 48 年　　　D. 50 年

8. 某建筑物的建筑面积为 200m²,有效经过年数为 12 年,重置价格为 800 元/m²,建筑物经济寿命为 40 年,残值率为 2%,则运用直线法计算建筑物的现值为(　　)。
A. 10.2 万元　　B. 11.0 万元　　C. 11.3 万元　　D. 11.5 万元

9. 某房地产的土地取得成本为 1 000 万元,开发成本为 3 000 万元,管理费

用为 200 万元，销售费用为 300 万元，开发利润为 500 万元，则该房地产的投资利润率为（    ）。

  A．10.0%  B．11.1%  C．11.9%  D．12.5%

10．有特殊保护价值的建筑物在运用成本法估价时，采用（    ）为好。

  A．重建成本      B．重置成本

  C．完全成本      D．重新购建价格

11．某房地产的重建价格为 2 000 万元，已知其在建造期间中央空调系统因功率大而较正常情况多投入 150 万元，投入使用后每年多耗电费 0.8 万元。假定该空调系统使用寿命为 15 年，估价对象房地产的报酬率为 12%，则该房地产扣除该项功能折旧后的价值为（    ）万元。

  A．1 838.00  B．1 844.55  C．1 845.87  D．1 850.00

12．在求取建筑物的重新购建价格的具体方法中，（    ）最为详细、准确。

  A．单位比较法      B．分部分项法

  C．工料测量法      D．指数调整法

13．某住宅小区附近兴建了一座化工厂，该居住小区的房地产价值下降，这种折旧属于（    ）。

  A．物质折旧  B．功能折旧  C．经济折旧  D．设备折旧

14．一般成本法中不计息的项目是（    ）

  A．管理费用  B．销售费用  C．开发成本  D．销售税费

15．重置价格的出现是技术进步的必然结果，也是"替代原理"的体现。因此，重置价格通常（    ）重建价格。

  A．低于  B．等于  C．高于  D．高于或等于

### 二、多项选择题

1．建筑物的物质折旧包括（    ）

  A．功能衰退      B．正常使用的磨损

  C．环境恶化      D．意外破坏

  E．外部折旧

2．建筑物的重新构建价格是（    ）的价格

  A．扣除折旧后      B．估价时点时

  C．客观       D．建筑物全新状态

  E．扣除必要支出

3．下列关于估价上的建筑物折旧的说法中，正确的有（    ）。

  A．估价上的折旧与会计上的折旧有本质区别

  B．建筑物的折旧就是建筑物的原始建造价格与账面价值的差额

  C．建筑物的折旧就是各种原因所造成的价值损失

D. 建筑物的折旧就是建筑物在估价时点时的重新购建价格与市场价值之间的差额

E. 建筑物的折旧包括物质折旧、功能折旧和经济折旧

4. 成本法中的"开发利润"是指（　　）。

A. 开发商所期望获得的利润　　　　B. 开发商所能获得的最终利润

C. 开发商所能获得的平均利润　　　　D. 开发商所能获得的税后利润

E. 开发商所能获得的税前利润

5. 成本法特别适用于那些既有收益又很少发生交易的房地产估价，这类房地产主要包括（　　）

A. 图书馆　　　　　　　　　　　　B. 钢铁厂

C. 空置的写字楼　　　　　　　　　D. 单纯的建筑物

E. 加油站

6. 功能折旧是指建筑物在功能上的相对缺乏、落后或者过剩所造成的建筑物价值的损失。造成建筑物功能折旧的主要原因有（　　）等。

A. 意外破坏的损毁　　　　　　　　B. 市场供给过量

C. 建筑设计的缺陷　　　　　　　　D. 人们消费观念的改变

E. 周围环境条件恶化

7. 根据求取建筑物重新购建价格中的建筑安装工程费的方法来区分，求取建筑物重新购建价格的方法有（　　）。

A. 单位比较法　　　　　　　　　　B. 市场提取法

C. 分解法　　　　　　　　　　　　D. 工料测量法

E. 分部分项法

8. 求取建筑物折旧的方法主要有（　　）。

A. 年限法　　　　　　　　　　　　B. 市场提取法

C. 分部分项法　　　　　　　　　　D. 分解法

E. 指数调整法

### 三、判断题

1. 如果建筑物的实际成新率大于用直线法计算出的成新率，则表明建筑物的维修保养情况较好。（　　）

2. 可修复的损耗就是指经过修理后可恢复原有功能的损耗，反之，为不可修复的损耗。（　　）

3. 成本法是指根据估价对象房地产在建造时的购建价格，然后扣除折旧，以此来估算估价对象客观合理的价格或价值的方法。（　　）

4. 估价上的折旧注重的是原始价值的真实减损。（　　）

5. 建筑物的经济寿命早于或与土地使用期限一起结束的，应根据土地剩余

使用期限确定收益期限。                                （    ）
6. 房屋的完好程度越高,其价值就越接近重新购建价格。      （    ）
7. 某宗房地产的土地总面积为 1 000m²,是 8 年前通过征用农地获得的,当时取得的费用为 18 万元/亩,现时重新获得该类土地需要的费用为 620 元/m²;地上建筑总面积为 2 000m²,六年前建成并交付使用,当时的建筑造价为每平方米建筑面积为 600 元,现时建造类似建筑的建筑造价为每平方米建筑面积 1 200 元,估价该建筑物有八成新。该房地产的现时单价为 1 270 元/m²。    （    ）
8. 由于交通拥挤引起的折旧属于功能折旧。              （    ）
9. 成新率法比较粗略,主要用于初步估价,或者同时需要对大量建筑物进行估价的场合,尤其是大范围的建筑物现值摸底调查中。        （    ）
10. 为便于投资利息的测算,销售费用应当区分为销售之前发生的费用和销售之后发生的费用。                                （    ）

### 四、计算题

1. 某幢写字楼,土地面积为 4 000m²,总建筑面积为 9 000m²,建成于 1990 年 10 月 1 日,土地使用权年限为 1995 年 10 月 1 日～2035 年 10 月 1 日。2005 年 10 月 1 日获得类似的 40 年土地使用权价格为 2 000 元/m²,建筑物重置成本为 1 300 元/m²。建筑物自然寿命为 60 年,有效经过年数为 10 年,其他的相关资料如下:

（1）门窗等损坏的修复费用为 3 万元,装修的重置价格为 82.5 万元,平均寿命为 5 年,有效经过年数为 4 年,设备的重置价格为 250 万元,平均寿命为 15 年,经过年数为 9 年。

（2）该幢写字楼由于层高过高和墙体隔热保温性差,导致与同类写字楼相比,每月增加能耗 800 元。

（3）由于该写字楼所在区域刚有一化工厂建成投产,区域环境受到一定的污染,租金将长期受到负面影响,预计每年租金损失为 7 万元。

（4）该类写字楼的报酬率为 10%,银行贷款年利率为 5%,土地报酬率为 8%。

（5）假设残值率均为零。

试求该写字楼于 2005 年 10 月 1 日的折旧总额和房地产价格。

2. 某房地产的土地面积为 1 000m²,建筑面积为 2 000m²。土地于 1999 年 10 月 1 日通过有偿出让方式获得,使用权年限为 50 年,当时的单价为 1 000 元/m²;建筑物的结构为钢筋混凝土,于 2000 年 10 月 1 日竣工并投入使用,当时的建筑造价为每平方米建筑面积 800 元。2004 年 10 月 1 日与该房地产的地段和用途相同、使用权年限为 50 年的土地的单价为 1 100 元/m²;该类房屋的重置价格(含使用权年限为 50 年的土地价格)为每平方米建筑面积 2 000 元。估计该类建筑物的残值为零,土地资本化率为 6%。试利用上述资料估算该房地产 2004 年 10 月 1

日的总价。

3. 某建筑物的建筑面积 100m², 经过年数为 10 年, 单位建筑面积的重置价格为 500 元/m², 经济寿命为 30 年, 残值率为 5%。试用直线法计算该建筑物的年折旧额、折旧总额, 并且估计其现值。

4. 某宗房地产占地 2 000m², 容积率为 3。土地是在 2005 年 4 月通过出让方式取得的, 出让年限是 40 年。建筑物是于 2006 年 10 月建成并使用的。经调查, 现在取得类似土地 40 年使用权的市场价格是 500 元/m², 同类建筑物重置价格是 1 000 元/m²。通过估价师对该建筑物观察鉴定, 对门窗等可修复部分进行修复需要花费 5 万元, 装修重置价格 30 万元, 经济寿命为 5 年; 设备的重置价格为 50 万元, 经济寿命为 15 年。残值率假设均为零, 资本化率为 8%, 求该房地产在 2009 年 4 月的市场价格。

# 第 8 章 假设开发法

**学习要点:**

1. 了解假设开发法的含义及理论依据。
2. 熟悉假设开发法的适用范围和条件。
3. 掌握假设开发法的步骤及各项的求取。
4. 了解假设开发法的基本公式。
5. 掌握现金流量折现法和传统方法的计算。

## 8.1 假设开发法概述

### 8.1.1 假设开发法的含义

假设开发法(hypothetical development method)又称剩余法、预期开发法、余值法。它是求取估价对象未来开发完成后的价值,再从中扣除预计的正常开发成本、税费和利润等,以此估算估价对象的客观合理价格或价值的方法。

假设开发法的本质与收益法相同,也是以房地产的预期收益为导向来求取房地产的价值的。假设开发法是一种科学而实用的估价方法,虽然不属于三大基本方法,但是在房地产开发建设活动日趋活跃的情况下,得到了广泛应用。

### 8.1.2 假设开发法的理论依据

假设开发法的理论依据是成本效益理论、地租理论和预期原理。

在开发商准备投资某个项目之前,他们必须首先要估算出土地的价值。房地产公司常常采用市场比较法来预测房价,即通过对周边类似的房地产成交价格进行修正后来预估房地产的价值。有经验的房地产开发商对建筑费用、销售费用、资金成本、应缴纳税费等成本早已心中有数。房价扣除开发成本之后就剩下地价和利润两部分。如果地价高了,利润就降低,如果利润低于某个水平,房地产商或者放弃这个项目,或者改变原来的设计预想而增加楼层、改变建筑物用途,使得这个项目有利可图。房地产开发商都有各自可接受的最低利润标准，低于这个利润标准的项目，他们是绝对不干的。

从土地开发角度看，开发商是为了以最小的投入获得最大的效益。但获得开发土地的权利并不是轻而易举的事情，而是要通过激烈的竞争。所以，房地产商要想在竞争中取胜，必须做到知己知彼，即仔细研究该块地的地理位置、面积周围环境、容积率等。然后再根据这些条件，分析该土地的开发方向，在此基础上明确待开发土地的价格。所以说，假设开发法在形式上是成本法的逆运算。但两者是有区别的。成本法中土地的价格是已知的，需要求取的是开发完成后的房地产的价格；而在假设开发法中，开发完成后的房地产的价值通过预测已事先得到，需要求取的是土地的价格。这一点必须弄清楚，以免和前面的方法混淆。

虽然假设开发法中房地产价格的构成与成本法中房地产价格的构成是相同的，但在实际估价业务中，成本法是在已经实际发生的客观数据的基础上求取估价对象价值，而假设开发法的核心在于"假设"，其相关的数据都是通过预测得到的，需要对开发完成后的房地产未来实现的销售价格、开发经营期、建设成本、销售费用等进行科学合理的预测，这相对于成本法来说难度要大得多。

地租是土地使用者为获得土地使用权而向土地拥有者支付的经济代价。根据假设开发法的思路，其理论依据完全类似于地租原理，只不过地租是每年的租金剩余，而假设开发法计算的是一次性的价格剩余。

由于假设开发法是依据预测的开发方案来评估估价对象价格的，所以其基本原理与收益法相同，是预期原理。在假设开发法估价的过程中，同样需要遵循预期收益原则，即以估价对象在正常使用情况下的未来客观预期收益为基础。具体地说，假设开发法中的预期收益主要是指估价对象未来开发完成后的价值减去未来投入的正常开发成本、利润和税费等之后的余额。

假设开发法是在房地产估价中常用的方法，在具体估价时有现金流量折现法和传统方法。有观点认为现金流量折现法和传统方法有着明显的区别，并且从理论上讲，前者优于后者。其实，它们之间的区别只是表面上的，只是具体出发点不同而已，从理论上来讲并不存在优劣，只是在考虑资金的时间价值时，前者是现值原理，后者是终值原理。它们之间应该是等价的。弄清上述原理可以澄清一些错误认识，有利于在估价实践中正确确定有关项目。

## 8.1.3 假设开发法的适用范围和条件

**1. 假设开发法的适用范围**

从理论上讲，只要具有投资开发或再开发潜力的房地产都适宜用假设开发法估价。

下面我们把这类房地产统称为待开发房地产。待开发房地产在投资开发前的状态包括生地、毛地、熟地、旧房和在建工程等；在投资开发后的状态包括熟地和房屋（含土地）等；投资开发后的房地产的经营方式包括出售（含预售）、出租（含预租）和自营等。具体适用于以下八个方面的估价：

1）适用于待开发土地价格的估算，包括土地的最高价格、最大利润、最高开发费用等的估算。

2）适用于通过熟地价格来估算生地价格。

3）适用于具有开发潜力的房地产价格的估算。

4）适用于土地开发完成后进行转让的转让价格的估算。

5）适用于待拆迁改造的房地产价格的估算，例如对原有建造物拆除后在原址重建新项目的估价。

6）适用于建筑物或在建工程在续建后进行销售时的估价。

7）适用于房地产开发项目的财务状况的评估。

8）适用于测算待开发房地产的最高价格、预期利润、可能的最高费用等的估价。

对于有规划限制条件，但限制条件尚未明确的房地产，一般难以采用假设开发法估价。如果没有适宜的方法可选，估价人员可根据自身的经验或者通过咨询城乡规划管理部门和相关专业机构、专家的意见等来推测最可能的规划设计条件，据此进行估价，以保证估价结果的准确度。但在估价报告中必须将该推测的最可能的规划条件作为估价的假设和限制条件，说明它是如何推测出来的，以及它对估价结果的影响或者估价结果对于此推测的依赖程度。即它的变化将会导致估价结果的变化。

**2. 假设开发法的适用条件**

在实际估价业务中运用假设开发法估价时，估价结果的可靠性取决于下面两个预测：

1）是否根据房地产估价的合法原则和最高最佳使用原则，正确地判断了房地产的最佳开发利用方式，也就是土地最佳开发用途的确定，例如土地的用途、建筑档次、建筑规模等。

2）是否根据当地房地产市场行情或供求状况，正确地预测了开发完成后房地产的价值，即房地产市场行情的正确预测。

在具体操作中，又要特别注意把握房地产市场趋势，准确预测未来的收益和价值，并且结合市场比较法、基准地价修正法和成本法等基本方法，利用敏感性分析和风险分析为投资决策和可行性研究提供较为准确的参考。

既然是预测，就难免存在误差。所以假设开发法有时被认为是较粗糙的方法。这一点不难理解。比如在成都一块号称"地王"的土地拍卖中，对同一块土地，投标者根据自己的分析、预测，给出的价格各不相同，有的甚至相差悬殊。在起价 35 万/亩的情况下，此块地最终被成都本地的一家公司以 60 万/亩的价格获得。即使如此，如果估价对象具有潜在的开发价值，那么假设开发法几乎是唯一实用的估价方法。运用假设开发法估价的效果，除了取决于对假设开发法本身掌握的情况，还要求有一个良好的社会经济环境。

具体来说必须具备以下五个条件：

1）稳定而透明的房地产政策。政策对房地产的发展和影响几乎是最大的，例如货币紧缩、产业结构调整等。

2）健全而统一的房地产法律体系。完善的法律体系是房地产市场规范化运行的有力保证，例如城市规划对土地用途、容积率、覆盖率等的规定对房地产的价格都有重大影响。

3）完整、全面的房地产数据库。运用假设开发法最重要的问题是进行合理预测，这也关系到估价结果的准确性，没有准确、翔实的房地产数据库，则难以对房地产未来发展趋势作出客观合理的预测。

4）全面的房地产投资与交易的税费清单。房地产市场是一个典型的区域性市场，各地方政府的税费项目不同，只有完整、准确、清晰地了解房地产相关交易及投资税费项目，才能评估出合理的价格。

5）长期的土地供给计划。我国的土地所有权归属于国家，因此，国家对于土地使用权的出让计划直接影响着土地的供应量，也就直接影响着土地的价格及开发商的利润，进而影响着开发商的投资热情。因此，制定一个公开、合理、长期的土地供应计划，既能保证土地的充分利用，又能做到节约土地、减少浪费，使土地处于最有效的使用状态，为估价提供可靠的基础。

如果不具备上述条件，在运用假设开发法估价时，会使本来就难以预测的房地产市场客观情况中，被人为地加入更多不确定性因素，使得未来的房地产市场状况变得更加的不确定，对开发完成后的房地产价值及后续的必要支出的预测也会更加困难，从而使估价结果的误差也可能会更大。

## 8.2 假设开发法的公式及具体估价方法

### 8.2.1 假设开发法的基本公式

假设开发法最基本的公式为

待开发房地产的价值=开发完成后房地产总价值−开发成本−管理费用−投资利息−销售费用−销售税费−开发利润−投资者购买待开发房地产应负担的税费

对于公式中应减去的具体项目，需要掌握的基本原则是假设得到估价对象后,直到开发完成时需要支付的一切合理、必要的费用、税金及应得利润。所以,如果是已经投入的费用,则是包含在待开发房地产的价值内,不应作为扣除项目。对于公式的具体应用,一方面需要把握待开发房地产开发完成后的情况,另一方面需要把握房地产的开发经营方式。

## 8.2.2 按估价对象状态细化的公式

上述假设开发法最基本的公式,按估价对象状况可具体细化成如下公式:

**1. 求生地价值的公式**

1)适用于在生地上进行房屋建设的公式

生地价值=开发完成后的房地产价值−由生地建成房屋的开发成本−管理费用−投资利息−销售费用−销售税费−开发利润−买方购买生地应负担的税费

2)适用于将生地开发成熟地的公式

生地价值=开发完成后的熟地价值−由生地开发成熟地的开发成本−管理费用−投资利息−销售费用−销售税费−土地开发利润−买方购买生地应负担的税费

**2. 求毛地价值的公式**

1)适用于在毛地上进行房屋建设的公式

毛地价值=开发完成后的房地产价值−由毛地建成房屋的开发成本−管理费用−投资利息−销售费用−销售税费−开发利润−买方购买毛地应负担的税费

2)适用于将毛地开发成熟地的公式

毛地价值=开发完成后的熟地价值−由毛地开发成熟地的开发成本−管理费用−投资利息−销售费用−销售税费−土地开发利润−买方购买毛地应负担的税费

**3. 求熟地价值的公式**

求熟地价值的公式为

熟地价值=开发完成后的房地产价值−由熟地建成房屋的开发成本−管理费用−投资利息−销售费用−销售税费−开发利润−买方购买熟地应负担的税费

**4. 求在建工程价值的公式**

求在建工程价值的公式为

在建工程价值=续建完成后的房地产价值−续建成本−管理费用−投资利息−销售费用−销售税费−续建投资利润−买方购买在建工程应负担的税费

**5. 求旧房价值的公式**

求旧房价值的公式为

旧房价值=装修改造完成后的房地产价值−装修改造成本−管理费用−投资利息−

销售费用−销售税费−装修改造投资利润−买方购买旧房应负担的税费

### 8.2.3 按开发完成后的经营方式细化的公式

1）适用于开发完成后出售的公式

$$V=V_p-C$$

式中　　$V$——待开发房地产的价值；

$V_p$——用市场比较法或长期趋势法测算的开发完成后的房地产价值；

$C$——后续开发建设的必要支出及应得利润。

2）适用于开发完成后出租、营业的公式

$$V=V_r-C$$

式中　　$V$——待开发房地产的价值；

$V_r$——用收益法测算的开发完成后的房地产价值；

$C$——后续开发建设的必要支出及应得利润。

### 8.2.4 假设开发法估价的具体方法

运用假设开发法估价必须考虑资金的时间价值。考虑资金的时间价值有如下两种不同方式：①折现的方式。这种方式下的假设开发法称为现金流量折现法。②计算利息的方式。这种方式下的假设开发法称为传统方法。

**1. 现金流量折现法与传统方法的区别**

现金流量折现法与传统方法主要有下列三大区别：

1）对开发完成后的房地产价值、开发成本、管理费用、销售费用、销售税费等的测算，在传统方法中主要是根据估价时的房地产市场状况作出的，即它们基本上是静止在估价作业期时的数额；而在现金流量折现法中，是模拟房地产开发过程预测它们在未来所发生的数额，即要进行现金流量预测。

2）传统方法不考虑各项支出、收入发生的不同时间，即不是将它们折算到同一时间上的价值，而是直接相加或相减，但要计算利息，计息期的终点通常到开发完成时止，既不考虑预售，也不考虑延迟销售；而现金流量折现法要考虑各项支出、收入发生的不同时间，即首先要将它们折算到同一时点上（最终是折算到估价时点上），然后再相加或相减。

3）在传统方法中，投资利息和开发利润都需要单独进行计算；在现金流量折现法中，这两项都不需要单独取求，而是隐含在折现过程中。因此，现金流量折现法要求折现率既包含安全收益部分（通常的利率），又包含风险收益部分（利润率）。

**2. 现金流量折现法和传统方法的优缺点**

从理论上讲，现金流量折现法测算的结果比较精确，但测算过程比较复杂；传统方法测算的结果比较粗略，但测算过程相对要简单一些。就它们的精确与粗略而言，在现实中可能不完全如此。这是因为现金流量折现法从某种意义上讲要求"先知先觉"，具体需要做到下列三点：

1）开发经营期究竟多长要估算准确。
2）各项支出、收入在何时发生要估算准确。
3）各项支出、收入在其发生时所发生的数额要估算准确。

由于众多的未知因素和偶然因素会使预测偏离实际，准确地预测则是十分困难的。尽管如此，在实际估价中应尽量采用现金流量折现法。在难以采用现金流量折现法的情况下，可以采用传统方法。

## 8.3 假设开发法估价的步骤及各项的求取

运用假设开发法估价应按下列步骤进行：

**1. 调查、分析待开发房地产的基本情况和当地房地产市场状况**

此步骤是假设开发法估价的第一步，也是所有估价方法都必须经历的一步。此步骤主要是为了明确估价对象的最佳开发利用方式。以估价对象是土地为例，一般调查、分析的重点有如下三个方面：

（1）调查土地的区位状况　土地的区位状况调查包括土地所在城市的基本性质、土地所在地区的基本性质及土地的具体位置调查。弄清楚这几点是为进一步确定土地最佳用途服务的。例如，为了评估长春市朝阳区某待开发土地的价格，首先要明确长春市的性质，朝阳区的性质、地位及长春市政府对朝阳区的规划政策，还要弄清楚估价对象所在的具体位置、基础设施的完备程度、周边的环境景观及交通状况等。

（2）调查土地的实物状况　土地的实物状况调查主要包括土地的面积、形状、平整程度、地质、水文状况及其他与土地自身有关的因素调查。目的是为估算土地的开发成本、管理费用等服务。

（3）调查土地的权利状况　对于城市土地，规划限制条件往往决定了土地的价格，政府的规划限制对土地的价格有绝对的影响。同一块土地，如果规划的用途、容积率、建筑密度等不同，其价格会存在很大的差异。所以，在实地查勘时，必须仔细调查政府的规划限制条件。另外还要弄清楚权利性质（目前均为使用权）、使用年限、可否续期，以及转让、出租、抵押等的有关规定。弄清楚这些，主要是为预测未来开发完成后的房地产价值、租金等服务。

**2. 选择最佳的开发利用方式，确定开发完成后房地产的基本状况**

选择最佳的开发利用方式，包括土地用途、建筑容积率、土地覆盖率、建筑高度、建筑装修档次等的选择，其中最重要的是要选择最佳的土地用途。土地用途的选择,要考虑到土地位置的可接受性及这种用途的现实社会需要程度和未来发展趋势,即要分析当地市场的接受能力,究竟市场在项目建成这段时间里最需要什么类型的房地产。例如,某块土地,政府规定的用途为兴建宾馆、公寓或办公楼,但实际估价时应该选择哪种用途,这首先需要调查比较该块土地所在的城市和地区对宾馆、公寓、办公楼的供求关系及其走向。若社会对宾馆、办公楼的需求开始趋于饱和,又表现为客房入住率、办公楼出租率呈下降趋势,但希望能租到或买到公寓住房的人数逐渐增加,而近期能提供的公寓数量又较少时,则可以选择建公寓为该地块的最佳用途。

最高最佳使用原则要求房地产估价结果是在估价对象最高最佳使用下的价值,它的分析就是为估价对象寻求一种最合理及最可能的用途,并且使得估价对象在估价时点的价值最大化。评价估价对象为最高最佳使用必须同时满足以下四个条件:

1) 法律上许可。
2) 技术上可能。
3) 经济上可行。
4) 价值最大化。

法律上许可主要是指分析每一种潜在的使用方式是否满足法律法规、城市规划、土地使用权出让合同等要求。不符合法律法规的使用方式不能选用。

技术上可能主要是指分析对法律所允许的每种使用方式。要检查它们在技术上是否能够实现,包括建筑材料性能和施工技术手段等能否满足要求。技术达不到的则不能选用。

经济上可行主要是指分析对于法律上允许、技术上可能的每一种使用方式,主要进行经济上的可行性分析。经济可行性分析的一般做法是:针对每一种使用方式,首先预测它的未来收入和支出流量,然后将未来的收入和支出流量进行折现,将两者进行比较,只有收入现值大于支出现值的使用方式才具有经济可行性,否则不能选用。

价值最大化主要是指分析在所有具有经济可行性的使用方式中,能够使估价对象的价值达到最大化的使用方式。

实际评估中对估价对象都应该进行最高最佳使用分析。具体分为两种情况:

1) 空地。需要分析市场供求情况,选择合理的使用方式。
2) 地上有建筑物的情况。从宏观和微观两方面分析市场的供求关系。宏观分析应当从估价对象所在地域的总体角度出发,通过分析人口、收入、就业等方面的信息,来显示市场占有和吸收的情况。微观分析应当从估价对象及其竞争性物业在市场上的消化情况,来分析该细分市场中的供求关系及市场消化情况。通过对估价对象在各种可能的使用方式下进行市场分析,确定估价对象最高最佳使用方式。保持现状的条件是现有房地产价值>(新房地产价值–将现有房地产改变为新房地产所必要的费用）；装饰装修改造的条件是（装饰装修后的房地产价值-装饰装修所必要的费用）>原有状态的房地产价值，在这种情况下，也包括通过对土地的改造来调整土地与建筑物的不均衡而引起的功能折旧；改变用途的条件是（新用途的房地产价值-改变用途所必要的费用）>原有用途的房地产价值；重新开发的条件是（重新开发后的房地产价值-重新开发所必要的费用）>不开发房地产的价值。

### 3. 估算后续开发经营期

开发经营期的起点是（假设）取得估价对象（待开发房地产）的日期，即估价时点；终点是预计未来开发完成后的房地产经营结束的日期。

确定开发经营期的目的，是为了把握开发成本、管理费用、销售费用、销售税费等发生的时间和数额，预测开发完成后的房地产售价或租金及各项收入和支出的折现或计算投资利息等。

开发经营期分为开发期和租售期。开发期又称开发建设期或建设期，它又可进一步分为前期和建造期。前期是指从取得待开发土地到施工开始的时间段。建造期是指从施工开始到开发完成的这段时间。租售期是指从开始租售开发完成后的房地产，到将其全部租售完毕的时间。在预售的情况下，租售期和开发期会有重合；在租赁的情况下，租售期通常到开发完成的房地产经济寿命结束时为止。开发经营期、建设期、经营期、销售期等之间的关系如图8-1和图8-2所示。

确定开发经营期的方法类似于市场比较法，即根据同一地区、相同类型、同等规模的类似开发项目已有的正常开发经营期来估计。

开发期一般能较准确地估计，但在现实中因受某些特殊因素的影响，可能会延长。例如房屋拆迁或土地征用中遇到"钉子户"，基础开挖过程中发现重要的文物等，都可能导致工程停工，从而使开发期延长。但这类特殊的非正常因素在估计开发期时一般不考虑。经营期、特别是销售期，通常是难以准确估计的，在估计时应考虑未来房地产市场的景气状况。

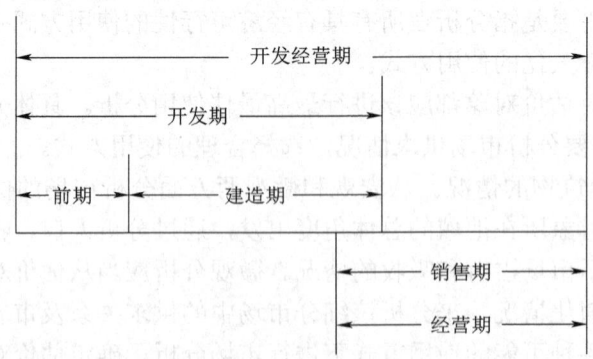

图8-1 销售（含预售）情况下的开发经营期、建设期、经营期等的关系

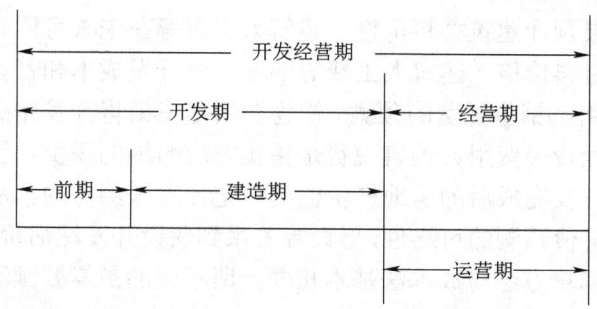

图 8-2　出租或营业、自用情况下的开发经营期、建设期、经营期等的关系

**4. 预测开发完成后的房地产价值**

众所周知,房地产项目的开发周期较长。一般项目需要二三年时间,大的项目则需要更长时间。在这段期间内,市场行情是不可能毫无变化的,所以必须弄清楚。开发完成后的房地产价值是指开发完成时的房地产状况下市场价值。该市场价值所对应的日期不一定是开发完成之时,可能是开发完成之前的某个时间,也可能是开发完成之后的某个时间,而不是在购买待开发房地产时或开发期间的某个日期(但在市场较好时考虑预售和在市场不好时考虑延期租售例外)。在预测开发完成后的房地产价值之前,一定要弄清楚开发完成后的房地产价值所对应的时间。

开发完成后的房地产价值一般是通过预测来求取。对于销售的房地产,通常是采用市场法,并考虑类似房地产价格的未来变动趋势,或采用市场法与长期趋势法相结合,即根据类似房地产过去和现在的价格及其未来可能的变化趋势来推测。比较的单位通常是单价而非总价。

对于出租和营业的房地产,如旅馆、餐馆、写字楼、商店等,在预测其开发完成后的价值时,可以先预测其租赁或经营的净收益,再采用收益法将该收益转换为价值。

需要特别注意的是,运用假设开发法估价时,开发完成后的房地产价值不能采用成本法求取,因为其表面上是采用假设开发法进行评估,而实质上还是采用的成本法估价。对开发完成后房地产价值的预测关系到整个假设开发法估价的准确性,所以它既是重点也是难点。

**5. 预测后续开发成本、管理费用、投资利息、销售费用、销售税费、开发利润、投资者购买待开发房地产应负担的税费**

在实际估价中测算开发成本、管理费用、销售费用、销售税费时,可根据当地的房地产价格构成情况来分项测算,测算时同样需要预测。

(1) 开发成本、管理费用的预测　开发成本、管理费用可采用类似于市场比较法的方法来求取,即通过当地同类房地产开发项目当前的开发成本和管理费用来大致推算。如果预计建筑材料价格、建筑人工费等在未来可能有较大变化，还要考虑未来建筑材料价格、建筑人工费等的变化对开发成本和管理费用的影响。

（2）销售费用、销售税费的预测　销售费用是指销售开发完成后的房地产所需的广告费、代理费等费用。销售税费是指卖方应缴纳的税费。销售费用和销售税费通常是按照开发完成后的房地产价值的一定比率来测算的。从中不难看出开发完成后房地产价值预测的可靠性，将直接关系到假设开发法估价结果的准确性。

上述几项的测算方法与成本法基本相同，所不同的是需要预测。成本法中这些项目都是已经实际发生的费用。

（3）投资者购买待开发房地产应负担的税费　投资者购买待开发房地产应负担的税费是指假定一旦购买了待开发房地产，在交易时作为买方应负担的有关税费，如契税、交易手续费等。该项税费通常是根据当地的规定，一般按待开发完成后房地产价值的一定比率来测算。

以上几项是在采用现金流量折现法时需要求取的计算项目。下面叙述在采用传统方法时要计算的投资利息和开发利润两项。

（4）投资利息　投资利息只在传统方法中才需要计算。无论是自有资金还是借入资金，都应计算投资利息，而且从风险管理的角度讲，自有资金的资金成本远远高于借入资金。因为一旦企业资不抵债，发生破产，在进行资产核算时，自有资金的清偿程序要后于借入资金的清偿。那么要想正确地计算投资利息，首先要明确应计息的项目，也就是公式中需要计算利息的项目：

1）需要求取的待开发房地产的价值。

2）投资者购买待开发房地产应负担的税费。

3）开发成本和管理费用。

需要注意的是，销售费用和销售税费一般是不计算利息的。

但目前多数房地产开发项目在开发过程中就开始投入销售费用了，在这种情况下，销售费用就需要计算利息。也就是说，销售费用是否需要计算利息，关键是看费用发生的时间是在开发完成前还是在开发完成后。之前投入的，就需要计算利息，否则，就不需要计息。

其次，应明确计息期的长短。一般来说，计息期的起点是该项费用发生的时间点，终点通常是开发期结束的时间点；另外，需要求取的待开发房地产价值是假设在估价时点一次付清的，也就是说其计息期的起点是估价时点。有些费用不是发生在一个时间点，而是在一段时间内连续发生，例如开发成本和管理费用，计算利息时通常将其假设为在所发生的时间段内均匀发生，即认为其发生在该时间段的中点。

（5）开发利润　开发利润测算也只有在传统方法中才需要。测算开发利润的方法，通常是用一定基数乘以同一市场上类似房地产开发项目所要求的相应平均利润率。在测算时要注意计算基数与利润率的对应，还要注意利润率是总利润率还是年利润率，这一点与成本法中的描述一致。

6. 选取折现率

折现率是在采用现金流量折现法时需要确定的一个重要参数，应等同于同一市场上类似房地产开发项目所要求的平均报酬率，它包含了资金的利率和开发利润率两部分。在采用现金流量折现法时则不需要再求取利息和开发利润两项。

## 8.4 假设开发法的应用

对上述假设开发法的内容进行归纳总结可知：

1）假设开发法的估价对象是具有开发或再开发潜力的房地产，这些房地产统称为待开发房地产，具体可分为待开发的土地、在建工程、可装饰装修改造或可改变用途的旧房三大类。

2）假设开发法在本质上是一种收益法，在形式上是成本法的倒算法，其估价结果为开发完成后的价值减去开发成本、管理费用、投资利息、销售费用、销售税费、开发利润和投资者购买待开发房地产应负担的税费。

3）未来开发完成后的价值可以用市场比较法或长期趋势法求取，也可以用收益法求取。

4）根据考虑资金时间价值的方式的不同，假设开发法分为现金流量折现法和传统方法。

【例 8-1】某城市定于 2008 年 6 月 1 日拍卖一块多层住宅用地，土地总面积为 20 000m²，出让年限为 70 年，规划要求的建筑容积率为 1.20。如果某一竞买方经过调查研究预计建成后住宅的平均售价为 3 500 元/m²，土地开发和房屋建安费用为 1 500 元/m²，管理费用和销售费用分别为土地开发和房屋建安费用之和的 3%和 6%，销售税金与附加为销售额的 5.5%，当地购买土地应缴纳的税费为购买价格的 3%，正常开发期为 2 年，开发利润的年平均投资利润率为 9.51%，折现率为 15%。假设银行贷款利率为 5.49%。那么，在竞买时，他的最高报价应是多少（计算时，开发过程中发生的资金视为均匀投入）？

【解】

假设购买土地的最高报价为 $V$。

（1）用现金流量折现法进行估价

1）开发完成后房地产价值计算

开发完成后房地产价值 = $20\,000\text{m}^2 \times 1.2 \times \dfrac{3\,500 \text{元}/\text{m}^2}{(1+15\%)^2}$ = 63 516 068 元 = 6 351.61 万元

2）土地开发、房屋建安、管理费和销售费计算

土地开发、房屋建安、管理费和销售费=20 000m²×1.2×1 500 元/m²×（1+3%+6%）×$\dfrac{1}{1+15\%}$=34 121 739 元=3 412.17 万元

3）销售税金与附加计算

销售税金与附加=6 351.61 万元×5.5%=349.34 万元

4）购买土地应缴纳税费计算

购买土地应缴纳税费=0.03$V$

5）土地价格计算

$V$=6 351.61 万元−349.34 万元−3 412.17 万元−0.03$V$

$V$=2 514.66 万元

（2）用传统方法进行估价

1）开发完成后房地产价值计算

开发完成后价值=20 000m²×1.2×3 500 元/m²=84 000 000 元=8 400.00 万元

2）土地开发、房屋建安、管理费和销售费计算

土地开发、房屋建安、管理费和销售费=20 000m²×1.2×1 500 元/m²×（1+3%+6%）=39 240 000 元=3 924.00 万元

3）销售税金与附加计算

销售税金与附加=8 400.00 万元×5.5%=462.00 万元

4）购买土地应缴纳税费计算

购买土地应缴纳税费=0.03$V$

5）投资利息计算

投资利息=1.03$V$×（1+5.49%）²+3 924.00 万元×（1+5.49%）−3 924.00 万元−1.03$V$
=215.43 万元+0.116 2$V$

6）开发利润计算

开发利润=1.03$V$×9.51%×2+3 924.00 万元×9.51%×1=373.17 万元+0.196$V$

7）土地价格计算

$V$=8 400.00 万元−462.00 万元−3 924.00 万元−（215.43 万元+0.116 2$V$）−（373.17 万元+0.196$V$）−0.03$V$

$V$=2 552.08 万元

【例 8-2】某开发商拟购入 200 亩土地。规划允许的建筑面积为 400 000m²，单位建筑面积的建造成本为 1 050 元/m²，专业费用为建造成本的 6%，区内设施配套费预计为建造成本的 15%，税收为销售收入的 5%，年利息率为 12%，开发商的直接成本利润率为 30%，预计单位建筑面积的楼价为 3 000 元/m²。试用传统方法求开

发商能承受的地价（总开发时间为4年，开发成本视为均匀投入，单利计息）。

【解】

设开发商能承受的地价为$V$。

1）开发完成后的房地产总价值

开发完成后的房地产总价值=3 000元/m²×400 000m²=1 200 000 000元=120 000万元

2）建造成本、专业费用及配套费用计算

建造成本、专业费用及配套费用=1 050元/m²×400 000m²×（1+6%+15%）
=508 200 000元=50 820万元

3）投资利息计算

投资利息=$V$×12%×4+50 820万元×12%×2=0.48$V$+12 196.80万元

4）销售税费计算

销售税费=120 000万元×5%=6 000万元

5）开发商利润计算

开发商利润=（$V$+50 820万元）×30%=0.3$V$+15 246万元

6）待开发房地产的价值计算

$V$=120 000万元−50 820万元−0.48$V$−12 196.80万元−6 000万元−0.3$V$−15 246万元

$V$=20 077.08万元

【例8-3】某房地产为一块"七通一平"的待建筑空地，土地总面积为1 000 m²，该地块的最佳开发利用方式为写字楼，容积率为4.0，覆盖率50%，土地使用权年限为50年，从2003年8月起计。该写字楼建成后拟出租，经市场调查初步确定出租写字楼的每月净收益为100元/m²，可出租面积为建筑面积的70%，正常出租率为70%。预计取得土地后建造该写字楼的建设期为两年半，第1年均匀投入50%的建筑费用与专业费，第2年均匀投入35%的建筑费与专业费，其余的建筑费与专业费在第三年的前半年均匀投入。根据建筑市场行情估计建筑费为2 000元/m²，专业费为建筑费的6%；销售费用和销售税费分别按开发完成后房地产总价值的3%和6%计；购买土地相关税费为地价的3%，年折现率为14%，利润率为25%，报酬率为9%。预计该写字楼竣工半年后可租出。根据上述资料试用现金流量折现法评估该待建土地在2003年8月出售时的市场价格。

【解】

假设设待建土地的价格为$V$。

（1）开发完成后房地产的总价值计算

开发完成后房地产的总价值=$\dfrac{100元/m^2 \cdot 月 \times 12月 \times 70\% \times 70\% \times 4\ 000m^2}{9\%} \times \left[1-\dfrac{1}{(1+9\%)^{47}}\right] \times \dfrac{1}{(1+14\%)^3} = 1\ 733.20$万元

(2)建筑费用与专业费计算

建筑费用与专业费 = 2 000 元/m² × 4 000m² × (1+6%) ×

$$\left[\frac{50\%}{(1+14\%)^{\frac{1}{2}}}+\frac{35\%}{(1+14\%)^{\frac{3}{2}}}+\frac{15\%}{(1+14\%)^{\frac{9}{4}}}\right]=735.68\text{万元}$$

(3)销售费用和销售税费计算

销售费用和销售税费 = 1 733.20 万元 × (3%+6%) = 1 559 900 元 = 155.99 万元

(4)购买待开发土地应缴纳的税费计算

购买待开发土地应缴纳的税费 = 0.03$V$

(5)地价计算

$V$ = 1 733.20 万元 − 735.68 万元 − 155.99 万元 − 0.03$V$

$V$ = 817.02 万元

【例 8-4】某在建工程开工于 2010 年 11 月 1 日,拟作为商场和办公综合楼;总用地面积为 3 000m²,土地使用权年限为 50 年,从开工之日起计;规划建筑总面积为 12 400m²,其中商场建筑总面积为 2 400m²,办公楼建筑总面积为 10 000m²;该工程正常施工工期为两年,开发成本为 2 500 元/m²,管理费为开发成本的 3%;2011 年 5 月 1 日已完成九层主体结构的建设,且已投入总开发成本的 35%,剩余费用在剩余建设期内均匀投入,贷款年利率为 8.5%。预计该工程建成后商场即可出租,办公楼即可出售;办公楼售价为每平方米建筑物面积 5 000 元,销售税费为售价的 8%;商场可出租面积为建筑面积的 75%,可出租面积的正常出租率为 85%。月租金为 80 元/m²,出租成本及税费为有效总收入的 25%,开发经营期报酬率为 12%;投资该类房地产的正常投资利润率为 15%。试利用上述资料分别用传统方法和现金流量折现法估计该在建工程于 2011 年 5 月 1 日的正常价格(买方购买该在建工程应负担购买价格 3%的税费,折现率为 15%)。

【解】

(1)用传统方法求算

假设该在建工程正常价格为 $V$

1)开发完成后房地产的价值计算

开发完成后房地产的价值 = 5 000 元/m² × 10 000m² + 2 400m² × 80 元/m²·月 × 12 月 ×

$$85\% \times 75\% \times (1-25\%) \times \frac{1}{12\%}\left[1-\frac{1}{(1+12)^{48}}\right]$$

= 59 140 200 元 = 5 914.02 万元

2)开发成本及管理费用计算

开发成本及管理费用 = 2 500 元/m² × 12 400 m² × (1−35%) × (1+3%)

= 20 754 500 元 = 2 075.45 万元

3）投资利息计算

投资利息 $=V(1+3\%)\times\left[(1+8.5\%)^{\frac{3}{2}}-1\right]+2\,075.45$ 万元 $\times\left[(1+8.5\%)^{\frac{3}{4}}-1\right]$

$=0.134V+130.95$ 万元

4）销售税费计算

销售税费 $=5\,000$ 元/m² $\times10\,000$m² $\times8\%=4\,000\,000$ 元 $=400$ 万元

5）开发利润计算

开发利润 $=[V\times(1+3\%)+2\,075.45\,万元]\times15\%=0.154\,5V+311.32$ 万元

6）购买该在建工程应支付的税费计算

购买该在建工程应支付的税费 $=V\times3\%=0.03V$

7）待开发房地产的价格计算

$V=5\,914.02$ 万元 $-2\,075.45$ 万元 $-0.134V-130.95$ 万元 $-400$ 万元 $-$

$0.154\,5V-311.32$ 万元 $-0.03V$

$V=2\,272.51$ 万元

（2）采用现金流量折现法计算

假设该在建工程正常价格为 $V$

1）开发完成后的房地产总价值计算

开发完成后房地产总价值 $=5\,000$ 元/m² $\times10\,000$m² $+2\,400$m² $\times80$ 元/m²·月 $\times12$ 月

$85\%\times75\%\times(1-25\%)\times\dfrac{1}{12\%}\times\left[1-\dfrac{1}{(1+12\%)^{48}}\right]\times$

$\dfrac{1}{(1+15\%)^{\frac{3}{2}}}=47\,955\,200$ 元 $=4\,795.52$ 万元

2）续建成本计算

续建成本 $=12\,400$m² $\times2\,500$ 元/m² $\times(1-35\%)\times\dfrac{1}{(1+15\%)^{\frac{1.5}{2}}}=1\,814.48$ 万元

3）管理费用计算

管理费用 $=1\,814.48$ 万元 $\times3\%=54.43$ 万元

4）销售税费计算

销售税费 $=10\,000$m² $\times5\,000$ 元/m² $\times8\%\times\dfrac{1}{(1+15\%)^{1.5}}=324.35$ 万元

5）购买待开发房地产应缴纳的税费计算

购买待开发房地产应缴纳的税费 $=V\times3\%=0.03V$

6) $V=1-2-3-4-5$
   $=4\,795.52$ 万元$-1\,814.48$ 万元$-54.43$ 万元$-324.35$ 万元$-0.03V$
   $=2\,602.26-0.03V$
   $V=2\,526.47$ 万元

## 练 习 题

一、单项选择题

1．假设开发法的理论依据是（　　）。
   A．替代原理　　　　　　　　B．合法原理
   C．预期原理　　　　　　　　D．生产费用价值论

2．假设开发法在形式上是适用于评估新开发房地产价值的（　　）的"倒算法"。
   A．市场比较法　　B．收益法　　C．成本法　　D．长期趋势法

3．假设开发法最基本的公式是（　　）。
   A．待开发房地产价值=开发完成后的价值−后续必要支出及应得利润
   B．待开发房地产价值=开发完成后的价值−相应的支出及利润
   C．待开发房地产价值=开发完成后的价值−已完成工作的必要费用
   D．待开发房地产价值=开发完成后的价值−开发成本

4．开发完成后的房地产适宜出租或营业的，其价值适用（　　）评估。
   A．市场比较法　　B．收益法　　C．成本法　　D．推测法

5．某在建工程土地使用权年限40年，自取得土地使用权之日起开工，预计建成后的建筑面积为15 000m²，年净收益为480万元，自开工到建成的建设期为3年，估计该项目至建成还需1.5年，已知报酬率为8%，折现率为12%，该项目开发完成后的房地产现值为（　　）万元。
   A．4 023.04　　B．4 074.10　　C．4 768.50　　D．5 652.09

6．运用假设开发法评估某待开发房地产的价值时，若采用现金流量折现法计算，则该待开发房地产开发经营期的起点应是（　　）。
   A．待开发房地产开发建设开始时的具体日期
   B．待开发房地产建设发包日期
   C．取得待开发房地产的日期
   D．房地产开发完成并投入使用的日期

7．下列关于开发经营期、建设期、经营期等之间的关系说法错误的是（　　）。
   A．开发经营期可分为建设期和经营期
   B．建设期的起点与开发经营期的起点相同

C. 经营期可具体化为销售期和运营期
D. 经营期可以准确预测答案

8. 现有某待开发项目，建筑面积为3 850m²，从当前开始建设期为两年。根据市场调查分析，该项目建成时可出售50%，半年后和一年后分别售出其余的30%和20%，出售的平均单价为2 850元/m²。若折现率为15%，则该项目开发完成后的总价值现值为（　　）万元。
    A. 766         B. 791         C. 913         D. 1 046

9. 在采用假设开发法中的传统方法进行房地产估价时，一般不计息的项目是（　　）。
A. 未知、需要求取的待开发房地产的价值
B. 投资者购买待开发房地产应负担的税费
C. 销售税费
D. 开发成本、管理费用和销售费用

10. 后续的开发成本、管理费用、销售费用通常并不集中在一个时点发生，而是分散在一段时间内不断发生，但计息时通常假设在所发生的时间段内的（　　）。
    A. 期初         B. 期中         C. 期末         D. 任意阶段

11. 某在建工程规划建筑面积为12 400m²，土地使用期限为40年，从开工之日起计算。项目建设期为两年，建成后半年可全部出租，按可出租面积计算的月租金为60元/m²，可出租面积为建筑面积的65%，正常出租率为90%，运营费用为有效毛收入的25%。目前项目已建设一年，约完成了总投资的60%。假设报酬率为8%，折现率为14%，则该在建工程续建完成后的房地产价值现值为（　　）万元。
    A. 2 281.83    B. 2 474.60    C. 3 798.30    D. 4 119.18

12. 运用假设开发法中的现金流量折现法估价时，无需做的是（　　）。
A. 估算后续开发经营期
B. 估算后续开发的各项支出、收入
C. 估算后续开发各项支出、收入在何时发生
D. 估算建设期中的利息和利润

13. 某在建工程现拟拍卖，已知该在建工程是半年前通过一次性付款取得土地的，目前已经完成地上一层结构部分的建设。半年后开始预售，一年后可竣工，销售期为一年，销售收入在销售期内均匀实现，则在采用成本法评估该在建工程价值中计算土地取得费用的投资利息的计息期和在采用假设开发法评估该在建工程价值中对开发完成后的价值进行折现时的折现期分别为（　　）。
    A. 0.5年和1年         B. 0.5年和1.5年

  C．0.5 年和 2 年        D．1 年和 1.5 年

  14．某市区有一大型物资储备仓库，现根据城市规划和市场需求，拟改为超市。需评估该仓库的公开市场价值，最适宜采用（　　）进行估价。

    A．市场比较法        B．成本法

    C．假设开发法        D．长期趋势法

## 二、多项选择题

  1．在实际估价中，运用假设开发法估价结果的可靠性，关键取决于（　　）。

    A．房地产具有开发或再开发潜力

    B．将预期原理作为理论依据

    C．正确判断了房地产的最佳开发方式

    D．正确量化了已经获得的收益和风险

    E．正确预测了开发完成后的房地产价值

  2．下列关于现金流量折现法与传统方法的说法错误的是（　　）。

    A．在传统方法中投资利息和开发利润都单独显现出来

    B．在现金流量折现法中投资利息和开发利润都不单独显现出来，而是隐含在折现过程中

    C．传统方法不考虑各项支出、收入发生的不同时间，即不是将它们折算到同一时间上的价值，而是直接相加或相减

    D．现金流量折现法要考虑各项支出、收入发生的不同时间，即首先要将它们折算到同一时点上的价值（最终是折算到估价时点上），然后再相加或相减

    E．对开发完成后的价值及后续的开发成本、管理费用、销售费用、销售税费等的测算，在传统方法中主要是根据未来发生时的房地产市场状况作出的

  3．与现金流量折现法不同的是，在传统方法中（　　）都单独显现出来。

    A．销售费用        B．后续的开发成本

    C．投资利息        D．开发利润

    E．管理费用

  4．现金流量折现法具体需要做到下列（　　），才能保证估价结果的准确性。

    A．后续开发经营期究竟多长要预测准确

    B．各项支出、收入在何时发生要预测准确

    C．各项支出、收入在其发生时所发生的金额要预测准确

    D．销售期多长要预测准确

E. 运营期多长要预测准确

5. 房地产的开发经营期可分为（　　　）。
   A. 前期　　　　B. 建设期　　　　C. 经营期　　　　D. 销售期
   E. 预售期

6. 只有在传统方法中才需要测算的项目是（　　　）。
   A. 销售费用　　B. 投资利息　　C. 开发利润　　D. 销售税费
   E. 后续的开发成本

7. 在假设开发法中应计息的项目有（　　　）。
   A. 需要求取的待开发房地产的价值　　B. 取得待开发房地产的税费
   C. 开发利润　　　　　　　　　　　　D. 销售税费
   E. 后续的开发成本、管理费用和销售费用

### 三、判断题

1. 假设开发法也称为剩余法、预期开发法。（　　）

2. 成本法中的土地价值为已知，需要求取的是开发完成后的房地产价值；假设开发法中开发完成后的房地产价值已事先通过预测等方法得到，需要求取的是开发成本等扣除项目的价值。（　　）

3. 凡是具有开发或再开发潜力并且其开发完成后的价值可以采用市场比较法、收益法成本法等方法求取的房地产，都适用假设开发法估价。（　　）

4. 假设开发法不仅适用于评估可供开发建设的土地价值，而且适用于评估所有具有开发或再开发潜力的房地产价值。（　　）

5. 在该房地产的法定开发利用前提尚未确定的情况下，仍然需要估价的，房地产估价师可以该推测的最可能的规划条件进行估价，不用具体说明。（　　）

6. 当估价对象具有潜在的开发价值时，假设开发法几乎是最主要且实用的估价方法。（　　）

7. 假设开发法最基本的公式为：待开发房地产价值=开发完成后的价值−后续必要支出及应得利润。（　　）

8. 后续必要支出及应得利润=后续开发成本+后续管理费用+后续销售费用+后续投资利息+后续销售税费+后续开发利润（　　）

9. 假设开发法估价必须考虑资金的时间价值，一般采用计算利息的传统方法和现金流量折现法。由于存在的众多未知因素和偶然因素易使预测偏离实际，因此，在实际估价中应尽量采用计算利息的传统方法。（　　）

10. 从理论上讲，传统方法测算的结果比较精确，而现金流量折现法由于预测十分困难，所以结果比较粗糙。（　　）

### 四、计算题

1. 某在建工程的土地使用权是 2004 年 12 月 31 日通过出让方式获得的，用

途为商业,土地使用期限为 40 年,土地面积为 700m²,容积率为 1.5,土地取得费用为 80 万元,并且已付清。从获得土地使用权至正式动工的时间为一年。该工程正常施工期(不含装修)为两年,建安成本为每平方米建筑面积 2 300 元,管理费用为建安成本的 3%;至 2007 年 6 月 30 日已完成主体结构,且已投入总开发成本的 55%,剩余费用在施工期内均匀投入,折现率为 13%。该在建工程建成后的最佳用途为餐馆,建成时即投入 40 万元花一年时间装修(假定装修费用支出发生在该年末),然后出租营业。预计第一年正常净收益为 60 万元,此后每年净收益以 1.5%的比率增长,为保持这种正常收益增长,需要每隔四年在该年末进行一次大装修,正常大装修费用为 40 万元,当年净收益未扣除大装修费用。该类餐馆的报酬率为 15%。按当地有关规定,房地产开发项目(包括在建工程)在转让交易过程中,买方按售价的 3%缴纳有关税费,同类房地产开发项目的销售费用和销售税费分别为售价的 2%和 6%。请利用上述资料用现金流量折现法测算该在建工程 2007 年 6 月 30 日的正常购买总价。

2. 估价对象为一宗 10 000m² 的"七通一平"用地,土地使用权出让时间为 2006 年 3 月 1 日,土地使用权出让年限为 50 年,容积率为 5。根据规划拟建一幢商业、住宅综合楼,钢筋混凝土结构,共 18 层;其中 1~3 层主要为商业用途,建筑面积 9 000m²(含独立使用的车棚 300m²),其余建筑面积均为商品住宅。该区域公布的钢筋混凝土结构建筑物重置价格为 15 007 元/m²。工程自 2006 年 9 月 1 日开工,预计 2008 年 9 月 1 日建成。现需评估 2006 年 9 月 1 日的土地交易价格。有关资料如下:

(1)房地产转让中卖方需要缴纳的营业税及附加等为售价的 5.5%,买方需要缴纳的契税等相关税费为售价的 4%。

(2)建安费为 1 100 元/m²,专业及管理费为建安费的 8%。

(3)商业用房建成半年后可全部用于出租,出租空置率及租金损失率共为 10%。按建筑面积计,月租赁收入会稳定在 50 元/m²,运营费用率为 24%。

(4)商品住宅建成半年时可售出 30%,平均价格为 2 700 元/m²,建成一年时可售出 60%,平均价格为 2 800 元/m²;剩余的 10%会在建成一年半时售出,平均价格为 2 900 元/m²,广告宣传和销售代理费等销售费用为售价的 3.5%。

(5)房地产报酬率为 8%,折现率为 12%,贷款年利率为 6%,销售利润率为 20%。

# 第 9 章　长期趋势法

**学习要点：**

1. 了解长期趋势法的概念、理论依据、适用对象和条件、步骤和适用范围及特征。
2. 熟悉长期趋势法的作用。
3. 掌握长期趋势法的具体应用。

## 9.1　长期趋势法概述

### 9.1.1　长期趋势法的概念

长期趋势法是指将统计学和预测学的基本原理与方法运用到房地产估价中而产生的一种评估方法。长期趋势法利用较长期的历史资料和数据，运用预测学的有关理论和方法，特别是时间序列分析和回归分析，找出其中变化的规律，从而推测出估价对象在将来某个时点的价格。其可以简单地理解为统计历史资料并预测未来价格。

### 9.1.2　长期趋势法的理论依据

从长期的发展趋势看，房地产价格的变动呈现出一定的规律性。因此，当需要评估某宗房地产的价格时，可以将该宗或与该宗类似的房地产过去较长时期形成的历史价格资料按照时间序列排列，从而反映出该宗房地产的价格变化过程并从中找出规律，以此估算估价对象房地产的价格。因此，根据房地产价格的历史数据，通过统计分析，可以判断该类房地产的目前价格或未来一定时期的价格。

### 9.1.3　长期趋势法的适用对象和条件

长期趋势法适用的对象是价格无明显季节性波动的房地产。其适用的条件是拥有估价对象或类似房地产较长时期的历史价格资料和数据，并且所拥有的历史价格资料和数据真实、可靠。越是长期的数据，越能够消除短期变动与意外变动对房地产价格的影响。

但是,影响房地产价格的因素是不断变化、错综复杂的,房地产市场不可能仅仅简单地重复过去。因此这种以预测为主的估价方法,常常会使估价结果偏离市场价格。所以,长期趋势法在房地产估价中不能作为一种单独的估价方法使用,只能作为其他估价方法的补充或检验。

### 9.1.4 长期趋势法的步骤和适用范围

#### 1. 长期趋势法的步骤

1)搜集估价对象或类似房地产的相关历史资料和价格数据,并且对资料和数据进行检查、鉴别,以保证其真实性和可靠性。拥有的历史资料时期越长越正确、可靠,因为只有长期趋势才可以消除房地产短期上下波动和异常波动带来的影响。

2)整理上述搜集到的历史资料和价格数据,并且将其统一到相同的标准上(如为单价或楼面地价),然后按照时间的先后顺序把它们编排成时间序列,画出时间序列图,如图9-1所示。

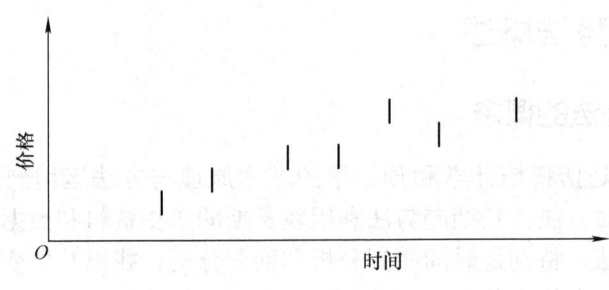

图9-1 时间序列图

3)观察、分析时间序列,找出其特征,并且根据特征选择适当、具体的长期趋势方法,总结出估价对象价格随时间的推移而产生的价格变动规律,同时总结出一定的模式。

4)以此模式去推测、判断估价对象在估价时点时的价格。

#### 2. 长期趋势法的适用范围

长期趋势法的适用范围比较广泛。无论是土地,还是高层建筑物,或是房地产的买卖租赁、典当抵押,只要拥有估价对象或类似房地产较长时期的历史价格资料,都可以运用长期趋势法估价。

### 9.1.5 长期趋势法的特征

#### 1. 长期趋势法的特点

1)按时间序列排列的房地产价格不存在单一的规律性,一般有以下四种趋势：长期变动趋势、循环变动趋势、不规则变动趋势、季节性变动趋势。

2）长期趋势法忽略了影响房地产价格的因果关系。

3）常和其他估价方法结合使用。

**2．长期趋势法的优点**

1）适用范围较广，因为房地产价格的变动一般都具有长期变化趋势。

2）估价成本较低。

3）估价程序相对简单。

4）可以避免一些争议。

**3．长期趋势法的缺点**

1）在房地产市场不完善或缺乏较长期的历史价格资料的地区无法使用长期趋势法。

2）估价结果的准确程度依赖于历史价格数据选取的时间的长短。

3）估价结果带有预测性，只考虑了房地产价格过去与未来的关系。

4）长期趋势法比较适合对某类房地产价格总体水平的预计，如果用于对某幢建筑物或某块土地的估价，往往会使估价结果偏离实际。

5）预测的准确性容易受偶然因素和政策因素的影响。

### 9.1.6 长期趋势法的作用

长期趋势法主要用于推测、判断房地产的未来价格，具体的作用有以下五个：

1）用于假设开发法中预测开发完成后的房地产价值。

2）用于收益法中预测未来的租金、经营收入、运营费用、空置率、净收益等。

3）用于市场法中可比实例的成交价格的市场状况调整。

4）用来比较、分析两宗（或两宗）以上房地产价格的发展趋势和发展潜力。

5）用来填补某些房地产历史价格资料的缺乏。

## 9.2 长期趋势法的具体应用

长期趋势法的具体方法主要有平均增减趋势法、移动平均趋势法、指数修匀法、线性趋势法等。

### 9.2.1 平均增减趋势法

平均增减趋势法又分为平均增减量趋势法和平均发展速度趋势法两种。

**1．平均增减量趋势法**

如果房地产价格在时间序列上的逐期增减量大致相同，便可以采用平均增减

量趋势法。其计算公式为

$$P_n = P_0 + nd$$

式中 $P_n$——第 $n$ 期房地产价格趋势值；
　　　$n$——时间序数或趋势值的顺序数，$n=1, 2, 3, \cdots$；
　　　$P_0$——第一期房地产价格的实际值；
　　　$d$——逐期增减量的平均值。

逐期增量的平均值计算方法为

$$d = \frac{(p_1 - p_0) + (p_2 - p_1) + (p_3 - p_2) + \cdots + (p_i - p_{i-1})}{i}$$

式中 $i$——第二期至末期趋势值的顺序数。

【例 9-1】某类房地产 2005～2009 年的价格及逐年上涨额如表 9-1 所示，求与其同类的某宗房地产 2010 年的价格。

表 9-1　某类房地产 2005～2009 年的价格　　　（单位：元/m²）

| 年　份 | 房地产价格实际值/（元/m²） | 逐年上涨额/（元/m²） |
|---|---|---|
| 2005 | 5 280 | — |
| 2006 | 5 330 | 50 |
| 2007 | 5 375 | 45 |
| 2008 | 5 426 | 51 |
| 2009 | 5 481 | 55 |

【解】从表 9-1 中可以得出，该类房地产 2005～2009 年逐年价格上涨额大致相同。

（1）其逐年上涨额的平均值为

$$d = \frac{50 元/m^2 + 45 元/m^2 + 51 元/m^2 + 55 元/m^2}{4 年} = 50.25 元/m^2 \cdot 年$$

（2）据此预测该宗房地产 2010 年的价格为

$$P_n = P_0 + n \times d$$

$$P_5 = 5\,280 元/m^2 + 50.25 元/m^2 \cdot 年 \times 5 年 = 5\,531.25 元/m^2$$

需要注意的是，如果逐期上涨额时起时落，即时间序列的变动幅度较大，那么计算出来的趋势值与实际值的偏离也会随之增大，这也意味着运用这种方法预测的房地产价格的准确性也会随之降低。

运用平均增减量法进行预测的前提条件是：房地产价格的变动过程是连续上升或连续下降的，并且各期上升或下降的数额大致相近，否则就不适用这种估价方法。

因为离估价时点越近的增减量对估价结果的影响越重要，所以也可以采用不同的权重对历史各期的增减量进行加权后再计算其平均增减量，这样评估出的结果更接近或符合现实。

如【例 9-1 中】的每年上涨额，可以选用表 9-2 中的各种不同权重进行加权。

表 9-2　三种不同的权重值

| 年　份 | 第一种权重 | 第二种权重 | 第三种权重 |
| --- | --- | --- | --- |
| 2006 | 0.1 | 0.1 | 0.1 |
| 2007 | 0.2 | 0.2 | 0.1 |
| 2008 | 0.3 | 0.2 | 0.2 |
| 2009 | 0.4 | 0.5 | 0.6 |

【例 9-1 中】的每年上涨额，采用表 9-2 中的第一种权重进行加权，则其每年上涨额的加权平均数为

$d$=50 元/m²×0.1+45 元/m²×0.2+51 元/m²×0.3+55 元/m²×0.4=51.3 元/m²

采用这个逐年上涨额的加权平均数预测该宗房地产 2010 年的价格为

$P_5$=5 280 元/m²+51.3 元/m²×5=5 536.5 元/m²

**2．平均发展速度趋势法**

如果房地产价格随时间序列的逐期发展速度大致相同，也可以根据逐期发展速度计算其平均数，据此推算各年的趋势值，计算公式为

$$P_i = P_0 \times t^i$$

式中　$t$——逐年上涨速度的平均值，$t = \sqrt[i]{\dfrac{p_1}{p_0} \times \dfrac{p_2}{p_1} \times \dfrac{p_3}{p_2} \times \cdots \times \dfrac{p_i}{p_{i-1}}} = \sqrt[i]{\dfrac{p_i}{p_0}}$；

$P_i$——第 $i$ 年的趋势值。

【例 9-2】已知某块土地的类似土地 2004～2008 年的价格及其年上涨速率如表 9-3 所示，评估某块土地 2009 年的价格。

表 9-3　某类土地 2004～2008 年的价格

| 年　份 | 土地价格的实际值/（元/m²） | 逐年上涨速率（%） | 土地价格趋势值/（元/m²） |
| --- | --- | --- | --- |
| 2004 | 718 | — | — |
| 2005 | 743.85 | 103.6 | 743.85 |
| 2006 | 766.9 | 103.1 | 740.26 |
| 2007 | 799.1 | 104.2 | 748.16 |
| 2008 | 829.466 | 103.8 | 745.3 |

**【解】**

（1）土地价格逐年上涨速率的平均值为

$$t = \sqrt[4]{\frac{103.8\%}{100.0\%}} = 1.0094$$

（2）评估该土地 2009 年的价格为

$$P_i = P_0 \times t^i$$

$$P_5 = 718 \text{ 元/m}^2 \times (1.0094)^5 = 752.4 \text{ 元/m}^2$$

运用平均发展速度趋势法进行预测的前提条件是：房地产价格的变动过程是持续上升或者是持续下降的，并且各期持续上升或下降的幅度基本一致，否则就不适宜采取这种估价方法进行估价。

平均发展速度趋势法与平均增减量法相似，因为越接近估价时点的发展速度对估价结果的影响越重要，所以如果能采用不同的权重对过去各期的发展速度进行加权后再计算其平均发展速度，估价结果就会更接近现实价格。采用何种权重进行加权，一般需要房地产估价师通过丰富的实践经验和房地产价格的变动过程及趋势进行判断并确定。

### 9.2.2 移动平均趋势法

移动平均趋势法是将各期的房地产价格由远及近按一定跨越期进行平均值的求取的方法。其在实际运用中分为简单移动平均法和加权移动平均法两种。在运用移动平均法时，一般应按照房地产价格变化的周期长度进行移动平均。

**1. 简单移动平均法**

具有长期趋势变动和季节性变动的房地产价格，特别是波动幅度较大的房地产价格尤其适用此方法。采用简单移动平均法估价结果的准确性既取决于移动跨越期的长短，也取决于房地产价格资料的翔实程度。移动跨越期的长短，应根据时间序列的序数和变动周期来决定，如果序数少，变动期应短些，反之应长些。

简单移动平均法的计算公式为

$$F_t = \frac{A_{t-1} + A_{t-2} + A_{t-3} + \cdots + A_{t-n}}{n}$$

式中　$F_t$——对下一期的预测值；

　　　$n$——移动平均的时期个数；

　　　$A_{t-i}$——前 $i$ 期的实际值。

**【例 9-3】** 某类房地产 2010 年 1 月～12 月的价格见表 9-4。使用简单移动平均法估算该房地产 2011 年 1 月份的价格，移动跨越期为五个月。

表 9-4  某类房地产 2010 年 1 月～12 月的价格　　（单位：元/m²）

| 月　份 | 房地产价格实际值 | 每五个月的移动平均数 | 移动平均数的逐月上涨额 | 平均值 |
|---|---|---|---|---|
| 1 | 5 800 | — | — | |
| 2 | 5 820 | — | — | |
| 3 | 5 880 | 5 860 | | |
| 4 | 5 890 | 5 900 | 40 | |
| 5 | 5 910 | 5 942 | 42 | |
| 6 | 6 000 | 5 974 | 38 | 40.4 |
| 7 | 6 030 | 6 001 | 37 | 41.2 |
| 8 | 6 040 | 6 046 | 45 | 40.4 |
| 9 | 6 070 | 6 090 | 44 | |
| 10 | 6 140 | 6 128 | 38 | |
| 11 | 6 170 | | | |
| 12 | 6 220 | | | |

【解】具体的计算可分以下两种情况：

（1）当移动平均数的逐月上涨额比较平稳时，可以采用最后一年的移动平均数的逐月上涨额来进行计算。即 2011 年 1 月的价格应为

$$6\ 128\ 元/m^2 + 38\ 元/m^2 \times 3 = 6\ 242\ 元/m^2$$

（2）如果各期之间的趋势变动较大时，则需先计算移动平均数的平均值，也就是将移动平均数的逐月上涨额再进行一次移动平均，以此确定估价额。即 2011 年 1 月的价格应为

$$6\ 128\ 元/m^2 + 40.4\ 元/m^2 \times 3 = 6\ 249.2\ 元/m^2$$

**2．加权移动平均法**

加权移动平均法是指将估价时点前每若干时期的房地产价格的实际值经过加权之后，再采用类似简单移动平均法的方法进行趋势估计。需要对房地产价格的实际值进行加权的原因，与前面平均增减量法和平均发展趋势法中所讲的相同。

### 9.2.3　指数修匀法

指数修匀法又称指数平滑法，它是从移动平均法的基础上发展来的，它以本期的实际数和本期的预测数为依据，并且经过修匀之后预测出下一时期的预测数。公式的原理如下：

假设 $P_i$ 为第 $i$ 期的实际值，$V_i$ 为第 $i$ 期的预测值，$V_{i+1}$ 为第 $i+1$ 期的预测值，$a$ 为修匀常数，且 $a \in [0, 1]$，则有

$$V_{i+1} = V_i + a(P_i - V_i) = aP_i + (1-a)V_i$$

用指数修匀法估价的关键是确定修匀常数 $a$。一般选择的原则为：原数列比

较平稳时，$a$ 宜取小值，如 0.1~0.3；如果原数列波动较大，$a$ 宜选稍大值，如 0.6~0.9。在不易判断时，可以通过试算的方法来确定 $a$ 值。例如对同一预测对象用 0.3，0.5，0.7，0.9 分别试算，哪个 $a$ 修正的预测数与实际数的绝对误差小，就选哪个 $a$ 为修匀常数。

【例 9-4】表 9-5 所示为某县城 2010 年的资料，试计算 2011 年 1 月该商品房的预测值（修匀常数分别等于 0.1，0.5，0.9）。

表 9-5　2010 年各月份商品房价格的指数平滑值　　（单位：元/m²）

| 月　份 | 实 际 数 | $a=0.1$ | $a=0.5$ | $a=0.9$ |
|---|---|---|---|---|
| 1 | 2 958 | 2 958.0 | 2 958.0 | 2 958.0 |
| 2 | 2 938 | 2 958.0 | 2 958.0 | 2 958.0 |
| 3 | 2 861 | 2 956.0 | 2 948.0 | 2 940.0 |
| 4 | 2 797 | 2 946.5 | 2 904.5 | 2 868.9 |
| 5 | 2 731 | 2 931.6 | 2 850.8 | 2 804.2 |
| 6 | 2 712 | 2 911.6 | 2 790.9 | 2 738.3 |
| 7 | 2 770 | 2 891.6 | 2 751.5 | 2 714.6 |
| 8 | 2 799 | 2 879.4 | 2 760.8 | 2 764.5 |
| 9 | 2 789 | 2 871.4 | 2 779.9 | 2 795.6 |
| 10 | 2 749 | 2 863.2 | 2 784.5 | 2 789.7 |
| 11 | 2 832 | 2 851.8 | 2 766.8 | 2 753.1 |
| 12 | 2 942 | 2 849.8 | 2 799.4 | 2 824.1 |

【解】

（1）在 $a=0.1$ 时，2011 年 1 月该商品房价格的预测值为

$$V_{i+1} = V_i + a(P_i - V_i) = aP_i + (1-a)V_i$$

　　　=0.1×2 942 元/m²+（1-0.1）×2 849.8 元/m²=2 859.0 元/m²

（2）在 $a=0.5$ 时，2011 年 1 月份该商品房价格的预测值为

　　$V_{i+1}$=0.5×2 942 元/m²+（1-0.5）×2 799.4 元/m²=2 870.7 元/m²

（3）在 $a=0.9$ 时，2011 年 1 月份该商品房价格的预测值为

　　$V_{i+1}$=0.9×2 942 元/m²+（1-0.9）×2 824.1 元/m²=2 930.2 元/m²

### 9.2.4　线性趋势法

线性趋势法又称数学曲线拟合法、最小二乘法，它是根据房地产价格的时间序列资料，把价格当做时间的函数，运用最小二乘法求得变动趋势值，并且根据其延伸来估算房地产价格的方法。

线性趋势法中比较常用的是直线趋势法和曲线趋势法。当房地产价格的逐期增减量大致相同时，可用直线趋势法；当房地产价格因季节性变动而时高时低且呈现

出曲线时，则应采用曲线趋势法。下面介绍一下最简单、最常用的直线趋势法。

运用直线趋势法的基本公式为

$$y=a+bx$$

式中　$y$——房地产价格；

　　　$x$——时间；

　　　$a$、$b$——常数，通常用最小二乘法确定。

$$a=\frac{\sum y - b\sum x}{n}$$

$$b=\frac{n\sum xy - \sum x \sum y}{n\sum x^2 - (\sum x)^2}$$

为计算简便，往往设$\sum x=0$，则

$$a=\frac{\sum y}{n}$$

$$b=\frac{\sum xy}{\sum x^2}$$

式中　$n$——已知房地产价格的期数。

当$n$为奇数时，通常设中间项的$x=0$，中间项之后的项依次设为1，2，3，…，中间项之前的项依次设为−1，−2，−3，…；当$n$为偶数时，以中间两项为对称，前者依次设为−1，−3，−5，…，后者依次设为1，3，5，…。

【例9-5】某类房地产1995～2003年的价格见表9-6。设$\sum x=0$，试预测该类房地产2004年和2005年的价格。

表9-6　某类房地产1995～2003年的价格

| 年份 | 房地产价格 y/（元/m²） | x | x² | x·y/（元·m²） |
|---|---|---|---|---|
| 1995 | 1 100 | −4 | 16 | −4 400 |
| 1996 | 1 210 | −3 | 9 | −3 630 |
| 1997 | 1 240 | −2 | 4 | −2 480 |
| 1998 | 1 300 | −1 | 1 | −1 300 |
| 1999 | 1 350 | 0 | 0 | 0 |
| 2000 | 1 400 | 1 | 1 | 1 400 |
| 2001 | 1 780 | 2 | 4 | 3 560 |
| 2002 | 2 100 | 3 | 9 | 6 300 |
| 2003 | 2 200 | 4 | 16 | 8 800 |
| 总计 | 13 680 | 0 | 60 | 8 250 |

【解】：由表求得：

$$a = \frac{\sum y}{n} = \frac{13\,680 \, 元/m^2}{9} = 1520.0 \, 元/m^2$$

$$b = \frac{\sum x \times y}{\sum x^2} = \frac{8\,250 \, 元/m^2}{60} = 137.5 \, 元/m^2$$

所以，$y = 1520.0 + 137.5x$

那么 2004 年该房地产的价格应为：

$$y = 1520.0 \, 元/m^2 + 137.5 \, 元/m^2 \times 5 = 2\,207.5 \, 元/m^2$$

2005 年该房地产的价格应为：

$$y = 1520.0 \, 元/m^2 + 137.5 \, 元/m^2 \times 6 = 2\,345.0 \, 元/m^2$$

### 9.2.5 季节指数法

在建筑企业的生产经营管理活动中，经常会出现季节性变动的现象。为了适应生产的要求，搞好均衡生产，就有必要掌握这种季节性变动的规律。

季节性变动比较复杂，它既包括趋势性变化，又包括季节性变化，或者还有偶然性变化等。季节性变动预测的目的是要分析季节变动因素对趋势发展的影响，并且以此来预测未来趋势。

【例 9-6】某企业 2002～2005 年各月的盈利水平见表 9-7。试预测 2006 年该企业各月盈利水平。

表 9-7 某企业各月的盈利水平统计表　　　　　　　　　　（单位：万元）

| 月份<br>年份 | 1 | 2 | 3 | 4 | 5 | 6 | 7 | 8 | 9 | 10 | 11 | 12 | 合计 |
| --- | --- | --- | --- | --- | --- | --- | --- | --- | --- | --- | --- | --- | --- |
| 2002 | 10 | 12 | 14 | 18 | 20 | 22 | 17 | 18 | 16 | 18 | 14 | 12 | 191 |
| 2003 | 11 | 14 | 16 | 21 | 23 | 21 | 18 | 20 | 18 | 19 | 16 | 14 | 211 |
| 2004 | 13 | 15 | 18 | 24 | 27 | 26 | 23 | 18 | 19 | 22 | 18 | 15 | 238 |
| 2005 | 16 | 16 | 21 | 25 | 30 | 27 | 28 | 20 | 19 | 21 | 19 | 17 | 259 |
| 合计 | 50 | 57 | 69 | 88 | 100 | 96 | 86 | 76 | 72 | 80 | 67 | 58 | 899 |
| 月平均值 | 12.50 | 14.25 | 17.25 | 22 | 25 | 24 | 21.5 | 19 | 18 | 20 | 16.75 | 14.5 | 224.75 |

【解】

（1）确定季节系数

季节系数的计算式为

$$季节系数 = \frac{月平均值}{总平均值}$$

$$总平均值 = \frac{\sum_{i=1}^{12} 月平均值}{12} = \frac{224.75}{12} 万元 = 18.73 万元$$

季节系数的计算结果见表9-8。

（2）计算各月预测值

月预测值的计算式为

$$月预测值 = \frac{年预测值}{12} \times 季节系数$$

月预测值的计算结果见表9-8。

表9-8 某企业各月季节系数与预测值

| 月份<br>项目 | 1 | 2 | 3 | 4 | 5 | 6 | 7 | 8 | 9 | 10 | 11 | 12 | 合计 |
|---|---|---|---|---|---|---|---|---|---|---|---|---|---|
| 季节系数 | 66.74 | 76.08 | 92.10 | 117.46 | 133.48 | 128.14 | 114.79 | 101.44 | 96.1 | 106.78 | 89.43 | 77.42 | |
| 预测值/万元 | 15.71 | 17.9 | 21.68 | 27.65 | 31.42 | 30.16 | 27.02 | 23.88 | 22.62 | 25.14 | 21.05 | 18.22 | 282.5 |

（3）确定长期趋势变动

本例题中长期趋势变动为线性趋势，其趋势预测模型为 $y=a+bx$。趋势预测计算结果见表9-9。

表9-9 趋势预测计算表

| 年 份 | $x$ | $y$ | $x^2$ | $xy$ |
|---|---|---|---|---|
| 2002 | −3 | 191 | 9 | −573 |
| 2003 | −1 | 211 | 1 | −211 |
| 2004 | 1 | 238 | 1 | 238 |
| 2005 | 3 | 259 | 9 | 777 |
| 合 计 | 0 | 899 | 20 | 231 |

$$a = \frac{\sum y}{n} = \frac{899}{4} 万元 = 224.75 万元$$

$$b = \frac{\sum xy}{\sum x^2} = \frac{231}{20} 万元 = 11.55 万元$$

$$y = 224.75 + 11.55x$$

因2006年对应的 $x=5$，则

$$y = 224.75 万元 + 11.55 万元 \times 5 = 282.5 万元$$

【例9-7】某类房地产1997～2005年的价格见表9-10，试预测该类房地产2006年和2007年的价格。

表 9-10　某类房地产 1997～2005 年的价格　　　　（单位：元/m²）

| 年　份 | y | x | xy | x² | a+bx |
|---|---|---|---|---|---|
| 1997 | 2 200 | −4 | −8 800 | 16 | 1 982.22 |
| 1998 | 2 400 | −3 | −7 200 | 9 | 2 367.22 |
| 1999 | 2 700 | −2 | −5 400 | 4 | 2 752.22 |
| 2000 | 3 000 | −1 | −3 000 | 1 | 3 137.22 |
| 2001 | 3 400 | 0 | 0 | 0 | 3 522.22 |
| 2002 | 3 800 | 1 | 3 800 | 1 | 3 907.22 |
| 2003 | 4 200 | 2 | 8 400 | 4 | 4 292.22 |
| 2004 | 4 700 | 3 | 14 100 | 9 | 4 677.22 |
| 2005 | 5 300 | 4 | 21 200 | 16 | 5 062.22 |
| 总计 | 31 700 | 0 | 23 100 | 60 | — |

【解】

令 $\sum x = 0$。已知 $n=9$ 为奇数，故设中间项的 $x=0$。

$$a = \frac{\sum y}{n} = \frac{31\,700}{9} 元/m^2 = 3\,522.22 元/m^2$$

$$b = \frac{\sum xy}{\sum x^2} = \frac{23\,100}{60} 元/m^2 = 385.00 元/m^2$$

因此，描述该类房地产价格变动长期趋势线的方程为

$$y = a + bx = 3\,522.22 + 385.00x$$

根据上述方程计算的 1997～2005 年该类房地产价格的趋势值见表 9-10。

预测该类房地产 2006 年的价格为

$$y = 3\,522.22 元/m^2 + 385.00 元/m^2 \times 5$$
$$= 5\,447.22 元/m^2$$

预测该类房地产 2007 年的价格为

$$y = 3\,522.22 元/m^2 + 385.00 元/m^2 \times 6$$
$$= 5\,832.22 元/m^2$$

【例 9-8】要预测某宗房地产 2012 年和 2013 年的价格。通过市场调研获得该类房地产 2007～2011 年的价格并计算其逐年上涨速度，具体见表 9-11。

表 9-11　某类房地产 2007～2011 年的价格　　　　（单位：元/m²）

| 年　份 | 房地产价格的实际值 | 逐年上涨值 | 房地产价格的趋势值 |
|---|---|---|---|
| 2007 | 681 | — | — |
| 2008 | 713 | 32 | 714.5 |
| 2009 | 746 | 33 | 748.0 |
| 2010 | 781 | 35 | 781.0 |
| 2011 | 815 | 34 | 815.0 |

## 【解】

从表 9-11 中可知该类房地产 2007～2011 年价格的逐年上涨额大致相同。
计算该类房地产价格逐年上涨额的平均数为

$$d = \frac{(p_1 - p_0) + (p_2 - p_1) + (p_3 - p_2) + \cdots + (p_i - p_{i-1})}{i}$$

$$= \frac{32元/m^2 + 33元/m^2 + 35元/m^2 + 34元/m^2}{4} = 33.5元/m^2$$

据此预测该宗房地产 2012 年的价格为

$V_6 = P_0 + d \times n$

　　= 681 元/m² + 33.5 元/m² × 5

　　= 848.5 元/m²

预测该房地产 2013 年的价格为

$V_7 = P_0 + d \times n$

　　= 681 元/m² + 33.5 元/m² × 6

　　= 882.0 元/m²

## 练 习 题

### 一、单项选择题

1．通过市场调研，获得某类房地产 2002 年～2006 年的价格分别为 3 405 元/m²、3 565 元/m²、3 730 元/m²、3 905 元/m²、4 075 元/m²，则采用平均增减量法预测该类房地产 2008 年的价格为（　　）元/m²。

　　A．4 075.0　　B．4 242.5　　C．4 410.0　　D．4 577.5

2．当房地产价格的变动过程持续上升或者下降，并且各期上升或者下降的数额大致相近时，宜采用（　　）预测房地产的未来价格。

　　A．数学曲线拟合法　　　　B．平均增减量法

　　C．平均发展速度法　　　　D．移动平均法

3．某城市 2000 年和 2005 年普通商品房的平均价格分别是 3 500 元/m² 和 4 800 元/m²，采用平均发展速度法预测 2008 年的价格最接近于（　　）元/m²。

　　A．4 800　　　　　　　　B．5 124

　　C．5 800　　　　　　　　D．7 124

4．在房地产估价中，长期趋势法运用的假设前提是（　　）。

　　A．过去形成的房地产价格变动趋势在未来仍然存在

　　B．市场上能找到充分的房地产历史价格资料

　　C．房地产在过去无明显的季节变动

D．政府关于房地产市场调控的有关政策不会影响房地产的历史价格

5．在运用长期趋势法测算房地产未来价格时，若房地产价格的变动过程是持续上升或者下降的，并且各期持续上升或下降的幅度基本一致，则宜选用（　　）方法进行测算。
A．平均增减量法　　　　　B．平均发展速度法
C．移动平均法　　　　　　D．指数修匀法

二、多项选择题

1．长期趋势法除了用于推测、判断房地产的未来价格外，还可用于（　　）等。
A．收益法中预测未来的租金
B．市场比较法中可比实例成交价格的市场状况调整
C．填补某些房地产历史价格资料的缺乏
D．比较、分析两宗（或两类）以上房地产价格的发展趋势与发展潜力
E．成本法中确定房地产的重新购建价格

2．长期趋势法包括（　　）等方法。
A．线性趋势法　　　　　　B．平均增减量法
C．平均发展速度法　　　　D．年限法
E．指数修匀法

三、判断题

1．长期趋势法适用对象是价格有明显季节波动的房地产，适用的条件是拥有估价对象或类似房地产较长时期的历史价格资料，而且所拥有的历史价格资料必须真实。（　　）

2．运用平均发展速度法进行估价的条件是，房地产价值的变动过程是持续上升或下降的，且各期上升或下降的幅度大致接近，否则就不适宜采用这种方法。
（　　）

3．指数修匀法是以本期的实际值和对将来的预测值为根据，经过修匀之后得出下一时期预测值的一种预测方法。（　　）

4．加权移动平均法是指将估价时点前每若干时期的房地产价格的实际值采用类似简单移动平均法的方法进行趋势估计，再经过加权之后求出趋势值。（　　）

5．在平均增减量法中，由于越接近估价时点的增减量对估价越重要，因此，对过去各期的增减量如果能用不同的权数予以加权后再计算其平均增减量，则更能使评估价值接近或符合实际。（　　）

四、计算题

1．某宗地 2010 年 1 月～12 月单位平均价变动资料的时间数列见表 9-12，请用直线趋势法计算 2011 年 1 月该土地的单位价格。

表 9-12　某宗地 2010 年 1 月～12 月单位平均价变动资料　（单位：元/m²）

| 月份 | 1 | 2 | 3 | 4 | 5 | 6 | 7 | 8 | 9 | 10 | 11 | 12 |
|---|---|---|---|---|---|---|---|---|---|---|---|---|
| 价格 | 260 | 220 | 165 | 334 | 360 | 352 | 445 | 432 | 520 | 324 | 310 | 280 |

2．某房地产 2008～2011 年的平均价格及逐年上涨速度见表 9-13，试求 2012 年该房地产的平均价格。

表 9-13　某房地产 2008～2011 年的平均价格及逐年上涨速度

| 年　份 | 房地产价格实际值/（元/m²） | 逐年上涨速度（%） |
|---|---|---|
| 2007 | 5 800 | — |
| 2008 | 6 000 | 111 |
| 2009 | 6 300 | 115 |
| 2010 | 6 866 | 125 |
| 2011 | 7 000 | 105 |

3．某类商品住宅在 2006～2011 年之间的价格水平，见表 9-14，试用直线趋势法估计该类商品住宅在 2012 年和 2013 年的价格。

表 9-14　某类商品住宅 2006～2011 年间的价格水平

| 年　份 | 价格/（元/m²） |
|---|---|
| 2006 | 6 000 |
| 2007 | 7 000 |
| 2008 | 7 600 |
| 2009 | 8 000 |
| 2010 | 8 500 |
| 2011 | 9 000 |

# 第 10 章　各种类型的房地产估价

学习要点：

1. 掌握居住房地产的含义及其估价特点、影响该类房地产价格的实物和区位情况及该类房地产估价方法的选用。

2. 掌握商业房地产的含义及其估价特点、影响该类房地产价格的实物和区位情况及该类房地产估价方法的选用。

3. 熟悉商务办公房地产的含义及其估价特点、商务办公房地产的分类、影响该类房地产价格的实物和区位情况及该类房地产估价方法的选用。

4. 熟悉旅馆与餐饮房地产和其估价特点，以及该类房地产估价方法的选用。

5. 熟悉工业房地产和其估价的特点，以及该类房地产估价方法的选用。

6. 了解特殊用途房地产及其估价的特点、影响该类房地产价格的实物和区位情况及该类房地产估价方法的选用。

根据估价对象的用途不同，可以将房地产估价分为以下六种类型：

1）居住房地产的估价，包括普通住宅、高档公寓和别墅等。

2）商业房地产的估价，包括购物中心、百货商场、超级市场、商业店铺等。

3）商务办公房地产的估价，包括写字楼、行政办公楼等。

4）旅馆与餐饮房地产的估价，包括宾馆、酒店、度假村、招待所、餐馆、酒楼、快餐店等。

5）工业房地产的估价，包括仓库、厂房等。

6）特殊用途房地产的估价，包括医院、学校、博物馆、机场、码头、火车站、教堂、庙宇、墓地等。

## 10.1　居住房地产的估价

### 10.1.1　居住房地产的含义及其特点

居住房地产简称住宅，在所有房地产中所占的比重最大，是社会资产存量中的一个重要组成部分。居住房地产主要包括普通住宅、高档公寓和别墅等。和其他类型的房地产相比，居住房地产一般具有以下特点：

（1）具有较强的相似性和可比性　居住房地产之间的相似性比其他类型的房地产多。居住房地产估价的可比性也较强，比较容易找到足够数量的可比实例。在同一居住小区中，通常具有很多相似的居住房地产，这些居住房地产拥有同一区位，在建筑设计、户型及功能等方面具有很强的相似性；在同一幢居住房地产楼内，尤其是高层住宅，楼层相近、方位相同的每套住宅基本上没什么太大的差别。另外，因为居住房地产的市场交易量最大，所以通常比较容易获取足够多的可比实例。

（2）单宗交易规模小，但市场交易量巨大　居住房地产不同于一般的商品，也不同于其他房地产，它不但具有等价交换、按质论价、供求决定价格等商品的共性，还由于它是人类生存最基本的生活资料，因此具有很强的社会保障性。居住房地产有一部分也作为投资、出租使用。由于居住房地产往往以居民个人的购买行为为主，所以，其单宗交易的规模比较小，但是市场交易频繁，交易量十分巨大。

（3）不同类型住房价格内涵有明显差异　目前，我国城市中存在着商品房、经济适用住房、廉租房、集资房和房改房等不同类型的房地产，这些住房因类型不同，在权属性质等方面也存在着差异，这主要是因为我国住房政策阶段性、导向性的原因造成的。一般商品房具有完全产权，即拥有一定年限的国有土地使用权和房屋的所有权；经济适用房和房改房只拥有房屋的所有权，不拥有或者拥有部分土地使用权，土地使用权因获取方式不同，又区分为划拨和出让两种；廉租房只拥有房屋的使用权。正是由于目前住房权属性质的不同，导致了其价格内涵上的差异，所以其估价也具有各自的独特性。

商品房价格既包括建筑物的价格也包括土地的价格；经济适用住房、房改房在考虑包括建筑物价格的同时，还应分析是否包含土地价格，如果是以划拨方式取得土地的，还应扣除土地使用权出让金。因此对居住房地产进行估价时应了解这些特点。

另外，我国为了保证社会稳定，对城市政策性、福利性住房的租金价格采用一定形式的管制措施。这些特点都是在进行居住房地产估价时必须充分掌握的。

## 10.1.2　居住类房地产价格的影响因素

毫无疑问，不同的城市、城市中的不同区域、不同使用年限和不同类型的居住房地产在价格上存在着很大的差异，估价人员要想客观、准确地评估出估价对象的价格水平，必须掌握居住类房地产价格的影响因素，如城市规划、城市经济发展水平、居住类房地产市场的供求状况、房地产的产业政策和导向等宏观因素，还要对住宅的区位情况、实物情况等微观因素进行具体分析。

**1. 影响居住房地产价格的区位因素**

（1）交通条件　交通条件对于不同类型房地产的含义是不同的。对于居住房地产而言，交通条件主要是指城市公共交通的通达程度和便捷程度，例如估价对象附近有多少条通行的公交车、轻轨、地铁、电车线路。交通条件较好的居住房地产，其价格通常要高一些，反之则低一些。

（2）生活服务设施　居住房地产所处地段不一定要求繁华，即使处于商业繁华地段，也要能够闹中取静。作为居住房地产，生活是否方便取决于居住房地产周边是否拥有比较完善的生活服务设施，例如菜市场、超市、医院、商店、银行、邮局等。生活服务设施较完善的居住房地产，其价格要高一些，反之则低一些。

（3）教育配套设施　教育配套设施是影响居住房地产价格的主要因素，其对价格的影响一方面要看是否有幼儿园、中小学校和托儿所；另一方面要看是否有名校，即所谓的名校效应，这一点往往是实地查看的重要内容之一。教育配套设施较完善的居住房地产，其价格要高一些，反之则低一些。

（4）楼层和朝向　不同楼层的住宅之间的价格差异取决于建筑的高度和是否有电梯。多层无电梯住宅的最佳楼层是高低适中的中间楼层。例如，七层住宅的最佳楼层通常为四层和五层，所以这两层的价格通常也最高；高层住宅普遍都有电梯，楼层越高景观和空气的质量越好，因此，一般此类房地产的楼层越高则价格就越高。

朝向方面除了考虑采光、通风等因素外，还有一个重要的因素就是所能观看到的景观。如果单纯考虑采光和通风等因素，一般朝南的住宅会好于其他朝向，所以价格也高一些；而朝北则最差，所以价格也低一些。但是当住宅四周的景观差异很大时，则景观对住宅价格的影响就会非常大，例如朝北住宅若能观看到美丽的大海、公园等，则其价格反倒会高于朝南住宅，甚至会高出很多。

（5）环境质量　环境质量包括居住房地产附近及小区的绿化环境、自然景观、噪声程度、空气质量、卫生条件等。环境质量较好的居住房地产，其价格要高一些，反之则低一些。

**2. 影响居住房地产价格的实物因素**

（1）建筑结构、类型和等级　建筑结构的不同直接影响建筑的工程造价，即建筑成本，进而影响住宅的价格。住宅的建筑结构可以分为：①钢结构；②钢筋混凝土结构；③砖混结构；④砖木结构等。具体包括基础、墙体、屋面、楼地面等情况。建筑的高度、每一层层高的不同也会影响建筑工程的造价。

（2）设施与设备　居住类房地产的供水、排水、供电、供气、共用天线、通信等管线的完备程度，公用电梯的设置及质量，厨房、卫生间洁具的情况，小区智能化程度等，都会对其价格产生影响。

（3）建筑质量　此因素是指保温或者隔热设施、防水防渗漏措施等是否符合标准及质量等级。拥有好的建筑质量的房屋的价格高。

（4）装修　对于新建住宅而言，住宅是否有装修、装修程度如何对其价格会有较大的影响。一般情况下，可根据住宅的装修状况将住宅分为毛坯房、粗装修房、普通装修房、精装修房、豪华装修房，它们之间的价格差异很大。如近年来在北京、上海、广州等大城市，出现了光装修费就高达每平方米几千元的住房，即该类住房的装修成本就基本相当于普通住房的价格水平。然而对二手住宅而言，住宅是否有装修、装修程度如何对其价格的影响程度远没有一手房大，因为其存在装修的折旧问题。

### 10.1.3　居住房地产估价的常用方法

居住房地产的估价可以选择市场比较法、成本法、收益法等。

**1．市场比较法**

由于居住房地产交易较频繁、交易量较大，很容易获取交易实例，因此市场比较法是居住房地产估价最常用的方法。此方法主要用于各种类型的商品房、房改房、经济适用住房转让价格、抵押价格、征收补偿价格等的评估，也可用于为商品房预售价格定位而进行的估价。

**2．成本法**

成本法也常用于居住房地产的估价。在进行居住房地产的抵押价值评估时，出于安全、保守的考虑，常会用到成本法。此外，居住房地产的征收估价及在建工程的估价往往也会采用成本法。

**3．收益法**

采用收益法对居住房地产进行估价的次数相对较少。收益法主要用于出租型公寓等居住房地产的估价。

### 10.1.4　居住房地产估价的技术路线及难点处理

由于居住房地产具有自用性、社会保障性、交易规模小但市场交易量大等特点，因此对居住房地产进行估价在整个估价业务中非常普遍。委托人一般主要基于了解住宅的市场价值、租赁价值、征收补偿价值、抵押价值等目的而委托估价机构进行价值评估。居住房地产估价既有单套或几套的零散评估，也有整体的评估。由于居住房地产具有产品多样性、产权多样性等特点，估价人员在对居住房地产进行价值评估时，应充分掌握并分析估价对象的基本信息，遵循相应的估价技术路线，选择适当的估价方法进行估价。

**1．商品房估价的技术路线及难点处理**

由于商品房的交易实例在市场中比较容易获取，因此市场比较法便成了商品房估价的首选。在实际估价业务中,商品房个体,即零散的单套住宅的估价情况比较多,如住宅的转让、抵押估价等。单套商品房的估价技术路线比较简单,因为单套商品房的交易实例很多,可直接通过对交易实例成交价格进行修正而测算出待估房地产的价格。在涉及商品住宅征收、商品房预售定价等业务时,通常会遇到商品房的整体估价,即整幢或数幢商品房估价。由于整幢商品房的成交个案很少,交易实例的选择范围就很小,有时甚至可能找不到合适的可比实例,其估价技术路线相对就比较复杂,通常采用从个体到整体的估价思路来解决,即选择某一基准层的某套住宅作为待估对象,再选取与待估对象类似的成交实例,通过市场比较法测算出该套住宅的价格,然后采用类比法,经过对成交建筑面积、户型、朝向、楼层、景观等的修正,得出各层、各幢商品住宅的价格。

**2. 经济适用房、房改房估价的技术路线及难点处理**

经济适用房、房改房估价的技术路线与商品房类似,所不同的是要考虑土地使用权出让金或土地收益的扣除问题。在利用市场比较法估价时,首先应估算出估价对象的市场价值,然后在此基础上扣除应向政府缴纳的土地使用权出让金或土地收益。在利用成本法估价时,应评估估价对象不含土地使用权出让金下的房屋重置价格。

## 10.2 商业房地产的估价

### 10.2.1 商业房地产的含义及其特点

商业房地产主要是指用于零售业、批发业的房地产,包括商场、购物中心、百货商店、商业店铺、超市、批发市场、便利店、专卖店、仓储商店等。它是以持续经营为基础、以实现物业租金的持续增长及物业增值为目标的商业形态、物业形态和长期投资性投资产品。和其他类型的房地产相比,商业房地产通常具有以下特点:

(1)收益性 商业房地产的收益方式是多种多样的,有的是业主自己经营,有的是出租给他人经营,有的是以联营形式经营。商业房地产有商业租金收益、物业升值变现收益、现金流的产生和使用等多种收益,同时随着商业经营的开展还会产生递延的附加值。

(2)经营内容多 同一宗商业房地产中,往往会存在不同的经营内容,如商品零售、批发市场等。不同的经营内容(或者说不同的用途)一般会有不同的收益率,如果用收益法估价,则应对各部分采用不同的还原利率(或称资本化率)。商业房地产的经营方式以租赁为主,商业房地产的业主常常将其房地产出租给别人经营,有的承租人在从业主手上整体承租后,又分割转租给第三者。因此,在进行商业房地产估价时要调查清楚产权状况。

（3）投资额大，投资回收期长　根据目前地价及收益来看，商业房地产的投资额比住宅的大很多，投资回收期较长，一般在10年左右，而国际上比较成熟的商业项目大约需要20年的回收期。

（4）开发风险大　由于商业房地产的投资回收期较长，则在建造、经营过程中往往受环境影响非常大，例如交通环境、竞争环境、消费人群、消费习惯、政府政策等一系列的改变都会带来很多的不确定性，这些不确定性将直接影响项目的收益。另一方面，任何一个商业项目从开业到进入成熟期都要经历一个 2~3 年的过渡期，这个过渡期能否度过，对所有商业房地产开发企业都是一种挑战。

（5）垂直空间价值衰减性明显　商业房地产的价值在垂直空间范围内会表现出明显的衰减性。一般来说，商业房地产的价值以底层为最高（如高层商业物业顶层有景观等因素，则情况会比较特殊），沿着向上的方向其价值呈现快速的衰减，但越到后面，价值衰减则越慢。这是因为底层对于消费者而言具有最便捷的通达度，不需要借助于垂直交通工具。而向上的楼层需要借助垂直交通工具，通达的便捷度便随之减弱。

（6）装修高档而复杂　商业房地产通常会有非常高档的装修，而且形式各异，要准确估算其价值必须单独计算。另外，商业用房装修折旧快，在有些地方，买下或承租别人经营的商业用房后，一定要重新装修，因此在估价时应充分注意。

## 10.2.2　商业房地产价格的影响因素

影响商业房地产价格的因素有很多，比如地段、品牌、租金水平、土地成本、建设成本及后期运营成本等，同时项目的定位及周边价格水平也会与价格有直接的联系。

### 1. 影响商业房地产价格的区位因素

（1）交通条件　在对商业房地产估价时，要从两方面考虑交通条件对其价格的影响：一方面是顾客。从现阶段的一般情况来看，主要是公共交通的通达度，即以附近可用公交线路的条数、公交车辆时间间隔及公交线路连接的居民区人数等指标来衡量。此外还要考虑机动车和非机动车停车场地的问题。另一方面是经营者，要考虑进货和卸货的交通便利程度。例如长春一处特别著名的服装批发市场，就曾因为政府对交通秩序的整顿而封住了货物运输通道，导致该商场价值大大下降。

道路交通条件的改善可以给沿途商业带来巨大的人流量。对于商业房地产而言，集中的人流量虽然很重要，但关键还要看这些人群是否是有效的消费群体。例如某大型商场，由于新建的轻轨线路出口就在该商场内，显然地铁直接给商场带来了巨大的人流量，但这些拥挤的人群大多数都是过客，不但没有带来更多的收益，反而影响了商场的正常购物环境。因此，公共交通特别便利的地方往往不适宜做高档的商业房地产。又如，在某繁忙的对外客运口岸处，曾经有一座大型商厦以"口岸物业"为宣传口号，希望将这座新建商业大厦做成一块商业旺地，但两年过去了，商厦的经营者发现，近在咫尺的客运口岸的巨大人流几乎没有多少会移步到商厦来购物。这同样是因为口岸交通带来的人流并非为该商厦的有效消费群体的缘故。

（2）地段的繁华程度　影响商业房地产价格的首要因素是所处地段的商业繁华程度。商业繁华程度首先可用该地段是否处于商业中心区来考虑。每个城市都有一个或几个市一级的商业中心区，它们的辐射力遍及全市，吸引着全市的购买力（特别是大宗商品的购买力，如家具、家用电器等耐用消费品），这类商业中心区属于全市最繁华的地段。另外，在每个行政区或住宅聚集区也会有一个或多个区级商业中心区，它们的辐射力没有市级商业区那么强，一般只限于本区域内，繁华程度也低于市级商业区。在每个居住小区通常还会有一个商业服务集中地带，或可称为小区级商业中心，其繁华程度更低一些。

对于一般的商业房地产，首先要确定的就是它处于哪一级商业中心区，从而可知其所处地段的商业繁华程度。另外，现在各地常常有一些专业市场或专业一条街，如装修材料一条街、布匹批发市场、百脑汇等，专门经营某类商品的商业房地产如果位于相应的专业市场内（例如电脑专营店位于百脑汇内），同样可以认为其所处地段有较高的繁华程度。

（3）临街情况　一般来说，临街面越宽越好。如果几面临街，则有利于商业房地产价值的提高。商业房地产一般都应该是临街的，其临街的具体分布情况对其价值会产生重大影响，在同一条街上相距数米范围内的不同分布，将可能呈现出不同的价格或租金水平。例如，多面临街的沿街拐角商铺比一边临街的商铺价值要高，与道路平齐的商铺比略有凹入的商铺价值要高。需要注意的是，位于街角交通要道的商业房地产如果没有足够的缓冲余地，对其经营也是不利的，因为这样将影响购物人流的出入。

（4）楼层　通常情况下，位于底层的商业用房地产的价值要远远高于其他楼层的商业用房地产。一般来说，如果没有电梯，首层商业用房地产与二层商业用房地产价格相差较大，二层商业用房地产与其他层商业用房地产的价格差距将大大缩小。

**2．影响商业房地产价格的实物因素**

（1）建筑质量及内部格局　商业房地产自身的建筑质量包括建筑结构、建筑设施、装饰、建筑平面或空间利用的难易、可改造程度、外观乃至建筑物的临街门面宽窄等，它们对商业房地产的经营有重要的影响。此外，商业房地产的内部格局是否有利于柜台、货架等的布置和购物人流的组织，也会对商业房地产的经营产生影响。例如一些大型商业用房地产往往需要分割出租，其内部空间能否灵活地进行间隔对其收益会产生较大影响。因此，对商业房地产进行估价时应充分重视其建筑质量和内部格局。

（2）面积　根据商业业态的差异、商业经营要求的不同，商业用房地产所需的经营面积也会存在较大差异。例如百货商场的经营面积一般需要在 $5000m^2$ 以上，超级市场的经营面积一般会在 $500m^2$ 以上，而一般的临街店铺可能仅为几十平方米。因此，对商业房地产进行估价时应区分不同的经营业态结构对面积的不同要求。

（3）净高　商业房地产的室内净高应适宜。若净高偏低，则难免会给人压抑感，不利于经营；若净高超过合适的高度，则建筑成本又会提高，也不利于房地产价值的提升。

（4）装修　装修在商业房地产的价值中往往占有很大的比重，特别是一些大型的综合商场、品牌经营店等。因此，同样的商业用房地产，仅仅由于装修不同，其价值也会存在很大的出入。此外，建筑结构构造因采用的材料不同，其价值也可能有很大的差别。

（5）无形价值　在注重品牌、文化品位的时代，商业房地产价值中无形价值所占的比重越来越大，例如有大型品牌超市、商业企业进驻的商业用房，其价值会明显提高。又如一个酒店管理集团，能使一个同样的酒店体现出完全不同的租金水平与出租率，从而使酒店体现出不同的价值。在投资交易等某些估价目的下，估价应考虑附属于有形商业房地产的无形价值。

## 10.2.3　商业房地产估价的常用方法

根据《房地产估价规范》，商业房地产估价可以选择收益法、市场比较法、成本法等。为准确评估商业房地产的市场价值，基于商业房地产的收益性特点，在商业房地产交易比较活跃的地方，目前主流的方法适宜选择收益法、市场比较法。对于成本法，可以选用，但一般不宜作为主要方法。

**1．收益法**

商业房地产的价值主要体现在其获取收益能力的大小上，所以收益法是商业房地产估价最为常用的方法。它以预期原理为基础，主要的工作就是测算商业房地产的未来净收益、收益年限和报酬率，在具体估价过程中要根据不同商业业态、类型区别对待。

**2．市场比较法**

商业房地产的转售与转租比其他类型房地产要频繁，尤其是小型商铺更是如此，因此比较容易获得可比实例，所以在商业房地产估价业务中，市场比较法往往也是一种常用方法。另外，在用收益法评估商业房地产的客观租金时，也可用市场比较法进行租金的估算。

**3．成本法**

在有些估价业务中，例如商业房地产的抵押估价或者对将要转变用途的房地产进行估价时，也会用到成本法作为辅助方法。

## 10.2.4 商业房地产估价的技术路线及难点处理

商业房地产估价在总体技术方法、思路上虽然大体一致，但在具体技术路线的选择和处理上又有各自的特点。

**1．不同经营方式的商业房地产估价的技术路线及难点处理**

商业房地产根据其经营方式的不同可划分为出租型和商业运营型两类。

（1）出租型商业房地产　出租型商业房地产的投资者主要通过收取租金获取回报，这类商业房地产主要为临街的中小型商铺、便利店、专卖店、专业市场、社区商铺等。出租型商业房地产主要采用收益法和市场比较法进行估价。

采用收益法估价的关键是求取租金收益。租金的测算要区分租期内和租期结束两种情况。在租期内（毁约除外）应根据租赁合同计算净收益；待租期结束后，应根据市场客观租金水平、经营费用、税金等利用市场比较法求取待估商业房地产的净收益，并根据市场租金变化趋势判断未来租金水平。因此，在测算出租型商业房地产租金收益时，应了解待估对象是否存在合约的限制。

采用市场比较法对出租型商业房地产估价主要应用在两方面：①直接求取商业房地产价格；②求取商业房地产租金，再利用收益法测算商业房地产价格。交易实例的选择和修正系数的确定是市场比较法评估出租型商业房地产的重要环节。由于影响商业房地产价格的因素很多，因此对估价对象及交易实例的实地查看显得非常重要，必须详细了解待估商业房地产的地段及具体坐落、临街状况、经营业态和内容、建筑及内部格局、楼层、面积、装修、交易方式等因素。

此外在交易实例的选择时还应关注商业房地产的交易形式、价格（或租金）内涵。例如，有的包含了管理费、水电费等，有的则没有；而租赁价格中税费的负担、房屋的修缮责任的归属、租赁期限的长短、租金的支付方式及违约责任等都对租赁价格产生影响，所以要详细了解这些内容。

（2）运营型商业房地产　运营型商业房地产主要靠经营获得收入，例如百货商店、超级市场、大型商场等。这类商业房地产主要采用收益法评估。由于难以获取第一手租金资料，对于这类估价对象，在评估时理论上可基于营业收入测算净收益，即净收益=主营业务收入-主营业务成本和税金-管理费用-财务费用-销售费用-商业利润。但在实际操作中，如何剥离商业经营的利润与房地产带来的利润是一个比较难以处理的问题，目前尚无较好的量化方法，主要是基于估价师对商业及房地产市场的经验判断，一般做法是根据类似可比实例修正并估算出租赁收入来确定商业房地产的净收益。

**2．不同规模商业房地产估价的技术路线及难点处理**

（1）整幢商业房地产估价　在实际的商业房地产估价中，进行整幢房地产估价的情况相对较少。在对整幢商业房地产估价时，首先应详细了解不同楼层的商业业态、经营方式、类型、收入水平差异等，其次应了解同层商业房地产铺面的分布格局及价格分布影响因素，最后根据不同楼层具体情况、交易实例收集的难易程度、潜在租金及其经营费用测算的难易程度来选择不同估价方法，一般可采用收益法、市场比较法。

（2）整层商业房地产估价　整层商业房地产评估，一般可采用市场比较法或收益法进行，但通常情况下整层出售或出租个案远少于单个商铺出售或出租，因此当缺少类似整层商业房地产出租或销售可比实例，而仅有单个商铺的成交实例时，如何利用单个商铺价格修正而估算得出整层商业房地产的价格往往成为估价的难点。

虽然整层商业房地产与分割商铺所面临的客户群不同，并且二者在市场价格形成过程中的分割布局、策划费用、销售代理费用、市场接受能力并不一致，但是二者毕竟是"全体"与"个体"的关系，对于某个具体的铺位价格而言，在数量上与整层商业房地产均价间存在一定的比例关系，因此可通过细致的市场调查来确定这种数量关系，进而修正为整层商业房地产的价格。

（3）同层商业房地产不同铺面估价　在对同层商业房地产多个铺面进行评估时，可先评估出一个铺面的价格，其余铺面价格在此基础上进行修正而得出估价结果。但是这种技术处理方式要求对同层商业房地产铺面的分布格局及价格分布影响因素有充分的了解和认识。

例如，根据实地查看和各种价格影响因素的分析，将该楼层的商铺分为三个档次，第一档次为位于手扶电梯口的商铺；第二档次为位于直行电梯口的商铺、位于商场主要通道的商铺；第三档次为主要分布在边角或次要通道的商铺。估价人员综合考虑商铺的位置状况（近扶手电梯、临通道情况）、面积状况、形状及转角等因素，并且参考实际成交资料，综合测定第二档次的商铺较第一档次的商铺租金大约低5%，第三档次的大约低10%，则第二档次和第三档次商铺的客观租金水平就可根据第一档次商铺租金及其租金相互关系分别测算出来。

**3．空置、烂尾商业房地产估价的技术路线及难点处理**

在实际中，有多种原因可导致商业房地产空置，有些并不是房地产本身的原因。因此，在评估这类商业房地产时，结合估价对象的具体情况，对其进行最高最佳使用分析是十分必要的，而这也是这类房地产评估的难点之一。明确了不确定因素后，再预测未来房地产开发完成价值，扣除相应的扣减项目，求得在建工程的估价价格。

## 10.3 商务办公房地产的估价

### 10.3.1 商务办公房地产的含义及其特点

商务办公房地产即通常所说的写字楼,是指用于公司或企业从事各种业务经营活动的建筑物及其附属设施的相关场地。写字楼的业主往往以高效的物业管理,以出租经营的方式达到房地产保值、增值并获取收益的目的。写字楼的使用者主要是指那些能够支付租金,进行技术、管理、专业服务和文书处理的经济实体,例如保险公司、金融机构、贸易、咨询服务公司等。

商务办公房地产具有以下特点:

(1) 以出租经营为主,多由专业物业管理企业管理 市场上的绝大多数写字楼都是以出租为主的,出租率或者占有率的高低是该写字楼的生命线。而出租率的高低与物业管理的好坏息息相关,因此很多写字楼业主委托专业物业管理企业管理和代理出租。

(2) 规模大,所处区位好 写字楼大多数都建在以经济、贸易、金融、信息为中心的大中型城市,而且面积规模相当大,办公单位集中,人口密度大,写字楼聚集的区域往往是城市经济活动频繁、交易量大、信息多且传播快、交易成功率高、吸引众多知名企业及其国内外办事机构进驻的区域。因此估价对象是否处于城市写字楼聚集的区域对其价值会产生很大影响。

(3) 功能齐全、配套设施完善,多为现代化的高层建筑 写字楼特别是甲级写字楼大多为高档次的高层建筑,不仅外部有自己独特的色彩、格局、线条和装饰等建筑风格,而且内部一般都配有先进的设施和设备,例如高速电梯、中央空调、高灵敏的系统化通信工具等。此外,现代写字楼还提供各种功能性服务,例如有些写字楼建有酒吧、商场、餐厅、前台服务、会议室、车库等。因此,在对写字楼进行估价时,应对写字楼的建筑、功能、设施设备配套等情况进行详细查看。

### 10.3.2 商务办公房地产的分类

写字楼可以从不同的角度、按照不同的标准进行分类与分级。

**1. 按建筑面积进行分类**

按建筑面积的大小,可以将写字楼划分为小型、中型和大型写字楼。其中,建筑面积在 1 万 $m^2$ 以下的,称为小型写字楼;建筑面积在 1 万~3 万 $m^2$ 的,称为中型写字楼;建筑面积在 3 万 $m^2$ 以上的,称为大型写字楼,有些大型写字楼的建筑面积可达 10 万 $m^2$ 以上。

**2. 按使用功能不同进行分类**

根据使用功能的不同,可以将写字楼分划为:①单纯型写字楼。即写字楼只有办公一种功能，而没有其他的功能（如会议室、酒吧、商场等）。②商住两用型写字楼。这种写字楼既可以提供办公场所又能够提供住宿，其中一种是办公室内有套间可以住宿，另一种是楼的一部分供办公用，楼的另一部分供住宿用。③综合型写字楼。主要是指以办公为主，同时又有多种其他功能，如公寓、餐饮、商场、展示厅等的写字楼，但其中用作办公部分的面积最多。

**3．按写字楼的档次进行分类**

根据写字楼所处的位置、自然和质量状况及收益能力，可以将写字楼分为甲、乙、丙三个档次：①甲级写字楼。这类写字楼具有优越的地理位置和交通环境，建筑物的物理状况优良，建筑质量达到甚至超过有关建筑条例和规范的要求，而且其收益能力可以和新建成的写字楼相媲美。甲级写字楼通常具有完善的物业管理服务，包括 24 小时的维护及保安服务。②乙级写字楼。它具有良好的地理位置，建筑物的物理状况良好，建筑质量达到有关建筑条例或规范的要求，但建筑物的功能不是最先进的（有功能陈旧因素影响），有自然磨损现象的存在，收益能力一般也低于新落成的同类建筑物。③丙级写字楼。此类写字楼的使用年限较长，建筑物在某些方面不能满足新的建筑条例或规范的要求，建筑物存在较明显的物理磨损和功能陈旧现象，但仍然能够满足低收入承租人的需求，并且与其租金支付能力相适应。相对于乙级写字楼，丙级写字楼的租金虽然较低，但却仍能保持一个合理的出租率。

不同类型的写字楼价值差异很大，因此在对写字楼物业进行估价时，应依赖专业知识对写字楼的类型、档次进行准确的判断。

随着时代的发展，写字楼的分类和分级标准也在发生变化。目前，写字楼市场流行两大评定标准，即甲级写字楼和 5A 写字楼。其实，无论是甲级写字楼还是 5A 写字楼，国际和国内都没有固定而统一的界定标准。在实际生活中，要结合写字楼所处的位置、交通方便性、声望和形象、建筑形式、电梯、走廊、写字楼室内空间布置、大堂、为承租人提供的服务、建筑设备系统、物业管理水平和承租人类型等来判断写字楼的档次。

随着电子商务的流行和新经济概念的出现，目前的写字楼也出现了所谓"SOHO"的概念，即"small office home office（小型家居办公室）"，这将对写字楼的发展趋势产生一定的影响。而与之相反的另一个趋势是：有些城市采取了较严厉的措施禁止公司在住宅内开业，其目的主要是为了挽救供应量过剩的写字楼市场。这些经济形态的变迁和政府政策的干预，都会对写字楼市场产生影响，从而影响写字楼的价值。

### 10.3.3 商务办公房地产价格的影响因素

**1．商务办公房地产价格的区位因素**

（1）交通条件　一方面，商务用户经常需要出差，商务办公房地产与机场、火车站之间的交通方便程度是影响其价值的重要区域因素。另一方面，能否方便、快捷地到达办公地点，能否方便、快捷地与客户进行交流、会谈，也是从事办公行业特别是企业公司总部选择办公场所的重要条件之一。一座大型的写字楼往往能够容纳成千上万人在里面办公，这就要求写字楼特别是高档次写字楼一定要具有很好的通达性，交通需要具备地上、地下及空间三维连接。因此写字楼所在区域的交通通达性、便捷性、可达性、易接近性是影响其价值的重要区位因素。此外，是否有足够的停车场往往也是影响写字楼价值的重要影响因素。

（2）聚集程度　中央商务区是商务办公房地产的集中地区，因此往往集中着各类大型的商务机构，除了本身蕴藏着巨大的商机外，也为商务机构之间的来往提供了便利条件，因此有实力的公司往往都集中在城市的中央商务区。例如北京CBD是西起东大桥路、东至西大望路、南起通惠河、北至朝阳路之间3.99km$^2$的区域。这里是摩托罗拉、惠普、三星、德意志银行等众多世界500强企业在我国的总部所在地，也是中央电视台、北京电视台传媒企业的新址，是国内众多金融、保险、地产、网络等高端企业的所在地，也拥有众多微型信贷服务机构，是金融工具的汇集之处，代表着时尚的前沿。同时，CBD又是无数中小企业创业和成长的摇篮。

由于企业经常需要与政府交往，特别在我国目前更是这样，因此很多企业的办事机构愿意在政府机构的周围安营扎寨，所以常常会有这样的情况：房地产管理局周围的写字楼集中了房地产开发公司、房地产中介机构、以房地产业务为主的律师事务所，电信集团周围则集中了通信行业的公司，海关的周围则是进出口公司、船运代理公司等，形成了像商业房地产的专业市场那样的集聚情形。

（3）周边环境　商务办公房地产既不能像商业房地产那样要求周围环境繁华热闹，也不能像居住房地产那样要求周围环境幽静优美，但要求周围环境整洁气派，有现代化的都市氛围，千万不能杂乱无章。

（4）楼层　同商业房地产相同，楼层对商务房地产价值也有重大影响，但影响的方向却不同。商业房地产楼层越高价值越小，而商务房地产楼层越高价值越大，租金水平越高，这与办公环境关系密切。楼层越高，空气质量、景观就越好，被外界干扰的机会也越小。

**2. 商务办公房地产价格的实物因素**

（1）外观　任何一个公司都十分注重企业形象，而公司办公场所的外观则直接影响公司的形象，因此商务办公房地产的外观对其价值的影响不可低估。具有良好外观形象的商务办公房地产会大大吸引实力强的公司，大城市中的那些标志性建筑往往都是商务办公房地产，如上海的环球金融中心，广州的中信广场等，这些标志性的写字楼内几乎都是国内外的一流企业的办公场所，其租金价格往往也是这个城市中最高的。商务办公房地产的外观条件主要包括：建筑物高度、造型、体量、外装修等。

（2）内部装修　与外观一样，内部装修也对商务办公房地产的价值有重要影响。商务办公房地产的内部装修主要体现在大堂、内墙面、走廊、灯具等。大堂的外观、设计和灯光效果等往往是整个商务办公房地产的综合体现。

（3）设备、设施　电梯、空调是否齐备，甚至高层写字楼的电梯运行速度，都是影响商务办公房地产价值的重要因素。例如，上海环球金融中心的电梯，其运行速度可达 10m/s。

（4）是否具有智能化办公条件　随着电子商务的兴起，企业对网络设施的要求迅速提高，以网络为载体的各种智能办公解决方案也在日新月异地发展，因此写字楼只有能够提供完善的智能化办公条件才具有吸引力。

（5）满足不同公司的不同要求　甲级写字楼通常使用集中空调，有统一的供冷（热）时间，而有些小型公司因为工作时间灵活、需要加班，希望能有独立的空调，这类公司往往就转向使用独立空调的乙级或一般写字楼。

（6）物业管理条件　物业管理虽然与房地产本身是分离的，但对于商务办公房地产、特别是甲级写字楼，物业管理对提升其价值的作用非常明显，可直接影响到写字楼的租金水平，所以甲级写字楼往往都聘请一流的物业服务企业进行管理，目的就是吸引那些大财团、大公司进驻。

### 10.3.4　商务办公房地产估价的常用方法

根据《房地产估价规范》，商务办房地产估价的方法可以选择收益法、市场比较法、成本法等。

**1．收益法**

由于商务办公房地产通常以出租的方式经营，所以收益法是商务办公房地产估价最为常用的方法，其主要的工作是测算商务办公房地产的未来净收益和报酬率。净收益的测算与出租型商业房地产类似；报酬率的确定应注意区分不同类型、档次的商务房地产，如甲级写字楼的收益水平会高于乙级、丙级写字楼。

**2．市场比较法**

商务办公房地产的转售和转租现象也比较频繁发生，所以在市场上比较容易获得可比实例，因此市场比较法也是商务办公房地产估价的一种常用方法。市场比较法不仅用于商务办公房地产转让价格的估算，在很多情况下也用于对租金的测算。

**3．成本法**

在对以抵押为目的的商务办公房地产进行估价时，出于金融安全和保守原则的考虑，往往也会用到成本法作为辅助的估价方法。另外，在建工程的估价往往也会应用成本法。

## 10.3.5　商务办公房地产估价的技术路线和难点处理

**1．求取商务办公房地产租金的技术路线和难点处理**

商务办公房地产的租金求取一般采用市场比较法。在求取租金的过程中应注意以下问题：

（1）租约　在租赁期内有租约限制的房地产的租金求取，应根据合同中约定的租金来计算净收益；在租赁期结束后，应根据市场平均租金水平，利用市场比较法求取估价对象的净收益，并且根据市场租金变化的趋势判断及推测未来的租金水平。

（2）租金构成的内涵　同一商务办公房地产的租金在不同情况下往往存在很大的差异，主要表现在：①租金中包含物业管理费；②租金中包含物业管理费和水电费；③租金中不含物业管理费和水电费；④计算租金的面积为建筑面积，并且含有分摊的建筑面积；⑤计算租金的面积为套内建筑面积，并且不包含分摊建筑面积。估价时应根据估价对象的租金构成内涵，选择具有同一租金构成内涵的实例。

（3）租金的支付方式　因租金支付方式不同，体现的资金时间价值也就存在差异，故导致了租赁价格的差异。商务办公房地产租金的支付方式一般以下几种情况：①按年支付；②按季度支付；③按月分期支付；④按租赁期限一次性支付。目前，市场上主要是以按月分期支付为主。所以，在运用市场比较法求取估价对象的租金时，应详细了解可比实例的租金支付方式，并要求统一租金支付方式。

**2．整幢商务办公房地产估价的技术路线及难点处理**

（1）单纯型商务办公房地产估价的技术路线及难点处理　单纯型商务办公房地产的估价主要采用市场比较法和收益法。由于市场上整幢办公楼转让、转租的交易实例比较少，所以难以通过整幢办公楼转让、转租的交易实例来求取估价对象的价格。但是由于单纯型商务办公房地产只有办公一种功能，每一层的价格差异比较小，层与层之间主要存在楼层价格差异，所以，可以先评估出一层的价格，然后再确定层差修正系数，最后依次计算出所有楼层的价格。

（2）商住两用型房地产估价的技术路线及难点处理　在对商住两用型房地产进行估价时，首先要分清不同的功能区及其面积大小；然后分别按办公用房、居住用房进行估价，办公用房可以采用市场比较法和收益法估价，居住用房主要采用市场比较法估价；最后再求出估价对象的最终价值。

（3）综合型商务办公房地产估价的技术路线及难点处理　在对综合型商务办公房地产进行估价时，首先要分清不同的功能区，了解和确定各功能区的面积大小、经营方式、收益能力等；其次，根据不同功能区的收益性特点、交易实例收集的难易程度选用不同的估价方法，主要采用市场比较法和收益法进行估价；最后，将各功能区的价格进行汇总，得到整幢综合型商务办公房地产的价格。

## 10.4 旅馆与餐饮房地产的估价

### 10.4.1 旅馆房地产的估价

**1．旅馆房地产的估价特点**

旅馆房地产，包括酒店、宾馆、旅店、招待所、度假村、饭店等。

旅馆房地产的估价特点主要有：

（1）转让少且一般为整体转让 旅馆房地产在市场上一般很少发生转让，而且旅馆房地产一旦发生转让，一般都是整体转让，很少有部分转让的情况发生。同样，在对旅馆房地产进行估价时，整体价值估算的情况占多数。需要注意的是，单独估算旅馆大堂等部分房地产的价值是没有意义的。不仅如此，如果单独估算则必然导致价值的重复计算。

（2）规模不同、功能不同而导致收入差距 大型酒店、度假村等收入的计算由各项不同功能的房地产价值累加获得，例如酒店收入、桑拿收入、娱乐收入、客房收入、会议室收入、特色商店收入等共同组成某大型酒店收入。

旅店、招待所一般是以客房居住功能为主，兼有小规模的餐厅、饭堂，经营规模都比较小，价值主要在于其接待能力，因此衡量旅馆接待能力的指标是床位数或房间数，即以床位数或房间数作为比较因素，根据同类旅馆估算其每个床位或是每个客房的价格，然后乘以总的床位或客房数，即可得出旅馆的总价。

（3）一次性投资大、投资回收期较长、经营风险较大 旅馆房地产中的酒店，特别是一些大型酒店房地产，其一次性投资比较大，特别是对装修及各种设施设备的投资很大，而酒店房地产主要是通过经营获取回报，因此投资回收期较长，并且在经营期内将可能遇到宏观经济形势、通货膨胀、金融政策、法律法规等因素的变化影响，尤其是供求变化对酒店房地产的价格变动影响很大，故经营风险较大。

**2．影响旅馆房地产价格的主要因素**

（1）影响旅馆房地产价格的区位因素

1）交通条件。这是影响旅馆房地产价格的最重要的区位因素。是否拥有便捷、快速的交通条件，直接影响着旅馆房地产客户的入住、消费。

2）周围环境。周围环境和交通条件往往是相互起着相反作用的。交通条件好的旅馆，往往周围环境嘈杂，作为旅馆价值的直接使用者和评价者——旅客，往往也会理解这一点，会在交通和环境之间作出适当的取舍。但相比接待观光和商务旅客的旅馆而言，接待度假旅客的旅馆就特别需要优美的环境，而交通条件的便利这时就退居其次了。

（2）影响旅馆房地产价格的实物因素

1）设备设施和用具。除了设备设施以外，用具是影响旅馆房地产价值的一个比较特殊的重要实物因素。虽然在对旅馆房地产估价时，用具往往并不包括在内，但和设备设施一样，用具也是旅客选择和评价旅馆的主要考虑因素。正因为如此，旅馆的设备设施和用具的更新速度往往很快，远远快于设备设施和用具的自然寿命。我们往往会看到这样的情形：有的旅馆由于经营不善，无力更新设备设施和用具，导致无客问津，最终产生了恶性循环。

2）经营管理。旅馆的经营管理对提升旅馆房地产的价值起着重要的作用。好的酒店会聘请国际著名的酒店管理集团经营管理，这样不仅能够提高酒店的服务水准，而且能够利用这些酒店管理集团的国际订房网络，保证酒店的客源。

### 3．旅馆房地产估价方法的选用

旅馆房地产的估价通常可以选择收益法、市场比较法等。

（1）收益法　酒店类房地产具有一次性投资较大、经营风险相对较大及投资回收期较长的特点，其通用性、可分割转让性较差，故市场整体转让成交的实例较少，而且其有经营收益，因此在对酒店房地产进行估价时，一般选用收益法。收益法是旅馆房地产估价最为常用的方法，其主要的工作是测算旅馆房地产的经营净收益和收益率。在具体操作过程中要根据评估对象不同类型、档次、功能而区别对待。

（2）市场比较法　由于旅馆房地产一般较少在市场上转让，因此较难获取交易实例，市场比较法主要用于客房价格、其他功能用房租金的估算。

### 4．旅馆房地产估价的技术路线及难点处理

（1）旅馆不同功能用房收益的测算　星级酒店一般都具有多种功能，不同功能用房具有不同的经营方式、收益水平，因此估价时应根据其具有的不同功能及其经营状况、收益能力分别估算其收益。一般星级酒店的功能分布、经营方式主要有：

1）客房。客房服务是星级酒店的主要功能。一般星级酒店设有各种类型的客房，例如标准单人房、豪华单人房、双人房、商务房、一般行政套房、高级行政套房等。客房的经营收入主要来源于床位费或房间费，客房的收益可通过市场调查并获取房间单价/天、入住率、平均价格折扣率等资料，再根据客房数量求取。

2）商场。星级酒店的一、二层一般都设有各种形式的中小型商场，例如工艺精品店、鲜花店、服装店等。商场一般采用出租经营方式，其收益的测算注意区分租约内和租约外而分别计算，租约内根据所订租约确定，租约外可以利用市场比较法获取。

3）餐饮。星级酒店一般设有中餐厅、西餐厅，其经营的方式主要有出租经营、自主经营。出租经营餐厅的收益可以根据租约或市场比较法求取；自主经营餐厅的收益可根据市场调查并获取同类型餐厅的人均消费、上座率等，再根据座位数量求取。

4）商务会议。星级酒店的商务包括各种服务商务，例如外币兑换服务、票务服务、旅游服务等。星级酒店通常还拥有不同面积、不同功能的各种会议厅。商务、会议厅一般采取自主经营方式。经营方式按小时时间段收取使用费用，不同时间段收取的费用一般不同。这部分用房的收益可根据其不同商务功能厅的面积、收费标准、平均使用率等进行测算。

5）娱乐、健身。星级酒店一般都具有各种娱乐功能，例如设有交谊舞厅、迪斯科舞厅、卡拉 OK 厅、棋牌室、桌球室、电子游戏机室、游泳池、保龄球场、网球场、壁球室、健身室、桑拿浴室等。其经营的方式主要有出租经营和自主经营。出租经营的收益可以根据租约或市场比较法求取；自主经营的收益可根据不同娱乐功能用房的数量、平均消费标准、平均开房率等求取。

（2）旅馆净收益的求取  旅馆房地产作为一种能直观获取长期收益的经营性不动产而区别于其他各类房地产，特别是大中型星级酒店，其酒店的经营管理水平、设施配套程度、酒店经营的信誉等诸多因素形成的无形价值，都将固着于酒店这一特定房地产上，隐含在酒店房地产的价值之中。因此，如何测算酒店房地产的净收益是酒店房地产估价的难点之一。这是因为酒店的整体贡献能力和获利来源涵盖动产和不动产等诸多因素，并且这些因素相互交叉作用。

此外，估价对象范围的不同界定也会影响净收益的计算。因此在对旅馆房地产利用收益法估价时，必须清楚估价对象的范围及内涵，以及动产与不动产给酒店带来的收益区别。当界定酒店为整体资产并考虑其持续经营能力时，在净收益的计算中应考虑扣除商业利润。当将酒店不动产部分作为估价对象来进行评估时，在净收益计算中除考虑扣除商业利润外，还应考虑扣除非不动产部分所带来的收益。

### 10.4.2 餐饮房地产的估价

#### 1. 餐饮房地产的估价特点

（1）地段选择的差异性  餐饮房地产与商业房地产在地段的选择上既有相似之处，又有很大的不同。地处繁华地段的餐饮房地产的价值较高，这一点与一般商业房地产相同，但有些特色的餐饮店地处偏僻一隅，照样门庭若市。此外，在城市的一些城郊结合部，往往建有一些经营规模非常大的酒楼，其经营规模可以达到上千平方米，并且配备有足够车位的停车场，生意非常红火。

（2）营业收入的差异性  餐饮房地产属于经营性房地产，其收入主要来自其经营收入。然而影响餐饮房地产收入的因素很多，主要有地段、环境、经营特点、菜式品种、经营品牌等。不同地段、环境会带来不同的收益，这部分收入主要由房地产带来。而经营特点、菜式品种、经营品牌等往往会给餐饮房地产带来更大的收入差异。在实际生活中，我们常常看到这样的现象：处于同一地段的餐饮房地产，有的门庭若市、生意红火，而有的却比较冷清，这种收入的差异主要来自房地产以外的因素。因此估价时要考虑将这部分收入进行剥离。

**2. 餐饮房地产估价的技术路线及难点处理**

餐饮房地产的估价技术路线与估价方法的选用与商业房地产、酒店基本类似，收益法、市场比较法都可选用。但由于餐饮房地产的经营性的特点，其收入既有房地产所贡献的，更有非房地产因素贡献的，因此，在利用收益法进行估价时，净收益的测算中需要剥离非房地产带来的收益。而如何剥离非房地产带来的收益是餐饮房地产估价的难点。

（1）剥离商业利润  商业利润包括平均商业利润和超额商业利润。当估价对象获取的利润率高于社会平均商业利润率时，两者之差为其获取的超额利润率，此时在净收益的求取时，既要扣除平均商业利润，也要扣除超额利润。

（2）剥离非正常经营收入  在利用平均商业利润测算估价对象的客观收益时，需要剥离非正常经营收入。

## 10.5  工业房地产的估价

工业房地产主要包括厂房及工厂区内的其他房地产、仓库及其他仓储用房地产。

### 10.5.1  工业房地产及其估价特点

**1. 涉及的行业多**

工业房地产估价涉及各类工业。不同类型的工业有各自的行业特点、生产要求，即使生产同一产品的工业企业，由于工艺、流程的不同，对厂房、用地的要求也可能截然不同。因此在进行工业房地产估价时，首先应该了解相应企业生产的一些行业知识。

**2. 非标准厂房多，建筑工程造价相差大**

工业厂房中有一些属于标准（通用）厂房，这类厂房多为一些轻工业产品的生产用房，例如电子装配、成衣加工等。在一些新兴工业园区、出口加工区，就有许多这类标准厂房可供出租。标准厂房一般有标准的柱距、层高、楼面荷载等，同类标准厂房的工程造价相差不会太大。工业厂房中的大部分为非标准厂房，即根据各类生产的需要而设计和建造的不同规格的厂房，这类厂房的跨度、柱距、梁底标高、（行车）轨顶标高、楼面荷载等都是根据生产的不同需要而定的，还有一些生产用房只有屋盖，没有围护（外墙）。因此，非标准工业房地产每平方米的造价相差较大。

因此，在对工业房地产估价时，应详细了解估价对象的建造标准，以便准确确定建筑工程造价。

### 3. 要区分设备和建筑物的造价

有些工业设备的建造和安装是和建筑物（厂房）同时进行的，例如，很多设备的基座就和厂房的基础连为一体，因此估价时要注意区分厂房的价值和设备的价值。

如果估价结果中既包含了厂房的价值，又包含了设备的价值，则应在估价报告中予以说明。

### 4. 受腐蚀的可能性大

厂房内外的工作环境常常有腐蚀性，而强腐蚀性会对厂房的自然寿命有影响，房屋使用年限也会缩短。因此估价时要详细了解估价对象是否会受到腐蚀性的影响，并且根据影响程度来确定房屋使用年限的缩短程度。

## 10.5.2 影响工业房地产价格的主要因素

### 1. 影响工业房地产价格的区位因素

（1）交通条件　工业企业通常需要大量运进原材料及燃料及运出产品，因此工业房地产必须有便捷的交通条件，例如，邻近公路交通干线或有符合运输条件的道路与公路干线相连，有铁路专用线进入厂区，邻近通航河道（或海岸）且有专用码头。以上公路、铁路和水运交通条件若能同时满足两项以上则更好。

（2）基础设施　工业生产对基础设施的依赖较强，当地的电力供应情况、生产用水能否满足需要、排污及污染治理的可能性、通信条件等，都是影响工业房地产价格的主要区位因素。

（3）地理位置　有些工业生产要求工业房地产处于一些其他的地理位置，例如造纸厂需要大量排放污水，所以通常需要邻近河道且应避免污染对下游造成重大影响；化工企业则不应设在山沟里；水泥厂的附近若有煤矿和石灰矿则可减少原材料的运输距离等。若相应的工业房地产的地理位置符合生产的要求，则十分有助于提高这一工业房地产的价格。

### 2. 影响工业房地产价格的实物因素

（1）用地面积与形状　厂区用地面积大小应该合理，面积太小则无法满足生产需要，太大则多出的部分并不能增加房地产的价值，但有时要考虑厂区扩建而预留用地；用地形状、地势应符合生产要求，不同的生产常常要求不同的用地形状及地势。

（2）地质和水文条件　厂区用地的地质条件应满足厂房建设和材料堆放场地对土质、承载力的要求。当地水文条件应满足厂区建设和生产的要求，例如，地下水位过高会影响建设施工，地下水有腐蚀性则会腐蚀厂房基础（特别是桩基础）。河流的常年水位和流速、含砂量则影响生产取水及污水排放。洪水水位的高低则关系到厂区是否有被淹没的可能性。

（3）房地产用途　在进行工业房地产抵押、清算、兼并等目的估价时，由于房地产的用途可能发生改变,因此要考虑该房地产改做其他用途及用于其他产品生产的可能性。

### 10.5.3 工业房地产估价的常用方法

**1. 成本法**

在对工业房地产进行估价时,采用较多的是成本法。标准厂房较易确定统一的重置价格,从而可以制定当地统一重置价格表。非标准厂房的重置价格的确定则有两个主要途径:一是参考预算价格计算;二是利用标准厂房的重置价格表,根据跨度、柱距、高度等修正(修正参数由经验得出)。

**2. 市场比较法**

工业房地产通常缺少同类房地产的交易实例,特别是非标准厂房,更不易在同一供需圈内找到符合条件的可比实例,所以一般不具备采用市场比较法估价的条件。但在一些新兴工业地带,往往有较多的标准厂房,这些标准厂房的租售实例(特别是出租实例)通常较多,可以考虑采用市场比较法估价。

**3. 收益法**

如果可以从企业的总收益中剥离出房地产的收益,则可以考虑采用收益法估价。但这种剥离通常有一定的难度,特别是在难以准确区分厂房和设备各自产生的收益时。

### 10.5.4 工业房地产估价的技术路线及难点处理

工业房地产一般采用成本法估价。在利用成本法估价时,往往是先将土地、地上建筑物分别进行估价,然后再将两部分价格合并处理。土地的估价通常采用基准地价修正法和成本法,地上建筑物采用重置成本法。在地价评估时,应注意所采用的基准地价应为当地政府近期公布的地价,对于有土地使用年期限制的,应考虑对地价进行年期修正。在对建筑物进行估价时,应根据建筑物的结构、用途、跨度、柱距、梁底标高、(行车)轨顶标高、楼面荷载等因素,利用当地建设定额管理站公布的最新工业建筑造价标准来确定估价对象的工程造价。

## 10.6 特殊用途房地产的估价

特殊用途房地产的关键就在于"特殊"二字。所谓特殊,是指这类房地产通常都伴随着专营权,在房地产估价中主要针对停车库的估价进行分析。

停车库主要有专营停车库大楼和地下停车库。而地下停车库最为常见,一般位于住宅、商业楼和写字楼的地下部分,其主要为解决地上停车困难的问题,同时也是为了合理利用地下空间。

由于停车库属于一种较为特殊的房地产，相对于其他房地产而言，具有其特殊性及其估价的特殊性。下面主要针对地下停车库进行说明和分析。

### 10.6.1 地下停车库的特点

**1. 权属比较特殊**

地下停车库一般存在两种不同情况：

1）开发商拥有车库单独产权，可对车库自由行使收益权、处分权。

2）地下车库作为大楼的共有部位，建筑面积已进行了分摊，车库不能单独出售。地下停车库存在多种经营方式，这使得其价格表现形式多样化。此外，也会存在利用人防工程作为地下车库的情况。

**2. 计量单位比较特殊**

商品房存在多种计量单位（套、建筑面积、套内建筑面积、使用面积等），国家有关部门对应该以何种计量单位作为商品房销售单位也有相关规定。但对于地下停车库物业来说，由于地下停车库物业用途的特殊性，消费者比较认同的规则只有一种：车位，与此同时，也会出现相同建筑面积产生不同车位数的问题。

**3. 日常管理和服务相对特殊**

地下停车库除满足停车这一基本功能外，可能会衍生出其他功能，当然，这种功能主要为解决与机动车相关的问题，属于一种配套服务。这种配套服务涵盖面较广，诸如，车辆安全、车辆清洁、停车的方便和舒适、维修等。由此，地下停车库日常管理和服务水平在一定程度上决定了停车库的档次。

### 10.6.2 地下停车库的价格特点

**1. 价格往往和车位数挂钩**

与一般商品房不同，地下停车库的销售价格往往会以"元/车位"的形式体现，因此，地下停车库的价格和最初的原始投入的紧密程度较低。

**2. 同一地区的单位价格不会出现较大的变化**

由于地下停车库自身地位和使用功能的特殊性，其单位价格往往不会像其他房地产那样，呈现出比较鲜明的独特性。同一地区的地下停车库单位价格比较一致。

**3. 价格受地上房地产租售状况的影响**

与地上房地产相比，地下停车库在一定程度上处于从属地位，其价格的高低也受地上房地产的租售状况的影响。很难想象，在某宗地上，如果地上部分租售情况极不理想，而地下停车库却会出现租售势头良好的情况。

### 10.6.3 地下停车库常见的估价方法和技术路线

一般而言，停车库价格的评估可以采用市场比较法、收益法和成本法。停车库价格评估方法的选择，首先应该重点考虑其权属状况，判断其是否属于经营性房地产；其次，应该考察其周边房地产中类似房地产的出租、销售情况，以此来决定采用何种评估方法。

市场比较法的选择，取决于是否拥有大量停车库交易实例资料，同时评估对象应为可转让的。在具体的评估过程中，应注意区域因素和个别因素修正时对指标的选择和修正幅度的把握。

收益法的选择，主要基于估价对象属于经营性物业，有较为稳定收益，例如写字楼、酒店、商场的地下停车库。在运用收益法的过程中，同样应注意收益和费用的客观性，也应该将评估对象进行分类，看其属于出租型还是商业经营型。另外，报酬率的确定是个难点。

在前两种方法均不适用的前提下也可以采用成本法作为评估方法。在运用成本法时，各项成本费用原则上应该取客观成本。利润率应按照开发停车库物业的平均利润水平确定。而困难之处主要在于土地取得费用的确定，在土地取得费用分摊体系标准尚未建立时可采用平均分摊的方法。

## 练 习 题

**一、单选题**

某城市因道路拓宽需拆迁一幢建于 2000 年、建筑面积为 8000m² 的临街五层综合楼，该项目拆迁人向原产权单位支付了房屋拆迁补偿后，原拆迁单位已搬迁完毕。在该综合楼拆除前，相邻的某医院，经考察拟购买该楼后平移至医院甲地范围内继续使用，并已报政府规划主管部门批准。

1. 该医院应与（　　）接洽购买综合楼事宜。
   A．被拆迁人　　　　　　　B．拆迁人
   C．建筑物拆除方　　　　　D．政府规划主管部门
2. 买房可支付的最高购买价为（　　）。
   A．建筑市场价值−平移相关费用
   B．拆除的旧建筑材料价值−平移相关费用
   C．建筑物残值
   D．建筑物市场价值−平移相关费用−占用医院内土地的价值
3. 买房可接受的最低购买价为（　　）。
   A．建筑物市场价值
   B．建筑物市场价值−清理费用
   C．拆除后的旧建筑材料价值
   D．拆除后的旧建筑材料价值−清理费用

## 二、简答题

1. 2015年5月,甲公司将其拥有的一幢登记用途为办公用的临街房出租给乙公司,租赁期限为20年。租赁合同约定,租赁期满后所有装修与房屋一同由甲公司无偿收回。乙公司承租后,将该房屋装修改造成酒楼,并加盖了厨房,现该区域被列为拆迁范围,某房地产估价机构接受委托对该房屋进行征收估价。

请问:

(1) 征收估价中如何考虑甲、乙双方签订的租赁合同?

(2) 征收估价中如何确定该房屋的用途、面积?

(3) 征收估价中如何考虑乙公司的装修补偿?

2. 近期,某城市房地产市场发生了较大变化,房地产成交量明显萎缩,住宅市场价格出现下跌趋势,某房地产估价机构承接了该市一处住宅小区在建工程的房地产抵押业务。

请问:结合该市房地产状况,采用假设开发法评估该在建工程的抵押价值时应注意哪些问题?

3. 某工厂位于城市中心区域,有厂房数幢,土地使用权性质为划拨的国有建设用地使用权,用途为工业用地,最新城市规划将地块调整为商业用地,政府现对该地块进行收购储备,委托某房地产估价机构进行有关估价。

请问:

(1) 评估该宗房地产价格时,如何界定土地用途?适宜选用哪些估价方法?

(2) 政府收购该宗房地产后,若将其变为出让熟地,还需投入哪些费用?

(3) 评估该宗熟地出让价格时,如何界定土地用途?适宜选用哪些估价方法?

# 第 11 章　各种目的的房地产估价

**学习要点：**
1. 掌握房地产转让价格评估。
2. 掌握房地产抵押价格评估。
3. 掌握国有土地使用权出让价格评估。
4. 掌握国有土地上房屋征收评估。
5. 熟悉房地产强制拍卖估价。
6. 熟悉房地产损害赔偿估价。

房地产估价的目的，即房地产估价报告的期望用途，是指委托人为了某种需要而聘请估价机构估价，通俗说法是委托估价方将未来完成后的估价报告拿去做什么用。

同一宗房地产虽然地段相同、用途相同，但因估价目的不同，其所表现的房地产价值也不同。例如，李某购置了一套 100m$^2$，总价值为 100 万的顶账房，购买的价值为 100 万元。如果将该房出租并获得每月 2000 元的出租价值，当他将该财产作为抵押贷款评估时，该财产只有 85 万元的抵押贷款价值，估税员以 60 万估定财产收税价值。如果李某决定出售该财产，在与房地产经纪人谈妥以后，他决定标价 105 万元。然而，在他确实得到标价以前，他会发现自己的财产正是某种公共项目所需要的，可以得到 90 万元的征收价值。可以看出由于估价目的的不同，房地产估价的假设前提不同、估价的"理由"和"作业范围"不同，最终导致房地产估价结果不同。

在进行房地产估价时，首先要明确估价对象用途，接着是明确估价对象的目的，然后才是其他相关事项。本章将就不同目的的房地产估价特性进行阐述。

## 11.1　房地产转让价格评估

### 11.1.1　房地产转让概述

**1. 房地产转让的概念**

房地产转让是指房地产权利人通过买卖、赠与或者其他合法方式将其房地产转让给他人的行为。其他合法方式主要包括下列行为：

1）以房地产作价入股、与他人成立企业法人，房地产权属发生变更的。
2）一方提供土地使用权，另一方或者多方提供资金，合资、合作开发经营房地产，而使房地产权属发生变更的。
3）因企业被收购、兼并或合并，房地产权属随之转移的。
4）以房地产抵债的。
5）法律、法规规定的其他情形。

房地产转让最主要的特征是所有权人发生转移。在估价作业中，房地产转让估价较普遍，比较典型的就是房地产买卖估价。

**2. 房地产转让的分类**

根据转让的对象，房地产转让可分为纯土地使用权的转让和房地产一并的转让。根据土地使用权的获得方式，房地产转让可分为出让方式取得土地使用权的房地产转让和划拨方式取得土地使用权的房地产转让。

根据转让的方式，房地产转让可分为有偿转让和无偿转让两种方式。有偿转让主要包括房地产买卖、房地产入股等行为；无偿转让主要包括房地产赠与、房地产继承等行为。

### 11.1.2 房地产转让的条件

以出让方式获得的土地使用权和拥有完全的房屋所有权的房地产可以转让。可以转让的房地产很多，不能一一列举，下面列举不得转让的房地产。

1）土地达不到下列条件的不得转让：①以出让方式取得土地使用权并用于投资开发的，按照土地使用权出让合同约定进行投资开发；属于房屋建设工程的，应完成开发投资总额的25%以上。②属于成片开发的，形成工业用地或者其他建设用地条件的。③按照出让合同约定已经支付全部土地使用权出让金并取得土地使用权证书的。作出此项规定的目的，就是严格限制炒买地皮、牟取暴利事件的发生，并且切实保障建设项目的实施。
2）司法机关和行政机关依法裁定、决定查封或以其他形式限制房地产权利的。
3）依法收回土地使用权的。
4）共有房地产，未经其他共有人书面同意的。
5）权属有争议的。
6）未依法登记领取权属证书的。
7）法律和行政法规规定禁止转让的其他情况。

### 11.1.3 房地产转让估价的特点

通过对房地产转让的认识，房地产转让估价具有以下特点：

1）从估价目的和要求上讲，房地产转让评估只是为了了解和掌握房地产交易行情而进行的评估，其目的只是为了在进行房地产交易时有一个参考价格，它带有一种咨询性。作为评估机构，其评估结果可能是有一定摆动幅度的价格区间，对估价信息和结论合乎估价技术规范和执业规范负责，而对房地产转让定价决策不负直接责任。

2）从委托人和评估主体上讲，房地产转让估价可以委托社会上任何一家值得委托人信任的评估机构评估。委托人既可能是买方或卖方中的单独一方，也可能是买卖双方，这是一种自愿的行为。

3）从估价时点上看，房地产转让估价多数是在转让前进行的，估价时点则在估价作业日期之后。

4）房地产转让的"估价目的"要求估价机构在估价时严格遵循合法原则（如：可以转让；面积、性质等一定要符合权属证书的记载）。

### 11.1.4 房地产转让价格评估的常用方法

房地产转让评估方法的选用，必须结合房地产的用途、估价对象的具体情况进行。

#### 1．市场比较法

由于房地产市场转让实例比较多，市场非常活跃，因此市场比较法是房地产市场转让价格评估普遍采用的方法。对于单纯国有土地使用权转让价格估价，选取的市场交易实例必须具有可比性，即表现在土地规划用途的同一性、土地供求范围的同一性或土地等级的同一性、土地生熟程度的同一性、土地规划条件的同一（或相似）性、土地交易日期的相近性，以及交易情况的正常性等。房屋估价要选择具有替代性的类似的可比实例。

#### 2．假设开发法

对于单纯土地转让、在建工程及具有开发价值的工业房地产等的转让价格评估，假设开发法往往是首选方法。假设开发法运用的前提条件是估价对象土地规划设计条件已经得到规划主管部门的审批。只有在此情况下，估价对象土地使用权才有假定开发的具体规划设计方案，才能据此规划方案假设得到开发建设后的房地产价值，通过剔去建筑物部分或续建设部分的价值，得到土地或在建工程的价格。对于工业房地产，如果由于城市进程化的不断加快，可能被规划为商业中心，在满足合法条件下按新规划的用途进行开发完成后的价值，扣除改造或装饰等的费用，即得到房地产的估价价值。

#### 3．成本法

当市场上交易实例难以获取，估价对象土地使用权及地上建筑物价格各组成部分费用项目明确、账目清楚时，比较适宜采用成本法。

#### 4. 收益法

收益性的房地产，如商场、商铺、写字楼、酒店等转让估价，常常采用收益法进行。由于此类型房地产转让价格比较大，在选用租金收益、运营费率和报酬率时要有选用依据。

#### 5. 基准地价修正法

基准地价修正法主要针对单纯土地使用权转让估价或成本法估价时的土地估价。基准地价修正法的关键是确定土地的基准地价和各项修正系数。

## 11.2 房地产抵押价格评估

房地产抵押为抵押人以其合法的房地产且以不转移占有的方式向抵押权人提供债务履行担保的行为。抵押人在不履行债务时，抵押权人可以与抵押人协议以抵押财产折价或者有权依法以抵押的房地产拍卖所得的价款优先受偿。房地产抵押的出现，首要目的是实现担保的功能，就是使债权人在债权债务关系以外，获得一种有利的救济手段，即在债务人不履行债务时，对债权人的一种救济。房地产抵押估价大量存在于银行放贷业务过程中，因为房地产抵押的最大好处是不转移占有方式，给抵押贷款人带来了极大的方便。

由于房地产抵押的性质和成为抵押物的房地产的特点，房地产抵押价值的评估在适用法律规定、考虑因素、相关参数选择等方面与其他估价目的的估价有所不同。

### 11.2.1 房地产抵押价值内涵

根据《房地产抵押估价指导意见》，房地产抵押价值为抵押房地产在估价时点的市场价值，等于假定未设立法定优先受偿权利下的市场价值减去房地产估价师知悉的法定优先受偿款。可以这样理解，假设债务履行期届满，债务人不能履行债务，房地产抵押价值则为拍卖、变卖抵押房地产最可能所得的价款或者抵押房地产折价的价值扣除优先受偿的款额后的余额。但不包括诉讼费用、拍卖费用、营业税等拍卖、变卖的费用和税金。

法定优先受偿款是指假定在估价时点实现抵押权时，法律规定优先于本次抵押贷款受偿的款额，包括发包人拖欠承包人的建筑工程价款，已抵押担保的债权数额，以及其他法定优先受偿款。

一般只有土地和在建工程抵押才有发包人拖欠承包人的建筑工程价款的可能性。在确定此项价值时，需要有房地产开发商、监理公司和施工单位三方签署的结款凭证确定。已建成房地产在普通购房者办理了房地产证后，即解除了此部分的在建工程抵押价值，不受开发商所欠债务的追索。

估价报告应对抵押房地产是否已经进行了抵押和抵押金额作出披露。

《房地产估价规范》6.4.2条规定："房地产抵押价值评估，应采用公开市场价值标准，可参照设定抵押权时的类似房地产的正常市场价格进行，但应在估价报告中说明未来市场变化风险和短期强制处分等因素对抵押价值的影响。"这里定义的"抵押价值"等同于市场价值。由于房地产估价规范制定的时间比较久远，所以有些规定急需重新拟定，因为通过上面的分析我们知道抵押价值是非市场价值，制定新的与时俱进的房地产估价规范迫在眉睫。

### 11.2.2 房地产抵押的特征

房地产抵押作为物权担保的一种形式，就其法律关系的性质来讲，它同样具有从属性、特定性和不可分性等特征。但房地产抵押属于不动产抵押，由抵押标的的特殊性所决定。房地产抵押又具有以下三个法律特征：

**1. 房地产抵押法律关系比较复杂**

根据我国现行法律的规定，房地产抵押的标的可以是房屋及其占用范围内的土地使用权，也可以是单独的土地使用权，而土地使用权又有出让土地使用权和划拨土地使用权之分。因此，以房地产设定抵押权的，抵押法律关系比一般财产抵押法律关系复杂。

**2. 房地产抵押不转移抵押财产的占有**

根据我国《担保法》的规定，抵押标的可以是不动产，也可以是动产。动产抵押与不动产抵押的一个重要区别就在于，不动产抵押不转移抵押财产的占有。房地产抵押属于不动产抵押，抵押人不必转移房地产的占有。抵押法律关系成立后，抵押人对已设定抵押权的房地产可以继续开发、利用和经营。

**3. 房地产抵押属于要式法律行为**

依照我国现行法律的规定，房地产抵押的抵押人应与抵押权人签订书面合同。虽然在房地产抵押实践中，抵押人与抵押权人可单独签订书面合同，也可以在债权文书中写明抵押事项，这只是书面合同的不同形式，其实质都是书面合同。但除了签订书面合同外，还要依法进行抵押登记。《中华人民共和国城镇国有土地使用权出让和转让暂行条例》第三十五条规定"土地使用权和地上建筑物、其他附着物抵押，应当依照规定办理抵押登记。"《城市房地产管理法》第六十一条也明确规定"房地产抵押时，应当向县级以上地方人民政府规定的部门办理抵押登记。"抵押登记是房地产抵押的法定生效要件。这是房地产抵押与一般财产抵押的重要区别之一。

### 11.2.3 房地产抵押估价的合法假设前提

房地产抵押权的有效设定，必须以合法为前提，并且应符合法定的程序要求。

估价机构需要分析哪些房地产可以抵押，哪些房地产不可抵押。

**1．可以设定抵押的房地产**

1）抵押人所有的房屋和其他地上定着物。

2）抵押人依法有权处分的国有土地使用权、房屋和其他地上定着物。

3）抵押人依法承包并经发包方同意抵押的荒山、荒沟、荒丘、荒滩等荒地的土地使用权。

4）学校、幼儿园、医院等以公益为目的的事业单位、社会团体的教育设施、医疗卫生设施和其他社会公益设施以外的财产。

5）依法取得的房屋所有权连同该房屋占用范围内的土地使用权。

6）以出让方式取得的土地使用权。

7）以出让方式取得的国有土地使用权抵押的，应当将抵押时该国有土地上的房屋同时抵押。

8）以依法取得的国有土地上的房屋抵押的，该房屋占用范围内的国有土地使用权同时抵押。

9）以乡（镇）、村企业的厂房等建筑物抵押的，其占有范围内的建设用地使用权同时抵押。

10）以在建工程已完工部分抵押的，其土地使用权随之抵押。

**2．不得设定抵押的房地产**

1）土地所有权。

2）权属有争议的房地产；所有权、使用权不明或者有争议的房地产。

3）用于教育、医疗、市政等公共福利事业的房地产；学校、幼儿园、医院等以公益为目的的事业单位、社会团体的教育设施、医疗卫生设施和其他社会公益设施。

4）列入文物保护的建筑物和有重要纪念意义的其他建筑物。

5）已依法公告列入拆迁范围的房地产。

6）被依法查封、扣押、监管或者以其他形式限制的房地产。

7）耕地、宅基地、自留地、自留山等集体所有的土地使用权（法律规定可以抵押的除外）。

8）以法定程序确认为违法、违章的建筑物。

9）依法不得抵押的其他房地产。

10）划拨土地使用权不得单独抵押。

11）乡（镇）、村企业的（集体）土地使用权不得单独抵押。

**3．重复抵押**

《担保法》关于抵押担保不仅在性质上加以规定，同时在量上也有所要求，即抵押人所担保的债权不得超出其抵押物的价值。财产抵押后，该财产的价值大

于所担保的债权的余额部分可以再次抵押,但不得超出其余额部分。这样就存在复合抵押的情况。复合抵押在实践中有以下三种形式:

1)同一抵押物向同一债权人多次抵押。

2)同一抵押物向不同债权人分别抵押。

3)因偿还债权所带来的抵押物的余额部分进行的复合抵押。以同一抵押物向同一债权人多次抵押或向多个债权人抵押后,抵押人偿还了一部分债权,增大了抵押物的余额部分,这部分可以再进行复合抵押。

对于同一财产向两个以上债权人抵押的,对于抵押权实现时拍卖、变卖抵押物所得的价款,《担保法》作出如下规定:抵押合同已登记生效的,按照抵押物登记的先后顺序清偿,顺序相同的,按照债权比例清偿。

同一财产以登记抵押方式向两个以上的债权人担保抵押的,作为第一顺序抵押登记的被担保的债权,就拍卖、变卖抵押物的价款优先清偿;顺序排在第二的,只能就拍卖、变卖抵押物的剩余部分受偿,依此类推。如几个抵押人进行抵押物登记的时间相同,即抵押物的登记顺序无前后之分,那么就按照被抵押担保的各债权的比例来清偿。注意,在同一抵押物上设有多个抵押权的情况下,唯有第一顺序的债权人行使抵押权,其他抵押权人无权直接行使,只能就第一顺序债权的余额满足自己的债权。估价机构在接受委托方委托对一房地产其余未抵押部分进行抵押目的估价时,一定要考虑上述法律规定对该部分房地产抵押价值的影响。房地产估价人员应详细解读委估房地产权属证书中所记载的抵押情况。

4. 其他限制条件

1)在建项目应取得国有土地使用证、建设用地规划许可证、建设工程规划许可证、建设工程施工许可证。

2)开发商已合法出售的房地产不得与未出售的房地产一起抵押。

3)预购商品房贷款抵押的,商品房开发项目必须符合房地产转让条件并取得商品房预售许可证。

4)以共有的房地产抵押的,抵押人应当事先征得其他共有人的书面同意。

5)以已出租的房地产抵押的,抵押人应当将租赁情况告知抵押权人,并将抵押情况告知承租人,原租赁合同继续有效。

6)发包人拖欠承包人的建筑工程价款、已抵押担保的债权数额及其他法定优先受偿款,均为法律规定优先于该次抵押贷款受偿的款额。

7)房地产抵押,应当凭土地使用权证书、房屋所有权证书办理。

8)当事人未办理抵押物登记的,不得对抗第三人。

9)以法律、法规禁止流通的财产或者不可转让的财产设定担保,担保合同无效。

## 11.2.4 房地产抵押估价的依据

房地产抵押估价，应依据《中华人民共和国城市房地产管理法》、《中华人民共和国担保法》、《中华人民共和国物权法》及最高人民法院的司法解释、《城市房地产抵押管理办法》、《房地产估价规范》、《商业银行房地产贷款风险管理指引》、《关于规范与银行信贷业务相关的房地产抵押估价管理有关问题的通知》、《房地产抵押估价指导意见》等进行。

对于以下的房地产抵押规定，在估价时要有一个深刻的理解：

1）依法不得抵押的房地产，没有抵押价值。

2）房地产抵押，抵押人可以将几宗房地产一并抵押，也可以将一宗房地产分割抵押。分割抵押时，首次抵押的房地产，该房地产的价值为抵押价值；再次抵押的房地产，该房地产的价值扣除已担保债权后的余额部分为抵押价值。

3）以依法取得的国有土地上的房屋抵押的，该房屋占用范围内的国有土地使用权同时抵押。

4）以划拨方式取得的土地使用权连同地上建筑物抵押的，评估其抵押价值时应扣除预计应缴纳的土地使用权出让金的款额。

5）以具有土地使用年限的房地产抵押的，评估其抵押价值时应考虑剩余年限对价值的影响；以享受国家优惠政策购买的房地产抵押的，其抵押价值为房地产权利人可处分和收益的份额部分的价值。

6）国有企业、事业单位法人以国家授予其经营管理的房地产抵押的，应当符合国有资产管理的有关规定。

7）以集体所有制企业的房地产抵押的，必须经集体所有制企业职工（代表）大会通过，并报其上级主管机关备案。

8）以中外合资企业、合作经营企业和外商独资企业的房地产抵押的，必须经董事会通过，但企业章程另有约定的除外。

9）以股份有限公司、有限责任公司的房地产抵押的，必须经董事会或者股东大会通过，但企业章程另有约定的除外。

10）有经营期限的企业以其所有的房地产抵押的，所担保债务的履行期限不应当超过该企业的经营期限。

11）以按份额共有的房地产抵押的，其抵押价值为抵押人所享有的份额部分的价值；以共同共有的房地产抵押的，其抵押价值为该房地产的价值。

12）预购商品房贷款抵押的，商品房开发项目必须符合房地产转让条件并取得商品房预售许可证。

13）企业、事业单位法人分立或合并后，原抵押合同继续有效。其权利与义务由拥有抵押物的企业享有和承担。抵押人死亡、依法被宣告死亡或者被宣告失

踪的,其房地产合法继承人或者代管人应当继续履行原抵押合同。

14)订立抵押合同时,不得在合同中约定在债务履行期届满抵押权人尚未受清偿时,抵押物的所有权转移为抵押权人所有的内容。

15)抵押当事人约定对抵押房地产保险的,由抵押人为抵押的房地产投保,保险费由抵押人负担。抵押房地产投保的,抵押人应当将保险单移送抵押权人保管。在抵押期间,抵押权人为保险赔偿的第一受益人。

16)学校、幼儿园、医院等以公益为目的的事业单位、社会团体,可以其教育设施、医疗卫生设施和其他社会公益设施以外的财产(包括房屋)为自身债务设定抵押。

17)抵押物登记记载的内容与抵押合同约定的内容不一致的,以登记记载的内容为准。

18)以已出租的房地产抵押的,抵押人应当将租赁情况告知债权人,并将抵押情况告知承租人。原租赁合同继续有效。抵押权实现后,租赁合同在有效期内对抵押物的受让人继续有效。

19)抵押人将已抵押的房屋出租的,抵押权实现后,租赁合同对受让人不具有约束力。

### 11.2.5 房地产抵押价值评估技术路线及估价方法

房地产抵押价值评估应遵循谨慎、保守原则。在选用估价方法时,也需要结合估价对象的用途、估价对象的具体情况进行。

**1. 完全产权房地产**

这类房地产是以出让方式获得土地使用权的。根据具体情况,如果房地产市场活跃,可比实例多,可采用市场比较法;如果房地产出租实例较多,便于查询租金等相关参数,则收益性的房地产优选收益法;本着抵押估价的谨慎和保守原则,则选用成本法估价。对单独以出让方式获得的土地使用权作为抵押物进行评估,可以采用基准地价修正法、市场比较法和假设开发法。

**2. 不完全产权房地产**

这类房地产一般只拥有房屋产权而不拥有出让土地使用权,土地是以行政划拨方式取得的,主要包括原国有企事业单位、社会团体的各类房地产、廉租房、经济适用房、房改房、合作建房等。在对这类房地产作为抵押物进行评估时,应当选择下列方式之一评估其抵押价值:

1)直接评估在划拨土地使用权下的市场价值。市场狭小的、特殊的房地产可选择此种方式,采用房产与土地(不含土地使用权出让金的价款)分别估价再综合的成本法估价。

2)评估假设在出让土地使用权下的市场价值,然后扣除划拨土地使用权应缴纳的土地使用权出让金或者相当于土地使用权出让金的价款。估价报告中应注明划拨土地使用权应缴纳的土地使用权出让金或者相当于土地使用权出让金价款的数额。该数额按照当地政府规定的标准测算；当地政府没有规定的，参照类似房地产已缴纳的标准估算。

市场条件比较成熟的、市场交易性较强的房地产一般可选择此种方式，即先假设估价对象为完全产权的商品房，选用市场比较法（或收益法）评估出房地产的客观市场价值，并减去需要补交的土地出让金或出让毛地价的价值；再选用成本法测算不含土地出让金或出让毛地价的价值。

**3．部分（局部）房地产**

这类抵押房地产一般包括整体房地产中的某栋、某层、某单元或某套，综合房地产中的某部分用途房地产等。在对已建成或使用的部分（局部）房地产作为抵押物进行估价时，应注意到该部分（局部）房地产在整体房地产中的作用，它的相应权益，能否独立使用，是否可以独立变现，并应注意到土地的分摊和公共配套设施、共用部分的合理享用问题。估价方法可选用市场比较法、收益法或成本法。

**4．在建工程房地产**

在建工程是指正在施工但未完工或已完工但未通过竣工验收的工程项目。在建工程的重要特征是其工程量尚未完成，因此体现在其建筑物实体形态不完全，不具备有关部门组织进行竣工验收的条件，以及不能马上实现其设计用途等。在建工程抵押是指以合法取得的土地使用权连同在建工程进行抵押。在对在建工程作为抵押物进行评估时，要全面掌握估价对象状况、注意实际施工进度和相应可实现的权益，请抵押人出具在建工程发包人与承包人及监理方签署的在估价时点是否拖欠建筑工程价款的书面说明（承诺函），存在拖欠建筑工程价款的要提供拖欠的具体数额。此时评估只能反映房屋未建成时的某一时点的抵押价值，不含拖欠价款。估价方法可选用成本法和假设开发法。

**5．乡（镇）、村企业房地产**

在以乡（镇）、村企业的厂房等建筑物及其占用范围内的集体建设用地使用权作为抵押物进行评估时，应注意未经法定程序不得改变土地集体所有权性质和土地用途。在估价过程中应扣减与国有土地价值间的差异。估价方法可选用成本法、收益法或市场比较法。

## 11.2.6 房地产抵押估价的注意事项

由于房地产抵押的特殊性，其在适用法规依据、估价原则、考虑因素、参数选择、报告说明、风险分析与风险提示等方面与其他目的的估价有所不同。房地产抵押估价服务于金融（银行）业的抵押贷款、担保业务，金融（银行）业本身需要的是安全、稳健、谨慎。房地产估价机构和估价师处在中介的位置，需注意抵贷双方的风险，规避估价机构及估价师的风险，在抵押估价中要更加严格地执行《房地产估价规范》和《房地产抵押估价指导意见》，采取客观、谨慎甚至偏保守的做法，使估价结果客观、公正、合理、合法，切忌不实估价，切忌高（虚）估算。这是房地产抵押估价最重要的特点及注意事项。其他注意事项还有：

**1．估价目的**

房地产抵押估价目的统一表述为：为确定房地产抵押贷款额度提供参考依据而评估房地产抵押价值。

**2．估价时点**

因设定抵押时点在评估时是不确定的，估价时点原则上为完成估价对象实地查勘之日。估价委托合同对估价时点另有约定的从其约定，但实地查勘时应了解估价对象在估价时点时的（过去或未来）状况，并在"估价的假设和限制条件"中假定估价对象在估价时点的状况与完成实地查勘之日的状况一致。

**3．确认估价对象可以作为设定抵押的房地产**

估价师首先要确定估价对象可以作为抵押房地产。这里包括估价师从专业角度审视估价对象的合法性、他项权利状况、可转让（流通或拍卖）性、可抵押登记生效等。这样就从合法性上确保了抵押房地产的安全性，从基本条件上减少了风险。

但实际也会遇到一些问题，最常见的有权证不齐；权证所有（使用）权人名称与委托人名称不符；权证上的法定用途和规划面积与实际不符；出让合同的建筑面积与规划批准的不符；已全部或部分设定抵押权，并且未到期；有共有权人但没有共有权人同意抵押的声明；不可抵押的人防面积不清；房产证、房产登记表上的违章临时建筑；房屋使用多年却无所有权证；分割出的抵押物不合理（缺少独立性）等。这时应及时将意见反馈给银行和委托人，提出和商议合法的解决办法。但是，如果缺少土地或房屋的权证，在建工程没有或缺少合法建设批件，在建工程未出具发包人与承包人及监理方签署的在估价时点是否拖欠建筑工程款的书面说明（承诺函），房屋已竣工使用多年未办理竣工验收或无产权证，都属于不合法的或其他不得抵押的房地产范畴，应促其解决，解决不了的只能不评。

**4．合理确定假设前提和限制条件**

应当针对估价对象的具体情况合理且有依据地明确相关假设和限制条件，例如合法性的延续、用途与面积等主要数据不一致时估价所采用的依据说明、已设定抵押权的部位及其担保的债权数额、已存在抵押权的解押前提、已知不存在的他项权利等的确定、估价人员知悉的特定的法定优先受偿款的确定、存在拖欠建筑工程价款的数额、对估价结果有重大影响的其他因素等。房地产估价师和估价机构在进行抵押评估时，应当实事求是、勤勉尽责，不得滥用和任意设定假设前提和限制条件。

**5. 把握市场风险，防止高估**

为了防止高估抵押房地产的价值，在估价过程中重点是把握好市场状况。若在估价时点时当地同类房地产市场有过热（或泡沫）现象，估价师要头脑清醒、谨慎、保守地估价，因为一旦泡沫破裂，市场价值理性回归，抵押物价值会急速下降。

在有些续贷的价值评估中，市场已经发生不利变化，估价师更要把握客观的天平，不能继续维持过高估值。

在建工程不是房地产成品，建成使用获得收益尚需时日，这期间不确定因素很多，是否能顺利完工、是否能获得房屋所有权证、未来市场及营销如何等均不确定。在建工程难以准确确定形象进度、土建安装设备的实际进度、工程款支付状况、能否实现相应的全部利润，所以在评估时应谨慎预测，足额考虑后续期间的成本、费用、利息、利润，准确评估现状成本。

土地的估价（包括房地产中的划拨地和集体土地）不确定性也较大，尤其是偏远地带的土地、空置闲置土地、乡镇村企业集体建设用地。评估时应准确把握地价的构成和地价水平，防止高估。

对预期会降低估价对象价值的因素要充分考虑，对预期不确定的收益或升值因素可较少或不予考虑，例如收益法中预期升值收益或不确定的收益应较少考虑，一般采用净收益不变的公式计算。报酬率取值要根据风险程度合理选取。

**6. 估价中的谨慎原则**

在选用估价方法时，尽量将成本法作为一种方法，尤其是收益性房地产的收益价格较高时，应使积算价格成为收益价格的补充；对于有价无市或存在长期低（偏离市场）租金租约的房地产，则应更加重视收益价格。

确定估价结果时可采用简单平均值法或加权平均值法，但具体选择哪种方法，应根据市场情况决定，一般选用简单平均值法。

1）在运用市场比较法估价时，不应选取成交价格明显高于市场价格的交易实例作为可比实例，并且应当对可比实例进行必要的实地查勘。

2）在运用成本法估价时，不应高估土地取得成本、开发成本、有关费税和利润，不应低估折旧。

3）在运用收益法估价时，不应高估收入或者低估运营费用，选取的报酬率不应偏低。

4）在运用假设开发法估价时，不应高估未来开发完成后的价值，不应低估开发成本、有关费税和利润。

房地产估价行业组织已公布报酬率、利润率等估价参数值的，应当优先选用；不选用的，应当在估价报告中说明理由。

**7. 市场变现能力分析**

《房地产抵押估价指导意见》中指出:"房地产抵押估价报告应当包括估价对象的变现能力分析。"

变现能力是指假定在估价时点实现抵押权,在没有过多损失的条件下,将抵押房地产转换为现金的可能性。变现能力分析应当包括抵押房地产的通用性、独立使用性或者可分割转让性等方面的分析。

房地产估价师在进行房地产抵押估价活动时,应当掌握抵押房地产的特点,并应关注和收集相关市场上各类房地产在快速变现情况下的数据资料,通过统计分析等手段,对抵押房地产的市场流动性及快速变现能力进行定性分析。经过分析,如果确认抵押房地产本身及市场因素造成的变现能力较差,更要加以提示。

**8. 说明与风险提示**

估价师在估价报告中,应从专业角度向估价报告使用者作出如下提示:估价对象状况和房地产市场状况因时间变化对房地产抵押价值可能产生的影响;在抵押期间可能产生的房地产信贷风险关注点;合理使用评估价值;定期或者在房地产市场价格变化较快时对房地产抵押价值进行再评估。

房地产抵押估价应当关注房地产抵押价值未来下跌的风险,对预期可能导致房地产抵押价值下跌的因素予以分析和说明。

在评估续贷房地产的抵押价值时,应当对房地产市场已经发生的变化予以充分考虑和说明。

抵押期间,随着时间的推移,经营管理不利、房地产过度使用、使用价值贬损、市场泡沫等因素会使抵押房地产价值下降。估价师应对主要可能引起价值变化的风险,特别是降低价值的风险,如预期风险、损耗风险、法律风险等加以说明,提出专业性的提示及建议,提请抵贷双方注意。

**9. 其他**

根据当地抵押登记的需要,有的还需分列土地与建筑物的抵押价值。

对于再交易房屋,估价机构应对每个用作贷款抵押的房屋进行独立评估。

## 11.3 国有土地使用权出让价格评估

### 11.3.1 土地使用权及其实质

土地使用权是土地使用者依法对土地使用或出让、出租、转让、抵押、投资享有的权利,属于无形资产的范畴,有一定的特殊性。土地使用权价值的高低主要取决于土地的特性和条件。因此,影响土地使用权评估的因素主要是土地的地理位置、用途、周围环境等。土地地产可以单独评估,也可与地上建筑物一起评估或作为企业整体资产的构成要素随企业整体评估。

### 11.3.2 土地地产的特性

土地地产特性包括自然特性和经济特性。

**1. 自然特性**

自然特性指土地本身具有的不以人的意志为转移的自然属性，主要表现在以下四个方面：

1) 土地的稀缺性。尤其是国有土地上的城市用地，使用人多，而供给有限。
2) 土地空间位置的固定性。
3) 土地使用价值的永续性和增值性。生产资料在使用过程中都会发生磨损，最终丧失其使用价值，但土地会随着开发利用程度的增加而增加其使用价值。
4) 土地的非再生性和不可替代性。

**2. 经济特性**

土地的经济特性是指人们在利用土地过程中，出现的有关生产力和生产关系方面的特性，主要表现在以下三个方面：

1) 用途多样性。土地有工业用途、商业用途、交通用途、住宅用途、农地用途等，不同用途的土地的使用价值有差别，这对土地的市场价值也有直接影响。
2) 经济地理位置的可变性。土地经济地理位置的可变性指交通条件、公共配套设施、周围景观、基础设施等的变化。土地的自然地理位置是固定的，但经济地理位置却是可变的，并且会影响土地使用价值。
3) 垄断性。通过一定法律关系，国家主体可以垄断城市土地所有权，土地地产的垄断性构成了土地地产一级市场价格的基础。

### 11.3.3 土地的价格体系

我国宪法规定全部土地都为社会主义公有制。城市市区的土地属于国家所有。按照《中华人民共和国土地管理法》的规定，土地使用权可以依法出让、转让、买卖、出租、抵押、交换、变更、继承、赠与、划拨、终止等。我国城镇土地市场实质上是土地使用权的让渡市场。

**1. 基准地价**

基准地价是城镇国有土地的基本及标准价格，是各城镇按不同级别、地段分别评估和测算的商业、工业、住宅等各类用地土地使用权的平均价格。基准地价评估以城镇整体为单位进行。基准地价有如下内涵：

1) 基准地价是区域性平均地价，可以是级别或区段的平均地价，也可以是路段的平均地价。
2) 基准地价是各类用地的平均地价，是条件相近的区域中商业用地、住宅

用地、工业用地的平均地价。

3）基准地价是政府在一定时期内评估的覆盖全市（县）的土地使用权价格。

4）基准地价是单位土地面积的地价。

**2．标定地价**

标定地价是市、县政府根据需要评估的正常土地市场中正常经营管理条件和政策下具体宗地一定使用年限内的价格。标定地价可以以基准地价为依据，根据土地使用年限、地块大小、形状、容积率、微观区位等条件通过系数修正进行评估，也可以按市场交易资料采用一定方法进行评估。标定地价有以下内涵：

1）标定地价是政府评估的具体地块的地价，即宗地地价。

2）一般情况下，标定地价不进行大面积评估，只是在土地使用权出让、转让、抵押、出租等市场交易活动或股份制企业改制时才进行评估。

3）标定地价也是确定土地使用权出让底价的参考和依据。

**3．土地使用权出让底价**

土地使用权出让底价是政府根据正常市场状况下宗地或地块应达到的地价水平确定的某一宗地或地块出让时的最低控制价格标准，也是土地使用权出让时政府首先出示的待出让土地或地块的最低地价（标价）的依据和确认成交地价（或出让金）的基础。

**4．转让价格**

地产转让价格是使用者将已取得的土地使用权转让给第三者所需支付的价格，转让价格由交易双方决定。

**5．出租价格**

地产出租价格表现为两种形态：

（1）土地使用者之间形成的租金价格　此类租金价格是指土地使用者将土地使用权出租给承租人，承租人向出租人支付的租金价格，一般以年、月租金为单位。

（2）国家与土地使用者之间形成的租金价格　这种价格在我国土地使用中最为普遍的表现是土地使用费，一般按年以每平方米为单位收取，实质上是若干年地价的分摊量，相当于年地租水平。

我国当前的土地市场中还有土地交易成交价格、抵押价格等。

## 11.3.4　建设用地使用权出让价格评估的特点

土地招标、拍卖、挂牌出让价格评估是指估价人员根据拟出让地块条件和土地市场情况，依据《城镇土地估价规程》，对拟出让地块的正常土地市场价格进行评估。通过对土地招标、拍卖、挂牌出让评估方法的研究，土地出让价格评估具有以下特点：

### 1. 采取公开市场价值标准

由于国有建设用地使用权招标、拍卖、挂牌出让是遵循公开、公平、公正的原则，属于一种真正的市场行为，因此土地招标、拍卖、挂牌评估理应采用公开市场价值标准，也就是拟出让宗地在估价基准日时，并且在设定的容积率、建筑密度、绿地率、开发程度等条件下的正常公开市场价格。特别指出的是，土地招标、拍卖、挂牌出让评估不同于强制拍卖评估，因为强制拍卖评估要考虑短期内强制处分标的物时造成的价格折减。

### 2. 估价基准日应为招标、拍卖、挂牌出让日

在实际估价工作中，估价人员通常将实地查勘估价期间的某一个日期定为估价基准日，但估价基准日并非总是在估价日期内，也可能因特殊需要，定为过去或未来的某个日期。而国有建设用地使用权的招标、拍卖、挂牌出让，一般都会提前一段时间在新闻媒体上刊登公告，土地出让人要先行委托专门的估价机构对拟出让土地进行评估。为真正体现出所评估的土地使用权价格是在出让日正常、公开市场条件下的价格水平，其估价基准日应与出让时间相一致。

### 3. 不同出让方式可侧重采用不同的估价方法

国有建设用地使用权招标、拍卖、挂牌三种出让方式，分别选用针对性强、适应性强的估价方法，这是保证估价结果合法、合理的关键一步。在以拍卖方式出让国有建设用地使用权时，宜重点选取市场比较法、假设开发法等评估方法。市场比较法能够充分考虑在估价基准日近期市场上类似宗地的交易行情和市场承受能力，其测算过程简单明了，容易被土地出让人和竞买者认同和接受；假设开发法则详细分析了拟出让土地在规划条件限制范围内，最有效的利用方式、建筑成本及当前房地产市场现状和未来可能带来的收益等因素。此外，以挂牌方式出让国有建设用地使用权时，拟出让地块在缺乏交易案例、但存在潜在性收益的情况下，除可选取假设开发法等方法外，也可以侧重选择收益还原法。

### 4. 搜集市场资料时，尤其应注重所选实例的可替代性

由于土地数量的稀缺性和位置的固定性，即使在具有同性质的同一供求圈内，每一宗土地都有自己的特点，也就是说土地的可替代性较差。因此，在采用市场比较法进行建设用地使用权出让价格评估时，更要注意所选取的可比实例的用途和所处地段应相同，即有相同的土地利用方式和处于相同特征的同一区域或邻近地区，或处于同一供求圈内或同一等级土地内。否则，不能采用市场比较法评估出让土地使用权价格。

## 11.3.5 土地使用权评估的原则

### 1. 替代原则

土地估价中的替代原则是指具有相同使用价值、有替代可能的地块之间通过

相互影响和竞争，以及价格互相牵制而趋于一致。可概括如下：

1）土地价格由具有相同性质的替代土地的价格决定。
2）土地价格由最了解市场行情的买卖双方比较市场交易案例后决定。
3）土地价格可通过比较地块的条件及使用价值来确定。

替代原则是土地估价中市场比较法的基础。由于土地具有不可移动性、个别性及交易量少的特点，估价时很难找到性质、条件完全相同的替代品，一般在进行时间和土地条件修正后，按替代原则采用市场比较法确定待估地块价格。

**2．最有效使用原则**

土地具有用途多样性，不同利用方式可为权利人带来的收益量不同，土地价格以其效用最有效发挥为前提。应用这一原则时应注意：

1）应根据城镇规划中最适宜的用途来确定，例如闹市区中的街角地的最佳用途为商业用地。
2）地产评估一般选择地块最有效使用强度，例如地块建筑密度、容积率等。
3）必须符合国家法律、法规和政策的规定。

**3．变动原则**

土地价格是在各种地价影响因素相互作用及组合过程中形成的。在进行土地估价时必须分析土地效用、稀缺性、个别性、有效需求及其发生变动的一般因素、区域因素及个别因素，把握各因素之间的因果关系及变动规律。

**4．供需原则**

土地价格一般由供求关系决定。但土地具有一些不同于一般商品的人文与自然特性，不完全遵循供求均衡法则，具体表现为：

1）价格独占性较强。土地具有地理位置的固定性、不增性、个别性等自然特性，不能实行完全竞争。需求与供给局限于局部地区，供给量有限，竞争主要在需求方。
2）替代性有限。各地块都有独特性，交易对象也具有个别性，因此替代性有限。

另外，土地使用权估价还要考虑到我国城市土地属国家所有，土地供方主要由国家控制，市场中能够流动的仅是有限年期的土地使用权。

**5．贡献原则**

按经济学边际收益原则，各生产要素价值的大小由各生产要素对总收益的贡献决定。这一原则应用于土地估价是指不动产的总收益由土地及建筑物共同创造，估价时可根据收益现值分别估算土地、建筑物价格，然后汇总得到整个不动产价格，也可从整个不动产价格中扣除建筑物价格来估算土地价格。

### 11.3.6 建设用地使用权出让价格评估方法的选择

国有土地使用权出让价格评估可采用市场比较法、假设开发法、成本法、基准地价修正法等。

**1. 市场比较法**

市场比较法是土地使用权市场交易较为活跃、可比实例较多时普遍采用的一种方法。在评估国有土地使用权出让价格时，先选取与估价对象土地有可比性的市场交易实例，然后在交易日期、交易情况、区位状况、实物状况等方面予以调整，得出估价对象土地使用权价格。所谓可比性，表现在土地规划用途的同一性、土地供求范围的同一性或土地等级的同一性、土地生熟程度的同一性、土地规划条件的同一（或相似）性、土地交易日期的相近性，以及交易情况的正常性等。

**2. 假设开发法**

假设开发法是评估建设用地使用权出让价格的常用方法之一。其运用的前提条件是估价对象土地规划设计条件已经得到规划主管部门审批。只有在此情况下，估价对象土地才有假定开发的具体规划设计方案，才能据此规划方案假设得到开发建设后剔去建筑物部分的剩余土地价格。

**3. 成本法**

成本法是在估价对象土地使用权价格各组成部分费用项目明确、账目清楚时适宜采用的一种方法。《房地产估价规范》规定，土地取得费用包括三部分：一是征地和房屋征收安置补偿费；二是土地使用权出让金或者地价款；三是有关土地取得的手续费和税金。征用耕地和其他土地的补偿费和安置补助费标准，在《土地管理法》等法律、法规中已作规定。

**4. 基准地价修正法**

基准地价修正法是以该区域或级别的基准地价为依据，再根据实际情况进行必要的修正后估算土地价值的方法。该方法的关键是确定土地的基准地价。土地的基准地价是指先在一定区域范围内，根据用途相似、地段相连、地价相近的原则划分土地价值区段，然后调查并测算出各区段在估价时点的平均价值水平。基准地价修正法的估价过程为：利用政府已经确定并公布的基准地价，依据替代原理，通过对交易日期、区位状况和实物状况（包括土地使用权使用年限、剩余年限等）的比较修正，调整并得出估价对象的出让价格。

## 11.4 国有土地上房屋征收评估

### 11.4.1 房屋征收与补偿的内涵

根据《国有土地上房屋征收与补偿条例》（中华人民共和国国务院令第590号公布）的规定：为了公共利益的需要，征收国有土地上单位、个人的房屋，应当对被征收房屋的所有权人（以下简称被征收人）给予公平补偿。

被征收人可以选择货币补偿,也可以选择房屋产权调换。

房屋征收补偿包括:

1)被征收房屋价值的补偿。

2)因征收房屋造成的搬迁、临时安置的补偿。

3)因征收房屋造成的停产、停业损失的补偿。

市、县级人民政府应当制定补助和奖励办法,对被征收人给予补助和奖励。

### 11.4.2 房屋征收评估的特点

房屋征收评估不同于一般房地产的市场价格评估,其估价特点主要表现在以下四个方面:

**1. 估价数量大**

城市征收往往是由于旧城改造、新建和改建城市道路交通、新建大型基础设施等而引起的。随着我国城市建设的不断加快,会必不可少地发生大规模城市房屋征收。由于征收数量大、待征收的户数多,则由此带来的征收估价数量很大,少则一两栋,多则成片乃至一个或多个小区。

**2. 涉及面广,社会影响大**

征收的房屋既有居民个人房屋,也有机关企事业单位房屋;既有住宅用房,也有商业用房、办公用房、生产用房;既有独立产权用房,也有共有产权用房。从企事业单位来说,征收不仅涉及企事业财产的补偿问题,而且还涉及企事业单位的生存和职工家庭的生活问题。从居民个人来说,房屋仍是当今我国大多数城市居民的最大财产。因此,城市房屋征收估价涉及千家万户的切身利益,所产生的社会影响很大。

**3. 估价对象复杂,需要协调各种关系**

相对于其他目的的估价,征收估价的对象比较复杂,一个征收项目往往包括住宅、商铺、办公楼、车库、构筑物等不同类型物业,这导致估价方法的选择存在较大难度。同时,一次估价中还会面对大量的房屋,面对征收人和众多的被征收人,由于各自对自身利益的维护,会出现不同的意见,导致协调各种利益关系成为估价的重要工作之一。

**4. 补偿价格关联性强**

就同一城市而言,同一时期及同一地段的同种类型房屋的征收补偿价之间、同一时期及同一地段的不同类型房屋的征收补偿价之间、同一时期及不同地段的同种类型房屋的征收补偿价之间,都具有价格相互关联性。如果忽视了这种关联性,就可能引发征收冲突。

### 11.4.3 城市房屋征收估价的标准与方法

《国有土地上房屋征收评估办法》第十四条规定:"被征收房屋价值评估应当

考虑被征收房屋的区位、用途、建筑结构、新旧程度、建筑面积以及占地面积、土地使用权等影响被征收房屋价值的因素。被征收房屋室内装饰装修价值，机器设备、物资等搬迁费用，以及停产停业损失等补偿，由征收当事人协商确定；协商不成的，可以委托房地产价格评估机构通过评估确定。"

《国有土地上房屋征收评估办法》第十三条规定："注册房地产估价师应根据评估对象和当地房地产市场状况，对市场比较法、收益法、成本法、假设开发法等评估方法进行适用性分析后，选用其中一种或多种方法对被征收房屋价值进行评估。"因此，征收估价应优先选用能够反映市场价格、模拟市场交易过程、体现客观价格的市场比较法。

在一些房地产市场尚不够完善的地区及区域，或者房地产市场比较发达的地区的特殊用途的被征收对象，如学校、幼儿园、军事等公益用房，不具备采用市场比较法估价的条件，可采用其他方法进行评估。由于征收估价目的的特殊性，应尽量避免使用收益法、假设开发法，可采用成本法对估价对象的征收补偿价值进行评估。

许多省、市结合本地实际情况，以估价原则、估价理论和方法为基础，制定了各自具体的征收估价办法。

针对一些建设项目的特殊性，地方政府也往往制定了相应的规定，估价人员在估价时必须遵从。

### 11.4.4 房屋征收评估的相关规定

#### 1. 房屋征收评估对象

房屋征收评估前，房屋征收部门应当组织有关单位对被征收房屋情况进行调查，明确评估对象。评估对象应当全面、客观，不得遗漏、虚构。

房屋征收部门应当向受托的房地产价格评估机构提供征收范围内的房屋情况，包括已经登记的房屋情况和未经登记建筑的认定、处理结果情况。调查结果应当在房屋征收范围内向被征收人公布。

对于已经登记的房屋，其性质、用途和建筑面积，一般以房屋权属证书和房屋登记簿的记载为准；房屋权属证书与房屋登记簿的记载不一致的，除有证据证明房屋登记簿确有错误外，以房屋登记簿为准。对于未经登记的建筑，应当按照市、县级人民政府的认定、处理结果进行评估。

#### 2. 房屋征收评估目的

被征收房屋价值评估目的应当表述为：为房屋征收部门与被征收人确定被征收房屋价值的补偿提供依据，评估被征收房屋的价值。

用于产权调换房屋价值评估目的应当表述为：为房屋征收部门与被征收人计算被征收房屋价值与用于产权调换房屋价值的差价提供依据，评估用于产权调换房屋的价值。

**3．房屋征收评估范围**

被征收房屋评估范围包括合法的被征收建筑物及其占用范围内的建设用地使用权和其他不动产，不包括违法建筑和超过批准期限的临时建筑。

**4．房屋征收评估的时点**

被征收房屋价值评估时点为房屋征收决定公告之日。

用于产权调换房屋价值评估时点应当与被征收房屋价值评估时点一致。

**5．房屋征收评估价值内涵**

被征收房屋价值是指被征收房屋及其占用范围内的土地使用权在正常交易情况下，由熟悉情况的交易双方以公平交易方式在评估时点自愿进行交易的金额，但不考虑被征收房屋租赁、抵押、查封等因素的影响。

不考虑租赁因素的影响，是指评估被征收房屋无租约限制的价值。不考虑抵押、查封因素的影响，是指评估价值中不扣除被征收房屋已抵押担保的债权数额、拖欠的建设工程价款和其他法定优先受偿款。

产权调换房屋价值评估应当明确的评估价值的内涵为市场价值是指评估对象由熟悉情况的交易双方以公平交易方式在评估时点自愿进行交易的金额，但政府对评估对象定价有特别规定的除外。

**6．房屋征收评估标准**

《国有土地上房屋征收与补偿条例》规定：对被征收房屋价值的补偿，不得低于房屋征收决定公告之日被征收房屋类似房地产的市场价格。

**7．房屋征收评估因素**

被征收房屋价值评估应当考虑被征收房屋的区位、用途、建筑结构、新旧程度、建筑面积及占地面积、土地使用权等影响被征收房屋价值的因素。

被征收房屋室内装饰装修价值，机器设备、物资等搬迁费用，以及停产、停业损失等补偿，由征收当事人协商确定；协商不成的，可以委托房地产价格评估机构通过评估确定。

## 11.4.5　房屋征收评估方法和结果的确定

**1．房屋征收评估方法**

估价机构应当根据评估对象和当地房地产市场状况，对市场比较法、收益法、成本法、假设开发法等评估方法进行适用性分析后，选用其中一种或者多种方法对被征收房屋价值进行评估。

被征收房屋的类似房地产有交易的，应当选用市场比较法评估；被征收房屋或者其类似房地产有经济收益的，应当选用收益法评估；被征收房屋是在建工程的，应当选用假设开发法评估。

可以同时选用两种以上评估方法评估的，应当选用两种以上评估方法评估。

被征收房屋的类似房地产是指与被征收房屋处在同一供求范围内，并且在用途、规模、建筑结构、新旧程度、档次、权利性质等方面与估价对象相同或者相似的房地产。

**2. 被征收房屋评估结果的确定**

被征收房屋选用两种以上评估方法评估的，应当先对各种评估方法的测算结果进行校核和比较分析，然后合理确定评估结果。

房屋征收评估价值应当以人民币为计价的货币单位，精确到元。

### 11.4.6 征收评估工作流程

**1. 评估工作选定**

房地产价格评估机构由被征收人在规定时间内协商选定；在规定时间内协商不成的，由房屋征收部门通过组织被征收人按照少数服从多数的原则投票决定，或者采取摇号、抽签等随机方式确定。具体办法由省、自治区、直辖市制定。

房地产价格评估机构不得采取迎合征收当事人不当要求、虚假宣传、恶意低收费等不正当手段承揽房屋征收评估业务。

**2. 评估机构业务承揽**

同一征收项目的房屋征收评估工作，原则上由一家房地产价格评估机构承担。房屋征收范围较大的，可以由两家以上房地产价格评估机构共同承担。

由两家以上房地产价格评估机构承担的，应当由其共同协商确定一家房地产价格评估机构为牵头单位。牵头单位应当组织相关房地产价格评估机构就评估对象、评估时点、价值内涵、评估依据、评估假设、评估原则、评估技术路线、评估方法、重要参数选取、评估结果确定方式等进行沟通，统一标准。

**3. 评估委托**

在房地产价格评估机构选定或者确定后，房屋征收部门一般应当在10日内向房地产价格评估机构出具房屋征收评估委托书，并且与其签订房屋征收评估委托合同。

房屋征收评估委托书应当载明委托人的名称、委托的房地产价格评估机构的名称、评估目的、评估对象范围、评估要求及委托日期等内容。

房屋征收评估委托合同应当载明下列事项：

1）委托人和房地产价格评估机构的基本情况。
2）负责本评估项目的注册房地产估价师。
3）评估目的、评估对象、评估时点等评估基本事项。
4）委托人应提供的评估所需的资料。
5）评估过程中双方的权利和义务。
6）评估费用及收取方式。

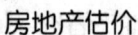

7）评估报告交付时间、方式。

8）违约责任。

9）解决争议的方法。

10）其他需要载明的事项。

**4．评估准备和业务开展**

估价机构在与房屋征收部门签订房屋征收委托合同后，应制定相应的工作计划，指派与房屋征收评估项目工作量相适应的足够数量的注册房地产估价师开展评估工作。

房地产价格评估机构不得转让或者变相转让受托的房屋征收评估业务。

**5．实地查勘**

房地产价格评估机构应对被征收房屋进行实地查勘，调查被征收房屋状况，拍摄反映被征收房屋内外部状况的照片等影像资料，做好实地查勘记录，并且妥善保管。

对被征收房屋进行实地查勘时，需要分别查勘和记录房屋的结构、装修、设备等情况。

被征收人应当协助房地产估价机构对被征收房屋进行实地查勘，提供或者协助收集被征收房屋价值评估所需的情况和资料。

房屋征收部门、被征收人和房地产估价机构应当在实地查勘记录上签字或者盖章确认。被征收人拒绝在实地查勘记录上签字的，应当由房屋征收部门、估价机构和无利害关系的第三人见证，并且应在估价报告中作出相应说明。

**6．初步评估结果公示**

房地产价格评估机构应当按照房屋征收评估委托书或者委托合同的约定，向房屋征收部门提供分户的初步评估结果。分户的初步评估结果应当包括评估对象的构成及其基本情况和评估价值。房屋征收部门应当将分户的初步评估结果在征收范围内向被征收人公示。

公示期间，房地产价格评估机构应当安排注册房地产估价师针对分户的初步评估结果进行现场说明和解释。存在错误的，房地产价格评估机构应当修正。

**7．提交评估报告**

分户初步评估结果公示期满后，房地产价格评估机构应当向房屋征收部门提供委托评估范围内被征收房屋的整体评估报告和分户评估报告。房屋征收部门应当向被征收人转交分户评估报告。

整体评估报告和分户评估报告应当由负责房屋征收评估项目的两名以上注册房地产估价师签字并加盖房地产价格评估机构公章，不得以印章代替签字。

**8．解释说明**

被征收人或者房屋征收部门对评估报告有疑问的，出具评估报告的房地产价格评估机构应当向其作出解释和说明。

#### 9. 资料保管

在房屋征收评估工作完成后,房屋征收部门应将评估报告及相关资料立卷、归档保管,供房地产管理部门、房地产估价行业组织等查验。

### 11.4.7 房屋征收复核评估和鉴定

#### 1. 申请复核评估

被征收人或者房屋征收部门对评估结果有异议的,应当自收到评估报告之日起 10 日内,向房地产价格评估机构申请复核评估。

申请复核评估的,应当向原房地产价格评估机构提出书面复核评估申请,并且指出评估报告存在的问题。

#### 2. 复核评估

原房地产价格评估机构应当自收到书面复核评估申请之日起 10 日内对评估结果进行复核。复核后,改变原评估结果的,应当重新出具评估报告;评估结果没有改变的,应当书面告知复核评估申请人。

#### 3. 评估专家鉴定

被征收人或者房屋征收部门对原房地产价格评估机构的复核结果有异议的,应当自收到复核结果之日起 10 日内,向被征收房屋所在地评估专家委员会申请鉴定。

评估专家委员会应当选派成员组成专家组,对复核结果进行鉴定。专家组成员为三人以上单数,其中房地产估价师不得少于二分之一。

评估专家委员会应当自收到鉴定申请之日起 10 日内,对申请鉴定评估报告的评估程序、评估依据、评估假设、评估技术路线、评估方法选用、参数选取、评估结果确定方式等评估技术问题进行审核,出具书面鉴定意见。

经评估专家委员会鉴定,评估报告不存在技术问题的,应当维持原评估报告;评估报告存在技术问题的,出具评估报告的房地产价格评估机构应当改正错误,重新出具评估报告。

房屋征收评估鉴定过程中,房地产价格评估机构应当按照评估专家委员会要求,就鉴定涉及的评估相关事宜进行说明。需要对被征收房屋进行实地查勘和调查的,有关单位和个人应当协助。

因房屋征收评估、复核评估、鉴定工作需要查询被征收房屋和用于产权调换房屋权属及相关房地产交易信息的,房地产管理部门及其他相关部门应当提供便利。

## 11.5 房地产强制拍卖估价

### 11.5.1 强制拍卖估价的含义

强制拍卖是指国家执法机关依法对被查封扣押的财产实行公开竞价,把物品卖给出价最高的竞买人，以清偿债务为目的的一种强制执行行为，是法定委托拍卖方式的一种。在强制拍卖过程中，相关部门需要确定拍卖保留价，委托房地产估价机构提供服务，这种估价就是房地产强制拍卖估价。

拍卖保留价由人民法院参照评估价确定；未作评估的，参照市价确定，并且应当征询有关当事人的意见。

### 11.5.2 房地产强制拍卖估价的特点

（1）强制处分　强制拍卖为强制性的司法行为，原产权人没有权利讨价还价，通常由法院主持。

（2）快速变现　处分房地产要在规定的时间内完成，买受人在较短的时间决定购买，没有充足的考虑时间，也没有足够的时间对拍卖标的物作充分的了解，特别是还要在较短时间内支付全部价款，风险大，属于非正常交易，但价格较正常价格低。

（3）市场需求面窄、推广力度小　强制拍卖估价仅以拍卖公告形式宣传。

（4）消费者心理因素　消费者心理预期价格低。

（5）购买者的额外支出　此处的额外支出为1%~5%的拍卖佣金加上估价费用。

### 11.5.3 房地产强制拍卖估价的技术路线

在评估强制拍卖的房地产时，评估公司只需评估估价对象正常市场的价格水平。估价对象正常市场的价格水平可以根据估价对象的类型，选用市场比较法、收益法、成本法评估。

### 11.5.4 房地产强制拍卖估价的类型与方法

（1）商品房　商品房为完全产权，可选市场比较法、收益法、成本法评估。

（2）行政划拨地上的房产

1）以完全商品房产权进行估价，拍卖后从拍卖价款中扣除应补地价款及卖方税费。可选市场比较法、收益法、成本法评估。

2）以房地产的权益价格，即完全商品房的价格减去应补地价进行评估，可选市场比较法、收益法、成本法评估完全产权下的正常市场价格，再评估应补缴的地价。

3）在建工程可选假设开发法、市场比较法、成本法评估。

## 11.6　房地产损害赔偿估价

房屋所有权人为了充分享有自己的物权，对房屋质量、规划变更或他人造成的房屋价值减损提出赔偿的要求。房地产损害，指房屋本身的损害，主要包括房屋实体损害、功能损害、经济损害、环境损害等。

### 11.6.1 房地产价值损失的原因及种类

**1. 因规划修改给房地产权利人的合法权益造成损失**

《中华人民共和国城乡规划法》第五十条规定："在选址意见书、建设用地规划许可证、建设工程规划许可证或者乡村建设规划许可证发放后，因依法修改城乡规划给被许可人合法权益造成损失的，应当依法给予补偿。经依法审定的修建性详细规划、建设工程设计方案的总平面图不得随意修改；确需修改的，城乡规划主管部门应当采取听证会等形式，听取利害关系人的意见；因修改给利害关系人合法权益造成损失的，应当依法给予补偿"。

**2. 因在土地上建造建筑物给相邻房地产造成价值损失**

《民法通则》第八十三条规定："不动产的相邻各方，应当按照有利生产、方便生活、团结互助、公平合理的精神，正确处理截水、排水、通行、通风、采光等方面的相邻关系。给相邻方造成妨碍或者损失的，应当停止侵害，排除妨碍，赔偿损失。"例如在自己的土地上建造建筑物妨碍了相邻建筑物的通风、采光和日照等而使相邻房地产价值减损；对于新买的商品房，开发商承诺的内容在交房时未能兑现，对面又修了一栋楼，购房者自身房屋的采光、通风受到损害使其居住品质降低。

**3. 因环境污染造成房地产价值损失**

房地产周边环境受到污染，如受到噪声、辐射、水、土壤和空气等污染，必然会给房地产的使用者造成较大的身心损害，从而导致房地产价值减损。例如，开发商将曾经存在污染的工业用地（如化工工业用地）直接转变为住宅用地进行开发，由于工业生产的残留物会在环境中形成物理辐射、有害气体、地下水污染和土壤污染等而影响居住者的身心健康。又如，开发商将小区花园变成了停车场使邻近房屋经常受到噪声的影响等。

**4. 因工程质量缺陷造成房地产价值损失**

工程质量缺陷损失是指由于房屋工程质量缺陷造成房屋买受人的权利、人身安全及房屋使用功能受到侵害导致的房地产经济价值的减损。例如，预售的商品房在交付使用后发现存在工程质量问题，如墙体开裂、地面渗水、装饰材料粘贴不牢固并有损坏、室内空气质量不符合国家标准等而对购房人造成价值损失。

**5. 因施工中挖基础不慎使邻近建筑物受损，造成邻近房地产价值损失**

例如由于地铁施工，往往破坏了相邻房屋的基础结构、房屋主体结构，导致相邻房屋的价值减损甚至报废。

**6. 因异议登记不当，造成房地产权利人损害**

《物权法》第十九条规定："异议登记不当，造成权利人损害的，权利人可以向申请人请求损害赔偿。"例如,开发商往往对小区建筑物共有部分的所有权登记缺失、登记模糊,将应当属于小区所有业主共有的配套建筑设施对外进行销售,使业主丧失了对该共有部分的产权。又如,开发商将已经设定了抵押权等他项权利的商品房对外销售,造成了房屋受让人的房产存在潜在处置的风险,使受让人权利受到损害。

**7. 因非法批准征收、使用土地,给当事人造成损失**

《土地管理法》第七十八条规定:"无权批准征收、使用土地的单位或者个人非法批准占用土地的,超越批准权限非法批准占用土地的,不按照土地利用总体规划确定的用途批准用地的,或者违反法律规定的程序批准占用、征收土地的,其批准文件无效","非法批准征收、使用土地,对当事人造成损失的,依法应当承担赔偿责任。"

**8. 因未能履约使他人工程停建、缓建,给他人造成损失**

例如,材料供货商未按合同约定如期供货或资金提供方未按合同约定如期供款导致工程停建、缓建,从而造成工程无法按期完成,给相关当事人造成损失。

**9. 因对房地产权利行使不当限制,给房地产权利人造成损失**

例如,法院在进行房地产查封处理时,错误将不属于查封的房地产进行查封,由此给房地产权利人造成损失。

## 11.6.2 房地产损害造成的损失分析

**1. 房地产损害的分类**

(1) 按受损部位分类 按受损部位,可分实物损害、权益损害和区位损害。实物损害具体又可分为实体损害和功能损害。区位损害也可称为环境损害。现阶段比较容易评估的是实物损害。

(2) 按损害后是否可修复分类 按损害后是否可修复分为可修复的损害和不可修复的损害。

修复费用≤损害前的房地产价值-损害后的房地产价值(修复所能带来的房地产增值额的),是可修复损害。

修复费用>损害前的房地产价值-损害后的房地产价值,是不可修复损害。

(3) 按损害持续的时间分类 按损害持续的时间可分为暂时性的损害和永久性的损害。

现实中,一个损害赔偿估价可能是综合性的,既有实物方面的损害,也有其他方面的损害。

**2. 损害赔偿的金额**

1) 可修复损害的赔偿金额=修复费用+相关经济损失。

2) 不可修复损害的赔偿金额=房地产价值的减损额=损害前的房地产价值减-

损害后的房地产价值。

3）可在一定程度上修复，但不能完全恢复房地产价值损害的赔偿金额=部分修复费用+房地产价值减损额+相关经济损失。

4）如果是造成不可挽回损失的，赔偿金额为重置成本。

### 11.6.3 房地产损害赔偿估价的内涵、定义及特点

**1. 房地产损害赔偿估价的内涵**

房地产损害赔偿评估是指房屋本身损害贬值和房屋贬值引起占用土地经济价值贬值的共同体贬值评估。

房地产损害评估主要有赔偿性房地产损害评估、房地产价值减损评估、各种类型的房屋质量缺陷损失评估等。

**2. 房地产损害赔偿估价的定义**

房地产损害赔偿评估价值标准采用公开的市场价值标准。

商品房的质量缺陷评估的价值定义应当是估价时点的商品房实体缺陷状况、权利缺陷状况、区位缺陷状况所造成的商品房价值减损的市场值。

**3. 房地产损害赔偿估价的特点**

房地产损害赔偿估价与一般价值评估相比，其估价的不同点主要体现在以下五点：

1）房地产损害赔偿估价包括正价值评估与负价值评估。

2）房地产损害赔偿估价不仅包括负价值评估，通常还包括相关经济损失评估。

3）房地产损害赔偿估价的独一无二性更强，难以寻找到类似损害的赔偿实例。

4）房地产损害赔偿估价对建筑等专业知识要求更高，需要大量专业帮助，需要损害程度鉴定。

5）损害当事人双方对估价结果都很关注，要求估价更加精准，说服力强。通常需要出庭作证（专家证人），要求有较强的语言表达能力。

### 11.6.4 房地产损害赔偿估价方法的选择

房地产损害赔偿估价方法有：修复费用法、损失资本化法、赔偿实例比较法、损害前后价差法。

**1. 修复费用法**

修复费用法也可称为成本法，是指预计采用最合理的修复方案予以修复的必要费用，包括拆除工程费用、修缮工程费用、恢复工程费用、由于修复活动造成的直接经济损失而支出的补偿费用等。

拆除工程费用、修缮工程费用、恢复工程费用参照房屋修缮工程预算定额，包括直接费、间接费、利润、税金等。

## 2. 损失资本化法

（1）净收益减少收益年期不变型

$$p = \frac{a}{r}\left[1 - \frac{1}{(1+r)^t}\right]$$

式中　$t$——净收益损失年限；
　　　$a$——预期年末净收益减少额；
　　　$r$——资本化率；
　　　$p$——商品房质量缺陷价值减损值。

（2）净收益不变收益年期减少型

$$p = \frac{b}{r}\left[1 - \frac{1}{(1+r)^m}\right] - \frac{b}{r}\left[1 - \frac{1}{(1+r)^n}\right]$$

式中　$m$——无质量缺陷经济耐用年限；
　　　$n$——有质量缺陷经济耐用年限；
　　　$b$——预期年末正常净收益；
　　　$r$——资本化率；
　　　$p$——商品房质量缺陷价值减损值。

（3）净收益、收益年期减少型

$$p = \frac{b}{r}\left[1 - \frac{1}{(1+r)^t}\right] + \frac{b}{r}\left[1 - \frac{1}{(1+r)^m}\right] - \frac{b}{r}\left[1 - \frac{1}{(1+r)^n}\right]$$

式中　$t$——净收益损失年限；
　　　$r$——资本化率；
　　　$m$——无质量缺陷经济耐用年限；
　　　$n$——有质量缺陷经济耐用年限；
　　　$b$——预期年末正常净收益；
　　　$p$——商品房质量缺陷价值减损值。

## 3. 赔偿实例比较法

赔偿实例比较法简称市场法，通过类似房地产损害的实际赔偿金额的比较和调整，得出估价对象房地产损害的赔偿金额。

$$V = P \times F1 \times F2 \times F3$$

式中　$V$——房屋价值损失评估值；
　　　$P$——可比实例补偿金额；
　　　$F1$——补偿情况修正系数；
　　　$F2$——补偿日期修正系数；
　　　$F3$——缺陷情况修正系数。

**4. 损害前后价差法**

损害前后价差法简称价差法,是指损害前的房地产状况的市场价值与损害后的房地产状况的市场价值之差,可通过市场比较法和收益法计算损害前后的房地产市场价值。

### 11.6.5 房地产损害赔偿估价的技术路线及难点的处理

**1. 规划变更导致房地产价值损失的估价技术路线及难点处理**

因规划变更所致的房地产损失评估,既要计算直接损失,也要考虑间接损失;既要计算有形损失,也要考虑无形损失;既要计算当前损失,也要考虑未来预期损失。同时,为了客观确定评估结果,应当把损失和收益加以综合考虑。在测算过程中,各类损失的量化,是评估测算的关键。

**2. 商品房质量缺陷导致价值减损的估价技术路线及难点处理**

商品房质量缺陷价值减损的经济意义是效益的减少、费用的增加与经济寿命的减少,因此导致效益的减少和费用的增加的商品房质量缺陷估价可采用减损资本化法进行。对可修复的商品房质量缺陷可采用重置成本法估价,对不可修复的商品房质量缺陷可考虑采用影子工程投资法进行估价。对有类似商品房质量缺陷价值减损案例的,可采用市场比较法进行估价;也可以将存在质量缺陷的商品房价值与不存在质量缺陷的类似商品房价格比较,采用价差法进行估价。也可根据缺陷程度的影响程度分析,在不存在质量缺陷的类似商品房价格的基础上进行缺陷影响程度的修正来求取商品房质量缺陷的减损值,缺陷影响程度的修正值可通过德尔菲法进行意愿调查来确定。

## 练 习 题

**一、单选题**

某商品住宅开发项目,征收土地面积 5 000 $m^2$,其中建设用地面积 4 500 $m^2$,代征地面积 500 $m^2$,规划建筑面积为 15 000 $m^2$。甲房地产开发公司(以下简称甲公司)于 2008 年 10 月 18 日以出让方式取得该项目用地,支付了地价款和 3%的契税,取得了国有土地使用证。至 2009 年 10 月 18 日,该项目已投入 70%的建设资金,完成了主体结构,预计一年后可全部竣工。甲公司拟以该在建工程申请抵押贷款,委托乙房地产估价机构评估其于 2009 年 10 月 18 日的抵押价值。经调查,目前该区域同类商品住宅的平均售价为 6 650 元/$m^2$,且按每月 1%递增;平均投资利润率为 8%,贷款年利率为 7.47%,折现率为 10%。

1. 下列关于在建工程抵押的表述中,正确的是(    )。

  A. 只有当在建工程已投入的建设资金超过总投资的 35%时才可以设定抵押

B. 只有当在建工程主体结构封顶时才可以设定抵押
C. 在建工程抵押权实现时,设定抵押权后新增建设的部分不能处置
D. 在建工程抵押权实现时,优先顺序为购房款、建筑工程款、银行债权

2. 若采用成本法和假设开发法中的传统方法对该在建工程进行估价,下列关于投资利润率选取的表述中,正确的是（    ）。
A. 成本法和假设开发法采用的投资利润率相同
B. 成本法采用的投资利润率高于假设开发法的投资利润率
C. 成本法采用的投资利润率低于假设开发法的投资利润率
D. 成本法和假设开发法采用的投资利润率不可比较

3. 采用成本法估价时,土地部分以基准地价修正法计算的单价为 2 300 元/m$^2$,则土地总价为（    ）万元。
A. 1 035.0　　　B. 1 066.1　　　C. 1 150.0　　　D. 1 184.5

4. 采用假设开发法中的现金流量折现法估价时,开发完成后的房地产价值在估价时点为（    ）万元。
A. 9 734.2　　　B. 10 218.3　　　C. 10 407.5　　　D. 10 458.8

二、改错题

指出并改正下面估价报告片断中的错误。

变现能力是指假定在估价时点实现抵押权时,在没有过多损失的条件下,将抵押房地产转换为现金的可能性。

影响房地产变现能力的因素主要有：

1）通用性。通用性就是房地产能否普遍使用,适用多种用途。一般地说,通用性越差,用途越专业化的房地产,使用者的范围越窄,越不容易找到买者,变现能力越弱。例如,标准厂房比特殊厂房的通用性差。估价对象中,大型商场通用性一般；办公楼通用性较好。

2）独立使用性。独立使用性是指抵押房地产能否单独使用而不受限制。一般地说,独立使用性越差的房地产,越影响房地产的使用,变现能力越弱。估价对象为大型商场及办公楼,设计功能齐全,独立使用性均较好。

3）可分割转让性。所谓可分割转让性,是指在物理上、经济上是否可以分离开来使用。容易分割转让的房地产,变现能力相对较强；反之,变现能力就较弱。估价对象为在建的大型商场及办公楼,适宜分割转让。

4）房地产开发程度。估价对象为在建工程,至估价时点已完成打桩工程、基坑围护和基础工程等,上部结构已建至裙楼四层,正进行施工。由于在建工程不确定因素较多,估价对象变现能力较强。

5）价值、规模大小。一般地说,总价值越大、规模越大的房地产,所需的资金越多,越不容易找到买者,变现能力越弱。例如,大型商场比小店铺的变现

能力弱。估价对象的建筑面积大、总价高、变现能力较弱。

6）区位。一般地说，处于越偏僻、越不成熟区域的房地产，变现能力越弱。例如，郊区的房地产比市区的房地产变现能力弱，商圈外的商业用房比商圈内的商业用房变现能力弱。估价对象位于××商务圈，较繁华，区位状况较好，变现能力较强。

综合分析以上影响因素，估价对象房地产变现能力较强。假定在估价时点拍卖或者出售，受各种因素影响，其最可能实现的价格一般比评估的正常市场价值要低，预计为评估价值的70%左右。

## 三、简答题

某城市规划建设一条环城公路，经过某商品住宅小区南侧。该小区已建成使用三年，共有 15 幢多层住宅楼，总建筑面积为 14 000m²。建设环城公路需占用该小区 500m² 绿地，并拆除一幢面积为 900m² 的住宅楼。政府拟按规定进行有关补偿和赔偿，委托房地产估价机构进行评估。

请问：理论上，政府补偿和赔偿的内容应包括哪些方面？

# 第 12 章　房地产估价报告

**学习要点：**
1. 掌握房地产估价的程序。
2. 了解房地产估价报告书的性质与房地产估价报告的形式。
3. 掌握房地产估价报告的组成。
4. 了解房地产估价报告撰写的基本要求。
5. 熟悉房地产估价报告的写作。

## 12.1　对房地产估价报告的基本认识

房地产估价的最终成果就是房地产估价报告。房地产估价师应根据估价的具体程序，经过分析与计算，最终总结形成估价报告。

### 12.1.1　房地产估价程序

房地产估价程序，是指房地产估价作业按其内在联系，所形成的各个具体操作步骤和环节。评估一宗房地产主要包括如下基本步骤：

**1．获取估价业务**

一个估价机构的估价业务来源可能会有多种渠道，如来源于银行的房地产抵押贷款评估；企业合并、分立、破产清算估价；政府征收补偿估价及个人出售、抵押等房地产估价业务，所接触的估价需求方的情况各不相同，因此估价机构可以主动联系相关部门，也可以通过广告等其他途径招揽业务。估价机构只有获取估价业务，才能开展估价活动，提交估价报告，取得相应的报酬。

**2．明确估价的基本事项**

估价机构在受理一项估价业务时，会涉及许多方面的问题，需要处理的事项也较多。有些事项直接关系到估价作业的全过程，对估价额也有较大的影响，这些事项被称为估价的基本事项，必须预先明确。房地产估价机构需要与估价需求方进行沟通、协商，明确估价目的、估价对象、估价时点等基本事项，以及估价服务收费标准、收费依据、付款方式、估价报告交付日期等估价的其他事项。在这个过程中，估价机构往往要求估价需求方出具估价委托书，因此估价委托书是由估价需求方出具的作为估价的重要依据。

**3．拟订估价作业计划**

明确了估价的基本事项，就可以基本把握住整个估价任务。为了保证估价工作高效率、有秩序地展开，应预先拟订出合理的作业计划。首先，初选估价方法或评估的技术路线。其次，确定投入的人员，这是估价作业计划的关键内容。房地产估价机构应根据评估任务量的大小、性质及难易程度，应充分考虑估价人员的专长，确定投入的人员数。接着，进行评估作业日期及进度的安排。评估作业日期一般是按委托人的要求确定的。最后，敲定评估作业所需经费预算。

**4．实地勘察**

由于房地产在实体上具有不可移动性和多样性等特点，仅仅根据委托人或有关当事人提供的情况，还做不到具体、准确地把握估价对象。因此，估价人员必须亲临现场，感受房地产周边环境、房地产的区域特征、房地产的实物状况等。同时，估价人员还应拍摄估价所需要的小区规划、整栋楼和房间内部图片。

**5．收集并分析相关资料**

估价结果的正确与否与掌握的资料多少及资料的可靠性、准确性有极大的关系。

（1）对房地产价格有普遍影响的资料　对房地产价格有普遍影响的资料多指宏观环境资料，它们并不直接决定某宗房地产的价格，但它们对整体房地产市场的价格走势具有决定意义，对某类房地产的价格变动有时能产生特别大的影响。此类资料主要包括经济发展、银行存贷款利率、物价、人均可支配收入等经济因素资料，政治安定状况、城市化等社会因素资料，房地产宏观调控政策及相关法律制度、房地产价格政策、税收政策等行政因素资料。

（2）对区域房地产价格有影响的资料　对估价对象所在城市、所在区域的房地产价格有影响的资料，多指中观区域环境的资料，包括城市区域规划、交通管制、社会治安状况、房地产投机、居民收入等区域性行政、社会经济状况、城市建设（基础设施与公益设施的建设）资料，不同用途、不同规模、不同档次、不同平面布置、不同价格房地产的供求状况资料，人口数量、人口质量、家庭规模、风土人情、消费特征等人口状况资料等。

（3）相关实例资料　相关实例资料包括类似房地产的交易实例资料，租赁实例资料，空置实例资料，收益实例资料，租赁价格实例资料，建安造价资料，房地产开发市政配套费用等规费资料，开发利润率资料，基准地价资料，路线价资料，资本化率、报酬率、折现率资料，销售费用率资料，营业税及其附加税率资料，契税税率资料，开发经营期资料等。必须指出，运用的估价方法不同，收集资料的侧重点则有较大差异。

（4）反映估价对象状况的资料　反映估价对象状况的资料是指反映估价对象

区位、实物、权益状况的资料。

估价对象为土地使用权的，资料包括：

1）土地实物状况，即坐落，包括估价对象至城市标志性建筑物的直线距离、行程、车程，土地形状，地形、地貌，工程地质状况。

2）土地开发程度，即宗地红线内、外的通路、通水、通电、上水、下水、通信、通邮，以及红线内场地平整程度状况。

3）土地登记状况，即土地来源及历史沿革、地理位置、法定用途及实际用途、四至、面积、土地级别、土地权属性质及权属变更、土地登记证书号、国有土地使用证编号、登记时间、地籍图号、宗地号。

4）土地利用状况，即土地利用现状（已使用年限、剩余使用年限，是否设立抵押、典当、出租，是否涉案，权属有无争议，是否为共有等状况）和土地利用的变迁，以及土地上房屋建筑物、道路、沟渠等其他附属物状况。

5）土地使用管制状况，即城市规划限定的用途、容积率、建筑密度、建筑高度、建筑红线后退距离、建筑物间距、绿化率、交通出入方位、停车泊位、建筑体量和体型、色彩、地面标高，规划设计方案与环境保护、消防安全、文物保护、卫生防疫等有关法律规定的符合状况，以及商业用地的临街宽度、深度状况，农业用地的土壤成分、肥力、灌排水状况，周期性自然灾害状况，日照、降水量、风向、排水积水状况等资料。

估价对象为建筑物的，资料包括：

1）建筑物的位置。

2）面积，即建筑面积，使用面积，成套房屋的套内建筑面积、居住面积、营业面积、出租面积。

3）层数、总高、层高。

4）建筑式样、风格、色调、结构、设备、设施、装修、朝向、平面布局、通风、采光、隔声、隔振、隔热。

5）建筑物建成日期、维修养护及完损状况、新旧程度。

6）产权状况，即产权证号，是独有、共有、还是建筑物区分有权，是完全产权还是部分产权，是否设定抵押、典当、出租，是否涉案，权属有无争议，是否为违章建筑等。

7）利用状况，即法定用途，实际用途，不同用途的位置或楼层分布及其面积，物业管理，卫生、治安状况。

### 6. 估价方法的选择

估价方法是指要说明本次估价所采用的方法及这些估价方法的定义。所采用估价方法的定义应准确、简明。在估价方法选用说明中，应对理论上适用的估价方法进行阐述，对理论上适用但未选用的估价方法要充分说明不选择的理由：

（1）估价方法选用要求　同一估价对象宜选用两种以上的估价方法估价。

（2）估价方法的优选　有条件选用市场比较法估价的，应以市场比较法为主要的估价方法。收益性房地产估价，应选用收益法作为其中的一种估价方法。

（3）估价方法的选择依据　估价人员需要考虑各种估价方法的适用范围和估价对象的特征及其评估目的和评估前提等。

#### 7．估价测算和估价结果的确定

估价测算过程就是要详细说明运用某种估价方法的全部测算过程及相关参数的确定。尤其是技术复杂的估价报告，报告的撰写者要在准确掌握各种估价方法的基础上，按照估价方法的操作步骤，明确且条理清楚地表述每种估价方法的测算过程，而对于相关参数的确定，既要符合有关公式的要求，又要符合逻辑推理。

估价结果确定就是要说明本次估价的最终结果及它是如何确定的。因为在估价报告中要采用两种或两种以上的方法进行估价测算（也可能只有一种）。用不同估价方法得出的结论会有一定的差异，为此最终选用何种方法确定估价结果或对其进行进一步的调整，都需在此说明理由。

#### 8．撰写估价报告

估价报告是记述评估成果的文件。为了保证其质量，撰写时要遵循内容全面、格式清晰、论述简明扼要、突出评估依据的原则。

#### 9．审核估价报告

为保证估价报告的质量，估价机构应当建立估价报告内部审核制度，由资深估价人员按照合格估价报告的要求，对撰写出的估价报告进行全面审核，并且确认估价结果的合理性。

在估价报告审核中，要做好审核记录。完成审核后，审核人员应在审核记录上签名，并且注明审核日期。

#### 10．出具估价报告

估价报告经审核合格后，由负责该估价项目的专职注册房地产估价师签名、盖章，以估价机构的名义出具，并且由负责该估价项目的估价人员及时交付给委托人。估价人员在交付估价报告时，可就估价报告中的某些问题作口头说明或解释，至此完成了对委托人的估价服务。

#### 11．估价资料归档

估价报告向委托人出具后，估价人员和估价机构应及时对涉及该估价项目的一切必要的文字、图表、声像等不同形式的资料进行整理，并且将它们分类保存起来，即归档。

应归档的估价资料包括：①估价机构与委托人签订的估价委托合同；②估价机构向委托人出具的估价报告（包括附件）；③实地查勘记录；④估价项目来源和接洽情况记录；⑤估价过程中的不同意见和估价报告在定稿之前的重大调整或修改意见记

录；⑥估价报告审核记录；⑦估价人员和估价机构认为有必要保存的其他估价资料。

上述基本估价步骤具有明显的阶段性。获取估价任务、明确估价的基本事项与拟订估价作业计划，属于估价的准备阶段；实地勘察、收集并分析相关资料、运用估价方法估算并确定估价结果，属于估价的实施阶段；撰写估价报告、审核估价报告、出具估价报告、估价资料归档则属于估价的结束阶段。

### 12.1.2 房地产报告书的性质与房地产估价报告的形式

**1．房地产报告书的性质**

房地产估价可分为鉴证性房地产估价和咨询性房地产估价两种。所以房地产估价报告书的性质也分为鉴证性和咨询性两种。这两种性质的估价报告，估价机构和估价师均要承担一定的法律责任，但鉴证性估价承担的法律责任一般要大于咨询性估价承担的法律责任。房地产估价机构一般所出具的估价报告都是鉴证性房地产估价报告。

**2．房地产估价报告的形式**

房地产估价报告有定型式（或称表格式）、自由式与混合式三种，可根据评估活动的具体情况灵活选用。

（1）定型式估价报告　此类报告又称封闭式估价报告，是具有固定格式、固定内容的报告，估价人员必须按要求填写，不得随意增减。其优点是一般事项反映全面，填写省时省力；缺点是不能根据估价对象的具体情况而深入分析某些特殊事项。如果能针对不同的估价目的和不同类型的房地产，制作相应的定型式估价报告，则可以在一定程度上弥补这一缺点。

（2）自由式估价报告　此类报告又称开放式估价报告，是由估价人员根据评估对象的情况而自由撰写的、无一定格式的估价报告。其优缺点与定型式估价报告恰好相反。

（3）混合式估价报告　混合式估价报告是指兼取前两种报告的形式，既有自由式部分，又有定型式部分的估价报告。

## 12.2　房地产估价报告的撰写

### 12.2.1　房地产估价报告撰写的基本要求

房地产估价任务的完成最终体现在给估价委托人一份合格且质量高的估价报告上。房地产估价报告是估价机构履行估价委托合同、记述估价过程、反映估价成果的文件，是给予委托人关于估价对象价值的正式答复，是关于估价对象价值的专业意见和研究报告。作为一名房地产估价师，不仅要了解房地产市场的运行规律、掌握房地产估价专业的相关知识，还必须能够动手撰写估价报告。

房地产估价报告的撰写，需要估价人员根据房地产估价报告的体裁特点，结合自身的经验，灵活运用写作技巧完成。学习和掌握房地产估价报告的撰写，是房地产估价师的一项很重要的专业训练。能否成为一名合格的房地产估价师,并且达到执业要求,估价报告的写作能力是必不可少的检验标准。

房地产估价报告是一种指向性非常明确的专业性与职业性的报告文体,也有其特定的语言文字要求。一份合格的房地产估价报告基本要求是名称、专业用语要规范;文字通畅、语义鲜明,不能含混不清、模棱两可,表述严谨;句子简洁,概括性强,逻辑性强;文本格式规范,无错别字和漏字,标点使用正确;排版规整、前后一致,装订美观大方。

## 12.2.2 房地产估价报告的撰写内容

根据《房地产估价规范》的规定,一份完整的估价报告应包括以下八项内容:
1) 封面。
2) 目录。
3) 致委托人函。
4) 注册房地产估价师声明。
5) 估价的假设和限制条件。
6) 估价结果报告。
7) 估价技术报告。
8) 附件。

**1. 封面的设计**

房地产估价报告的封面除了应写有估价报告名称外,一般还应包括估价项目名称、委托人、估价机构、注册房地产估价师、估价作业日期及估价报告编号。

(1) 估价报告名称 估价报告名称一般为"房地产估价报告"。特殊的估价报告,如房地产抵押估价报告的名称为"房地产抵押估价报告",房地产征收报告的名称应为"城市房屋征收估价报告"。

(2) 估价项目名称 房地产估价报告封面上的估价项目名称要写全称。其中重点要突出估价对象所在的区位、物业名称及用途,例如"××市绿园区××路××花园第×层501住宅价值评估"。

(3) 估价委托人 房地产估价报告封面上的估价委托人,只要准确无误地写明其全称即可。如果是个人委托估价的,则写明委托人的姓名。

(4) 估价机构 房地产估价报告封面上的估价机构同委托人要相对应,准确无误地写明估价机构的全称即可。

(5) 注册房地产估价师 房地产估价报告封面上所写的注册房地产估价师,主要是负责本次估价的注册房地产估价师的姓名及其注册号。

(6) 估价作业日期 房地产估价报告封面上的估价作业日期,是指本次估价的起止日期,即正式接受估价委托的具体日期至完成估价报告的具体日期。封面上的估价作业日期要与估价结果报告中的估价作业日期相一致。

（7）估价报告编号　房地产估价报告封面上的估价报告编号即为本估价报告在本估价机构内的报告编号。

2．目录

房地产估价报告目录部分的编写，需要注意与后面的报告内容相匹配，特别是所对应的估价报告的页码要准确无误。

3．致委托人函

致委托人函应包括以下内容：

1）"致委托人函"（标题）。

2）致函对象（为委托人的全称）。

3）致函正文（说明估价对象、估价目的、估价时点、价值类型和估价结果）。

4）致函落款（估价机构的全称，并且加盖估价机构公章，法定代表人也要签字、盖章）。

5）致函日期（致函的具体日期）。

4．注册房地产估价师声明

在房地产估价报告中，注册房地产估价师声明应包括以下内容：

1）估价报告中估价人员陈述的事实是真实和准确的。

2）估价报告中的分析、意见和结论是估价人员自己公正的专业分析、意见和结论，但受到估价报告中已说明的假设和限制条件的限制。

3）估价人员与估价对象没有利害关系，也与有关当事人没有个人利害关系或偏见。

4）估价人员依照中华人民共和国国家标准《房地产估价规范》进行分析，形成意见和结论，撰写估价报告。

5）估价人员已对估价对象进行了实地查勘，并且列出了对估价对象进行实地查勘的估价人员的姓名。

6）没有人对估价报告提供了重要专业帮助（若有例外，应说明提供重要专业帮助者的姓名）。

7）其他需要说明的事项。

5．估价的假设和限制条件

依据《房地产估价规范》的规定，在估价的假设和限制条件中，要说明本次估价的假设前提；未经调查确认或无法调查的资料或数据；估价中未考虑的因素和一些特殊处理及其可能的影响；本估价报告使用的限制条件。

6．估价结果报告

估价结果报告是估价机构提供给委托人的"估价服务产品"当中最主要的部分。估价结果报告应记载下列事项：

（1）标题　估价结果报告的标题要表述完整，即要写明是关于哪个估价项目的估价结果报告。

（2）委托人　估价结果报告中的委托人，不仅要写明本估价项目的委托单位的全称，还要写明委托单位的法定代表人和住所。如果是个人委托评估，不仅要写明委托人的姓名，还要写明其住所和身份证号码。

（3）估价机构　估价结果报告上的估价机构，与委托人要相对应，不仅要写明本估价项目的估价机构全称，还要写明估价机构的法定代表人、住所及估价机构的资格等级，并且还应注明资质等级的有效期。

（4）估价对象　在估价结果报告中，关于估价对象要求概要说明估价对象的状况，包括区位状况、实物状况和权益状况，可将土地和房屋的状况分别描述。对估价对象的描述应做到层次清晰、语言表达简单、准确。

（5）估价目的　估价目的会影响估价选用的方法和计算的结果。此部分内容的撰写要说明本次估价的目的和估价结果的具体用途。

1）抵押估价目的表述为：为确定房地产抵押贷款额度提供参考依据而评估其房地产抵押价值。

2）被征收房屋价值评估目的应当表述为：为房屋征收部门与被征收人确定被征收房屋价值的补偿提供依据，评估被征收房屋的价值。

3）用于产权调换房屋价值评估目的应当表述为：为房屋征收部门与被征收人计算被征收房屋价值与用于产权调换房屋价值的差价提供依据，评估用于产权调换房屋的价值。

4）房地产转让估价目的可表述为：为委托方转让估价对象提供市场价值参考。

5）征收农民集体土地的估价目的可表述为：为被征地农民支付法定补偿提供价值依据。

6）企业入股、合并等涉及的房地产估价目的可表述为：为企业入股、合并等发生房地产权属转移的作价提供价值依据。

7）房地产投资决策分析和咨询服务估价目的可表述为：为房地产投资提供价值参考依据。

（6）估价时点　估价时点是指估价对象客观合理价格或价值对应的具体日期。房地产估价的结果必须指出和其相对应的估价时点。

（7）价值定义　价值定义是指本次估价所采用的价值类型及其内涵。

价值类型是指在某个房地产估价项目中根据估价对象由估价目的决定的某种具体类型的房地产价值。不同估价对象、甚至同一估价对象也往往具有不同类型的价值。因此，估价结果报告中不同价值类型的价值定义的表述应不同，具体如下：

1）抵押估价价值（非公开市场价值）表述为：估价对象房地产的抵押价值是在估价时假定未设立优先受偿权利下的市场价值（或有限市场价值）扣除法定

优先受偿款后的余额。

2）被征收房屋价值表述为：被征收房屋及其占用范围内的土地使用权在正常交易情况下，由熟悉情况的交易双方以公平交易方式在评估时点自愿进行交易的金额，但不考虑被征收房屋租赁、抵押、查封等因素的影响。

3）房地产转让价值定义可表述为：公开市场价值。

4）房地产投资决策分析和咨询服务价值可表述为：投资价值，是一种基于市场价值和特定投资人自身条件所决定的价值依据。

（8）估价依据　估价依据是指本次估价所依据的技术标准，例如《房地产估价规范》，还有国家和地方的法律法规，例如《房地产抵押管理办法》，委托人提供的有关资料，估价机构和估价人员搜集和掌握的有关资料（现场查勘的资料）等。

（9）估价原则　估价原则是指本次估价遵循的房地产估价原则。

（10）估价方法　估价方法是指本次估价所采用的方法及这些估价方法的定义和选用方法的理由。

（11）估价结果　估价结果是指本次估价的最终结果，应分别说明总价和单价，并且附大写（总价）金额。若用外币表示，应说明估价时点我国人民银行公布的人民币市场汇率中间价，并且注明所折合的人民币价格。

（12）估价人员　在估价结果报告中，关于估价人员要列出所有参加本次估价活动人员的姓名、执业资格或职称，并且由本人签名、盖章。

（13）估价作业日期　估价作业日期是指本次估价的起止日期，该日期要与封面上的估价作业日期相一致。

（14）估价报告使用期限　估价报告使用的有效期可表达为"到××年××月××日止"，也可表达为多长年限。估价报告应用的有效期自完成估价报告日起原则上规定为一年，但在市场状况变化较大时，估价报告应用的有效期一般不超过半年。

## 7. 估价技术报告

房地产估价技术报告应包括的内容有：

（1）估价对象实物状况描述与分析　估价对象实物状况的描述与分析，一般分为土地实物状况和建筑物实物状况两部分的描述与分析。

土地实物状况的描述主要包括以下内容：四至、土地用途、土地面积、土地形状、土地开发程度等。

建筑物实物状况的描述主要包括以下内容：建筑物用途、建筑结构、建筑面积、层数和高度、户型、设施设备、装饰装修、防水、保温、隔热、隔声、通风、采光、日照、建成时间和设计使用年限、使用维护状况及完损状况等。

（2）估价对象权益状况描述与分析　估价对象权益状况描述与分析，一般分为土地权益状况和建筑物权益状况两部分的描述与分析。

土地权益状况的描述主要包括以下内容：土地使用权人、土地使用权使用年限、他项权利设立情况、土地规划现状、目前使用情况、其他特殊情况。

建筑物权益状况的描述主要包括以下内容：房屋所有权状况、出租或者占用情况、他项权利设立情况、其他特殊情况。

对建筑物权益状况的描述（对在建工程权益状况描述）还应包括：建设用地规划许可证、建设工程规划许可证、建设工程施工许可证等的取得情况。

（3）估价对象区位状况描述与分析　估价对象区位状况描述与分析主要包括估价对象的位置状况、交通状况、环境状况、外部配套设施状况等的描述与分析。

（4）市场背景描述与分析　市场背景的分析应按照从宏观到微观、由大区域市场到小片区市场的写作顺序系统地分析估价对象所处房地产市场的背景，并且重点针对估价对象所处片区和类似物业市场供需状况进行分析。房地产市场是一个动态的市场，因此还需要通过过去、现在和可预见的未来市场状况及价格走势进行一定的预测。不同目的及不同用途的房地产估价报告，其市场背景分析会有较大的差异，这一部分也是房地产估价报告撰写时难度较大的部分，特别是一些大型项目的估价报告。

（5）最高最佳利用分析　最高最佳使用分析是按照最高最佳使用原则分析估价对象的最高最佳使用，即分析法律上允许、技术上可能、经济上可行，能够使估价对象的价值达到最大化的一种最可能的使用。房地产估价中的最高最佳，是针对估价对象的使用状况和估价结果而言的。简而言之，在最高最佳使用状况下的估价对象应是：最佳规模（如建筑面积、建筑高度、层数等）；最佳内部组合，以实现最佳经营和使用；最佳使用效果，包括最好的使用状况、最好的室内外环境条件，以取得最高的经济效益和最理想的使用效果。

（6）估价方法适用性分析　估价方法适用性分析就是逐一分析各种估价方法是否适用，详细说明已选用估价方法的估价技术路线。在评估一宗房地产的价值时，理论上适用的估价方法都应选用，不得随意取舍。如果确因客观条件不具备而不能选用的，应在估价报告中充分说明不选用的理由。

此外，一般情况下，有条件选用市场比较法估价的，应以市场比较法为主要的估价方法；收益性房地产估价，应选用收益法作为其中的一种估价方法；具有开发或再开发潜力的房地产估价，应选用假设开发法作为其中的一种估价方法；在无市场依据或市场依据不充分而不宜采用市场比较法、收益法、假设开发法估价的情况下，可以将成本法作为主要的估价方法。

（7）估价测算过程　在选用方法后，要根据调研的资料，选用适宜的参数，按照选用估价方法的计算步骤，明确且条理清楚地表述每种估价方法的测算过程。

（8）估价结果确定　估价结果确定就是指本次估价的最终结果及它是如何确定的。因为在估价报告中通常都要采用两种或两种以上的方法进行估价测算，用不同的估价方法得出的结论会有一定的差异，为此最终选用何种方法确定估价结果或对其进行进一步的调整都需在此说明理由。

### 8. 附件

《房地产估价规范》规定附件应包括反映估价对象位置、周围环境、形状、外观和内部状况的现场照片和实地查看记录,估价机构资质复印件和估价人员资格证书复印件,估价对象的权属证明,委托方提供的资料、估价委托书(估价委托合同)、估价中引用的其他专用文件资料,估价人员和估价机构的资格证明。

## 练 习 题

下列估价结果报告和估价技术报告存在多处错误,请指明其中的 13 处。

封面(略)

目录(略)

致委托人函(略)

××有限公司:

受贵公司委托,我们对贵公司拥有的位于××市××街××号一层(房屋所有权证号:××字第××号,建筑面积为 339.29m$^2$)商业用房的抵押价值进行评估,为贵公司向金融机构申请抵押贷款确定房地产抵押贷款额度提供价值参考依据。

我公司派注册房地产估价师到估价对象所在地进行实地查看和市场调查,估价人员在结合有关资料的基础上,遵循估价原则,按照估价程序,运用科学的估价方法,分析了影响房地产价格的各项因素,经过测算并结合估价人员经验,确定估价对象于估价时点 2009 年 4 月 21 日满足本报告估价"假设和限制条件"下的抵押价值见表 12-1。

表 12-1 估价对象估价结果一览表

| 条 件 | | 房屋坐落 | 房屋所有权证号 | 用 途 | 面积/m$^2$ | 评估单价/(元/m$^2$) | 评估总价/万元 |
|---|---|---|---|---|---|---|---|
| 假定未设立法定优先受偿权下的价值 | | ××市××街××号 | ××字第××号 | 商业 | 339.29 | 14 478.96 | 491.26 |
| 房地产估价师知悉的法定优先受偿款 | | 工程款优先受偿权价值 | | — | | 0 | 0 |
| | | 已抵押担保债权价值 | | — | | 0 | 0 |
| | | 其 他 | | — | | 0 | 0 |
| | | 合 计 | | — | | 0 | 0 |
| 抵押价值 | 小写 | | | | | 14 478.96 | 491.26 |
| | 大写 | 人民币肆佰玖拾壹万贰仟陆佰元整 | | | | | |

注:估价对象抵押价值=估价对象假定未设立法定优先受偿权下的价值−房地产估价师知悉的法定优先受偿款。

××房地产估价有限公司(盖章)

法人代表:×××

二〇〇九年五月二十二日

注册房地产估价师声明（略）
估价的假设和限制条件（略）

## 房地产估价结果报告

一、估价委托人（略）

二、估价机构（略）

三、估价对象

（一）实物状况

估价对象所处房地产是一幢集商铺、酒楼、茶楼、客房、办公用房为一体的综合性大楼，该建筑于 2007 年建成并投入使用，为钢筋混凝土结构，共五层，其中一～二层为商铺和酒楼，三层为茶楼，四～五层为客房及办公用房。

大楼外墙为粉色墙砖，一～三层为大面积玻璃窗，四～五层为玻璃幕墙；内部设备有中央空调、自动喷淋系统、一部电梯、两部消防楼梯。

估价对象位于大楼的第一层，建筑面积为 339.29$m^2$，层高为 5.4m。目前出租用作酒楼，餐区及操作间地面铺地砖，墙面刷乳胶漆。

经估价人员实地查看，估价对象房屋主体结构完好，基础设施完备，维护保养较好，处于正常使用状态。

（二）权益状况

估价对象为××有限公司拥有的位于××市××街××号一层的商业用房。

估价委托人提供的《房屋所有权证》记载内容为：房屋所有权证号：××字第××号；房屋所有权人：××有限公司；房屋坐落：略；产别：私产；幢号：××；房号：××；结构：框架；房屋总层数：五层；所在层数：一层；建筑面积：339.29$m^2$；设计用途：商业；登记日期：2007 年 6 月 6 日。

估价委托人提供的整栋商业楼《国有土地使用证》记载内容为：土地证号：第××号；土地使用者：××有限公司；坐落：略；地号：略；地类（用途）：商业用地；使用权类型：出让；使用权面积：3 065.30$m^2$；终止日期：2046 年 4 月 20 日；登记日期：2006 年 4 月 21 日。

至估价时点估价对象土地使用权剩余年限为 37 年。依据估价对象委托人提供的资料及估价人员实地查看情况，至估价时点，估价对象已出租用作酒楼，除此以外无其他项权利限制。

四、区位状况（略）

五、估价目的

为确定房地产抵押贷款额度提供参考依据而评估房地产抵押价值。

六、估价时点

2009 年 4 月 21 日。

七、价值定义

本报告所称抵押价值是指估价对象假定未设立法定优先受偿款权下的价值，减去房地产估价师知悉的法定优先受偿后的价值。

八、估价依据（略）

九、估价原则（略）

十、估价方法（略）

十一、估价结果

经过综合分析，确定估价对象的抵押价值为总价人民币 491.26 万元，单价 14 478.96 元/m²。

十二、估价对象变现能力分析（略）

十三、估价人员（略）

十四、估价作业日期

2009 年 4 月 21 日～2009 年 5 月 22 日。

十五、估价报告应用的有效期（略）

××房地产估价有限公司

2009 年 5 月 22 日

附件（略）

## 房地产估价技术报告

一、个别因素分析（略）

二、区域因素分析（略）

三、市场背景分析（略）

四、最高最佳利用分析（略）

五、估价方法选用（略）

六、估价测算过程

**1. 收益法**

收益法是基于预期原理，选用适当的报酬率将预期的估价对象房地产未来各年的正常收益折算到估价时点的现值，求其之和得出估价对象房地产价格的一种估价方法。其基本计算公式为

$$V = \sum_{i=1}^{n} \frac{A_i}{(1+Y)^i}$$

式中　$V$——收益价格；

　　　$A_i$——相对于估价时点而言的未来第 $i$ 年末的净收益；

　　　$Y$——房地产的报酬率。

（1）确定房地产收益

1）租约期内房地产收益。估价对象已出租，租约期至 2013 年 4 月 20 日。

根据估价对象租赁合同，从估价时点起算，租约期内房地产年有效毛收入见表12-2。

表12-2 租约期内年有效毛收入一览表　　　　（单位：元/m²）

| 时间 | 有效毛收入 |
|---|---|
| 2009年4月21日～2010年4月20日 | 50×12=600 |
| 2010年4月21日～2011年4月20日 | 55×12=660 |
| 2011年4月21日～2012年4月20日 | 60×12=720 |
| 2012年4月21日～2013年4月20日 | 60×12=720 |

注：租金按建筑面积计算，收入均为年末取得。

2）租约期外房地产收益。根据市场行情测算，目前估价对象按建筑面积计算的正常市场租金为70～75元/（m²·月）（计算过程略），且租金水平呈逐年递增趋势，递增比率为每年2%～5%，由此，预测估价对象租约期外第一年的客观毛租金为100元/（m²·月），且按每年3%的比率递增。根据当地市场一般情况，空置率取2%，假设上述收益变化趋势在未来使用年限里相对稳定。则租约期外第一年的有效毛收入为[100×12×（1-2%）]元/m²=1 176元/m²。

（2）确定年运营费用　运营费用包括：管理费、维修费、保险费、税金，计算结果见表12-3（计算过程略）。

（3）确定年净收益　计算公式：估价对象年净收益=年有效毛收入-年运营费用
则估价对象年净收益见表12-3。

表12-3 估价对象年净收益计算一览表　　　（单位：元/m²）

| 时间 | 年有效毛收入① | 管理费用② | 维修费③ | 保险费④ | 税金⑤ | 年运营费用⑥=②+③+④+⑤ | 年收益⑦=①-⑥ |
|---|---|---|---|---|---|---|---|
| 2009年4月21日～2010年4月20日 | 600 | 18 | 18 | 1.2 | 105.6 | 142.8 | 457.2 |
| 2010年4月21日～2011年4月20日 | 660 | 19.8 | 18 | 1.2 | 116.16 | 155.16 | 504.84 |
| 2011年4月21日～2012年4月20日 | 720 | 21.6 | 18 | 1.2 | 126.72 | 167.52 | 552.48 |
| 2012年4月21日～2013年4月20日 | 720 | 21.6 | 18 | 1.2 | 126.72 | 167.52 | 552.48 |

（4）确定报酬率　综合考虑，确定报酬率为7%（计算过程略）。

（5）确定估价对象收益价格　估价对象收益价格为

$$V = \frac{457.2}{(1+7\%)} + \frac{504.84}{(1+7\%)^2} + \frac{552.48}{(1+7\%)^3} + \frac{552.48}{(1+7\%)^4} + \frac{1176}{(1+7\%)^5 \times (7\%-3\%)} \times \left[1-\left(\frac{1+3\%}{1+7\%}\right)^{33}\right] 元/m^2$$

=16 740.50元/m²。

## 2. 市场比较法

市场比较法是估价对象与近期发生交易的类似实例进行对照比较，对已发生交易的类似实例的已知价格加以修正，得出估价对象最可能实现的合理价格的估价方法。其基本计算公式为

比准价格=可比实例房地产的价格×交易情况修正系数×交易日期修正系数×区域因素修正系数×个别因素修正系数

（1）可比实例相关情况 可比实例比较因素见表 12-4。

表 12-4 可比实例比较因素一览表

| 项 目 | 估价对象 | 可比实例 1 | 可比实例 2 | 可比实例 3 |
|---|---|---|---|---|
| 地址 | ××街××号 | ××街××号 | ××街××号 | ××街××号 |
| 交易情况 | 正常交易 | 正常交易 | 正常交易 | 正常交易 |
| 交易日期 | 2009年4月21日 | 2009年3月15日 | 2008年12月30日 | 2009年2月22日 |
| 建成年代（年） | 2007 | 2006 | 2006 | 2006 |
| 建筑结构 | 框架 | 混合 | 混合 | 混合 |
| 建筑总层数 | 5 | 2 | 1 | 1 |
| 所占层数 | 1 | 1 | 1 | 1 |
| 层高/m | 5.4 | 5.4 | 4.5 | 4.5 |
| 装修情况 | 中档专修 | 清水房 | 清水房 | 清水房 |
| 面积/m² | 339.29 | 130 | 220 | 248 |
| 他项权利限制 | 租赁权 | 无 | 无 | 无 |
| 收益年限/年 | 37 | 36.5 | 36 | 36 |
| 成交总价/万元 | — | 162 | 270 | 300 |
| 成交单价/（元/m²） | — | 12 461.54 | 12 272.73 | 12 096.77 |
| 币 种 | 人民币 | 人民币 | 人民币 | 人民币 |

（2）建立可比价格基础（略）

（3）选取比较因素及因素条件说明 根据《房地产估价规范》（GB/T 50291-1999）及项目特点，本次比较因素选择交易情况、交易日期、区域因素和个别因素。

1）交易情况。交易情况是指交易行为中是否包含特殊因素，是否为正常交易。

2）交易日期。交易日期是指可比实例成交时间。由于房地产市场的波动，不同成交时间的类似房地产的成交价格存在差异。

3）区域因素和个别因素。估价对象为商业房地产，根据目前房地产市场特点，本次选取的区域因素包括繁华程度、交通条件、城市规划限制和环境等。个别因素包括临街状况、距区域商业中心距离、距公交站点距离、层高、面积、形状、开间、成新率等。

4）估价对象与可比实例比较因素情况见表 12-5。

表 12-5 估价对象与可比实例比较因素情况

| | 影响因素 | | 估价对象 | 可比实例1 | 可比实例2 | 可比实例3 |
|---|---|---|---|---|---|---|
| | 交易情况 | | 正常 | 正常 | 正常 | 正常 |
| | 交易日期 | | 2009年4月21日 | 2009年3月15日 | 2008年12月30日 | 2009年2月22日 |
| 区域因素 | 繁华程度 | 商业区域 | 小区级 | 小区级 | 小区级 | 小区级 |
| | | 商业设施聚集状况 | 小区级综合专业商场 | 小区级综合专业商场 | 小区级综合专业商场 | 小区级综合专业商场 |
| | 交通条件 | 公交便捷程度 | 1~2路公交线 | 1~2路公交线 | 1~2路公交线 | 1~2路公交线 |
| | | 交通通达程度 | 双向二车道 | 双向二车道 | 双向二车道 | 双向二车道 |
| | 城市规划限制 | 功能分区 | 商业、住宅 | 商业、住宅 | 商业、住宅 | 商业、住宅 |
| | 环境 | 区域环境 | 环境欠整洁,但经营气氛良好 | 环境欠整洁,但经营气氛良好 | 环境欠整洁,但经营气氛良好 | 环境欠整洁,但经营气氛良好 |
| | 临街状况 | 临街道路类型 | 城市主、次干道 | 城市主、次干道 | 城市主、次干道 | 城市主、次干道 |
| | | 临街位置 | 城市主、次干道 | 城市主、次干道 | 城市主、次干道 | 城市主、次干道 |
| | 距区域商业中心距离 | | 100~500m | 100~500m | 100~500m | 100~500m |
| 个别因素 | 距公交站点距离 | | 小于50m | 小于50m | 小于50m | 小于50m |
| | 层高 | | 5.4m | 5.4m | 4.5m | 4.5m |
| | 面积 | | 面积适中,对现实用途无影响,同时也利于未来用途改变 | | | |
| | 形状 | | 形状规则 | 形状规则 | 形状规则 | 形状规则 |
| | 开间(宽度与进深比) | | 1:1.2 | 1:1 | 1:0.8 | 1:0.8 |
| | 成新率 | | 八九成新 | 七八成新 | 七八成新 | 七八成新 |

根据估价对象与可比实例比较因素情况表,建立估价对象与可比实例因素修正系数,见表 12-6。

表 12-6 估价对象与可比实例因素修正系数

| | 影响因素 | | 估价对象 | 可比实例1 | 可比实例2 | 可比实例3 |
|---|---|---|---|---|---|---|
| 区域因素 | 繁华程度 | 商业区级别 | 0 | 0 | 0 | 0 |
| | | 商业设施聚集度 | 0 | 0 | 0 | 0 |
| | 交通条件 | 公交便捷程度 | 0 | 0 | 0 | 0 |
| | | 交通通达程度 | 0 | 0 | 0 | 0 |
| | 城市规划限制 | 功能分区 | 0 | 0 | 0 | 0 |
| | 环境 | 区域环境 | 0 | 0 | 0 | 0 |
| | 小 计 | | 0 | 0 | 0 | 0 |

（续）

| 影响因素 | | 估价对象 | 可比实例1 | 可比实例2 | 可比实例3 |
|---|---|---|---|---|---|
| 个别因素 | 临街状况 临街道路类型 | 0 | 0 | 0 | 0 |
| | 临街状况 临街位置 | 0 | 0 | 0 | 0 |
| | 距区域商业中心距离 | 0 | 0 | 0 | +1.5 |
| | 距公交站点距离 | 0 | 0 | 0 | 0 |
| | 层高 | | | −1 | −1 |
| | 面积 | 0 | 0 | 0 | 0 |
| | 开间（宽度与进深比） | | +1 | +2 | +2 |
| | 成新率 | | −1 | −1 | −1 |
| 小 计 | | 0 | 0 | 0 | 1.5 |

5）建立可比实例体系。上述修正因素比较为间接修正，现将可比实例的交易情况、交易日期、区域因素、个别因素与估价对象相比较，建立直接比较关系，见表12-7。

表12-7 比较因素修正

| 项 目 | 可比实例1 | 可比实例2 | 可比实例3 |
|---|---|---|---|
| 单价/（元/m²） | 12 461.54 | 12 272.73 | 12 096.77 |
| 交易情况修正系数 | 100/100 | 100/100 | 100/100 |
| 交易日期修正 | 100/100 | 100/100 | 100/100 |
| 区域因素 | 100/100 | 100/100 | 100/100 |
| 个别因素 | 100/100 | 100/100 | 100/101.5 |
| 比准价格/（元/m²） | 12 461.54 | 12 272.73 | 11 918.00 |

取上述可比实例比准价格的平均值作为市场比较法的比准结果，即估价对象比准价格为：（12 461.54+12 272.73+11 918.00）元/m²÷3=12 217.42 元/m²。

3. 估价结果的确定

综合考虑收益法、市场比较法的测算结果，结合估价人员经验，决定采用两种方法测算结果的简单算术平均值作为估价对象的房地产市场价值评估结果，即

评估单价=（16 740.50+12 217.42）元/m²÷2=14 478.96 元/m²

评估总价=（14 478.96×339.29）万元=491.26 万元

总价大写：人民币肆佰玖拾壹万贰仟陆佰元整。

二〇〇九年五月二十二日

# 参 考 文 献

[1] 张红日. 房地产估价[M]. 北京：清华大学出版社，2011.
[2] 柴强. 房地产估价[M]. 北京：首都经济贸易大学出版社，2008.
[3] 薛姝. 房地产估价[M]. 北京：高等教育出版社，2003.
[4] 曲卫东，叶剑平. 房地产估价[M]. 北京：中国人民大学出版社，2009.
[5] 王海玫. 房地产估价[M]. 北京：化学工业出版社，2006.
[6] 张姝颖. 房地产估价、经济与市场营销[M]. 北京：机械工业出版社，2008.
[7] 吴翔华. 房地产估价案例与分析[M]. 北京：化学工业出版社，2008.
[8] 张蓬涛. 房地产估价理论与方法[M]. 北京：中国建材工业出版社，2007.
[9] 赵财福，赵小虹. 房地产估价[M]. 上海：同济大学出版社，2009.
[10] 张洪力. 房地产估价[M]. 北京：机械工业出版社，2009.
[11] 周寅康. 房地产估价[M]. 南京：东南大学出版社，2006.
[12] 戴学珍. 房地产估价教程. 北京：清华大学出版社，2011.
[13] 卢海新. 房地产估价：理论与实务[M]. 2版. 上海：复旦大学出版社，2010.
[14] 王人己，姚玲珍. 房地产估价[M]. 上海：上海财经大学出版社，2002.
[15] 刘立，李志超. 房地产估价师实务手册[M]. 北京：机械工业出版社，2005.
[16] 沈振闻. 最新房地产估价师考试指南[M]. 北京：中国物价出版社，2001.
[17] 汤鸿，郭贯成. 房地产估价[M]. 南京：东南大学出版社，2010.
[18] 高炳华. 房地产估价[M]. 武汉：华中科技大学出版社，2006.
[19] 俞建民. 房地产估价概论[M]. 上海：同济大学出版社，2000.
[20] 王家庭. 房地产估价[M]. 大连：东北财经大学出版社，2001.
[21] 张宜松. 房地产估价[M]. 武汉：武汉理工大学出版社，2007.
[22] 国土资源部土地估价师资格考试委员会. 土地估价理论与方法[M]. 北京：地质出版社，2000.
[23] 刘桂良. 资产评估理论与方法[M]. 成都：西南财经大学出版社，2002.
[24] 高幸奇. 房地产估价[M]. 北京：中国物价出版社，2003.
[25] 郭斌. 房地产估价[M]. 西安：西安交通大学出版社，2010.
[26] 中国房地产估价师与房地产经纪人学会. 房地产估价案例与分析[M]. 北京：中国建筑工业出版社，2011.
[27] 中国房地产估价师与房地产经纪人学会. 房地产开发经营与管理[M]. 北京：中国建筑工业出版社，2011.
[28] 中国房地产估价师与房地产经纪人学会. 房地产基本制度与政策[M]. 北京：中国建筑工业出版社，2011.
[29] 中国房地产估价师与房地产经纪人学会. 房地产估价理论与方法[M]. 北京：中国建筑工业出版社，2011.

# 信息反馈表

尊敬的老师:

  您好!感谢您对机械工业出版社的支持和厚爱!为了进一步提高我社教材的出版质量,更好地为我国高等教育发展服务,欢迎您对我社的教材多提宝贵意见和建议。另外,如果您在教学中选用了《房地产估价》(刘薇 董晶 主编),欢迎您提出修改建议和意见。索取课件的授课教师,请填写下面的信息,发送邮件即可。

一、基本信息

  姓名:_____ 性别:____ 职称:_____ 职务:_____
  单位:_____
  邮编:_____ 地址:_____
  任教课程:_____
  电话:____—_____(H)_____(O)_
  电子邮件:_____ 手机:_____
  QQ:_____

二、您对本书的意见和建议(欢迎您指出本书的疏误之处)




三、您对我们的其他意见和建议




请与我们联系:

100037　北京百万庄大街 22 号
机械工业出版社・高等教育分社　冷彬　收
Tel: 010-8837 9720(O)　　QQ: 1678705274
E-mail: myceladon@yeah.net
http://www.cmpedu.com(机械工业出版社・教材服务网)
http://www.cmpbook.com(机械工业出版社・门户网)
http://www.golden-book.com(中国科技金书网・机械工业出版社旗下网站)